RUDOLF STEINER GESAMTAUSGABE
VORTRÄGE

VORTRÄGE VOR MITGLIEDERN
DER ANTROPOSOPHISCHEN GESELLSCHAFT

RUDOLF STEINER

Unsere Toten

Ansprachen, Gedenkworte und Meditationssprüche
1906–1924

mit zwei Vorträgen, gehalten in Kassel
am 9. und 10. Mai 1914
«Das Hereinragen der geistigen Welt in die physische»

1984

RUDOLF STEINER VERLAG
DORNACH/SCHWEIZ

Nach vom Vortragenden nicht durchgesehenen Nachschriften
herausgegeben von der Rudolf Steiner-Nachlaßverwaltung
Die Herausgabe besorgten Edwin Froböse und Paul Jenny †

1. Auflage in dieser Zusammenstellung
Gesamtausgabe Dornach 1963
2., erweiterte Auflage (photomechanischer Nachdruck)
Gesamtausgabe Dornach 1984
erweitert um die Gedenkworte
Köln 7.5.1912; Berlin 20.6.1916 und 21.8.1917

Weitere Veröffentlichungen
Kassel 9., 10. Mai 1914 (teilweise); Ulm 22. November,
Dornach 26. Dezember 1915; Dornach 29. Oktober, Basel 31. Oktober,
Dornach 17. November 1916; Dornach 7. Oktober 1917, 29. Juni 1923
in «Rudolf Steiner und unsere Toten», Dornach 1935

Kassel, 9., 10. Mai 1914
«Das Hereinragen der geistigen Welt in die physische», Berlin 1923

Wien 10. April, Kassel 10. Mai 1914 in «Christian Morgenstern,
der Sieg des Lebens über den Tod», Dornach 1935

Ulm 22. November 1915; Dornach 26. Dezember 1915;
Dornach 17. November 1916 in «Das Geheimnis des Todes.
Treue – Wahrheitssinn – Richtungsfestigkeit», Dornach 1945

Berlin 20. Juni 1916 (ganzer Vortrag) in Bibl.-Nr. 169
«Weltwesen und Ichheit»

Berlin 21. August 1917 in «Das Karma des Materialismus»
Dornach 1922 und (ganzer Vortrag) in Bibl.-Nr. 176
«Menschliche und menschheitliche Entwicklungswahrheiten»

Bibliographie-Nr. 261
Einbandzeichnung von Assja Turgenieff †
Alle Rechte bei der Rudolf Steiner-Nachlaßverwaltung, Dornach / Schweiz
© 1984 by Rudolf Steiner-Nachlaßverwaltung, Dornach/Schweiz
Printed in Switzerland by Meier & Cie AG Schaffhausen
ISBN 3-7274-2610-1

*Zu den Veröffentlichungen
aus dem Vortragswerk von Rudolf Steiner*

Die Grundlage der anthroposophisch orientierten Geisteswissenschaft bilden die von Rudolf Steiner (1861–1925) geschriebenen und veröffentlichten Werke. Daneben hielt er in den Jahren 1900 bis 1924 zahlreiche Vorträge und Kurse, sowohl öffentlich wie auch für die Mitglieder der Theosophischen, später Anthroposophischen Gesellschaft. Er selbst wollte ursprünglich, daß seine durchwegs frei gehaltenen Vorträge nicht schriftlich festgehalten würden, da sie als «mündliche, nicht zum Druck bestimmte Mitteilungen» gedacht waren. Nachdem aber zunehmend unvollständige und fehlerhafte Hörernachschriften angefertigt und verbreitet wurden, sah er sich veranlaßt, das Nachschreiben zu regeln. Mit dieser Aufgabe betraute er Marie Steiner-von Sivers. Ihr oblag die Bestimmung der Stenographierenden, die Verwaltung der Nachschriften und die für die Herausgabe notwendige Durchsicht der Texte. Da Rudolf Steiner aus Zeitmangel nur in ganz wenigen Fällen die Nachschriften selbst korrigieren konnte, muß gegenüber allen Vortragsveröffentlichungen sein Vorbehalt berücksichtigt werden: «Es wird eben nur hingenommen werden müssen, daß in den von mir nicht nachgesehenen Vorlagen sich Fehlerhaftes findet.»

Über das Verhältnis der Mitgliedervorträge, welche zunächst nur als interne Manuskriptdrucke zugänglich waren, zu seinen öffentlichen Schriften äußert sich Rudolf Steiner in seiner Selbstbiographie «Mein Lebensgang» (35. Kapitel). Der entsprechende Wortlaut ist am Schluß dieses Bandes wiedergegeben. Das dort Gesagte gilt gleichermaßen auch für die Kurse zu einzelnen Fachgebieten, welche sich an einen begrenzten, mit den Grundlagen der Geisteswissenschaft vertrauten Teilnehmerkreis richteten.

Nach dem Tode von Marie Steiner (1867–1948) wurde gemäß ihren Richtlinien mit der Herausgabe einer Rudolf Steiner Gesamtausgabe begonnen. Der vorliegende Band bildet einen Bestandteil dieser Gesamtausgabe. Soweit erforderlich, finden sich nähere Angaben zu den Textunterlagen am Beginn der Hinweise.

INHALT

Das Hereinragen der geistigen Welt in die physische
ERSTER VORTRAG, Kassel, 9. Mai 1914
Gedenkworte für Oda Waller und Christian Morgenstern 11

ZWEITER VORTRAG, Kassel, 10. Mai 1914
Gedenkworte für Maria Strauch-Spettini 28

Gedenkworte für Gräfin von Brockdorff
Berlin, 25. Juni 1906 47

Gedenkworte, gesprochen bei Generalversammlungen
Berlin, 21. Oktober 1906, 20. Oktober 1907, 26. Oktober 1908,
24. Oktober 1909, 30. Oktober 1910, 10. Dezember 1911,
2. Februar 1913, 18. Januar 1914. 50

Gedenkworte für Caroline von Sivers-Baum
München, 23. Juli 1912 74

Gedächtnisworte für Christian Morgenstern
Wien, 10. April 1914 76

Gedächtnisfeier für Christian Morgenstern
Kassel, 10. Mai 1914 84

Ansprache
Berlin, 1. September 1914 100

Gedenkworte für Theo Faiss
Dornach, 10. Oktober 1914 101

Ansprache am Grabe von Albert Faiss
Dornach, 27. Dezember 1914 103

Ansprache bei der Kremation von Lina Grosheintz-Rohrer
Basel, 10. Januar 1915 108

Ansprache bei der Kremation von Sibyl Colazza
Zürich, 31. Januar 1915 116

Ansprache bei der Kremation von Fritz Mitscher
Basel, 5. Februar 1915 122

Gedenkworte für Richard Kramer, den Jüngeren
Dornach, 15. August 1915 130

Gedenkworte für Gertrud Noß,
Dornach, 25. September 1915 132

Ansprache beim Tode von Sophie Stinde,
Berlin, 18. November 1915 150

Ansprache bei der Kremation von Sophie Stinde
Ulm, 22. November 1915 153

Gedenkworte für Sophie Stinde
München, 29. November 1915 162

Gedenkworte für Sophie Stinde
Dornach, 26. Dezember 1915 172

Gedenkworte für Anna Riebensahm
Berlin, 14. Dezember 1915 180

In memoriam Anna Riebensahm 182

Gedenkworte für Miß Wilson und Dr. Ernst Kramer
Dornach, 30. Juli 1916 183

Gedenkworte für Joseph Ludwig und Jacques de Jaager
Dornach, 29. Oktober 1916 186

In memoriam Jacques de Jaager
Basel, 31. Oktober 1916 195

Zum Jahrestag des Todes von Sophie Stinde
Dornach, 17. November 1916 197

Gedenkworte für Gertrud Motzkus
Berlin, 6. Februar 1917 203

Ansprache bei der Kremation von Pauline Dieterle
Stuttgart, 11. Mai 1917 205

Gedenkworte
Stuttgart, 11. Mai 1917 209

Gedenkworte für Heinrich Mitscher und Olga von Sivers
Dornach, 7. Oktober 1917 213

Gedenkworte für Marie Hahn
Dornach, 20. September 1918 218

Ansprache am Grabe von Marie Hahn
Reinach, 22. September 1918 220

Ansprache am Grabe von Marie Leyh
Arlesheim, 14. Januar 1919 225

Gedenkworte für Anna Ziegler
Dornach, 3. Oktober 1919 231

Gedenkworte am Grabe von Johanna Peelen
Arlesheim, 12. Mai 1920 234

Gedenkworte für Harald Lille
Dornach, 22. Oktober 1920 239

Ansprache bei der Kremation von Harald Lille
Basel, 25. Oktober 1920 240

Gedenkworte für Caroline Wilhelm
Dornach, 23. Oktober 1920 248

Ansprache bei der Kremation von Caroline Wilhelm
Basel, 27. Oktober 1920 249

Gedenkworte für Lina Schleutermann
Dornach, 1. Juli 1921 256

Gedenkworte für Nelly Lichtenberg
Berlin, 21. Mai 1922 257

Ansprache bei der Kremation von Elisabeth Maier
Stuttgart, 29. März 1923 259

Ansprache bei der Kremation von Hermann Linde
Basel, 29. Juni 1923 263

Gedenkworte für Hermann Linde
Dornach, 29. Juni 1923 269

Gedächtnisworte für Georga Wiese
Dornach, 6. Januar 1924 282

Ansprache bei der Kremation von Georga Wiese
Basel, 11. Januar 1924 283

Ansprache für Charlotte Ferreri und Edith Maryon
Dornach, 3. Mai 1924 296

Ansprache bei der Kremation von Edith Maryon
Basel, 6. Mai 1924 308

Gedenkworte für Admiral Grafton
Dornach, 14. September 1924 317

Gedenkworte für Herrn Terwiel und Baron Oskar von Hoffmann
Köln, 7. Mai 1912 320

Gedenkworte für Helmuth Graf von Moltke
Berlin, 20. Juni 1916 322

Gedenkworte für Herman Joachim, Olga von Sivers
und Johanna Arnold
Berlin 21. August 1917 325

Gebete und Meditationssprüche

Meine Liebe sei den Hüllen 341
Meine Liebe sei Dir im Geistgebiet 341
In Welten, wo weilet 341
Es strebe zu Dir 342
Herzensliebe 342
Gebet für die im Felde Stehenden 343
Gebet für die im Felde Gefallenen 343
Der Tote spricht 344
Beim Tode von Fritz Mitscher für seine Mutter 344
Der Mutter beim Tode ihres im Kriege gefallenen Sohnes 345
Unsre Liebe folge Dir 346
In Geistgefilde will ich senden 346
Im Lichte der Weltgedanken 347
Ich schaue auf Dich in der geistigen Welt 347
Meines Herzens warmes Leben 347
Für Lina Grosheintz-Rohrer (Faksimile) 348
   Ostern 1915 (Faksimile) 349
In lichten Höhen 350
Ich bin als Seele nicht auf der Erde 350
   Zum Vortrag vom 30. Dezember 1917
In memoriam I 351
In memoriam II 352
Beim Tode eines Schülers 354
Für Georga Wiese 355

Namenverzeichnis 357
Hinweise 358
Rudolf Steiner über die Vortragsnachschriften 363
Übersicht über die Rudolf Steiner Gesamtausgabe 365

DAS HEREINRAGEN DER GEISTIGEN WELT
IN DIE PHYSISCHE

Erster Vortrag, Kassel, 9. Mai 1914

GEDENKWORTE FÜR ODA WALLER UND
CHRISTIAN MORGENSTERN

Ein Einwand gegen das Suchen nach Erkenntnis vom Geiste, den man insbesondere in dem letzten Drittel des neunzehnten Jahrhunderts oft hören konnte, ist der, daß man sagte, wenn der Mensch einmal durch die Pforte des Todes durchgegangen sein werde, dann werde er ja sehen, wie es sich verhielte mit dem geistigen Leben, das man zu führen habe außerhalb des Leibes, aber hier im physischen Leibe solle man sich widmen dem Irdischen, so gut man könne, man solle so leben, als ob man eben auf dieser Erde den einzigen Schauplatz seines Wirkens habe. – Daß dieser Ausspruch auf einer recht oberflächlichen Auffassung des geistigen Lebens beruht, das kann uns immer mehr und mehr die Vertiefung in die Geisteswissenschaft lehren. Sie kann uns lehren, daß die Dinge wirklich nicht so liegen, als ob die beiden Leben – das Leben vor dem Tode im physischen Leibe und das Leben in der geistigen Welt etwa nach dem Tode – vollständig von einander getrennte Gebiete wären, als ob das eine in das andere nicht hineinreichte. Wir werden mit demjenigen, was wir schon kennen, am besten uns einigen über den Zusammenhang des geistigen Lebens mit dem physischen Leben, wie er schon eine Bedeutung für dieses physische Leben hat, wir werden uns das zunächst am besten klar machen, wenn wir uns nur erinnern an die Dinge, die wir erfahren haben aus der Geisteswissenschaft über das Wechselleben des Menschen zwischen Schlafen und Wachen. Dieses Wechselleben des Menschen zwischen Schlafen und Wachen stellen wir zunächst für die nächsten Erkenntnisbedürfnisse richtig dar, wenn wir sagen: Das Ich und der Astralleib sind, während der Mensch schläft, außerhalb des physischen und des ätherischen Leibes. – Es genügt für die nächsten Erkenntnisbedürfnisse, wenn wir die Sache so darstellen, aber es ist gewissermaßen doch nur die eine Seite der vollen Wahrheit. Es ist so, wie wenn wir sagen: Die Sonne geht am Morgen auf und am Abend unter und ist weg in der Zwischenzeit zwischen Abend und Morgen. – Wir wissen ja, daß das auf der Erde nicht so ist, daß in den Zeiten, in denen die Sonne nicht uns scheint, sie anderen Erdenbewohnern scheint, zu denen sie hingeht, denen ihr Licht dann erstrahlt, wenn es uns nicht erstrahlt. Und so ist es gewissermaßen auch mit dem Leben des Ich und Astralleibes in bezug auf physischen Leib und Ätherleib, wenn wir dieses Leben in seinem ganzen umfänglichen Sinne betrachten. Das Ich und der Astralleib sind in der Tat während des Schlafes außerhalb des physischen Leibes, aber eigentlich nur teilweise, nämlich sie sind außerhalb des Blut- und des Nervensystems. Und während die Sonne unseres Ich und Astralleibes auf diese Weise für das Blut- und das Nervensystem untergeht, wenn wir einschlafen, erstrahlt aus diesem Ich und Astralleib in diejenigen Organe, die nicht unmittelbar Blut- und Nervensystem sind, von außerhalb die Kraft des Ich und Astralleibes ein, während wir schlafen. Man könnte wirklich sagen: Es gibt zwei Gebiete unseres Leibeslebens. Das eine Gebiet wird während des Wachens durchlebt und durchseelt von Ich und Astralleib, und das andere Gebiet, das Gebiet, welches zunächst die eben mehr abseits von den Funktionen des Blut- und Nervensystems liegende Betätigung unseres Leibes darstellt, wird durchstrahlt und durchseelt von Ich und Astralleib während unseres Schlafes. – Wir sind mit Ich und Astralleib während des Schlafes in der Tat in der geistigen Welt, wir sind gleichsam eingeschaltet in die geistige Welt, aber gerade die Kräfte, die in dem Ich und Astralleib während des Schlafes im normalen Menschenleben dem Menschen nicht zum Bewußtsein kommen, die strahlen während des Schlafes in seine Organe ein. Daher ist es so, daß der Schlaf eine so große Bedeutung hat für das gesunde menschliche Leben auf Erden.

Wenn ich die Sache etwa mit ein paar Strichen klar machen sollte, so müßte ich so sagen (Zeichnung): Nehmen wir an, das wäre die Sphäre der geistigen Welt; hier wäre unser Leib auf Erden. Ich will jetzt diese schraffierten Teile sein lassen Blut- und Nervensystem; das andere seien die Organe, die nicht unmittelbar Blut- und Nervensystem ausmachen. Man kann eigentlich ganz deutlich so nicht auseinander scheiden, denn in gewisser Beziehung sind auch das Nerven-

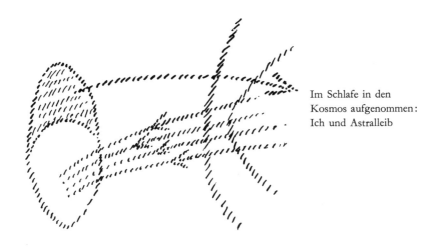

Im Schlafe in den Kosmos aufgenommen: Ich und Astralleib

system und Blutsystem wieder Organe für sich, die eine ähnliche Betätigung haben wie die anderen Organe, aber insofern sie Werkzeuge für das bewußte Seelenleben sind, kommt in Betracht, daß sie durchseelt und durchgeistigt sind von Ich und Astralleib, die ich so zeichnen will (Schraffierung) und die durchdringen Blut- und Nervensystem während des Tagwachens. Dieses selbe Ich und Astralleib werden aufgenommen von der Sphäre des geistigen Lebens, aber sie strahlen während des nächtlichen Lebens ihre Kraft in den anderen Teil der Leibesorgane hinein. So daß wir sagen können: Es gibt in unserem physischen Leibe etwas, was gekräftigt und gestärkt wird durch das, was unsere Seele im schlafenden Zustand aus der geistigen Welt aufsaugt, womit sie aus der geistigen Welt durchstrahlt wird. Die Sonne unseres Ich und Astralleibes geht unter für Nerven- und Blutleben, sofern das Blutleben das Ich bedingt und nicht ein bloßes Leibesleben ist, und strahlt auf für die anderen organischen Verrichtungen in unserem Leibe, wenn der Mensch schläft. Damit hängt zusammen, was schließlich wirklich leicht zu wissen ist, daß der Schlaf ein bedeutsames Heilmittel ist, und daß ein ungesunder Schlaf wirklich zu den bedeutsamsten Krankheitsursachen, namentlich in bezug auf gewisse innere Vorgänge des Leibeslebens gehört. Nun aber zeigt uns die Geisteswissenschaft, daß es wirklich nicht einerlei ist, wie unser Ich und Astralleib aus dem Nerven- und Blutsystem im Schlafe hinausgehen und in die geistige Welt hineingehen. Solche Dinge, wie ich sie jetzt besprechen will, die können ja leicht scheinbar widerlegt werden durch die sogenannte äußere Erfahrung, aber daran muß sich der Geisteswissenschafter immer mehr gewöhnen, daß diese Widerlegungen nur scheinbare sind, daß in der Tat das, was durch die Beobachtung der inneren Vorgänge gewonnen werden kann, richtig ist. Wenn der äußere Tatbestand zu widersprechen scheint, muß man suchen, inwiefern er trügt. Ich will gleich eine konkrete, durch die Geisteswissenschaft gesicherte Tatsache anführen, welche sehr bedeutend ist für diesen Gesichtspunkt.

Nicht wahr, in bezug auf gewisse Dinge ändert sich das menschliche Leben, aber gewisse Grundnuancen dieses Lebens bleiben ja doch gleich durch lange Zeiten hindurch. So gab es im Mittelalter eine bestimmte Furcht, die Furcht, die heute ja gilt als der finstere Aberglaube des Mittelalters, die sogenannte Gespensterfurcht, die Furcht vor allen möglichen Elementarwesen, vor Gespenstern. Nun, das ist für die heutige Zeit ein mittelalterlicher Aberglaube. Aber die heutige Zeit, sie hat sozusagen den Gegenstand geändert, aber nicht die Furcht, denn die heutige Zeit fürchtet sich ebenso wie das Mittelalter vor Gespenstern, sie fürchtet sich vor den sogenannten Bazillen und ähnlichen Wesenheiten. Nun könnte man sogar sagen, daß Gespenster verhältnismäßig anständigere Wesen noch waren, vor denen man sich eher fürchten konnte, als vor den Wesenheiten, die man heute als Bazillen und ähnliches bezeichnet. Und geändert hat sich eigentlich nur das an der Sache, daß man dazumal mehr geistig gesinnt war und sich vor geistigen Elementarwesen gefürchtet hat; jetzt ist man mehr materiell gesinnt, und die Gespenster müssen physisch sein. Das entspricht auch dem Zeitalter des Materialismus mehr. Nicht das wollte ich aber hervorheben, sondern das, daß in der Tat die okkulte Wissenschaft uns zeigt, daß Bazillen zum Beispiel im menschlichen Leibe gepflegt werden müssen, wenn sie wirklich gedeihen sollen. Sie müssen von Menschen gepflegt werden. Nun wird selbstverständlich jeder Mensch in der Gegenwart sagen, es wäre töricht, Bazillen geradezu zu mästen, zu pflegen, sie zu veranlassen, möglichst zahlreich zu werden. Aber es handelt sich nicht darum, daß man Grundsätze hat, und welche Grundsätze man hat, sondern darum, daß man die Sache vom richtigen Gesichtspunkt aus anzusehen vermag. Und nun kann vor der geisteswissenschaftlichen Erkenntnis nicht geleugnet werden, daß zum Beispiel ein Ich und ein Astralleib, die sich nur füttern mit materialistischen Vorstellungen, die abweisen alle spirituellen Vorstellungen, die abweisen allen Spiritualismus, davon nichts wissen wollen, wenn sie schlafend aus dem Leibe hinausgehen, aus der geistigen Welt Kräfte in die Organe hineinstrahlen, die geradezu förderlich sind für das Bazillenleben. Man kann, wenn man Bazillen recht mästen will, nichts Besseres tun, als rohe materialistische Vorstellungen in den Schlaf mit hineinnehmen und dadurch ahrimanische Kräfte aufrufen, welche einstrahlen in den Organismus und zu Bazillenpflegern werden.

Nun müssen wir, wenn wir eine solche Sachlage in der richtigen Weise beurteilen wollen, uns klar machen, daß in dem Augenblick, wo wir die Betrachtung auf das geistige Leben erstrecken, wir sogleich ins Auge zu fassen haben, was menschliche Gemeinschaft heißt. Denn das Zusammenwirken in der menschlichen Gemeinschaft erweist sich sogleich in ungeheurem Maße größer, wenn es sich handelt um geistige Wirkungen, als um diejenigen, die sich bloß vollziehen auf dem physischen Plan. Man könnte nämlich sagen, nun könnte also jemand am besten tun, um ja keine Bazillen in seinem Leibe schädlich werden zu lassen, als Heilmittel anzuwenden, sich mit spirituellen Vorstellungen schlafen zu legen. Vielleicht wäre das sogar ein Mittel, wenn man es äußerlich klinisch beweisen würde, daß die hartgesottensten Materialisten der Zukunft sich verschreiben ließen geradezu spirituelle Vorstellungen, und auf diese Weise einiges erhofft werden könnte für das spirituelle Leben. Nun aber, so einfach liegt die Sache nicht, denn es beginnt gleich die Bedeutung des gemeinschaftlichen Lebens, wenn es sich um Geistiges handelt, und da können wir sagen:

Es nützt vielleicht gar nichts dem einzelnen, wenn er solche spirituellen Vorstellungen hegt, wenn die anderen ringsherum mit materialistischen Vorstellungen zu Bazillenpflegern werden, denn da pflegt einer für den anderen. – Das ist das Wichtige, was wir ins Auge fassen müssen. Deshalb muß immer wiederum betont werden, was ich auch hier schon besprochen habe: Geisteswissenschaft als solche kann das eigentlich Fruchtbare, das sie zu leisten hat für die Menschheit, sozusagen nicht bloß individuell leisten; es genügt nicht, daß der einzelne die geisteswissenschaftlichen Dinge aufnimmt, sondern Geisteswissenschaft muß in Geduld warten, bis sie ein Kulturfaktor wird, bis sie die Herzen und Seelen vieler durchzieht; dann erst wird sich zeigen, was sie den Menschen sein kann.

Es gibt allerdings etwas, was ebenso stark auf die ahrimanischen Wesenheiten wirkt, die wir in den Bazillen zu beobachten haben. Ich sage: ahrimanische Wesenheiten. Ich kann Ihnen leicht einen Unterschied sagen zwischen ahrimanischen Wesenheiten und anderen Wesenheiten, es geht leicht, das zu unterscheiden auch äußerlich. Wir sehen gewissermaßen rund um uns herum die Natur mit ihren Geschöpfen erfüllt. Alles, was unmittelbar draußen lebt in der Natur, hat gewissermaßen sein Leben von den fortschreitenden guten weisen Schöpfern. Alles das, was sein Dasein aufschlägt in anderen Organismen und da vorzugsweise gedeiht, ist unter den Geschöpfen luziferischer oder ahrimanischer Art. Alles Parasitäre ist auf luziferischen oder ahrimanischen Ursprung zurückzuführen; das muß festgehalten werden, denn dadurch können wir im Reiche der Natur sehr leicht unterscheiden. Eines, sagte ich, gibt es noch, was außerordentlich förderlich ist diesen ahrimanischen Geschöpfen, die als Parasiten im menschlichen Leibe leben, das ist das Folgende. Nehmen wir an, wir leben in einer Epidemie drinnen oder in einer Seuche. Selbstverständlich muß da einer für den anderen stehen, und da tritt das menschliche Gemeinschaftswesen und all das, was damit zusammenhängt, in ungeheurer Stärke auf, weil tatsächlich die karmischen Zusammenhänge so sein können, daß der, der durch individuelle Betätigung am wenigsten geeignet scheint, der Epidemie zu verfallen, doch ihr verfällt. Aber im allgemeinen gilt trotzdem – wir dürfen uns durch den Schein nicht täuschen lassen –, was ich jetzt sagen werde: Wenn man umgeben ist von den der Krankheit verfallenen oder sterbenden Menschen und diese Bilder zunächst aufzunehmen hat und dann mit diesen Bildern in den Schlaf zieht und nichts hineindringt als die egoistische Furcht, dann durchtränkt sich die Imagination, die aus diesen Bildern entsteht und während des Schlafes in der Seele lebt, mit der egoistischen Furcht, und das bewirkt, daß da schädliche Kräfte einschlagen werden in den menschlichen Leib. – Furcht-Imaginationen sind dasjenige, was tatsächlich pflegende Kräfte für des Menschen ahrimanische Feinde abgibt. Wenn sich ausbreitet eine edle Gesinnung, so daß die egoistische Furcht zurücktritt, und das liebende Helfen unter den Menschen wirkt und in den menschlichen Schlaf nun hineingeht, nicht mit Furcht-Imaginationen, sondern mit dem, was das liebende Helfen bewirkt, dann bedeutet das Schaden für die ahrimanischen Feinde des Menschen. Und es ist tatsächlich wahr, daß man erfahren würde, was die Ausbreitung einer solchen Gesinnung auf das Beendigen von Epidemien wirken könnte, wenn man sich danach benehmen würde. Ich deute Ihnen damit an, wie einmal, was heute noch nicht sein kann, von der Erkenntnis des geistigen Lebens heraus im sozialen Menschenleben gewirkt werden wird, wie die menschlichen Seelen in geistiger Erkenntnis erstarken werden und wie die in die Gesinnung übergehenden geistigen Erkenntnisse vom Geiste heraus gesundend auch auf das materielle Erdenleben wirken werden.

Da sehen Sie, wie unberechtigt der Einwand ist, daß uns nichts angehe, während wir auf der Erde leben, das geistige Leben. Was wir für ein geistiges Leben jeweils beim Einschlafen mit in den Schlaf hineinnehmen, davon hängt auf der Erde ungeheuer viel ab, dadurch machen wir unsere Seelen zum guten oder schlechten Werkzeug für die Einstrahlungen aus der geistigen Welt in diejenigen Organe unseres Leibes, die nicht Werkzeuge des Seelenlebens des Tages, des täglichen Bewußtseins sind, sondern ihre physischen und chemischen Funktionen unterhalb der Schwelle des Bewußtseins vollziehen. Was beim Menschen nicht Nerven- und Blutwirkungen sind, sondern organischer Kreislauf einfach ist, was physische und chemische Wirkungen sind, das sind nicht Lebenswirkungen, wie im Pflanzenleben auch, wie im Mineralreich, sondern es sind Wirkungen, in die während des Schlafes geistige Kräfte aus den geistigen Welten einstrahlen. So ist es also wichtig, in der Lage zu sein, geistige Erkenntnisse und die aus den geistigen Erkenntnissen fließende Gesinnung hinüber zu nehmen in das Schlafesleben. Und wenn gezweifelt würde an einem Zusammenwirken der physischen und geistigen Welt, so könnte unter anderem auch folgendes eingewendet werden.

Stellen Sie sich einmal vor, wir würden einmal auf der Erde in die Lage kommen, daß uns durch irgendwelche klimatische Veränderung der Erde aller Boden verödete und für uns keine Nahrungsmittel hervorbrächte, dann würden wir verspüren, wie wichtig die Erde mit dem Mineralreich und dem Pflanzenreich für die Menschen ist. Die Erde kann sozusagen unter unseren Füßen veröden, und man kann dann verspüren, wie man das, was unter dem Menschen stehende Reiche sind, braucht, damit das menschliche Leben gedeihen kann. Was aber für uns der Erdboden mit seinen Früchten ist für unser physisches Leben, das ist für die, welche durch die Pforte des Todes gegangen sind, dasjenige, was wir ihnen sein können als Lebende mit unseren Seelen. Tatsächlich ist es so, daß die Toten in ihrem Reiche leben, aber ein Boden ist da, den sie brauchen; sie müssen die Früchte dieses Bodens verspüren können.

Damit wir uns das veranschaulichen können, wollen wir uns folgendes vorstellen. Nehmen wir an, eine große Schar von Menschen erfüllte sich nur mit Vorstellungen, die sich auf das irdische Leben beziehen, mit rein sinnlichen materialistischen Vorstellungen, und eine solche Schar von Menschen schliefe dann. Das ist also Boden für die Toten, der für sie ebenso öde ist wie für uns als physische Menschen verödetes Erdenreich. Das fühlen die Toten wie einen Boden, der sie aushungert. Durch jede spirituelle Vorstellung aber, die wir in unsere Seele heranziehen, mit der wir hineingehen in unseren Schlaf, machen wir uns während der schlafenden Zeit zu einem Teil des Bodens, den die Toten brauchen, so wie wir als physische Menschen das Mineralreich und das Pflanzenreich brauchen. Gewissermaßen sind die mit spirituellen Vorstellungen erfüllten Seelen während ihres Schlafes der fruchtbare geistige Nahrungsboden für die Toten, und wir entziehen den Toten dasjenige, was sie zur Nahrung brauchen, was sie von der Erde aus zur Nahrung brauchen, wenn wir unsere Seelen veröden lassen, das heißt, wenn wir sie leer sein lassen von ideellen Vorstellungen, Begriffen und Empfindungen. Da sehen wir noch genauer, welche Bedeutung das Wissen von der spirituellen Welt und die Gesinnung, die aus diesem Wissen folgt, für die geistige Welt selbst haben. Und so wie für die Toten gleichsam ein Boden, aus dem sie so etwas ziehen wie geistige Nahrung, unsere schlafenden Seelen sind, so wiederum ist etwa für das Wahrnehmungsvermögen der Toten dasjenige, was wir wissend an spirituellen Vorstellungen durch unsere Seelen ziehen lassen. Deshalb ist es, daß ich angeraten habe denjenigen, deren Angehörige vor ihnen gestorben sind, diesen Toten vorzulesen. Wenn wir uns den Toten vorstellen und durch unsere Seele ziehen lassen, gleichsam nur in Gedanken lesend, irgend etwas, was spirituelle Wissenschaft darstellt, dann betrachtet dies der Tote. Er beobachtet dies, er nährt sich durch die unbewußte Nachwirkung der spirituellen Vorstellung, und er lebt auf in seinem eigenen Bewußtsein durch das, was man ihm so vorliest. So müssen wir uns klar sein, daß eine fortwährende Wechselbeziehung ist zwischen der physischen und der geistigen Welt.

Es wäre leicht einzuwenden, daß der Tote ja in der geistigen Welt sei. Wozu brauche er dann unser Vorlesen? Ja, er ist in der geistigen Welt. Aber die Begriffe der Geisteswissenschaft müssen auf Erden erzeugt werden und können nicht anders erzeugt werden als durch das Erdengemüt der Menschen, so daß der Tote zwar die geistige Welt um sich herum hat, aber die Begriffe, die er gerade braucht, die können ihm zufließen, ihn tragend, ihn hebend in seinem Bewußtsein dadurch, daß wir sie ihm zufließen lassen von der Erde aus. Und da die innigste Beziehung besteht zwischen den Toten und denjenigen, mit denen sie gelebt haben, so sind die besten Vorleser für die Toten diejenigen Menschen, die um den Verstorbenen gelebt haben, die mit ihm verbunden oder befreundet waren, oder die sonst eine reale Beziehung vor dem Tode zu ihnen gehabt haben. Sie werden auch als eine Tatsache erleben, daß Sie, wenn Sie sich mit einer solchen Gesinnung von dem Zusammenhang der physischen und der geistigen

Welt immer mehr und mehr durchdringen werden, auch die Gesinnung erhalten, die wirklich im höchsten Sinne des Wortes die religiöse Gesinnung der Zukunft genannt werden muß. Aus solchen Betrachtungen geisteswissenschaftlicher Art, wie die eben jetzt angestellte, wird eine gewisse Gesinnung fließen, die im höchsten Sinne religiös genannt zu werden verdient, weil der also die geistige Welt Erkennende auf die durch die Welt fließende Weisheit bauen wird, auf die göttliche Weisheit, welche die Welt durchfließt.

Meine lieben Freunde, wichtig, unendlich wichtig ist es, daß wir in unseren Seelen allmählich dieses Gefühl von der waltenden Weisheit der Welt heranziehen, daß wir uns ganz mit diesem Gefühl durchströmen. Wenn dieses Gefühl den Menschen allmählich durchströmt, wird das herauskommen, was uns das Schicksal und alle Schicksalsschläge, die wir ohne dieses Gefühl schwer ertragen, in tiefem echtem Vertrauen auf die waltende Weisheit der Welt wird hinnehmen lassen. Man kann, wenn man die geistigen Welten beobachten kann, in denen die Toten wohnen, oftmals sehen, wie die Toten es am leichtesten haben, wenn diejenigen Menschen, die sie hier zurückgelassen haben auf der Erde, von dieser waltenden Weisheit der Welt durchströmt sind. Gewiß, es ist begreiflich, wenn wir unsere Toten beweinen, aber wenn wir über das Weinen nicht hinauskommen können, so bedeutet das doch einen Zweifel an der waltenden Weisheit der Welt, und der, welcher hineinschauen kann in die geistigen Welten, weiß, daß der Wunsch, der Tote möge nicht gestorben sein, er möchte da sein und nicht in der geistigen Welt, den Toten am meisten beirrt. Wir erleichtern dem Toten ungeheuer sein Leben nach dem Tode, wenn wir es zuwege bringen, wirklich uns in unser Schicksal zu fügen und an den Toten so zu denken, daß wir wissen, die waltende Weisheit hat ihn uns in der rechten Stunde nehmen wollen, weil sie ihn auf anderen Gebieten des Daseins braucht, als hier das Erdendasein ist. Viel wird davon abhängen, daß in der Zukunft die Menschen gewiß nicht minder, sondern mehr helfend in all dasjenige eingreifen, was auch physisches Menschenleid auf der Erde ist, aber daß sie sich klar sind, daß es ein Wirken des Karma ist, und daß durch dieses Karma, wenn einmal über den Angehörigen der Tod verhängt ist, dies eine Notwendigkeit war. Das wird niemand hindern, solange irgend ein Mensch lebt, alles zu tun, wenn er richtig gesinnt ist, was zu tun ist. Aber wir dürfen gewissermaßen als Menschen nicht hinausdenken über das, was uns als Menschen zugeteilt ist, wir müssen uns klar sein, daß die waltende Weisheit der Welt eben doch weiser ist als wir. Das alles, was ich jetzt sage, ist banal und trivial, aber oft so wenig verbreitet in unserer Zeit. Unendliches Glück würde über Lebende und Tote kommen, wenn es mehr verbreitet würde, wenn es einziehen würde als eine Gesinnung in die Seelen der Menschen, und wenn die Menschenseele an die Toten wie als an Lebende denken könnte, an ihre Verwandlung des Lebens denken könnte und nicht daran, daß sie ihr genommen worden sind.

Und wenn man ein wenig auf diese Zusammenhänge zwischen physischer und geistiger Welt hinschaut, dann zeigt sich in der mannigfaltigsten Art, wie die eine Welt innig mit der anderen zusammenhängt, und wie die Verhältnisse auch der physischen Welt nur klar werden, wenn man sie im Licht der geistigen Welt betrachten kann. Würde es uns in bezug auf irgend etwas, was uns in der physischen Welt passiert, gelingen, die geistigen Untergründe irgend eines Schicksalsschlages oder eines Vorfalles immer zu finden, so würden wir immer die Sache durchschauen und verstehen und das, was am traurigsten erscheinen kann, aus der Weisheit der Welt heraus verstehen lernen. Das muß immer wieder und wieder betont werden. Das ändert natürlich nicht, daß manches uns tiefes Leid bereiten kann, aber es ändert das, daß wir nicht in unserem Leid versinken und uns dadurch gleichsam im Leid auch egoistisch zusammenziehen und uns der Welt entziehen, was wir eigentlich nicht sollten. Und manches andere noch hängt damit zusammen. Gerade bedeutungsvolle Vorgänge lehren uns, wie falsch der Ausspruch ist, daß man sich eigentlich nicht zu kümmern brauche während des physischen Erdenlebens um das geistige Leben. Denn unendlich wichtig ist das Hineinragen spiritueller Vorstellungen, spiritueller Empfindungen und Gesinnungen in das physische Erdenleben. Außer dem, was ich heute darüber angeführt habe, sei noch einiges angeführt. Gerade konkrete Betrachtungen zeigen uns so recht deutlich, wie wahr das ist, was ich gesagt habe.

Eine einzelnen Mitgliedern unserer Gesellschaft nahestehende Persönlichkeit starb in mittleren Lebensjahren. Wenn so die Menschen in mittleren Lebensjahren, im Anfang der Dreißigerjahre, sterben, dann fragt man oftmals: Was liegt hier zugrunde, daß ein Menschenleben sozusagen mitten oder im ersten Drittel des physischen Erdendaseins abgeschnitten wird? Wenn man die betreffende Persönlichkeit verfolgt, wie sie war als Individualität, führt sie in einer früheren Inkarnation zurück in das dritte, vierte nachchristliche Jahrhundert, wo sie sich gewisse Kräfte aneignete, von denen man sagen könnte, diese Kräfte von Seelenfähigkeiten und ähnliche waren in der Welt, so wie die Kultur dazumal war, etwas außerhalb der Zeit. Es war nicht die Zeit, daß man gerade die Talente ausleben konnte, die diese Individualität dazumal gerade als ihre Seelenfähigkeiten im dritten bis vierten nachchristlichen Jahrhundert sich heranzog. Die Persönlichkeit wurde wiedergeboren in einem neuen Leben, wurde unser Mitglied und siehe da, sie starb, bevor die Hälfte des Lebens, oder der erste Teil, der aufsteigende Teil des Lebens beendet war. Und gleich konnte man sehen, wenn man den ganzen Zusammenhang des Physischen mit dem Geistigen in diesem Falle betrachtete, daß diese Persönlichkeit zu den ganz besonders wichtigen und bedeutungsvollen Mitarbeitern der gesamten Weltenarbeit gehörte.

In unserer Zeit ist viel Materialismus verbreitet. Der Materialismus drückt gewissermaßen auf das Erdenleben mehr, als man sich heute vorstellt. Der Materialismus ist gerade in unserer Zeit so stark, daß in der Tat die für den Fortschritt der Weltenentwickelung besorgten Wesenheiten der höheren Hierarchien nicht alle Seelen retten können, die heute in den Materialismus verfallen. Aber auch die materialistischen Seelen sollen ja nicht zurückbleiben, sondern gerettet werden. Doch sie können nur gerettet werden, wenn gewisse Seelen in frühem Lebensalter sterben und die Kraft, die sonst noch für den Rest des Erdenlebens verwandt wird, in die geistigen Welten hinauf nehmen und sie dort umwandeln, um zu Mitarbeitern der Wesenheiten der höheren Hierarchien zu werden, zur Erlösung der materialistisch gesinnten Seelen. Wunderbare Helfer höherer Wesenheiten werden solche früh verstorbenen Menschen.

Aber bei der Seele, die ich meine, stellte sich nachher noch etwas Besonderes heraus. Es brachte diese Seele in die letzte Inkarnation die Kräfte mit, die in der vorigen nicht voll verwendet werden konnten, goß sie gleichsam in den Leib herein, und der Leib wurde dadurch, daß diese Kräfte in ihn hereinflossen, ein solcher, der von Krankheitsprozessen durchzogen wurde. Es war die Seele zu stark für den Leib, weil sie eben wirklich ganz große Kräfte in sich hatte. Nun starb die Persönlichkeit im angegebenen Alter. Und mit den nicht durch das Alter abgeschwächten, sondern sozusagen nur in der Jugend gelebten Kräften stieg diese Individualität hinauf in die geistige Welt, hatte da noch den Fonds, der in der gegenwärtigen Inkarnation nur so leben sollte, daß er seine Stärke – gleichsam überreich schon im Irdischen – in den Körper nur so ergoß, daß er in Beziehung zur Außenwelt kam, aufnehmen konnte spirituelle Vorstellungen mit Enthusiasmus und so einen ungeheuren Fonds in die geistige Welt hinaufbrachte. Und wenn man nun diese Individualität verfolgt, die einer großen Anzahl ihr näher stehenden Freunde so lieb war, dann lernt man gerade an dieser Individualität unendlich viel. Dasjenige, was sich an ihr zeigt, ist, daß man an ihr sehen kann, wie gewissermaßen auf dem Wege der Menschheitsentwickelung gewisse Kräfte zwar kommen, aber in einer bestimmten Zeit – im dritten bis vierten Jahrhundert in diesem Falle – noch nicht zur Entfaltung gebracht werden können, wie die Arbeit mit diesen Kräften später wiederum aufgenommen werden muß, wie man gleichsam zurückgreifen muß auf früher in der Entwickelung Liegendes, das durch gewisse Individualitäten bewahrt wird. Und jetzt, wenn man zu dieser Individualität in Beziehung tritt, ergibt sich unmittelbar durch die Anschauung dieses nach dem Tode liegenden Lebens etwas, wovon man bloß durch die Anschauung sagen könnte: wie einmal gleichsam liegengebliebene Kräfte, die aufgespart wurden für eine kommende Zeit, jetzt aufsprossen, vorbereitet werden als Menschenzukunft.

Meine lieben Freunde, daran zeigt sich, wie man immer wiederum das spätere Leben an das frühere anknüpfen muß, wie man zusammenschließen muß das spätere Leben in der menschlichen Entwickelung mit den früheren. Gewisse Dinge könnte man gar nicht wissen, von denen man sagen kann: Es muß jetzt im fünften nachatlantischen Zeitraum wiederum etwas von dem aufleben, was im dritten, vierten da war. – Gewisse Dinge könnte man nicht wissen, wenn man nicht in die geistige Welt hinaufschauen könnte und sagen: Da ist eine Individualität, die hat sich durch ein kurzes Erdenleben die Fähigkeiten erworben, welche aufleuchten wie die Wiederaufnahme von etwas für das Menschenleben Verlorenem. – Denn eine ungeheure Stärkung fließt gerade für den Geistesforscher aus der Anschauung von solchen Individualitäten in dem Leben nach dem Tode.

Wenn die Zeit des physischen Erdenlebens noch so böse würde, wenn der Geisteswissenschaft noch so viele Feinde erwachsen würden und man sie von allen Seiten gefährden würde, wäre das gewiß schlimm und trostlos, aber eines gibt es, was noch immer uns Trost gewähren kann für die Zukunft der Geisteswissenschaft, das ist, daß wir an den Toten, die zum Beispiel so wie die genannte Individualität in die geistige Welt hinaufgegangen sind, auch für die Erde die besten Mitarbeiter, die stärksten Mitarbeiter haben. Das ist ein Fall, wo ein kurzes Erdenleben dazu diente, Kräfte zu sammeln, um gleichsam auf dem Wege der menschlichen Entwickelung gewisse fruchtbare Kräfte wieder aufzunehmen für die spätere Zeit. Die weisen waltenden Weltenmächte gehen eben in ihrer Weisheit über das weit hinaus, was wir so ohne weiteres mit unserer menschlichen Erdenweisheit begreifen können.

Alle die Dinge sind selbstverständlich so, daß solche Früchte eines kurzen Erdenlebens nur dann sich ergeben, wenn es auf naturgemäße Weise abgekürzt ist. Man sollte es im Kreise von Bekennern der Geisteswissenschaft nicht nötig haben, aber es soll doch erwähnt werden, daß selbstverständlich solche Dinge nie eintreten, wenn der Betreffende durch Selbstmord oder dergleichen das Erdenleben künstlich abkürzt. Davon kann nie die Rede sein.

Aber, nachdem ich dieses eingeflochten habe, darf ich noch einen anderen konkreten Fall vor Ihnen erzählen, der ein erst in der letzten Zeit von uns gegangenes Mitglied betrifft, ein Mitglied, das eine lange Krankheit durchgemacht hat, eine lang andauernde Krankheit, und diese Krankheit in einer merkwürdigen Weise in bezug auf die Seele durchgemacht hat. Eine geistig wirksame Persönlichkeit, eine bedeutende dichterische Persönlichkeit war sie während des Erdenlebens, und, wie sich sogar jetzt ganz klar zeigt, eine viel bedeutendere Individualität, als man annehmen durfte, wenn man nur das Erdenleben betrachtete. Aber nun das sehr Eigenartige: Nach einem Leben, das in Krankheit des Leibes, in langem Leiden zugebracht worden ist, nach verhältnismäßig kurzer Zeit die Früchte des leidvollen Erdenlebens in der geistigen Welt erst in ihren Anfängen, aber doch sich schon zeigend! Damit ich begreiflich machen kann, wie das, was ich da zu sagen habe, eigentlich gemeint ist, möchte ich durch einen Vergleich noch einiges tun, um das rechte Verständnis herbeizuführen.

Wir können mit unserer Seele die Natur, eine Szenerie in der Natur, eine Menschheitsszenerie bewundern, aber wir werden niemals bemängeln, wenn ein bedeutender Künstler kommt und uns die Naturszenerie hinstellt, aus seiner Seele heraus noch etwas zu finden in den Bildern, in der künstlerischen Schöpfung, die er uns neben die Natur hinstellt. Wir sind uns klar, daß wir gewinnen, indem wir die Natur auch noch durch eine andere Seele betrachten, wenn wir auch die Natur daneben beobachten können. Warum ich das sage? Nun, um einen Vergleich zu gebrauchen. Man kann in die geistige Welt hineingehen, man kann die Dinge darin beobachten, und doch ist es von großer Bedeutung, auch etwas anderes zu beobachten. An der Persönlichkeit, die ich jetzt meine, die nach Jahren eines in Leiden zugebrachten Erdenlebens vor wenigen Wochen dahinging, bildete sich während der Erdenkrankheit aus, gleichsam wie sich abhebend von dem erkrankten, nach und nach dem Tode entgegengehenden Leibe, eine Welt von kosmischen Imaginationen. In dem Maße, als der Leib kränker wurde, gleichsam verdorrte, hob sich aus dem dorrenden Leibe eine Welt von Imaginationen, kosmischen Imaginationen heraus. Nun ist die Persönlichkeit durch die Pforte des Todes gegangen, und die Imaginationen beginnen in wunderbarer Schönheit aufzuleuchten, so daß sie in der geistigen Welt wahrzunehmen sind wie ein wunderbares Kunstwerk der geistigen Welt, wie ein aus dem Kosmos heraus geschaffenes Kunstwerk, das seinen Ursprung in dem erkrankten Leibe hat und aus dem erkrankten Leibe in die geistige Welt getragen wurde, und für den, der die übrige geistige Welt sieht, sich so hinstellt, daß man dadurch noch ein wunderbar reicheres Gewinnen an Erkenntnissen der geistigen Welt erlangt, als durch unmittelbares Anschauen selbst: wie durch ein Kunstwerk, indem man die Welt durch das Werk einer anderen Seele sieht, neben dem, was man selbst beschauen kann.

Die betreffende Persönlichkeit hat in einer hingebungsvollen Art spirituelle Vorstellungen aufgenommen; sie konnte schon in ihren Gedichten vieles von dem geben, was in die Menschenseele hineinfließt, wenn wir das Mysterium von Golgatha in unserem geisteswissenschaftlichen Sinne verstehen, wenn wir uns damit voll durchdringen, was es heißt: den Christus, den wir durch die Geisteswissenschaft kennen lernen, so für uns selbst anzuerkennen in unserer Gesinnung, daß wir wirklich nachleben dem Paulus-Ausspruch: Nicht ich, sondern der Christus in mir schaut die Welt an. – Und diese wahrhaft rosenkreuzerisch-christlichen Stimmungen gossen sich über die letzten Gedichte dieser Persönlichkeit aus. Und während das bewußte Erdenleben noch in solche Dichtungen vertieft war, solche Dichtungen schuf, bildete sich im Unterbewußtsein eine Welt kosmischer Imaginationen aus, die allerdings durch die innere Stärke wie versengend, wie verbrennend auf den Leib wirkten, aber die bewirken werden, daß jene Individualität auch schon in der geistigen Welt die Aufgabe bekommt, die ihr wahrscheinlich zugeteilt wird, über die ich jetzt nicht weiter sprechen werde. Jedenfalls das aber ist zu sagen, woraus Sie ersehen können, wie in einer gewissen indirekten Weise unter dem, was wir an spirituellen Vorstellungen aufnehmen und bewußt zum Beispiel auch in schönen Gedichten, wie sich unter diesem bewußten Leben ein anderes hineinschiebt, das durch die Pforte des Todes geht und sich so zeigen kann, daß wir klar wissen: es hat sich schon während des Erdenlebens durch die aus der Geisteswissenschaft fließende Gesinnung vorbereitet und ist zu schönen Tableaus kosmischer Imaginationen geworden, die nun dem forschenden Geistesforscher entgegenstrahlen und ihm vieles aufklären können, was er sonst vielleicht nicht so leicht finden würde, die aber auch in den Aufgaben fortwirken werden, die eine solche Individualität haben wird.

Im höchsten Maße mit scheuer Ehrfurcht müssen wir auf solche Ergebnisse der Geisteswissenschaft schauen. Denn, wenn in alten Zeiten mehr durch das Gefühl der religiöse Sinn der Menschenseele erregt werden sollte, so leben wir immer mehr und mehr in Zeiten hinein, wo durch die Verbindung der Erde mit der geistigen Welt des Menschen Geistigkeit selbst sich beleben und entzünden muß, wo wir immer konkreter in bezug auf das geistige Leben werden müssen. Die Menschheit wird sich in der Zukunft nicht verschließen können, das Geistige auch in dem Konkreten zu suchen und denken zu können, wie eine menschliche Individualität, wenn sie durch die Pforte des Todes gegangen ist, mit den Kräften fortwirkt, die sich hier vorbereitet haben, bevor die betreffende Individualität durch die Pforte des Todes gegangen ist.

Und wie wird das menschliche Leben vertieft werden, wie werden sich die Gesinnungen, die ein Mensch dem anderen Menschen entgegenbringt, veredeln, im wahrsten Sinne des Wortes vermoralisieren und mit göttlicher Substanz durchdringen, die dann durch das Menschenleben wallt und webt, wenn Gedanken unter den Menschen Heimatrecht haben, die in derselben konkreten Weise von unseren Toten sprechen, wie wir sonst von den Lebenden sprechen. Das alles muß man sich vorhalten, um den rechten Sinn für die Mission und Aufgabe der Geisteswissenschaft in der Zukunft in das Herz, in die Seele aufzunehmen.

Ich möchte, daß Sie diejenigen Dinge, die ich in dem letzten Teil des Vortrages gesprochen habe, wirklich so betrachten, daß sie aus jener Gesinnung heraus gegenüber der Geisteswissenschaft gesprochen sind, die nur in heiliger Scheu, nur in ungeheurer Ehrfurcht vor diesen Tatsachen sprechen möchte von diesen Tatsachen. Mit dieser Gesinnung möchte ich das, was ich gesagt habe, in Ihre Seelen legen und dann im morgigen Vortrag Ihnen einiges weitere, was zur Belebung der Geisteswissenschaft in Ihren Herzen beitragen kann, mitteilen.

DAS HEREINRAGEN DER GEISTIGEN WELT IN DIE PHYSISCHE

Zweiter Vortrag, Kassel, 10. Mai 1914

GEDENKWORTE FÜR MARIA STRAUCH-SPETTINI

Es war gestern die Rede von den Beziehungen der physischen Welt zur geistigen Welt, insofern diese Beziehungen sich in wirklichen Tatsachen ausdrücken, die gewissermaßen aus der einen Welt in die andere herüberspielen, insofern diese Beziehungen eine Bedeutung für das Leben in der physischen Welt haben, insofern sich zeigt, daß das Erfülltsein der Seele, solange diese Seele auch im physischen Leibe ist, mit Gesinnungen und Empfindungen, die erlangt werden können durch spirituelles Wissen, für das menschliche Leben wesentlich und bedeutungsvoll ist. Zunächst sei etwas Allgemeines noch über diese Beziehungen hinzugefügt.

Hier in der physischen Welt erwerben wir uns unsere Vorstellungen durch die sinnliche Wahrnehmung, durch das Denken auf Grundlage der sinnlichen Wahrnehmung, durch die Gefühle und Empfindungen, die wir entwickeln über das, was uns vom physischen Plan herein berührt. Von alledem, was jetzt bezeichnet worden ist, kommt unser bewußtes Leben in der physischen Welt. Und wenn wir dieses bewußte Leben in der physischen Welt anblicken, so stellt es sich vor dem geistigen Auge des Geistesforschers so dar, daß es im Grunde genommen, je brauchbarer und nützlicher es ist für den physischen Plan, um so weniger Anhaltspunkte für das Erleben der geistigen Welt abgibt, die ja auch immer um uns herum ist. Man darf sagen: Je mehr der Mensch sein Vorstellungs- und Empfindungs- und Gefühlsleben darauf beschränkt, diese bloß anregen zu lassen vom physischen Plan herein, um so weniger hat er innere Kraft, innere Stärke, um ein reales Verhältnis zur geistigen Welt zu gewinnen. – Allerdings, zunächst braucht ja der Mensch nicht zu bemerken, daß ihm das

Haften an bloß physischen Vorstellungen ein Hindernis ist für die Beziehungen zur geistigen Welt. Bemerken muß es der Mensch allerdings dann, wenn er durch die Pforte des Todes durchgegangen ist. Denn wenn der Mensch während seines physischen Erdenlebens keine Vorstellungen erworben hat, die hinausgehen über die Anregungen und Bedürfnisse des physischen Planes, so ist seine Seele zu schwach, um den Erlebnissen in der geistigen Welt gewachsen zu sein. Sie werden das leicht einsehen, wenn Sie bedenken, daß all das, wozu wir vom physischen Plan angeregt werden, eigentlich auf uns einstürmt, an uns herankommt so, daß wir uns von ihm ergreifen lassen. Dadurch, daß wir uns so ergreifen lassen, daß wir uns mehr oder weniger bloß hingeben mit unserer Seele an das, was auf uns wirkt, an das, was uns ergreift, dadurch entwickeln wir in unserer Seele eine zu geringe Kraft, um das Geistige zu etwas mehr werden zu lassen für uns als eine schwache, traumhafte Welt, in der wir uns nicht regen und bewegen können. Um sich in der geistigen Welt zu regen und zu bewegen, braucht es etwas anderes. Dazu ist notwendig, daß die menschliche Seele im Innern aktiv wird, daß sie starke Kräfte entwickelt, die sie nur durch sich selbst entwickelt, zu denen sie nicht von außen her angeregt wird, in denen sie nicht bloß passiv ist. Solche Vorstellungen, solche Empfindungen, sie müssen aus den Tiefen unserer Seele selbst heraufkommen. Sie müssen in uns entstehen, ohne daß wir zu ihnen durch die äußere Welt – und fänden wir auch diese äußere Welt noch so schön – angeregt werden. Man könnte sagen: Frei in der Seele aufsteigende Vorstellungen und Empfindungen machen die Seele allein so stark, daß sich die Seele eine Beziehung bilden kann zur geistigen Welt, welche Beziehung sie braucht.

Ich möchte, damit wir uns über diese Sache ganz gut verstehen, etwas Paradoxes sagen, was aber richtig ist. Nehmen wir an, ein Mensch ließe sich ganz gehen nur in der Hinnahme der Anregungen vom physischen Plan aus. Er denkt und empfindet nur dasjenige, wozu er vom physischen Plane angeregt ist. Ein solcher Mensch ist für die geistige Welt schwach. Ein solcher Mensch, wenn er nach dem Tode in die geistige Welt versetzt wird, kann durch seine eigenen Kräfte gleichsam überall nur die Fülle der geistigen Verhältnisse um sich herum so sehen, daß er sie nicht an sich heranbringen kann, so wie es ihm notwendig wäre. Die geistigen Verhältnisse entfliehen vor ihm. Nicht als ob die geistige Welt nicht da wäre, aber er kann seine Beziehungen zu ihr nicht herstellen, nicht in kraftvoller, nicht in entsprechender Weise herstellen. Ein Mensch, der nur auf – man möchte sogar paradox sagen – auf phantastische Weise seine Vorstellungen und Empfindungen in der Seele rege macht, die nicht von außen angeregt sind, die nicht über die bloße Sinneswelt gehen, ein Mensch also, der reine Phantasievorstellungen ausdenkt, dadurch aber die Kraft in seiner Seele entwickeln muß, um eben solche frei aus der Seele aufsteigend zu entwickeln, der hat es in der geistigen Welt in einer gewissen Beziehung noch leichter sich zurecht zu finden als ein Mensch, der gar nichts denken will über die geistige Welt. Es ist sehr bedeutsam, daß allerdings gesagt werden muß, daß Phantasten, die sich Vorstellungen bilden, die nichts zu tun haben mit der äußerlich sinnlichen Wirklichkeit, aber phantastisch sind, daß diese noch fester stehen in der geistigen Welt als Menschen, die gar nichts von ihr wissen wollen. Aber allerdings, solche phantastischen Vorstellungen bringen den Menschen, trotzdem sie ihn fest hinstellen in die geistige Welt, doch nur zu eigentümlichen Beziehungen und Verhältnissen zur geistigen Welt, zu solchen Beziehungen etwa, die der Mensch zur physischen Welt haben würde, wenn seine Sinne nicht ordentlich funktionieren würden. Alle grotesken, niederen, für das geistige Leben unbrauchbaren Wesenheiten würden herankommen an den Menschen, der solche phantastische Vorstellungen ausbildet, und all das, was dem Fortschritt geistigen Lebens dienlich ist, würde in verzerrter Gestalt vor der Seele auftreten, wenn sie nur vorbereitet wäre für die geistige Welt durch phantastische Vorstellungen. In alten Zeiten, bevor das Mysterium von Golgatha über die Erdenentwickelung der Menschheit hingegangen ist, war es so, daß allerdings zunächst die Menschen sich haben nur anregen lassen können von dem physischen Plan aus zu ihren Vorstellungen; sogar zu denjenigen Vorstellungen, die als hellsichtige Vorstellungen auftraten, wurden sie angeregt vom physischen Leibe aus. Das ist ja das Bedeutsame des alten hellseherischen Vorstellens der Menschheit, daß dieses hellsichtige Vorstellen, diese symbolisch bildhaften Vorstellungen, diese durchaus auf die geistige Welt bezüglichen Vorstellungen, durch die physische Konstitution des Menschen vom physischen Plane aus beeinflussend angeregt waren. So daß, wenn nur diesem Vorstellen, das also bis zur alten Hellsichtigkeit sich erhob, die Menschen hingegeben gewesen wären, sie in der Lage gewesen wären wie Menschen, die eben durch phantastische Vorstellungen in die geistige Welt hineinschauen. Um die Menschen dahin zu bringen, daß sie gesunde Blicke in die geistige Welt werfen konnten, daß sie richtige Beziehungen zur geistigen Welt entwickeln konnten, dazu traten in alten Zeiten die verschiedenen Religionsstifter auf: Laotse, Zarathustra, Krishna, Buddha und so weiter. Diese Religionsstifter waren dadurch die großen Wohltäter der Menschheit, daß sie sozusagen vor ihr Volk und ihr Zeitalter hintraten und vor diesem Volk und diesem Zeitalter so über die Geheimnisse der geistigen Welten sprachen, daß in der Art ihres Sprechens unmittelbar der Impuls lebte, der ihnen als Eingeweihte und Religionsstifter aus den geistigen Welten selbst zukam. Dadurch wirkten sie – durch ihre mächtige Autorität – auf die Menschen, auf die sie nach ihrer geistigen Mission zu wirken hatten. Dadurch war es, daß die Völker nicht bloß dasjenige in ihren Seelen hatten, wozu sie vom physischen Plan aus angeregt waren, sondern daß ihnen Kundschaft von den geistigen Welten ward. Und dazu waren diese alten Völker ganz besonders veranlagt, zu verspüren, zu empfinden, wenn ein solcher Religionsstifter vor sie hintrat, oder wenn dessen Nachfolger und Jünger vor sie hintraten, den Hauch des spirituellen Lebens zu verspüren, der wirklich durch die Seele eines solchen Stifters von geistigen Höhen herunterfloß in die Entwickelung der Völker und Zeitalter. So waren den Menschen in alten Zeiten Vorstellungen und Empfindungen zugeflossen, die zwar in ihre Seelen durch die Religionsstifter gelegt wurden, die aber in ihrer Seele selbst von jedem einzelnen auferweckt werden mußten, weil er unter dem Eindruck der Autorität des Religionsstifters stand; der Mensch mußte sie selbst in seiner Seele aktiv zum Leben bringen. Dadurch entstanden die gesunden Beziehungen und Verhältnisse der Menschen zu den geistigen Welten und auch die Möglichkeit, wenn sie durch die Pforte des Todes gegangen waren, sich zu orientieren, die Kräfte zu haben, die nicht aus der physischen Außenwelt stammen, sondern aus der Seele selbst auferweckt werden müssen, die einen in der geistigen Welt leben lassen, so wie man in der physischen Welt durch die physischen Kräfte lebt.

Seit dem Mysterium von Golgatha hat sich in dieser Beziehung für die Menschheit manches geändert. Das ist ja gerade das Bedeutsame des Mysteriums von Golgatha, daß es der Abschluß einer alten Menschheitsentwickelung und der Beginn einer neuen ist. Man kann sagen, die alte Menschheitsentwickelung mußte mehr auf Autorität gebaut sein in bezug auf das, was heute charakterisiert worden ist: auf die Autorität der Religionsstifter. Dadurch aber, daß die Seelen in früheren Inkarnationen – unsere eigenen Seelen, meine lieben Freunde, – durch die Schule der Autorität hindurch gegangen sind, sind sie mündig geworden, so daß sie nunmehr in den Inkarnationen, die nach dem Mysterium von Golgatha ablaufen, jene Impulse, die sie früher auf die Autorität der Stifter hin haben empfangen sollen, von innen empfangen, daß nicht nur von innen herauf die Vorstellungen gebildet werden, sondern auch die Impulse von innen heraufkommen. Das ist ja der Sinn des Pauluswortes: «Nicht ich, sondern der Christus in mir.» Das ist die Bedeutung des Mysteriums von Golgatha, daß der Christus-Impuls in die geistige Erdensubstanz ausgeflossen ist und in jeder Seele lebt. Die Seelen müssen nur dazu gebracht werden, diesen Christus-Impuls, der sich in den Menschenseelen finden kann, zu verstehen. Mündig, kann man sagen, ist die Menschheit geworden. Dasjenige, wozu sie vorher die Impulse von außen haben sollte, das muß im Innern aufgehen. Dazu ist der Christus auf die Erde herabgekommen. Und immer größer und größer muß das Verständnis für diesen Christus werden. Und im Grunde genommen: Was wir zusammentragen aus den geisteswissenschaftlichen Erkenntnissen heraus, was wir über die Entwickelung der Welt und der Menschheit zu begreifen suchen, über höhere Welten und Hierarchien in höheren Welten, alles das bringt uns zuletzt dazu, immer mehr und mehr den Christus-Impuls zu begreifen, der ja in uns ist, aber ebenso verborgen bleiben kann in uns, wie irgend etwas anderes verborgen bleibt, was wir nicht zu begreifen, zu erfahren suchen. Man möchte sagen: In einer gewissen

Beziehung ist die Geisteswissenschaft ein Mittel nur, um das zu erreichen, was erreicht werden soll, nämlich das wirklich zu finden, was in unserer Seele selbst ist, aber so, daß es das Licht des Lebens, die innere Wärme des Lebens, jenes Licht und jene Wärme des Lebens sei, welche den Menschen in seine geistige Heimat führen wird, die sich seiner Seele kundgibt.

Immer mehr und mehr wird in der Zukunftsentwickelung die menschliche Seele einsehen, daß es eine Abstraktion bleibt, von dem «Gott im Innern» zu sprechen, wenn die menschliche Seele zu bequem sein will, wirklich sich mit Verständnis zu verbreiten über die einzelnen Erkenntnisse der Geisteswissenschaft. Denn wie schauen wir heute, sie in ihrer Wahrheit erblickend, die geistige Welt an? Mag das oder jenes heute in den Büchern geschrieben werden über Geisteswissenschaft, über Saturn, Sonne und Mond, über die Entwickelungsepochen der Erde, über die himmlischen Hierarchien, – alles was der Geistesforscher heute über die geistige Welt zu sagen weiß, er betrachtet es zuletzt als ihm geschenkt durch den in die Erdenentwickelung übergegangenen Christus-Impuls. Und er betrachtet diesen Christus-Impuls so, daß er eine Wahrheit sieht in dem Ausspruch des Christus: «Ich bin bei euch alle Tage, bis an das Ende der Erdenzeit.» Nicht bloß am Anfange unserer Zeitrechnung hat der Christus gesprochen, er spricht auch heute, wenn wir nur unsere Seele ihm öffnen, und da spricht er, in dem spricht er, was wir heute als Geisteswissenschaft über die Welt ergründen können. Daher ist es so ungeheuer notwendig, daß die Seelen der Gegenwart verstehen, daß Geisteswissenschaft der für unsere Zeit angemessene Weg, der für unsere Zeit richtige Pfad in die geistige Welt hinein ist. Die mündige Menschheit muß die Gedanken und Empfindungen bewußt entwickeln, und Schritt für Schritt werden die eigenen Kräfte – nicht auf äußere Autorität hin – in die geistige Welt einzudringen suchen. Daß man das könne, dazu ist der Christus in die Welt gekommen. Und wenn heute noch viele sagen, auch Geisteswissenschaft sei etwas, woran man glauben müsse, wenn der Geistesforscher sie ausspreche, so ist das nicht richtig. Wenn jemand die Meinung hat, er müsse glauben, was die Geisteswissenschaft ausdrückt, er könne es nicht durch die Anstrengung seiner eigenen Seelenfähigkeiten verstehen und begreifen, so bedeutet das nur, daß er sich noch nicht die Vorurteile eines materialistischen Denkens hinweggeräumt hat. Wer wirklich unbefangen selbst an die gewagtesten Erkenntnisse der Geisteswissenschaft herangeht, der versteht und begreift sie. Die Seelen sind nicht umsonst durch die Inkarnationen der Vorzeit hindurchgegangen, sie finden in sich die geistige innere Sprache, um zu verstehen, was die Geistesforscher sagen. Allerdings, wenn sich diese Seelen benebeln lassen, so wie sie heute benebelt werden, nicht durch die wahre Naturwissenschaft, sondern die mißverstandene Naturanschauung, wenn sich die Seelen Nebel über Nebel um das Geistesauge hüllen lassen und dann sagen: Wir verstehen die Geisteswissenschaft nicht, wir müssen nur ihre Behauptungen glauben, – dann ist es nicht so, daß die Geisteswissenschaft wirklich nicht verstanden werden könnte, sondern das ist dann der Fall, daß die Menschen sich selbst die Hindernisse schaffen, um an diese Geisteswissenschaft heran zu kommen. Allerdings leben wir in einem Zeitalter, in dem die meisten Menschen gar noch nicht merken können, wie viele solche Hindernisse da sind, wie sehr sich diese Hindernisse auftürmen können. Aber wir leben auch in einem Jahrhundert, das schon aus unbewußten, wenn auch chaotischen Seelenkräften heraus sich aufbäumt gegen diese Hindernisse, und wo Sehnsuchten in den Seelen der Menschen nach dem Begreifen und Verstehen der geistigen Welt sich entwickeln.

Gewiß ist unendlich Bedeutungsvolles geschaffen worden im Laufe der letzten drei, vier, fünf Jahrhunderte gerade auf naturwissenschaftlichem Gebiet, und unsere Freunde wissen, wie oft ich die große Bedeutung der naturwissenschaftlichen Errungenschaften betone, wie ich sogar das, was die Geisteswissenschaft für die Gegenwart und Zukunft zu leisten hat, mit dem, was Naturwissenschaft im Laufe der letzten, besonders des neunzehnten Jahrhunderts heraufgebracht hat, vergleiche, aber klar müssen wir uns sein, daß diese Naturwissenschaft vielfach zu einer viel starreren Dogmatik geführt hat als die alten Religionen. Und daß heute, allerdings zumeist solche Menschen, die als Laien die Naturwissenschaft aufnehmen, auf ihre Dogmen in einer starreren und in einer verhängnisvolleren Weise schwören, als man einmal auf die religiösen Dogmen geschworen hat. Und wahrhaftig, die kopernikanische Weltanschauung war ein großer Umschwung, sie mußte kommen, sie war ein Schritt zu einer Wahrheit, wie ich ja schon öfter charakterisiert habe, aber sie hat auch viele Einseitigkeiten, sie muß durch ein geistiges Anschauen des Universums ergänzt werden. Wird sie so hingenommen, wie sie dogmatisch gestaltet wird, wird gesagt, daß sie eine absolute Wahrheit ist, dann drängt sie den Seelen Vorstellungen auf, die sie verhindern, das Geisteswissenschaftliche zu begreifen und zu verstehen. Und wir sehen ja, welche Erfolge gerade die dogmatischsten Vorstellungen im Laufe der letzten Zeiten gehabt haben. In unserer Zeit des allgemeinen Schulzwanges werden die Kinder von Anfang an gezwungen sich vorzustellen: die Sonne, um die Sonne kreisend die Erde, unsere Planeten um die Sonne kreisend, so wie man sich eine Vorstellung bilden würde, wenn man das im Modell vor sich hätte, während kein Mensch in Wirklichkeit ein Recht hat, die Sache so vorzustellen, als ob das unmittelbare Gewißheiten wären, die entstanden wären. Wie wenn jemand in der Lage wäre, einen Stuhl in den Weltenraum hinauszutragen, sich auf diesen Stuhl zu setzen und von da aus die Bewegungen der Sonne und Erde und der Planeten anzuschauen, wie man ein Modell anschaut, das man in der Schulstube macht. Das Bewußtsein wird erweckt in den Seelen, als ob die Dinge wirklich so wären. Man kann noch ein Staunen erregen bei den Menschen, wenn man solche Dinge ausspricht. Aber man erlebt auch heute schon anderes, wenn es auch noch falsch in vieler Beziehung hervortritt.

Erst in den letzten Tagen schickte mir ein wie es scheint recht strebsamer Mann eine Broschüre. Wie gesagt, nichts soll hier gesagt werden über Richtigkeit oder Unrichtigkeit dessen, was darinnen steht, aber ein Beweis unter unzähligen anderen ist diese Broschüre wiederum, wie sich die Seele des Menschen aufbäumt gegen die naturwissenschaftliche Dogmatik der letzten Jahrhunderte. Denn der Mann sucht aus scharfsinnigen mathematischen Vorstellungen heraus den Beweis zu führen, daß unsere Erde eine Ebene ist und nicht eine Kugel. Selbstverständlich werden Ihnen viele Dinge über das Absurde dieser Behauptung einfallen, wenn Sie hören, daß jemand in unserer Zeit aufsteht und diese Behauptung tut. Denn Sie werden selbstverständlich sagen: Nun, man kann doch die Erde umschiffen, also ist der ein Narr, der davon spricht, daß die Erde nicht rund, sondern eine Ebene sei. – Aber diesen trivialen Einwand kennt der auch, der die Broschüre geschrieben hat. Man braucht ihm nicht recht zu geben, aber er kennt diese und auch noch andere erheblichere Einwände, dessen kann ich Sie versichern. Ich will mit all dem nur sagen, daß in unserer Zeit bereits die Seelen beginnen sich aufzubäumen gegen dasjenige, was von unserer frühesten Kindheit an in unseren Seelen an dogmatisch naturwissenschaftlichem Schutt angehäuft wird, der uns verhindert, unser Urteil so frei zu betätigen, wie es notwendig wäre, um die geisteswissenschaftlichen Wahrheiten anzuerkennen. Wird einmal die Menschheit sich befreit haben von dieser Dogmatik, dann wird die Zeit kommen, wo man über die geisteswissenschaftlichen Erkenntnisse wird sprechen können, und dann werden die Menschen sagen: Ja, ich sehe das ein, denn das kann gar nicht anders sein. – Sie sehen, man muß noch manches Paradoxe heute sagen, wenn man von den Beziehungen der Geisteswissenschaft zu unserer Zeit redet. Aber Geisteswissenschaft ist eben etwas, was nach und nach einfließen muß in die menschliche Seele, um zu einem Faktor in der geistigen Kultur der Menschheit immer mehr und mehr zu werden, je mehr diese Menschheit der Zukunft entgegen geht. Dann aber wird Geisteswissenschaft selbst etwas sein, was die Seelen stark und kräftig macht, damit diese Seelen ihre Beziehungen zur geistigen Welt werden entwickeln können. Dann wird Geisteswissenschaft etwas sein, was die Menschen empfangen werden, wohl auch schon empfangen werden nach und nach von frühester Kindheit an, so daß sie wissen werden: Um mich herum sind nicht nur Berge, Flüsse, Wolken und physische Sterne, und Sonne und Mond und Pflanzen und Tiere und Mineralien, sondern geistige Wesenheiten, Wesenheiten der höheren Hierarchien und geistige Vorgänge, so wie die physischen Vorgänge um uns sind; ich stehe mit diesen geistigen Vorgängen und mit den physischen Vorgängen in Beziehung.

Lassen Sie mich einige Bilder entwerfen von dem, was immer mehr und mehr den Menschenseelen wird verständlich werden, wenn Geisteswissenschaft zu einem lebendigen Faktor in den menschlichen Seelen werden wird.

Man muß schon, wenn man über solche Dinge redet, von konkreten Tatsachen der Geistesforschung ausgehen, denn an ihnen kann man anschaulich machen, wie der Mensch zur geistigen Welt steht und stehen kann.

Ein Mensch ist mir bekannt, der hatte etwa in seinem dreiundzwanzigsten, vierundzwanzigsten Jahr eine Art Vision. Diese Vision brachte er zunächst in einer – man kann sagen – ungeschickten Weise zur schriftlichen Darstellung. Die Vision bestand darin, daß er die bedeutenderen Geister der deutschen Geistesentwickelung vom Ende des achtzehnten und Anfang des neunzehnten Jahrhunderts eben ungeschickt hinstellte wie in einer Art von Szenerie. Er wußte nicht recht, warum er diese Szenerie entwarf. Was Goethe tat, was Lessing, Schiller, Herder tat, alles aber taten, schon entrückt in die Welt, die der Mensch betritt, wenn er durch die Pforte des Todes gegangen ist. Also eine Vision hatte der Betreffende von dem Leben solcher bedeutender Genies in der geistigen Welt oben. Gleichsam was sie jetzt tun, davon hatte er eine Vision. Geistesforscherisch muß man sich fragen: Was bedeutet denn eine solche Vision? Was stellt denn eine solche Vision vor? – Nun, eine solche Vision ist ein ungeheures Durchdringen der menschlichen Seele von der geistigen Welt aus. Gewisse Einflüsse von der geistigen Welt kommen hier über die Seele, drängen sich in sie herein und werden so etwas wie ein ungeheurer Traum, der sich so ausdrückt, daß man dann das, was man innerlich fühlt und empfindet, aber unklar, in einer solchen Vision zur Anschauung bringt, wie ich sie angedeutet habe. Einflüsse wirken auf die Seele aus der geistigen Welt. Ja, wie wirken diese Einflüsse? Wie ist eigentlich das Verhältnis der Menschenseele zu den Wesen der geistigen Welt – und auch die Toten sind ja solche Wesen der geistigen Welt in der Zeit zwischen dem Tode und einer neuen Geburt –, wie ist dieses Verhältnis?

Ja, meine lieben Freunde, wenn man einen Gegenstand der physischen Welt ansieht, so sieht man ihn an, und das ist der richtige Ausdruck, den man gebraucht. Ich sehe die Rose an, ich sehe den Tisch an. Man hat nicht ganz recht, wenn man den gleichen Ausdruck gebraucht in bezug auf die Wesen der geistigen Welt. Man hat nicht recht, der Ausdruck stimmt eigentlich nicht ganz genau, wenn man etwa so sagen würde: Ich sehe ein Wesen aus der Reihe der Engel, der Erzengel an. – Der Ausdruck stimmt nicht recht, die Sache ist anders. Sobald man in die geistige Welt eintritt, sich in ihr erfühlt und erlebt, schaut man eigentlich nicht die Wesen an, sie schauen einen an, und man nimmt sie so wahr, daß man ihre geistigen Sinne und ihre geistigen Kräfte auf der eigenen Seele wie ruhend fühlt, wie in die eigene Seele hineinleuchtend und hineintönend fühlt. Und man müßte eigentlich der geistigen Welt gegenüber sagen: Nicht ich schaue an, nicht ich nehme wahr, sondern ich weiß, daß ich angeschaut werde, ich weiß, daß ich wahrgenommen werde. – Fühlen Sie diese ganze Veränderung, die im inneren Erleben vorgeht, wenn, statt daß das Wort einen Sinn hat wie in der physischen Welt: Ich nehme eine Sache wahr, – das andere Wort einen Sinn bekommt: Ich selbst, versetzt in die geistige Welt, werde von allen Seiten wahrgenommen; das ist jetzt mein Leben. Das Ich weiß von diesem Wahrgenommen-werden, von diesem Hingenommen-werden von den Erlebnissen, welche die anderen Wesen mit mir haben. – Wenn diese Veränderung eintritt, dann verspüren Sie, was das für die menschliche Seele bedeutet in dem ganzen Verhältnis zur Umwelt. Dann werden Sie etwas verspüren davon, wie eigentlich diese Seele doch etwas ganz anderes wird in ihrem Erleben, wenn sie aus der physischen in die geistige Welt aufsteigt. Und ein Teil der Aufgabe, die die Verstorbenen haben, besteht darin, daß sich ihr Blick, ihr geistiger Blick wendet zu den auf der Erde noch Lebenden, daß sie gleichsam mit ihren Kräften die auf der Erde Lebenden betrachten, daß die auf der Erde lebenden Seelen von den toten Seelen wahrgenommen werden. Und die Bedeutung des Ausdruckes werden die Menschen durch Geisteswissenschaft lernen: Die durch die Pforte des Todes Gegangenen schauen mich an, sie beleben mich, sie sind mit mir, ihre Kräfte strahlen auf mich hernieder. – Und das werden die Menschen lernen, von den Toten als von Lebenden zu sprechen, von geistig Lebenden.

Derjenige, der die eben charakterisierte Vision gehabt hat, bei dem brach in unklarer Weise dieses Verhältnis durch, denn wahrhaftig

Lessing, Goethe, Schiller, Herder sind nicht untätig in der geistigen Welt nach dem Tode, sie beschäftigen sich mit denen, die da unten auf der Erde sind, sie schauen sie an, nehmen sie wahr, beleben sie nach Maßgabe der Kräfte, die sie von den höheren Hierarchien erhalten. Und so fühlte sich der, der die Vision hatte, ohne daß ihm dieses Gefühl ins Bewußtsein kam, wie auf der Erde stehend beobachtet von den Geistern, die der Menschheitsentwickelung gesandt worden sind. Das kann unklar werden; das drückte sich in die Vision herein, die er dann in ungeschickte Worte kleidete: wie Lessing, wie ein Marschall der geistigen Welt, voranschritt, Goethe, Schiller, Herder nach ihm, leitend und lenkend die Nachkommenden, die auf der Erde leben.

Wenn sich solch eine Vision, die chaotisch unklar und traumhaft heraufkommt, klar vor die Seele hinstellt, kann sie etwas für den Betreffenden bedeuten. Das kann sie bedeuten, daß er ein unmittelbar durch die spirituelle Welt angeregtes Gewissen erhält, daß er sich aufschwingen kann zum Beispiel zu dem Gedanken: Ich will dasjenige, was ich sage, dasjenige, was ich tue, so sagen und so tun, daß ich aushalten kann den Blick, den die Verstorbenen auf mich herunterrichten. – Es kann aber auch so sein, daß ein hier Lebender, der so etwas wie die charakterisierte Vision zu vollem innerem Leben erweckt, diese oder jene Aufgabe, klein oder groß, fühlt, die er zu verrichten hat, und daß seine Kraft wächst, daß sein Mut, seine Energie wächst, daß er sein Gewissen leichter befriedigen kann, indem er das Richtige trifft, wenn er sich vorstellt: Die Toten helfen mir dadurch, daß sie ihren Blick auf mich richten.

So können die Toten zu Helfern werden der Lebenden. Und das lernt man durch Geisteswissenschaft, sich verantwortlich zu fühlen für das, was man tut gegenüber den Toten, aber man lernt auch kennen das beseligende Gefühl: Du tust jetzt dieses oder jenes, da schaut dir mit seiner tätigen Kraft dieser oder jener Tote zu, seine Kraft wächst zu der deinigen hinzu. – Nicht daß einem der Tote die Kraft gibt, die muß man schon selbst entwickeln, nicht die Talente gibt er einem, die muß man haben, aber eine reale Hilfe ist er, wie wenn er eben hinter uns stünde. Er steht ja auch wirklich hinter uns.

Wenn ich dieses konkrete Beispiel anführen darf – jetzt nach einer so langen geisteswissenschaftlichen Arbeit, die wir miteinander geleistet haben, dürfen doch wohl solche Beispiele, die vielleicht persönlich klingen, aber ganz unpersönlich gemeint sind, weil sie nur Tatsachen darstellen und nur so erzählt werden dürfen, erwähnt werden. Durch Jahre hindurch haben wir in München versucht, unsere Mysterienspiele in Szene zu setzen, sie so zu gestalten, daß von dieser Seite her unserer Bewegung geistige Kraft zuströmen konnte. Das Bewußtsein trage ich in mir, daß tatsächlich das Wesentliche wenigstens, was geschehen ist, dasjenige, worauf es ankommt, in vollem Einklang mit der geistigen Welt geschehen ist. Aber ich ging immer wieder und wiederum an die Arbeit heran in den Zeiten, in denen diese Spiele vorbereitet wurden – nicht die Stücke vorbereitet wurden, sondern die Spiele vorbereitet, inszeniert wurden – mit einem bestimmten Bewußtsein. Im Beginne unserer geisteswissenschaftlichen Tätigkeit, als wir noch eine ganz kleine Gesellschaft waren, fand sich eine für diese Geisteswissenschaft außerordentlich begeisterte Persönlichkeit bei uns ein, eine Persönlichkeit, die außer dem, daß sie mit einem ruhigen Feuer – ich kann nicht anders sagen – dasjenige aufnahm, was dazumal auf geisteswissenschaftlichem Felde im Beginn unserer Arbeit geleistet werden konnte, außerdem in diese ganze Handhabung unserer Arbeit ein wunderbar feines künstlerisches Interesse und Verständnis hereinbrachte. Eine Persönlichkeit, die großen Ernst in der Auffassung des geistigen Lebens mit seltener Liebenswürdigkeit des persönlichen Eindruckes und Wirkens verband. Diese Persönlichkeit wurde uns bald vom physischen Plan hinweggenommen. Nicht nur das blieb sie uns, was man im gewöhnlichen Sinne unvergeßlich nennt, sondern das wurde sie uns, was eine Menschenindividualität werden kann, die – durch verschiedene Umstände veranlaßt – erst das aufbauen muß, was in schöner Weise mit vielen latenten Kräften hier im physischen Leben veranlagt ist, und das auszuführen in der Lage ist in der geistigen Welt. Da vergeht allerdings manches Jahr. Und es vergingen auch in diesem Falle Jahre, bis aus einem gewissen Verpuppungszustand die Möglichkeit sich entwickelte, daß eine solche Individualität an das anknüpft, was sich hier in der physischen Welt wie keimhaft entwickelt hat. Für jene Persönlichkeit trat, ich möchte sagen, wie durch das Schicksal gegeben, gerade in den Zeiten dieses freie geistige Leben in der geistigen Welt ein, dieses zur Tatkräftigkeit übergehende Leben ein, als es notwendig war, an die Inszenierung heranzugehen, als das vom Karma von uns verlangt worden ist. Selbstverständlich mußte die Kraft, mußten die geistigen Fähigkeiten zu dieser Inszenierung von uns aufgebracht werden, aber wie, wenn man eine physische Verrichtung zu machen hat und noch so stark geistig die Kraft aufbringen kann, die physische Kraft zur Verfügung stehen muß, so müssen uns gewisse Kräfte von der geistigen Welt herkommen, wenn man Geistiges zu leisten hat. Geistige Hilfe, geistige Unterstützung muß uns kommen. Sie kommt demjenigen, der nicht hineinschauen kann in die geistige Welt, so, daß es ihm unbewußt bleibt, denn wir stehen immer unter dem Einfluß und der Hilfe der geistigen Welt. Aber in dem Fall, den ich meine, war es so, daß ich immer wiederum und wiederum mit dem Bewußtsein zur Arbeit ging, die ich meine, daß gerade diese Individualität, von der ich sprach, wie der Beschützer herunterschaute auf das, was geschah. Und in diesem Hinunterschauen auf das, was geschah, war etwas zu verspüren wie ein in erstarkender Kraft Sich-warm-durchglüht-Fühlen von etwas, was man braucht, um etwas auszuführen, was geistig ausgeführt werden soll.

Man muß in einer solchen Weise schildern, wie die geistigen Welten und die Wesen der geistigen Welten, auch die Toten also, hereinwirken in die physische Welt, und man sieht dann wie richtig der Ausdruck ist: Wir werden wahrgenommen von denjenigen, die in der geistigen Welt Beziehungen zu uns entwickelt haben.

Es wird eine Zeit kommen, wo das menschliche Leben wesentlich durch solche Dinge, wie sie angedeutet worden sind, bereichert werden wird, wo man in den Toten nicht bloß das haben wird, was als Bild bleibt, an das man sich erinnert, wie es sich gebildet hat bis zum Tode hin, sondern die Zeit wird kommen, wo man in diesem oder jenem Toten den Beschützer dieser oder jener Betätigung fühlen wird, wo auch für das Bewußtsein die Seelen der Toten weiterleben werden, für das Bewußtsein der auf der Erde lebenden Menschen. Wo das fortdauern wird, was scheinbar durch die Toten abgeschnitten worden ist. Wenn jetzt das noch nicht für viele Seelen vorhanden sein kann, so ist der Grund davon genau einzusehen. Der Grund ist der, daß eben geisteswissenschaftliche Entwickelung erst im Anfang ist, daß Geisteswissenschaft noch nicht in den Seelen die sich frei betätigenden Kräfte und Fähigkeiten herausgeholt hat.

Der Gang zu solchen Vorstellungen, wie sie angedeutet worden sind, kann auch der Folgende sein, und der wird er ganz gewiß werden für viele Seelen der Zukunft. Man kann an einen Toten denken, hier bei seinem irdischen Tagewerk. Man kann all die Liebe in seiner Seele wieder rege machen, die man für den Toten gehabt hat, und es wird ganz sicher ein Moment kommen, der nicht eine Vision zu enthalten braucht – wahrhaftig, es braucht nicht gleich eine Vision zu sein –, der aber in die Seele die Empfindung hineindrängt: Ja, der Tote wirkt, wie wenn er durch meine Hände und Fingerspitzen wirke, wie wenn er mein Feuer für die Sache anfache, ich fühle seine Kraft in mir. – Dieses Hellfühlen des Herunterwirkens geistiger Einflüsse aus der geistigen Welt, das wird zu den Früchten, zu den wirklich realen Lebensfrüchten gehören, die durch Geisteswissenschaft den Seelen werden sollen.

Und nun denken wir einmal, wie unendlich das Leben bereichert wird, wenn die Menschen als real um sich empfinden nicht nur, was ihren Sinnen geoffenbart wird, sondern überall herein in die physischen Vorgänge und Verrichtungen des Menschen das Bewußtsein sich drängen wird – zuerst braucht es nicht in Visionen sich zu zeigen –: Indem du dieses verrichtest oder jenes verrichtest, ist der oder jener, der dir im Leben dieses oder jenes war, dein Beschützer, dein Helfer, er beschützt dich, er hilft dir mit den Kräften, die er noch nicht hatte in der physischen Welt, für die er sich hier nur vorbereiten konnte, so daß er sie in der geistigen Welt ausüben kann. – Wahrhaftig, wie wir erfrischt werden für die physische Gesundheit, wenn wir die frische Morgenluft atmen, so werden sich die Menschenseelen einmal erfrischt fühlen für das Leben im Geistigen dadurch, daß sie atmen die ihnen spürbar, die ihnen empfindbar werdende schützende Hilfe oder auch nur den auf sie gerichteten Blick der Wesen der geistigen

Welt. Wir schauen hinein in eine Menschenzukunft, die vorbereitet werden soll durch die Pflege der Geisteswissenschaft, die eine unendlich reichere sein wird als das, was die Menschen gegenwärtig ihr Leben nennen. Aber brauchen werden die Menschen diese Bereicherung aus der geistigen Welt heraus. Denn haben wir nicht sagen können: Durch die physische Leiblichkeit wurden angeregt die traumhaften hellsichtigen Vorstellungen der alten Zeiten, aber die Leiblichkeit veränderte sich? Heute ist sie nur geeignet, dem Menschen die physischen Gedanken, die Gedanken, die angeregt werden vom physischen Plan, zu geben. Durch Geisteswissenschaft müssen die Gedanken über die geistige Welt gewonnen werden. Immer weniger wird vom physischen Plan den Menschen für die Erkenntnis der geistigen Welt gegeben werden, immer ohnmächtiger wird der physische Leib werden. Und da alles Physische auch seinen Ursprung im Geistigen hat, wird die Sehnsucht immer größer werden nach den realen Beziehungen der Seele zur geistigen Welt.

Hat die physische Natur dem Menschen in alten Zeiten etwas gegeben, was wie aus physischen Wirkungen des Leibes heraufstrahlte in die Seele, so daß er hellsichtig wurde, so kann man sagen: Die Zeit ist schon da, wo der Mensch immer mehr und mehr aus dem Geistigen wissen wird, und das Geistige immer mehr aus den geistigen Welten geschöpft werden muß. – Aber der Übergang muß gewahrt werden. Verständnis müssen wir gewinnen für den Pfad, der in die geistige Welt durch die Geisteswissenschaft führt. Nicht scheuen müssen wir uns vor den Schwierigkeiten und Unbequemlichkeiten, welche die Seele fühlen kann, wenn sie wirklich Schritt für Schritt sich unterrichten soll darüber, wie es in der geistigen Welt zugeht. Unseren Verstand, unsere Vernunft anzustrengen, unseren Wahrheitssinn genügend anzustrengen, ist uns vielleicht unbequem, aber wir müssen uns dieser Unbequemlichkeit aussetzen. Dazu ist gerade jene geisteswissenschaftliche Bewegung da, zu welcher wir uns zählen. Dazu sollte es diese geisteswissenschaftliche Bewegung bringen, daß immer mehr und mehr eingesehen wird: Die Menschenseelen gehen, indem sie durch die wiederholten Erdenleben hindurchgehen, einem Fortschritt entgegen, sie gehen durch eine Wandlung durch, und wir leben in der Zeit, wo die Menschen durch das Verständnis in die geistige Welt hineingehen müssen. Es würde nicht richtig sein, wenn nicht gerade aus unserem Kreise heraus immer gründlicher dieses Verständnis sich entwickelte, daß derjenige, der ohne durch die Geisteswissenschaft durchgegangen zu sein, wie aus seinem Leibe aufsteigend noch die alten hellsichtigen Kräfte hat, nicht höher stehen kann als derjenige, der wirklich von verständigen, von vernünftigen Begriffen dessen, was über die geistigen Welten verkündigt wird, ausgeht. Die Menschen werden so leicht verführt, eben durch ihren bequemen Sinn verführt dazu, nicht die Aktivität ihrer Seelen anzustrengen, nicht ihr Wahrnehmungs- und Beobachtungsvermögen anzustrengen. Die muß man allerdings anstrengen, wenn man im Sinne der Geisteswissenschaft das Leben führen will, aber die Menschen werden versucht, sich nicht anzustrengen. Daher werden sie immer mehr dazu getrieben, höher zu achten das, was noch wie aus dem Leibe heraufsteigt, angeregt durch die verborgenen Kräfte des Leibes, an geistigen, an psychischen Kräften. Ja, man kann es erleben, man kann es wirklich erleben, daß die Leute sagen: Dasjenige, was Du begreiflich zu machen versuchst aus der geistigen Welt, das suchen wir eigentlich nicht, das imponiert uns nicht, wir wollen Unbegreifliches erfahren. – Darauf sind die Menschen viel mehr gestimmt, das Unbegreifliche hingestellt zu bekommen durch irgend etwas, als sich anzustrengen und das geistig Begreifliche zu finden. Das führt dann eben dazu, daß dasjenige eintritt, was man ein völliges Verkennen der eigentlichen geistigen Aufgaben der Gegenwart nennen könnte, daß die Menschen, wenn irgend jemand auftritt, der, ohne durch die geisteswissenschaftliche Erziehung hindurchgegangen zu sein, wie aus seiner Natur heraufsteigende psychische Kräfte hat, einen solchen als etwas Besonderes ansehen, einen besonderen Nimbus um ihn verbreiten. Man sagt: Ja, weil man nicht weiß, woher das kommt, weil er eben nicht durch Geisteswissenschaft hindurchgegangen, weil er nicht sich angestrengt hat, darum sind seine Kräfte so viel wert, darum ragt bei ihm eine andere Welt in diese herein.

Wahrhaftig, unsere Bewegung würde nicht ihr Ziel erreichen, wenn sie nicht über dieses Vorurteil recht bald hinwegführte. Man kann es oftmals hören, daß gesagt wird: Dieser oder jener sei ganz gewiß die Wiederverkörperung einer großen Individualität, der müsse das oder das gewesen sein, – weil er diese chaotischen psychischen Kräfte zeigt, ohne daß er sie herausgebildet hat in diesem Leben, herausgebildet hat durch ein wirklich aktives, anstrengendes Seelenleben. Sicher sollte man vielmehr sein, daß der, der heute solche wie von selbst aufsteigenden psychischen Kräfte zeigt, eher eine zurückgebliebene Seele ist, die auf früheren Entwickelungsstufen zurückgeblieben ist und die gehegt und gepflegt werden sollte in der Geisteskultur der Gegenwart. Diejenigen, die bedeutsamere Inkarnationen der früheren Zeit durchgemacht haben, die treten heute auf etwa wie einer von der Art, die wir heute morgen hier schildern durften, mit denjenigen Kräften, die vielleicht von manchen weniger geschätzt werden, leider, als irgendwelche chaotischen Psychismen, die aber die Ergebnisse sind viel höherer geistiger Kräfte, wenn sie auch heute das darstellen, was man nicht schätzt, weil man sie nicht begreift.

So versuchte ich, meine lieben Freunde, in diesen beiden Vorträgen, zum Teil aus konkreten Tatsachen heraus ein Bild zu entwerfen von dem Hereinragen der geistigen Welt in die physische Welt und von dem Auswirken der physischen Welt in die geistige Welt hinein. Ich versuchte zu zeigen, wie unberechtigt es ist, wenn die Menschen behaupten, hier auf dem physischen Plan sei es unfruchtbar, sich um die geistige Welt zu bekümmern. Ich versuchte zu zeigen, wie gerade dadurch das physische Leben nicht begriffen werden kann, daß man sich nicht bewußt wird des konkreten Hereinragens der geistigen Welt in diese unsere physische Welt. Nicht daß wir das Wissen aufnehmen aus der geistigen Welt allein; darauf kommt es nicht an. Dieses Wissen muß da sein, wir müssen es uns aneignen, weil es die aus der geistigen Welt geoffenbarte Wahrheit ist, weil es der Schlüssel ist zum Verstehen und Erleben der Welt. Aber dieses Wissen muß uns zu einer inneren Stimmung führen, zu einer gewissen Art des Sich-in-der-geistigen-Welt-darinnen-Wissens, dann kommt durch die neuere Geisteswissenschaft in die Seelen das herein, was ein so bedeutender Geist wie *Fichte* meinte, indem er die Worte sprach, die ich auch im öffentlichen Vortrag anführte und die ich hier wiederholen will. Es kommt in die Seelen das herein, was Fichte dazumal, da es noch keine Geisteswissenschaft gab, nur andeuten konnte. Ich weiß, daß ich in seinem Sinne spreche, wenn ich zu seinen Worten ein paar andere hinzufüge, für deren Verständnis er wirkt aus der geistigen Welt heraus. So sprach Johann Gottlieb Fichte während seiner Erdenzeit, Johann Gottlieb Fichte, der große deutsche Philosoph: Nicht erst, wenn ich aus dem Zusammenhang des irdischen Lebens heraus sein werde, wird mir das Überirdische zuteil werden. Ich lebe schon hier in der übersinnlichen Welt, ich lebe in ihr ein wahreres Leben als in der sinnlichen Welt; sie ist mein einziger fester Standpunkt, und indem ich von der überirdischen Welt Besitz ergriffen habe, besitze ich dasjenige, um dessentwillen ich allein in der irdischen Welt fortfahren mag zu leben.

Was sie den Himmel nennen, so sprach Fichte, liegt nicht allein jenseits des Grabes. Es ist überall um uns herum, um unsere Natur herum vorhanden, und geht in jedem liebenden Herzen auf.

Jetzt sagt uns das Fichte, wie wir ihn verstehen, so wie er spricht aus der geistigen Welt heraus.

Und Geisteswissenschaft, wie sie in diesem Zeitalter aufblüht und der Menschheit erkeimen soll, soll das Licht sein, welches die Gefühle und Empfindungen für das geistige Leben bekräftigt, die in jedem liebenden Herzen aufgehen. Das liebende Herz wird immer mehr und mehr die Sehnsucht nach der geistigen Welt erzeugen, und Geisteswissenschaft wird immer mehr und mehr dieses Licht als seinen Besitz aus der geistigen Welt verlangen müssen.

So sprechen wir im Einklang sicher auch mit denjenigen, die im Lechzen nach der geistigen Welt vor uns verstorben sind, und wirklich, indem wir uns in die geistige Welt hinaufleben, auch im Einklang mit der Weltenweisheit, die durch die Menschheitsentwickelung wallt, soweit wir diese Weisheit mit unseren menschlichen Kräften erkennen und begreifen können.

GEDENKWORTE FÜR GRÄFIN VON BROCKDORFF
Berlin, 25. Juni 1906

Das Nächste, was uns heute obliegt, ist, uns zu erinnern an den Weggang vom physischen Plane eines unserer sehr lieben Mitglieder. Die *Gräfin von Brockdorff*, die ja, wie namentlich die alten Mitglieder der theosophischen Bewegung in Deutschland wissen, soviel Kraft und Hingebung dieser theosophischen Bewegung in Deutschland gewidmet hat, ist am 8. Juni, nach einem physisch qualvollen Leiden, von dem physischen Plane abgegangen. Die älteren unserer Mitglieder, und insbesondere auch ich selbst, wissen von der schönen und hingebungsvollen Tätigkeit der Gräfin von Brockdorff. In den Zeiten, in denen oftmals die theosophische Sache in Deutschland nahe daran war zu versiegen, war es das Paar Graf und Gräfin Brockdorff, welche in ihrer liebevollen und zu gleicher Zeit für die weitesten Kreise so außerordentlich sympathischen Art diese theosophische Bewegung in Deutschland immer wieder und wieder über Wasser zu halten wußten. Derjenige, der sich noch erinnert an die stille und äußerst wirkungsvolle Art, wie die Gräfin in ihrem Hause verschiedenste Geister zu versammeln wußte, um einzelne Lichtstrahlen auszusenden, der wird ihre Tätigkeit in vollster Weise zu würdigen wissen.

Wenn ich zunächst selbst Ihnen mit einigen Worten sagen darf, wie ich in den Kreis hineingekommen bin, in welchem die Gräfin Brockdorff theosophisch und sonst geistig anregend im weitesten Sinne wirkte, so möchte ich nur sagen, daß eines Tages eine Dame zu mir sagte, ob ich nicht einen Vortrag über Nietzsche in dem Kreise von Brockdorff halten möchte. Ich habe zugesagt und einen Vortrag über Nietzsche gehalten. Die Gräfin nahm dann Veranlassung zu fragen, ob ich nicht einen zweiten Vortrag in demselben Winter-Zyklus halten möchte. Dieser zweite Vortrag – ich glaube es war die Winterserie 1900 – war über das Märchen von der «Grünen Schlange und der schönen Lilie». Schon damals ging der Gräfin der Wunsch auf, dasjenige, was ein wenig geschlummert hatte – die eigentliche theosophische Tätigkeit – wiederum aufzunehmen. Die Tätigkeit der

Gräfin war allmählich, weil sie immer mehr und mehr im theosophischen Leben wurzelte, mit dem sie zu verschiedenen theosophischen Erlebnissen gekommen war, außerordentlich schwer. Es war schwer, unter dem Namen der Theosophie das geistige Leben weiterzuführen. Sie hatte sich daher zunächst beschränkt auf ihre Donnerstag-Nachmittage, hatte dann aber das Bedürfnis empfunden, wieder zur eigentlichen theosophischen Tätigkeit überzugehen, und forderte mich auf – ich war noch nicht einmal Mitglied der Gesellschaft damals –, in der Vereinigung Vorträge zu halten, die sich im ersten Winter ergingen über die deutsche Mystik bis Angelus Silesius. Ein Abriß davon ist gegeben im Buche «Die Mystik des neuzeitlichen Geisteslebens». Im nächsten Winter hielt ich die Vorträge über «Das Christentum als mystische Tatsache». Dadurch ist eine Art Mittelpunkt zur Sammlung der theosophischen Kräfte in Deutschland entstanden, von dem ausgegangen und eine Grundlage geschaffen worden ist für die eigentliche Sektionsgründung.

Nun muß, wenn man der lieben Gräfin Brockdorff gedenkt, insbesondere hervorgehoben werden, daß durch ihre außerordentlich sympathisch auf die Umgebung wirkende Art und Arbeit die theosophische Sache immer wieder über Wasser gehalten wurde. Für gewisse Organisationsfragen und Strömungen in der theosophischen Bewegung hatte die Gräfin weniger Sinn. Es lag ihr weniger, sie hatte weniger Sympathie dafür. Aber es bildete sich eine gewisse Grundtendenz ihres Herzens, in der Richtung der theosophischen Bewegung zu wirken. Sie hat das, wie wirklich selten ein Mensch, in einer Weise getan, die von der vollsten Hingabe und von außerordentlicher Liebe getragen war.

Es hat wohl wirklich ihre Gesundheit es nötig gemacht, daß in dem Zeitpunkte, wo wir durch die Verhältnisse gezwungen waren, eine straffere und zusammengezogenere Organisation in Deutschland zu entfalten, sie sich nach ihrem Ruhesitz in Algund bei Meran zurückziehen mußte. Und wie oft ist auch der guten Gräfin diese Ruhe nicht eine wirkliche Ruhe gewesen. Bald fing sie an zu kränkeln, und sie hat in gesundheitlicher Beziehung in den letzten Jahren schwere Zeiten durchgemacht. Es ist objektiv gesprochen, wenn ich sage, daß die Geschichte der theosophischen Bewegung in Deutschland in den neunziger Jahren und anfangs 1900 mit dem Namen Brockdorff verknüpft sein wird, da die Verdienste, welche die Gräfin und der Graf sich erworben haben, gar nicht genug gewürdigt werden können. Die älteren Mitglieder werden noch unseres guten Grafen gedenken, als er noch an der Seite der Lebensgefährtin war, die er jetzt auf dem physischen Plane verloren hat. Aber die Mitglieder wissen auch, wie tief eingewurzelt die theosophische Gesinnung war, mit der der Friede wird gewonnen werden können aus der theosophischen Weltanschauung. Auch diejenigen aber, welche vielleicht als jüngere Mitglieder die Gräfin Brockdorff noch nicht gekannt haben, werden angesichts dessen, was sie für die theosophische Bewegung in Deutschland und besonders in Berlin geleistet hat, dankbar dessen gedenken und mit einer gewissen – durch theosophische Gesinnung im wesentlichen gefärbte – Bewegung zurückblicken auf die letzten Tage, die dem so sehr verehrten und geliebten Mitglied den physischen Tod gebracht haben. Ich bitte Sie, das verehrte Mitglied dadurch zu ehren, daß wir uns von den Sitzen erheben.

GEDENKWORTE

gesprochen bei Generalversammlungen

Berlin, 21. Oktober 1906

Gedacht soll aber auch an dieser Stelle der Mitglieder werden, die in diesem Jahre den physischen Plan verlassen haben. Ganz besonders wollen wir hierbei unseres allverehrten Mitgliedes, der *Gräfin Brockdorff*, gedenken, an deren anspruchsloses, aber umsomehr anzuerkennendes Wirken, zu einer Zeit, wo nur wenige in Deutschland für die Theosophie einzutreten bereit waren. Zu Ehren der Verstorbenen wollen wir uns von unseren Sitzen erheben.

Berlin, 20. Oktober 1907

Dr. Steiner gedenkt hierauf in schöner Weise der verstorbenen Mitglieder: Fräulein *Eggert's* und Herrn *Wirschmidt's*, deren Andenken die Versammlung durch Erheben von den Plätzen ehrt.

Berlin, 26. Oktober 1908

Nun obliegt es mir noch, die besondere Pflicht zu erfüllen, in diesem Augenblick derjenigen lieben Mitglieder unserer Gesellschaft zu gedenken, die im Laufe dieses Jahres den physischen Plan verlassen haben.
Da haben wir Frau *Agnes Schuchardt*, eine Dame, die viele Jahre in theosophischem Streben gelebt hat. Seit langem gehört sie schon der theosophischen Bewegung an, und obwohl sie bei der Begründung der Deutschen Sektion schon ans Bett gefesselt war, war sie doch in ihrer Seele ganz mit dem verbunden, was innerlich und äußerlich geschah; und mancher Brief, den sie mir geschrieben hat, zeigte, wie sie mit inniger Anteilnahme verfolgte, was vor sich ging.

Zweitens *Franz Vrba*, der in die Theosophische Gesellschaft eingetreten ist als Mitglied des Prager Zweiges, und der nach verhältnismäßig kurzer Zeit seiner Mitgliedschaft den physischen Plan verließ.

Ferner haben wir zwei besonders uns nahe gehende Fälle unseres Münchener Zweiges. Der eine ist *Otto Huschke*. Der Name Huschke ist untrennbar von der Entwickelung der theosophischen Arbeit in Deutschland, und unter denen, die ihre Hand geboten haben, als die Deutsche Sektion begründet werden sollte, war auch Huschke. Er stand bereits tief in der theosophischen Bewegung, stand tief im Okkultismus drinnen. Es war mir immer eine liebe Pflicht, wenn ich nach München kam, den immer kränklichen und wenig beweglichen Herrn aufzusuchen und zu sehen, was gerade in den vier Wänden dieses Herrn für okkultes Bedürfnis, für okkultes Streben herrschte. – Es dürfte wohl als besonders schmerzlich bezeichnet werden, daß der Tod des Herrn Huschke in den Tagen erfolgte, als auch seine Tochter, Fräulein Huschke, den physischen Plan verließ. Sie haben beide im Leben alles, was sie theosophisch besessen haben, geteilt, soweit es möglich war. Auch Fräulein Huschke war ein liebes Mitglied der Münchener Loge, und vor allem auch eines der strebsamsten Mitglieder. Otto und *Hilda Huschke* haben zusammen gelebt und sind wenige Stunden hintereinander gemeinsam vom physischen Plan abgegangen und werden in andern Welten weiter theosophisch zusammen leben.

Der Abgang unserer lieben Frau *Doser* vom physischen Plan ist ein fünfter Fall. Frau Doser gehörte auch zu den ältesten Mitgliedern der Deutschen Sektion. In eigenartiger Weise ließ sie einströmen in sich, was aus den Mitteln der okkulten Weltbewegung kommen kann, – und jeder, der sie kannte oder ihr näher getreten ist, wird tief im Herzen gefühlt haben die auf der einen Seite so hingebende zarte Natur und auf der andern Seite das von einem tiefen Sehnsuchtsstreben erfüllte Wesen dieser herrlichen Frau. Die letzten Zeiten ihres Lebens waren erfüllt von einer schweren Krankheit, die sie ertragen hat, getragen hat in einer ganz wunderbaren Weise. Aber sie war ein Mensch, der trotzdem in den Untergründen seines Bewußtseins etwas hatte von dem seligen Vorgefühl, einer neuen Welt entgegen zu leben. So lebte sie, daß sie an der Außenseite ihres Lebens gleichsam verblaßte, – was sie aber in ihrem inneren seelischen Leben wirklich immer reicher und reicher werden ließ; und sicher bin ich, daß diejenigen Persönlichkeiten, die ihr im Leben am nächsten gestanden haben, auch diese Gefühle vollständig als die ihrigen anerkennen werden. Eine Anzahl von Mitgliedern ermöglichte es Frau Doser, den sonnigen Süden aufzusuchen, nach dem sie sich so sehnte; und es war wirklich ergreifend zu sehen, wie sie in der physischen Sonne die Geisteskraft wahrnehmen konnte. Und es wird mir unvergeßlich bleiben, daß in Capri, wenige Stunden vor ihrem Tode, diese Seele der Frau Doser einige Zeilen an mich richtete, aus denen hervorgeht die Sehnsucht, die Stimmung, den engen Raum des physischen Planes zu überwinden: «Ich will hinaus, morgen ein Schiff besteigen, – ins weite Meer hinaus!» Es war ein Gefühl, daß sich die Seele befreit von dem physischen Leib.

Einen schmerzlichen Fall habe ich zu erwähnen in dem Tode *Fritz Eyselein's*. Viele von Ihnen, die bei den theosophischen Vorträgen waren, wissen, daß in Fritz Eyselein eine Persönlichkeit unter sie getreten ist, die sozusagen früh in dem Entwickelungsgang der Deutschen Sektion in einen unglückseligen Geisteszustand geraten ist, der es unmöglich machte, ihr zu helfen. Es ist weder notwendig, noch vielleicht auch nur taktvoll, hier einzugehen auf das, was auch nur angedeutet zu werden braucht, und was uns deshalb nicht minder befähigen kann, unserm lieben Fritz Eyselein die schönsten Gefühle der Liebe und Freundschaft mit hinüber zu geben auf den andern Plan.

Nunmehr haben wir einer Persönlichkeit zu gedenken, die in dem letzten Jahre von dem physischen Plan Abschied genommen hat und jahrelang an der Spitze der Münchener Loge gestanden hat: Fräulein *von Hoffstetten*. Aus ihrer umfassenden Lebenserfahrung heraus konnte sie die Führerschaft dieser Loge in sachgemäßer Weise übernehmen. In dieser Dame, die seit langer Zeit auch kränklich war, deren Körper nur durch einen regen Geist lange Zeit schon zusammengehalten wurde, lebte auch ein nach jeder Richtung reges Streben, und immer war sie da, wenn irgend etwas zu tun war, wenn sie auch vorher gerade eine Operation durchgemacht hatte; und wer das schöne Außen- und Innenleben von Fräulein von Hoffstetten kennen gelernt hat, wird ihr die schönste Liebe mitgeben auf den andern Plan.

Ein anderes Mitglied, das mehr von ferne Interesse gehabt hat an dem, was in der Theosophischen Gesellschaft vorging, und vom physischen Plan abgegangen ist, ist Frau *Fähndrich*. Auch ihr werden wir die Liebe und ein Gedenken über den physischen Plan hinaus bewahren.

Nunmehr habe ich zu gedenken unserer lieben Frau *Rothenstein*, die kurze Zeit der Heidelberger Loge angehörte und nach einer kurzen Zeit durch eine tückische Krankheit abberufen wurde. Sie war eine schöne, in sich geschlossene Natur, tief und ernst ergeben unserer Sache. Auch ihr werden wir die Gefühle der Liebe nachsenden.

Damit habe ich derer gedacht, die physisch nicht mehr unter uns, aber geistig immer in unserer Mitte sind.

Die Versammlung ehrt das Andenken der genannten Personen durch Erheben von den Sitzen.

Berlin, 24. Oktober 1909

In sehr weihevoller Art nannte der Generalsekretär dann diejenigen unserer lieben Mitglieder, die im Laufe des Jahres den physischen Plan verlassen haben, und knüpfte daran jeweilen eine kurze Schilderung des Verhältnisses der Verstorbenen zur Theosophie, besonders der dahingeschiedenen drei Damen aus Stuttgart, Frau *Lina Schwarz*, Frau *Cohen* und Frau *Aldinger*.

Auch in einem solchen Falle – führte der Vorsitzende weiter aus – können wir uns im besondern vor die Seele stellen, welche Bedeutung das, was uns Theosophie bieten kann, hat. Wir wollen den Schmerz der Hinterbliebenen der dahingeschiedenen lieben Freunde nicht mit banalen Phrasen hinwegzutrösten suchen, sondern wir wollen darauf hindeuten, daß wir zwar erst am Anfang unserer Bewegung stehen, daß aber auf das Gesamtkarma derselben allmählich dasjenige kommen muß, was in dem Einzelkarma zum Ausgleich gelangen soll. Die Theosophen müssen sich schließlich verpflichtet fühlen, in gewissen Fällen tätig für einander einzutreten. So wird dann die beliebte Phrase von allgemeiner Menschenliebe ersetzt durch ein richtiges Verständnis für individuelle wirkliche Nächstenliebe. Wenn sich die Menschenliebe nicht an die einzelnen Fälle macht und sich da betätigt, bleibt sie bloße Phrase. Solche Gedanken müssen uns aufsteigen, wenn wir von Zeit zu Zeit dieses oder jenes von unsern lieben Mitgliedern den physischen Plan verlassen sehen.

Berlin, 30. Oktober 1910

Wir haben nach Verlauf unserer siebenjährigen Periode auch noch anderes zu verzeichnen, welches von uns Theosophen immer anders charakterisiert wird als von der Außenwelt. Wir haben gerade in diesem verflossenen Jahre von einigen unserer ältesten, von einigen ganz besonders für die theosophische Sache sich einsetzenden Mitgliedern zu verzeichnen, daß sie den physischen Plan verlassen haben. Und wenn wir dieser unserer lieben theosophischen Mitglieder gedenken, so denken wir an sie in der Art, daß wir sie in derselben Weise und Liebe weiter zu uns gehörig betrachten, in der wir sie zu uns rechneten, während sie auf dem physischen Plan unter uns verweilten. Wir wollen damit sagen, daß es für uns Theosophen etwas gibt, was als Pflicht ja auch in der äußeren, nicht theosophischen Welt zu den eigentlich wichtigsten Herzenspflichten gerechnet wird, was aber eine besondere Weihe und eine besondere Durchdringung mit dem Inhalte der im theosophischen Leben erworbenen Gefühls- und Gedankennuance bei uns Theosophen erfahren muß. Das ist das Nachsenden der Liebe, das Nachsenden unserer besten Gefühle über den physischen Plan hinaus gegenüber denen, die diesen physischen Plan verlassen haben. Solche durch das theosophische Empfinden gestärkten Gefühle sollen wir gegenüber den Verstorbenen zu entwickeln trachten. Wir sollen uns fähig machen, durch unseren theosophischen Fortschritt derartige Gefühle in die anderen Welten zu senden, daß wir das Liebe, das Wahre, das Gute, das uns entgegengetreten ist bei solchen Mitgliedern, dauernd als ein immer Gegenwärtiges empfinden, und damit diese Mitglieder selber dauernd gegenwärtig empfinden, so daß wir von ihnen sprechen als solchen, die unter uns weiter wandeln, und deren Wandeln uns immer heiliger wird aus dem Grunde, weil dasjenige, was sie uns senden können aus jener Welt, für sie ein Wertvolleres sein muß, als dasjenige, was sie uns geben konnten auf dem physischen Plan. In dieser tätigen Weise gedenken wir derjenigen unserer lieben Mitglieder, die in dem verflossenen Jahre den physischen Plan verlassen haben.

Da steht vor unserer Seele ganz besonders ein älteres, seit der Begründung der Sektion mit uns verbundenes Mitglied, das uns aus dem Grunde besonders nahe steht, weil uns wiederum nahe steht der Bruder dieses Mitgliedes, der hier ist als unser lieber Freund, Herr Wagner.

Fräulein *Amalie Wagner* in Hamburg, die viele von uns gut kennen, hat im Verlaufe dieses Jahres den physischen Plan verlassen, und wir werden immer hinblicken auf dasjenige, was sie versuchte zu tun für das theosophische Leben. Viele derjenigen Theosophen, die unserer lieben Amalie Wagner nahe standen, haben in ihrem innersten Herzen die Tätigkeit von Amalie Wagner in außerordentlicher Weise zu schätzen gewußt, und haben eine unbegrenzte Liebe dieser Freundin entgegengebracht. Und das war ja nur der schöne Widerstrahl des schönen theosophischen Strebens in der Seele Amalie Wagners. Und in Ehrfurcht und heiliger Weihe gedenken wir eines wichtigen Augenblickes im Leben von Amalie Wagner. Das war jener Augenblick, als ihr die Schwester, die mit ihr in Hamburg Mitglied unserer Bewegung war, im Tode voran ging. Damals war es mir möglich, an mich herantreten zu lassen das schöne, das liebende Verständnis, das die Seele von Amalie Wagner entgegenbrachte jenem Ereignis, das sich in dem Abgange ihrer Schwester vollzog. Da konnte ich entgegennehmen die sozusagen im echten theosophischen Empfinden gehaltene Aufschau von Amalie Wagner zu ihrer Schwester. Wie Amalie Wagner hinaufschaute in die höheren Welten, um sich Vorstellungen zu machen von der Art, wie weiterlebt ein Mensch in diesen höheren Welten, davon wurde viel gesprochen in dem lieben, einsamen Wohnzimmer Amalie Wagners. Und jetzt blicken wir ihr selber nach in Gedanken, wie sie ihrerseits nun empfängt von oben das Entgegenkommende und von unten, vom physischen Plane, die Gefühle von Liebe und Verehrung, die wir ihr von hier entgegenbringen. Zwei Seiten können wir an dieser Seele heute schon sehen, wie sie nach oben und unten lebt, wie ein

Mensch eben in der geistigen Welt lebt, wenn in seinem Herzen hier der Impuls war, sich anzuschließen dem, was als Seele durch unsere Bewegung hindurchgeht. Und so blicken wir denn in Andacht, in Liebe zu der Seele dieses lieben Fräulein Wagner hin, wie zu einer uns immer Gegenwärtigen.

Es hat noch ein altes Mitglied den physischen Plan verlassen, das zwar wenige kennen, aber diese wenigen sind solche, die dieses liebe Mitglied sehr lieb hatten, die immer, wenn sie mit ihm zusammenkamen, von neuem empfanden die Ehrerbietung heischende Seele unseres lieben Freundes *Jacques Tschudy* in Glarus, der von Anfang an unserer Deutschen Sektion angehört hat. Er ist bei den schweizerischen theosophischen Versammlungen von einer Anzahl unserer lieben Mitglieder getroffen worden. Und wenn ich mich in diesem Falle eines Wortes bedienen darf, das sehr ernst gemeint ist, so möchte ich sagen, daß die Seele dieser Persönlichkeit so wirkte, daß man gar nicht anders konnte, als sie lieb haben. Und wer oftmals sehen konnte, wie dieser Mann geliebt wurde, der weiß, daß diejenigen, die ihn kannten, dieses Gefühl ihm dauernd in die geistige Welt nachsenden werden.

Dann hat noch ein außerordentlich strebsames Mitglied, das in rüstiger Energie versuchte, in das Exoterische und Esoterische der Theosophie einzudringen, und welches erst in den letzten Jahren unserer Deutschen Sektion nahe getreten ist, den physischen Plan verlassen. Unser lieber Freund *Minuth* aus Riga befand sich beim letzten Stuttgarter Zyklus; dann erschien er wieder in Hamburg, und damals war schon sein äußerer physischer Leib mit dem Keim behaftet, der ihn nicht weiter leben ließ. Er konnte schon nicht mehr den vollständigen Zyklus mitmachen und verließ bald darauf auch den physischen Plan. Auch ihm werden wir diejenigen Empfindungen hinaufsenden in die höheren Welten, welche wir nicht nur gehabt haben, als wir uns entschlossen, Theosophen zu werden, sondern die wir uns angeeignet haben während unseres theosophischen Lebens.

Wir haben abgehen sehen vom physischen Plan noch eine andere Persönlichkeit: die Gattin unseres lieben Freundes *Sellin*. Aus früheren theosophischen Versammlungen kennen Sie ja alle unseren lieben Freund Sellin. Während er in Zürich wirkte, ging seine liebe Gattin in die geistige Welt hinauf. Dieses Hinaufgehen seiner Gattin versteht unser lieber Freund in der wunderbarsten Weise, und wer empfinden durfte dasjenige, was Sellin selber empfindet gegenüber der Toten, der weiß zu sagen, wie im echten, schönen Sinne gegenüber den Toten der Theosoph empfinden soll. Ich müßte Worte sprechen, welche in den eindringlichsten Farben Gefühle schildern würden, die lebendig hinaufströmen in die geistige Welt, wenn ich Ihnen manches schöne Wort wiedergeben wollte, das aus der Seele unseres lieben Freundes Sellin hier auf dem physischen Plan seiner geliebten Gattin hinaufgesendet wurde. Es ist aber besser, wenn wir in uns sozusagen nur eine Ahnung hervorrufen von dem, was durch so etwas Schönes gesagt werden kann, wenn wir es nicht selber gehört haben. Und derjenige, der, wie ich, so schöne Worte gehört hat wie die unseres lieben Freundes Sellin, die Zeugnis sind seiner wirklich schönen, realen Empfindung, wer dieses selber erlebt hat, der hat das Bedürfnis, solch schöne Worte durch Aussprechen nicht zu entweihen. Aber das Bedürfnis habe ich in meiner Seele in diesem Augenblicke, in Ihren eigenen Herzen Ahnungen erwachen zu lassen von dem, was schönes Empfinden, schönes innerliches Erleben ist denen gegenüber, die in der Richtung nach der geistigen Welt physisch entschwunden sind.

Eine weitere Persönlichkeit in Stuttgart ist den ihr Nahestehenden in der physischen Welt entschwunden: unser lieber Freund *Frenzel* hat seine Gattin vor kurzem den höheren Planen abgeben müssen. Wenn wir sehen, wie wir Theosophen beginnen, ein wirkliches Seelenleben zu entwickeln, so brauchen wir nur an unsere liebe Frau Frenzel zu denken, die in so schöner Weise an ihrer Seele arbeitete, um in das theosophische Leben hineinzukommen. Das kann vielleicht nur würdigen, wer ihrer Seele nahe gestanden hat wie ich selber. Und so dürfen wir dasjenige, was wir gelernt haben, hinaufsenden unserer lieben Freundin Frau Frenzel.

Und so gedenken wir auch einer anderen Freundin, die durch ein tragisches Geschick den physischen Plan verlassen hat, Frau *Hedwig von Knebel*, deren liebevolle Hingabe an die theosophische Sache bemerkt werden konnte, sowohl wenn wir anderen in Wiesbaden waren, als auch von den Wiesbadenern selber.

Dann aber steigt mit einer besonderen Kraft, mit einer ganz besonderen Lebendigkeit aus den höheren Welten zu uns herab das Bild einer theosophischen Persönlichkeit, die vor kurzem den physischen Plan verlassen hat, die mit einer Intensität, mit einem Verständnis und einer Hingebung, die wirklich nicht in Worten zu schildern ist, sich seit Jahren der theosophischen Sache mit allem, was sie konnte – und sie konnte viel –, in den Dienst stellte. Da wird mir selber immer unvergeßlich bleiben der Augenblick nach einer theosophischen Versammlung, wo unsere liebe *Hilde Stockmeyer* zum ersten Male an mich herantrat, um Genaueres über mancherlei von dem kennen zu lernen, was sie in der Theosophie, die sie mit all der Kraft, die in ihr war, aufnahm, gelernt hatte. Auf der anderen Seite versuchte sie es – und sie durfte und konnte viel versuchen – dasjenige, was sie in der Theosophie gelernt hatte, zu verbinden mit dem, was die äußere Wissenschaft an Wahrem und Gutem bietet. Und es darf gesagt werden, wie eine umfassende Gelehrsamkeit auch äußerlich imstande war, Frucht zu tragen, indem sie zur Befriedigung der äußeren Welt das letzte Examen noch kurz vor ihrem Abscheiden abgelegt hatte. Es darf in der Gelehrsamkeit von Hilde Stockmeyer das Erste gesehen werden, was uns selber als ein schönes Geschenk ihrer persönlichen Werte von ihr entgegengebracht worden ist. Dasjenige, was uns Hilde Stockmeyer, die Vorsitzende der Malscher Loge, auf dem physischen Plane gewesen ist, war sie durch ihre Fähigkeiten und durch die Art, wie sie diese Fähigkeiten verarbeitete. Sie war dadurch berufen, fruchtbringend zu wirken, und zu dem, was sich Hilde Stockmeyer durch die Ausbildung ihrer Fähigkeiten auf diese Weise erwarb, brachte sie etwas anderes hinzu, was durch seine Ausströmung auf die Nahestehenden wirkte, was bloß durch sein Wirken uns verraten konnte, wie fruchtbar echtes, wahres, theosophisches Empfinden hier im Menschenleben werden kann. Das zeigt die Art, wie Vater, Mutter, Geschwister und Freunde aufnahmen ihren Abgang in die höheren Welten. Das ist wiederum in diesem Falle ein Beweis für die Wirksamkeit der Theosophie in den Menschenseelen. Es ist dies noch in einer anderen Weise ein Beweis dafür, als es selbst bei den anderen Genannten der Fall war. Bei den anderen waren überall Persönlichkeiten in ihrer Umgebung, die die Theosophie gesucht hatten. Bei Hilde Stockmeyer bekannten sogar die Eltern: Sie hat uns die Theosophie gebracht, sie war uns geschickt. – Die Personen, die auf dem physischen Plan ihr vorausgegangen waren, die ihr das physische Leben gegeben haben, bekannten das, was sie fühlen konnten dem gegenüber, was in ihrer eigenen Tochter aus den höheren Welten ihnen entgegenkam, wovon sie sagen mußten: Dem konnten wir nicht zum Dasein auf dem physischen Plan helfen, dem gegenüber waren wir das Werkzeug. – Und es gehört zu den schönsten Gefühlen, die innerhalb unserer theosophischen Bewegung geäußert worden sind, daß die Eltern von Hilde Stockmeyer zum Ausdruck brachten die Größe des Dankes und der Schätzung, die sie dem Wissen ihrer Tochter entgegenbrachten, dem Wissen der Tochter, die den Eltern die Theosophie ins Haus gebracht. Und dies herrliche Echo bringen die Eltern von Hilde Stockmeyer ihrer in die spirituelle Welt abgegangenen Tochter entgegen. Wir aber sollen lernen, das besonders Hilde Stockmeyer hinaufzusenden in die höheren Welten, was sich bei solchen Dingen nur ahnen läßt. Und klar ist mir, daß ich kein besseres Gefühl hinaufsenden kann in die geistigen Welten, als wenn ich die Empfindungen der Seele von Hilde Stockmeyer selber jetzt hinaufsende, mich zum Werkzeug ihrer Seele mache für das Schöne, was aus einem schönen Gefühl heraus zu sagen wußte unsere liebe Freundin, während sie noch hier bei uns war. In zwei kleinen Dichtungen, die mir anvertraut worden sind, die der Feder unserer lieben Freundin entstammen, die ihrem so schön angelegten Geiste entsprangen, spricht sie selber noch von dem physischen Plan zu uns herein. Wie Hilde Stockmeyer empfand gegenüber den ewigen Lehren der Theosophie, das mag uns aus ihren eigenen kleinen Gedichten in diesem Augenblicke entgegentönen. So sprach, als sie noch lebte, Hilde Stockmeyer, so mag für uns nachklingen, was sie selber noch sagte:

> Sind wir denn wirklich so ganz allein?
> Kann nie der Eine den Andern verstehn?
> Kann er ihm nie in's Herze sehn?
> Ihm erleichtern seine Pein?

> Ich denke, wenn Liebe zu Liebe spricht,
> So recht vom Herzen mit treuem Gesicht,
> Um Liebe willen die Qualen zu lindern,
> Durch liebe Worte die Schmerzen zu mindern,
> Dann mein' ich, könnt's nicht vergebens sein!
> Sind wir denn wirklich so ganz allein?
> Gibt es nicht Brücken zu jedem Herzen?
> Gibt es nicht Balsam für alle Schmerzen?
> Wenn wir Aug' in Aug' versenken,
> Gar nicht an uns selber denken,
> Braucht es sogar der Worte nicht,
> Wahres Verstehen lautlos spricht!
> Auch zu den allerverstocktesten Herzen
> Führt ein Weg.
> Wandelst du mutig auf schwankendem Steg
> Mit dem einen Gedanken: Helfer zu sein,
> Bist du bald nicht mehr allein!

Versuchen wir es, nach ihrem Abgang in unseren Herzen solche Gefühle zu entwickeln, um sie ihr nachströmen zu lassen, solche, die dieser ihrer eigenen schönen Gefühle wert sind. Und lernen wir empfinden, wie sie selber empfunden hat, und wie sie es aussprach in dem anderen kleinen Gedicht:

> Ich möchte sein ein reiner Quell des Segens,
> Der immer fließt und nie versiegen muß,
> Ein Herz voll Mut möcht ich mein eigen nennen,
> Das nie verzagt und nie in Schmerzen bebt.
> Und Liebe möcht ich strömen durch die Welten;
> Daß all Lebendiges jauchzen sollt vor Lust.
> Und also gebend möcht im All ich still versinken,
> Wie eine Melodie, die leis' verklingt.

So sprach sie im Leben, so starb sie für den physischen Plan. Es braucht nicht gesagt zu werden, daß wir uns bemühen sollen, ihr ebenso Wertvolles nachzusenden wie sie, den eigenen Tod ahnend, es in den letzten Worten sprach, der letzten kleinen Dichtung. Wer Hilde Stockmeyer kannte wie ich, weiß, daß der Tod dieser lieben Seele das war:

> Und also gebend möcht im All ich still versinken,
> Wie eine Melodie, die leis' verklingt.

Die Versammlung ehrte das Andenken der genannten Personen durch Erheben von den Sitzen.

Berlin, 10. Dezember 1911

Vor allen Dingen obliegt es mir zu gedenken eines alten Mitgliedes der Deutschen Sektion und des Kölner Zweiges, unseres lieben Fräulein *Hippenmeyer*, welches mit einer immer sich steigernden Wärme für unsere theosophischen Gedanken eine außerordentlich große Regsamkeit verband für die weitesten Weltinteressen. Diejenigen, die sie näher gekannt, waren ebenso hingezogen durch ihr schönes, gutes, theosophisches Herz wie durch ihre Weltinteressen. Fräulein Hippenmeyer ging diesen Interessen nach nicht in philisterhafter Weise, sondern unternahm in großem Umfange Reisen, die Weltreisen genannt werden können. Wenn man bedenkt nur die äußeren, rein technischen Schwierigkeiten dieser Reisen für eine einzeln reisende Dame, und Fräulein Hippenmeyer war noch dazu eine schwächliche Dame, dann ist das etwas, wofür man viel Bewunderung haben kann. Für unsere theosophische Sache war sie in äußerst sympathischer Weise rührig, und es war all denen, die sie gekannt hatten, schmerzlich zu hören, daß sie auf einer ihrer großen Reisen in Java den physischen Plan verlassen hat.

Weiter habe ich zu gedenken eines außerordentlich rührigen Mitarbeiters, der ebenfalls der Loge Köln angehörte, unseres lieben Freundes *Ludwig Lindemann*. Es steht noch vor mir der Eindruck, den ich hatte, als ich Ludwig Lindemann zum ersten Male sah, der mir tief lebendig seine Tendenzen darstellte. Er ist seitdem von Tag zu Tag gewachsen, trotzdem das stärkste Hindernis für ihn vorhanden war, nämlich eine schwere Krankheit. Er hat trotzdem keinen anderen Gedanken gehabt, als seine ganze Existenz einzusetzen für die Verbreitung des theosophischen Gedankens. Und als er seiner Gesundheit wegen nach Italien gehen mußte, hat er dort für die Pflege des theosophischen Gedankens gewirkt. Er hat dort die kleinen Zentren, die wir haben, Mailand, Palermo begründet. Er hat es verstanden, an diesen Orten das intensivste und herzlichste theosophische Leben zu begründen. Ludwig Lindemann war von allen, die ihn kannten, mit jener Liebe geliebt, die aus der Selbstverständlichkeit des spirituellen Zusammenhanges mit einem Menschen ersprießen kann. Lindemann folgte seinen großen theosophischen Interessen intensiv, und ich konnte sehen, als ich ihn in den letzten Wochen vor seinem Tode besuchte, wie aus dem verfallenden Leibe herausdrang ein tiefer, herzlicher, theosophischer Enthusiasmus. So war es mir eine tiefe Befriedigung zu sehen, wie unsere Mailänder Freunde innig sich verbunden fühlten mit unserem lieben Freunde Lindemann. Als ich in Mailand war, zeigte man mir das Zimmer, das für Lindemann bereitet war, in dem er hätte leben können, wenn er noch einmal hätte nach Italien kommen können. Ich war ja damals des festen Glaubens, daß er hätte noch einige Jahre wirken können, wenn es möglich gewesen wäre, daß er noch einmal nach Italien hätte kommen können; es war alles dort für ihn vorbereitet; Karma wollte es anders. Wir aber sehen ihm nach, wie Theosophen demjenigen nachsehen, der den Schauplatz seines Lebens und Wirkens in der physischen Welt in unserem Sinne verlassen hat, indem wir uns ebenso treu und herzlich mit ihm verbunden fühlen, wie wir es getan haben, als er noch unter uns auf dem physischen Plane weilte.

Einer dritten Persönlichkeit habe ich zu gedenken, die vielleicht für viele unerwartet schnell den physischen Plan verlassen hat; es ist unser liebes Sektionsmitglied Dr. *Max Asch*. In seinem viel bewegten Leben hatte er mancherlei zu überstehen, was es einem Menschen schwer machen kann, einer rein geistigen Bewegung nahe zu treten. Er hat aber zuletzt den Weg so zu uns gefunden, daß er, der Arzt, das beste Heilmittel für seine Leiden in der Pflege theosophischer Lektüre und Gedanken gefunden hat. Wiederholt hat er mir versichert, daß dem

Ärzte kein anderer Glaube in der Seele ersprießen könne an irgendein anderes Heilmittel als dasjenige, was spirituell aus theosophischen Büchern kommen kann, daß er die theosophische Lehre wie Balsam in seinen schmerzdurchwühlten Körper strömen fühlte. Wirklich bis in seine Todesstunde pflegte er in diesem Sinne Theosophie. Und es war mir eine schwere Entsagung, als, nachdem dieser unser Freund dahingeschieden war, und mir seine Tochter schrieb, ich möchte einige Worte an seinem Grabe sprechen, ich diesen Wunsch nicht erfüllen konnte, da an diesem Tag mein Vortragszyklus in Prag seinen Anfang nahm, und es mir deshalb eine Unmöglichkeit war, dem theosophischen Freunde diesen letzten Dienst auf dem physischen Plane zu erweisen. Daß ihm die Worte, die ich hätte an seinem Grabe sprechen sollen, als Gedanken nachgesandt worden sind in diejenige Welt, die er damals betreten hatte, können Sie versichert sein.

Ferner habe ich zu gedenken eines Berliner Freundes, Mitglied unseres Besant-Zweiges, der sich zuletzt nach mancherlei Bestrebungen wie in einem Hafen fand in unserer Bewegung. Es ist unser lieber Freund *Ernst Pitschner*, welcher seit langer Zeit mit den Keimen des Verfalles behaftet, unter uns weilte und bis zu seinem Tode in der intensivsten Weise mit uns vereint bei der theosophischen Arbeit war. Es war ein eigentümliches Karma, daß nach wenigen Wochen ihm seine Gattin in die übersinnlichen Welten nachfolgte.

Ferner habe ich zu gedenken unseres lieben Mitgliedes *Christian Dieterle* aus Stuttgart. Er hat sich schwer, aber außerordentlich strebsam in das theosophische Leben hineingefunden und war in den letzten Monaten ein in der intensivsten Weise theosophisch denkender Mann.

Dann wollen wir gedenken eines älteren Theosophen, der dem Mühlhausener Zweige entrissen worden ist, *Josef Keller's*. Es ist das einer der Fälle, wo man, trotzdem man im Leben nur einmal lebendig vor sich gestellt hat einen Menschen, in ihm eine tiefe Geistes- und Herzensverfassung sogleich anerkennen muß. Keller hat namentlich in seinen letzten Monaten zu den herzlich überzeugten Theosophen gehört und alle, die ihn kannten, werden ihm ein treues, liebevolles Andenken bewahren.

Weiter habe ich zu gedenken eines Mannes, der in schwerer Krankheit ans Bett gefesselt noch durch die Vermittelung einer uns teuren Persönlichkeit mit der Theosophie bekannt gemacht worden ist, *Karl Gesterding's.*

Ich habe zu gedenken unseres lieben Freundes *Edmund Rebstein,* der uns in verhältnismäßig jungen Jahren nach kurzer Krankheit entrissen worden ist, und den diejenigen, die ihm näher getreten sind, außerordentlich schätzen gelernt haben.

Ein ganz Gleiches habe ich zu sagen von Frau *Major Göring,* die viele Jahre innerhalb unseres Zweiges mitgearbeitet hat.

Es ist die Liste unserer Verstorbenen diesmal eine so große, daß alles das, was ich sagen möchte, zu viel Zeit in Anspruch nehmen würde.

Noch habe ich zu gedenken unserer Mitglieder *Erwin Baumberger* aus Zürich, *Georg Stephan* aus Breslau, Frau *Fanny Russenberger* aus St. Gallen, *Johannes Rademann* aus Leipzig, *Karl Schwarze* aus Leipzig, *Wilhelm Eckle* aus Karlsruhe, *Georg Hamann* aus Hannover, *Wilhelmine Mössner* aus Stuttgart I, *Walter Krug* aus Köln, Frau *Silbermann* aus Heidelberg, Frau *Lindl* aus München I.

Ich betrachte es heute noch besonders als meine Pflicht, an dieser Stelle zu gedenken des Abgangs vom physischen Plan einer Persönlichkeit, die viel bekannt in allen theosophischen Kreisen war, die durch einen schmerzlichen Tod uns entrissen worden ist, die viel gewirkt hat, deren wir ebenso in Liebe gedenken wie der anderen, ich meine Frau *Helene von Schewitsch.* Sie kennen ihre Bücher, ich brauche sie nicht näher zu charakterisieren. Ich muß betonen, daß die Verhältnisse so lagen, daß ich ihrer Aufforderung immer Folge geleistet habe, wenn sie mich bat, bei meinem Münchener Aufenthalte, auch in ihrem Kreise einen Vortrag zu halten. Nur andeuten möchte ich, daß für mich selber dieses ganze Leben sich als etwas tief Tragisches darstellt; und ich darf wohl sagen, daß mir Frau von Schewitsch außerordentlich vertrauensvoll entgegengekommen ist, und daß ich berechtigt bin zu sagen: Dieses Leben hatte eine tiefe Tragik. – Es war mir auch vergönnt, hineinzuschauen in dieses Herz, und dasjenige, was ich tragisch nenne, fassen Sie bitte so auf, daß mit dem Tragischen dasjenige gemeint sein soll, was die meisten von Ihnen aus meinen Vorträgen heraus unter Tragik verstehen werden.

Wir erfüllen eine Pflicht der Herzlichkeit, äußerlich zum Ausdruck zu bringen, wie wir gedanklich verbunden sind mit den Toten, indem wir uns von unseren Sitzen erheben.

Berlin, 2. Februar 1913

Dasjenige, was ich gerne möchte, das ist, daß wenigstens vielleicht in einem einzigen Akt nicht hereinleuchtete so mancher finstere Strahl, der später hereinleuchten könnte; das ist, daß wir angesichts der Schwierigkeiten unserer Verhandlungen gleich im Beginne diesmal derjenigen gedenken, welche, seit wir das letzte Mal hier versammelt waren, als unsere lieben theosophischen Freunde den physischen Plan verlassen haben.

Ich brauche ja, nachdem Jahre hindurch über die Gefühle und Empfindungen in solchen Fällen gesprochen worden ist, heute nicht besonders zu betonen, daß für den richtig empfindenden Theosophen der Übergang eines Menschen von einem Plan zu dem anderen eben nur ein Wechsel der Daseinsform ist, und daß, da wir uns verbunden fühlen durch Bande, die nicht an einen Plan gebunden sind, diese Bande zu unseren lieben theosophischen Freunden auch die gleichen bleiben, wenn diese genötigt sind, den einen Plan mit einem andern zu vertauschen. So werden diejenigen, die von uns gegangen sind, an uns ihre liebenden Freunde haben, so werden wir an ihnen liebende Freunde besitzen, indem wir, wo wir nur können, unsere Gedanken hinlenken zu denen, zu denen sie so oftmals gehen durften, als sie noch mit uns arbeiteten auf dem physischen Plan.

In erster Linie habe ich zu gedenken eines Mitgliedes, das lange Jahre in unserer Mitte theosophisch gearbeitet hat, so, daß ihr liebes gutes Herz allüberall intime liebende Freunde ihr zugetragen hat, Frau *Mia Holm*, die nach schmerzlichem Krankenlager uns im verflossenen Sommer verlassen hat. Diejenigen, welche Gelegenheit gehabt haben, das schöne poetische Talent von Mia Holm auf sich wirken zu lassen, wissen ganz besonders, wie bedeutsam es war, diese Persönlichkeit in unserer Mitte zu haben, und wie wir allen Grund haben, fort und fort dieser Persönlichkeit zu gedenken, so weit wir uns mit ihr verbunden fühlen. Es gibt viele unter uns, die Mia Holm innig liebten, die auch innige Liebe hatten zu ihrer poetischen Begabung, zu ihrer ganzen liebenswerten Persönlichkeit.

An zweiter Stelle sei mir gestattet, zu nennen nicht nur ein langjähriges Mitglied unserer theosophischen Arbeit, sondern gewissermaßen die älteste Theosophin, die wir überhaupt hatten, unsere liebe Frau *Bontemps* in Leipzig. Sie gehörte unserer Denkweise und Gesinnung so sehr mit ihrem ganzen Herzen an, daß man, wenn man mit ihr sprach, auch das Gewöhnlichste, das von ihren Lippen kam, durchdrungen fühlte mit theosophischer Empfindung und Herzlichkeit. Und diejenigen, welche Frau Bontemps näher kennen gelernt haben, wissen zu schätzen ihr gutes Herz, ihren in so vieler Beziehung großen und umfassenden Charakter, ihre so leicht die Herzen der Menschen berechtigter Weise gewinnende theosophische Gesinnung. Es war mir tief befriedigend, daß ich noch in den letzten Zeiten, als sie noch auf dem physischen Plan weilte, ihr manches Wort zusprechen konnte, als sie ihr Krankenlager nicht mehr verlassen konnte. Und wie so manches Wort, das ich in ihren gesünderen Tagen mit ihr sprechen konnte, so werden mir auch die Gespräche unvergeßlich sein, die ich an ihrem letzten Krankenlager mit ihr führen durfte.

Zu gedenken habe ich des Fräulein *Klara Brand*, die durch einen bedauerlichen Unglücksfall diesen Sommer ihr Leben auf dem physischen Plan geendet hat. Ich betone ausdrücklich, weil Mißverständnisse vielfach sich verbreitet haben, daß es sich bei Fräulein Brand handelt um einen ganz natürlichen Tod, veranlaßt durch einen Schwächezustand, der das Unglück, ihren unglücklichen Sturz, herbeigeführt hat; es handelt sich um nichts anderes, als um einen ganz natürlichen Tod. Wir gedenken ihrer, wie sie viele Jahre in Treue, trotz mancher Schwierigkeiten, an der theosophischen Sache gehangen hat, wie diese theosophische Sache dasjenige aus ihrer Seele machte, was sie hier sein wollte.

Vieler treuer, lieber Freunde, sowohl zuletzt noch vor ihrem Tode gewonnener, als auch durch lange Jahre bei uns weilender Freunde, habe ich zu gedenken. Wollte ich alles hier aussprechen, was mir auf dem Herzen liegt, so würde eine sehr lange Rede aus dem werden, was nur einen Wert hat, wenn wir alle eine liebevolle Gesinnung zum Ausgangspunkt unserer Gedanken an die hinübergegangenen Freunde machen.

So habe ich zu gedenken eines langjährigen Mitgliedes, des Herrn *Leo Ellrich* aus der Leipziger Loge.

So zu gedenken eines besonders schmerzlich berührenden Todes, weil wir nicht nur in diesem Falle schmerzlich berührt sind davon, daß die betreffende Tote den physischen Plan verlassen hat, sondern auch zurückgelassen hat den tieftrauernden Gatten, der unser liebes Mitglied ist. Wenn wir die schöne Art betrachten, wie Frau *Dr. Rösel*, die der Bielefelder Loge angehörte, sich in die theosophische Bewegung hineingefunden hat, wie sie hineinstrebte, wenn wir dessen gedenken, dann machen wir uns ganz bestimmt zu Mitempfindern unseres lieben Freundes Herrn Dr. Rösel, der ein so treues, viel beliebtes Mitglied ist.

Zu gedenken habe ich zweier Baseler Freunde, die in ihrem engeren Kreise sehr geschätzt und geliebt wurden, der beiden Mitglieder *Gottlieb Hiltbold* und *Wilhelm Vockroth*. Sie waren treue, liebe, aufopferungsfähige theosophische Mitarbeiter.

Zu gedenken habe ich ferner jenes Mannes, der aus dem nicht nur durch physische Leiden schmerzlichen Dasein mit dem Tode abgegangen ist, unseres Freundes *Hugo Bolze* in Eisenach. Die meisten unserer Freunde kennen Hugo Bolze; er hatte wirklich recht viel zu leiden, und wir waren ihm in Treue und Liebe zugetan und werden es bleiben. Nach siebenjähriger, sehr leidvoller Krankheit mußte diese Krankheit zum Tode führen. Wir stehen ihm so gegenüber, daß wir die besten, liebevollsten Gedanken ihm sicherlich nachsenden werden.

Wir haben ferner zu gedenken eines lieben Freundes, der, nachdem er Heilung gesucht hatte in einer südlichen theosophischen Kolonie, doch nicht am physischen Leben erhalten werden konnte, des Herrn *Hans Schellbach*. Es braucht nur gesagt zu werden, daß er seine theosophische Gesinnung, so wie er sie im Leben jederzeit bewiesen hat, bis zum letzten Atemzuge treu bewahrt hat. Daß sie ihm heilsame Arznei war, daß er hing an der Theosophie so, daß sie ihm jene Kraft war, die den Menschen aufrecht erhalten kann in den glücklichsten sowohl wie in den leidvollsten Augenblicken des Lebens.

Zu gedenken habe ich eines Freundes, dessen Tod in einer gewissen Beziehung etwas außerordentlich Tragisches hat, der innig befreundet war mit einem, dem theosophischen Leben nahestehenden Kreise, des Herrn *Georg Bauernfeind*. Es würde hier nicht am Platze sein, zu sprechen über Einzelheiten des Lebens unseres Freundes, es soll nur gesagt werden, daß Theosophie dazu führen kann, daß wir in unseren Empfindungen eine jede Art des Suchens, eine jede Art des geistigen Erlebens verstehen, und daß wir auch dieses Mannes letzten Todesweg verstehen werden.

Ferner habe ich zu gedenken eines Mannes, der viel Theosophie in seiner Gesinnung hatte, den aber nur wenige kennen lernten, Mr. *Meakin*, der im Oktober vorigen Jahres hinweggegangen ist vom physischen Plan, nachdem er längere Zeit immer intensiver und intensiver mit uns gearbeitet hat.

Fräulein *Erwin-Blöcker*, Frau Major *Herbst*, Frau *Marty*, auch ihrer habe ich zu gedenken. Wenn sie auch weniger hervorgetreten sind in unserer Bewegung, so sind wir doch nicht weniger dazu berufen, uns über den Tod hinaus mit ihnen vereint zu fühlen. Wir wissen ja, meine lieben theosophischen Freunde, wie unauflöslich unser Band bleibt mit denjenigen, die den physischen Plan durch den Tod verlassen haben, von denen wir wissen, daß sie eine andere Lebenssphäre betreten haben. So sei denn in diesem Augenblicke der Vereinigung der Ausgangspunkt genommen zu dem, daß Sie in dem zuletzt ausgesprochenen Sinne sich verbunden fühlen mit diesen von uns gegangenen Freunden, daß Sie sich auch in Zukunft mit diesen Freunden in Verbindung fühlen werden. Diese liebevollen Gedanken und Empfindungen, die wir zu unseren dahingeschiedenen Freunden senden, wollen wir ausdrücken, indem wir uns von unseren Sitzen erheben.

Berlin, 18. Januar 1914

Bevor ich versuchen werde, meine lieben Freunde, mit einigen Worten die Gedankengänge fortzusetzen, sei das Wort gewidmet den Freunden, welche, seit wir das letzte Mal hier versammelt waren, den physischen Plan verlassen haben, und als Angehörige unserer uns so sehr am Herzen liegenden Bewegung nun aus geistigen Welten heute auf unsere Tätigkeit herunterschauen. Ich möchte bei dieser Gelegenheit auch dieses Mal wiederum betonen, daß diejenigen, die vom physischen Plan hinweggegangen sind, auch des weiteren für uns selbstverständlich als unsere im schönsten Sinne tätigen Mitglieder gelten, daß wir uns mit ihnen so vereint fühlen, wie wir es getan haben, als wir sie noch unter uns bei dieser oder jener Gelegenheit auf dem physischen Plan begrüßen durften.

Es sei zunächst gedacht – und es wird ja schwierig werden, da wir dieses Mal auf eine große Zahl von Freunden zu sehen haben, alle Einzelnen anzuführen –, es sei zuerst gedacht einer alten theosophischen Persönlichkeit, alt in dem Sinne, daß sie am längsten von den meisten unserer Reihen verknüpft war mit demjenigen, was wir wahrhaftiges, echtes theosophisches Leben nennen, Frau Baronin *E. von Hoffmann*. Zu denen, die ihr ganzes Fühlen und tätiges Wollen durchdrungen haben mit demjenigen, was wir als theosophische Gesinnung bezeichnen, gehört sie. Viele wußten das tief liebevolle Herz dieser Frau schon aus dem Grunde zu schätzen, weil sie in Leid und Nöten unendliche Kräfte von diesem Herzen her sich zuströmen gefühlt haben. Ohne daß davon viel in die Außenwelt gedrungen ist, war Frau von Hoffmann eine treue, aufopferungsvolle Helferin für viele. Und wir dürfen es als etwas ganz besonders Wertvolles bezeichnen, daß sie, welche die theosophische Entwickelung seit langer Zeit mitgemacht hat, zuletzt in unserer Mitte gestanden hat. Und mit ihrer uns sehr lieben Tochter, welche in unserer Mitte weilt, werden wir der lieben, gesinnungstreuen, hilfsbereiten Frau ein treues Gedächtnis bewahren, welches mit der in der geistigen Welt Weiterlebenden vereint sein will.

Ich habe weiter zu gedenken mancher alten Mitglieder, die uns gerade in diesem Jahre für den physischen Plan verlassen haben. Ich habe zu gedenken unseres lieben alten Freundes *Edmund Eggert* in Düsseldorf. Wenn einige von uns vielleicht wissen, mit welch großen inneren Schwierigkeiten dieser unser Freund zu kämpfen hatte, mit welch heroischer Kraft er sich einarbeitete in dasjenige, was wir unsere geistige Strömung nennen, so werden diejenigen, die den guten, lieben Mann kannten, gewiß mit mir unablässig sich bemühen, auch weiterhin für die geistigen Welten treue Freunde unseres lieben Eggert zu sein. Und diejenigen von den lieben Freunden, welche dieses hören, was ich aus bewegtem Herzen spreche, werden in Treue ihre Gedanken dem von dem physischen Plan Geschiedenen senden.

Ich habe weiter eines lieben, treuen Mitgliedes zu gedenken, eines Mitgliedes, das uns stets innige, aufrichtige Freude gemacht hat, wenn wir es immer wieder in unserer Mitte sehen konnten, unserer lieben Frau *van Dam-Nieuwenhuisen* aus Nymwegen, welche den physischen Plan verlassen hat in dieser letzten Zeit, und die gewiß bei denjenigen, die ihre näheren Freunde waren, zu den allergeliebtesten Persönlichkeiten gehört hat, die in Treue an unserer Sache gearbeitet hat, seitdem wir sie kannten, die insbesondere auch für eine entsprechende Vertretung unserer Sache im Kreise unserer holländischen lieben Freunde viel gewirkt hat.

Ich habe weiter zu gedenken eines treuen, wenn auch vielleicht stilleren Mitgliedes, das mir immer wiederum große Freude machte, wenn ich es sehen konnte im Kreise unserer lieben Nürnberger Freunde, Fräulein *Sophie Ifftner*. Sie war viel geschätzt im Kreise unserer Nürnberger Freunde, die dafür sorgen werden, daß durch ihre Empfindungen der Weg geschaffen werde, daß wir sie stets finden, wenn wir sie in geistigen Welten suchen.

Einer anderen treuen Freundin, Fräulein *Frieda Kurze*, die durch lange Jahre innerhalb des Kreises unserer Weltanschauung sich betätigt hat, habe ich zu gedenken. Sie ist in einer tragischen Weise von dem physischen Plan in die geistigen Welten abgerufen worden. Wir gehören zu denjenigen, denen sie wert und teuer geworden ist, und die mit ihren Gedanken bei ihr sind und bleiben wollen.

Zu gedenken habe ich unseres *Julius Bittmann*, der von dem physischen Plan hinweggerissen von seiner lieben Familie und von uns, bis in seine letzten schweren Tage den festen Richtpunkt seines inneren Lebens, trotz äußerer schwieriger Verhältnisse, in dem hatte, was wir Theosophie nennen. Es war für mich eine tiefe Freude, daß ich am Vorabend des Todes unseres lieben Bittmann noch einmal an seiner Seite weilen konnte, und ich bin sicher, daß diejenigen unserer Freunde, welche diesem Manne näherstanden, nicht ermangeln werden, auch hier den Weg zu bilden, auf welchem die theosophischen Gedanken mit dem Freunde in der geistigen Welt uns vereinen.

Jakob Knotts in München habe ich zu gedenken, der ein Mann war, der aus den verschiedensten Kämpfen des Lebens heraus zuletzt seine feste Stütze und seinen bestimmten Richtpunkt in der Theosophie gefunden hat, so daß seine Freunde in derselben Weise die Vermittler zu ihm sein werden.

Eines anderen Freundes habe ich zu gedenken, der in dieser Zeit den physischen Plan verlassen hat, der den Weg gefunden hat von Holland zu uns, Herr *Eduard Zalbin*, den wir, schmerzlich betrauert von seiner Frau und seinen Kindern, von dem physischen Plane durch einen raschen Tod scheiden sahen. Kurze Zeit, bevor dieser eintrat, war Zalbin noch auf unserer letzten Generalversammlung, und es mußte dabei schon auf sein Verlassen des physischen Planes hingedeutet werden.

Zu gedenken habe ich einer alten Freundin der Stuttgarter Loge, welche ihr engstes, innigstes Leben sich so eingerichtet hatte, daß sie alles, was sie dachte, mit der Theosophie in Verbindung brachte, und die jetzt von allen denjenigen, die sie gekannt haben, mit treuen Gedanken ganz gewiß umgeben sein wird, Fräulein *Duttenhofer*.

Zu gedenken habe ich des Fräulein *Oda Waller*, welche wir als mit ihrer ganzen Seele verbunden fühlten, lange Zeit hindurch, mit unserer Sache. Sie war eine dieser Sache so treu ergebene Seele, wie es eine Menschenseele auf Erden nur sein kann; so treu ergeben, daß wir nicht allein mit tiefem Schmerz scheiden sahen diese Seele vom physischen Plan – mit einem Schmerz, der in diesem Falle gar nicht besonders ausgesprochen zu werden braucht, weil ihn alle, die Fräulein Oda Waller gekannt haben, mit tiefstem Mitgefühl empfunden haben –, sondern wir sahen zugleich hinauf mit den schönsten Hoffnungen zu ihr in die Geisteswelten, mit jenen Hoffnungen, die berechtigt sind bei einer so treuen Seele, die so tief wie Oda Waller in ihrem Herzen festgesetzt hat, für alle Zeiten mit der theosophischen Sache verbunden zu bleiben. Es werden nicht wenige sein, welche, mit ihrer lieben Schwester Mieta Waller gedanklich vereint, in innigem Zusammenhang stehen werden mit unserem lieben Fräulein Oda Waller.

Zu gedenken habe ich unseres Münchener Freundes *Georg Kollnberger*. Diejenigen, die ihn gekannt haben, werden für uns die Vermittler sein, wenn wir mit unseren Gefühlen und Empfindungen ihm nachdenken.

Zu gedenken habe ich einer lieben Freundin in Bonn, die vor nicht langer Zeit den physischen Plan verlassen hat, Fräulein *Marie von Schmid*. Tief fühlen diejenigen, die sie gekannt haben, wie innig die Seele Fräulein von Schmids verbunden war mit dem geistigen Leben. Es haben viel verloren diejenigen, die sich im engeren Sinne mit Fräulein von Schmid verbunden fühlten, einer für das geistige Leben so offenen Seele, wie einer für das äußere Leben zugleich scheuen und in sich selbst sich zurückziehenden Natur. Einer solchen Natur, wie sie war, begegnet man im Leben so gerne. Gerade weil sie so wenig aus sich heraustrat, lernte man sie so wenig kennen. Diejenigen, die sie gekannt haben, wissen, was ich mit diesen Worten sagen will.

Zu gedenken haben wir eines Mitgliedes, das uns in bezug auf seine physische Arbeitskraft leider allzufrüh entrissen ist, eines Mannes, der gerne auch seine physischen Kräfte in den Dienst unserer Sache gestellt hat, der uns aber auch in der Form, in der er jetzt mit uns verbunden ist, ein teures Mitglied sein wird, Herr *Otto Flamme* in Hannover.

Zu gedenken habe ich der Persönlichkeit, die im Kreise unserer nordischen Freunde in unserer Mitte sich gefunden hat, und die nach langem, heldenmäßig ertragenem Krankheitsleben, trotz der sorgfältigsten liebevollsten Pflege, zuletzt doch den physischen Plan verlassen mußte, Fräulein *Munch*. Vielleicht haben gerade diejenigen, die ihr nähergestanden haben, das Verständnis für das, was ich auch von dieser Seele aussprechen möchte, wenn wir des Umstandes gedenken, wie sie, ich möchte sagen mit inneren Kräften an der theosophischen Sache gehangen hat und damit hindurchgegangen ist durch die Pforte des Todes.

Einer Freundin habe ich zu gedenken, welche auch unseren Berliner Freunden bekannt geworden ist, die nach langen schweren Leiden in der letzten Zeit den physischen Plan verlassen hat, Frau *Augusta Bergh* aus Kristiania. Sie war voll durchglüht von der Sehnsucht, auf dem physischen Plan ins praktische Leben umzusetzen, was ihr so schön für ihr Herz und ihre Seele entgegenleuchtete. Sie wird gewiß jetzt auf anderen Schauplätzen ihre Tätigkeit fortsetzen in einer Weise, wie wir das auch bei unserem lieben Freunde Flamme aus Hannover voraussetzten.

Aller, so von uns gegangen, wie auch derjenigen, die weniger bekannt geworden sind in den Kreisen unserer Mitglieder, ihrer aller gedenken wir in dieser für uns feierlichen Stunde: des Herrn *Brizio Aluigi* aus Mailand, der Frau *Julie Neumann* aus Dresden, der Frau *Emmy Etwein* aus Köln, der Frau *E. Harrold* aus Manchester, und wir bekräftigen, daß wir in dem bezeichneten Sinne gedanklich mit ihnen leben wollen – mit diesen lieben verstorbenen Mitgliedern, die für uns ja nur die Form ihrer Lebensführung geändert haben, daß wir sie umgeben wollen mit den Kräften und Gedanken, mit denen wir gewohnt sind, uns in Verbindung zu setzen mit denjenigen Freunden, die den physischen Plan verlassen haben. Wir bekräftigen dieses Wollen und Gedenken, indem wir uns erheben von den Sitzen.

GEDENKWORTE FÜR CAROLINE VON SIVERS-BAUM

München, 23. Juli 1912

Liebe Freunde!

Wenn die liebe Frau, um deren sterbliche Hülle wir hier versammelt sind, aus den lichten Geisteshöhen herabblicken und lesen wird wollen in unseren Seelen, warum wir hier sind, so wird sie die schlichte, einfache und doch so bedeutungsschwere Antwort vernehmen: Wir haben sie alle geliebt und werden sie immer lieben. – Und wenn der Sohn und die Tochter, die sie uns seit vielen Jahren durch mehrere Sommerwochen zu unserer innersten Befriedigung brachte, und die Enkelin mit den sterblichen Resten der teuren Frau in die irdische Heimat zurückkehren, so mögen sie die Gedanken mit sich nehmen, daß ihre Mutter und Großmutter während der Zeiten, in denen sie unter uns gelebt hat, durch ihr liebes Wesen und ihre edlen Eigenschaften all die Herzen sich innig geneigt gemacht hat, deren Gefühle jetzt in Liebe aufblicken zu der Seele, die sich von irdischen Hüllen gelöst und in Geistesreiche aufgestiegen ist. Und es wünscht der Sohn, daß ich diesen Gedanken Ausdruck verleihe, indem ich in seinem und der Verwandten Namen den Versammelten danke für die herzliche Teilnahme an dem Hingange der teuren Frau und für die Blumenzeichen, welche diese Teilnahme aussprechen.

Und die Tochter, welche mit unseren lieben Freunden in geistiger Arbeitsgemeinschaft lebt, wird es stets als Stärkung empfinden, daß so viele liebe Arbeitsgenossen mit ihr die Gedanken zur lieben Mutter in die geistige Welt senden, wenn sie selbst ihre Gedanken treulich und hingebungsvoll dahin schicken wird.

Wie herzlich und innig die Verstorbene geliebt worden ist, das brachten unsere Freunde ja stets zum Ausdrucke, wenn alljährlich diese Frau unter ihnen weilte; sie liebten sie, weil ihre Seelen das gütige und edle Wesen wohl erkannten und aufrichtige Neigung dafür empfanden. Und es war dies eine Empfindung, welche auf innerer Verständigung beruhte. Die Seele, die von uns gegangen ist, nahm warmen Anteil an dem Geistesleben, das unsere Freunde pflegen. Und wie sie zu dem

Aufblick in die geistigen Welten sich verhielt, das trat mir in den letzten Jahren oft vor die Seele, wenn sie von diesen Welten und in ihrer Art von der Hoffnung sprach, dort mit ihrem lieben Gemahl künftig zusammen zu sein. So stehen wir hier um ihre sterblichen Reste und glauben, daß unsere Gedanken und liebenden Gefühle die teure Seele finden werden in dem Gebiete, das der Mensch betritt, wenn er die Pforte des Todes überschritten hat.

Und gerade in den letzten Tagen ihres schmerzlichen Leidens konnte man dies ihr Verhältnis zu den göttlichen Welten so schön empfinden. Es goß sich mir wie warme Geistesinnigkeit in die Seele, als die Tochter, die hier mit uns im Geiste zusammenwirkt, mir mitteilte, mit welchen Gefühlen die Hingegangene in den letzten Stunden, in welchen sie noch Worte aufnehmen konnte, in denen der Erdenmensch seine Erhebung zu göttlichen Höhen ausdrückt – die geistdurchdrungene Ode anhörte, die von der gottergebenen Seele Zschokkes herrührt. So war ihr letzter bedeutungsvoller Eindruck bewirkt durch einen Aufblick in die Geisteswelt, als ihr die Tochter die Dichtung vorlas.

Das alles bestärkt uns in dem Glauben, daß wir als letzten Erdengruß nachsenden dürfen die Worte, die unsere Art zu denken ausdrücken über des Menschen Betreten der höheren Welten, wenn er hier auf Erden den Zusammenhang mit diesen Welten gefunden hat. Und wir dürfen denken, daß die Harmonien ihrer Seele tönen werden, die der Mensch im Reiche des Seelenfriedens finden kann, und daß das Geisteslicht ihr leuchten wird, das von Liebe durchströmt ist. Und dieser unser letzter Erdengruß ist der Gedanke: Die liebe Frau wußte hier sich im Göttlichen gegründet. – Diejenigen, welche an ihrem Sterbebette stehen durften, als ihre Seele sich löste von der sterblichen Hülle, wissen, daß sie gestorben ist in dem, welchem wir so treulich ergeben sind, in der Kraft und Wesenheit des Christus; deshalb dürfen wir glauben, daß der Geist sie zu dem Lichte führen wird, in dem die Seele friedvoll leben wird.

Lebe liebgetragen und lichtbeschenkt nach oben! Das rufen die Seelen Dir nach, die Dich hier so herzlichst liebten und welche Dich weiter lieben werden.

GEDÄCHTNISWORTE FÜR CHRISTIAN MORGENSTERN

Wien, 10. April 1914

Gestatten Sie mir, bevor der Vortrag beginnt, die ernste Feier etwas nachklingen zu lassen, die einige von uns vor wenigen Tagen in Basel, nahe der Stätte unseres Baues, zu begehen hatten. Letzten Samstag [4. April] um elf Uhr haben wir in Basel die irdischen Reste unseres lieben Freundes *Christian Morgenstern* den Elementen übergeben. Karma hatte es durch eine, ich möchte sagen, mir fast wunderbar erscheinende Fügung gegeben, daß es mir auferlegt war, zum dritten Male im Kreise von anthroposophischen Freunden über unsern lieben Christian Morgenstern zu sprechen, aber zu sprechen in den Augenblicken, bevor wir seine irdischen Überreste den Elementen übergaben.

Ich durfte vorher zweimal – einmal in Stuttgart, einmal in Leipzig gelegentlich von Vortrags-Zyklen – darauf hinweisen, mit wie innigem Danke, mit wie inniger Liebe wir Christian Morgenstern in unserer anthroposophischen Mitte seit Jahren gesehen haben. So seien denn heute wenige Worte zu Ihnen, seinen Mit-Anthroposophen gesprochen, bevor Fräulein von Sivers einige der wunderbaren letzten Dichtungen, die noch auf die Veröffentlichung warten und demnächst erscheinen werden, zum Vortrag bringen wird.

Es war in Koblenz vor einer Reihe von Jahren, als Christian Morgenstern zuerst in unsere anthroposophische Mitte trat. Wir kannten ihn dazumal als den Dichter, der nach zwei Seiten hin ein Bedeutsames zu entfalten und der Welt zu offenbaren hatte. Wir kannten ihn als den Dichter, der so wunderbar sich zu erheben vermochte in die geistigen Welten, dessen Seele es wie eingeboren war, in den geistigen Welten zu leben. Und wir kannten ihn auf der andern Seite als den bedeutenden Satiriker, der vor allen Dingen eine seelische Note innerhalb der deutschen Literatur anzuschlagen wußte, die ganz sein Eigen ist. Und zu verstehen ist für den, der, um ein Verständnis zu erzielen, in einem solchen Falle geneigt ist, in des Dichters Land, in des Dichters Geistesland zu gehen, daß gerade ein Geist wie Christian Morgenstern den rhythmischen Übergang brauchte von der einsamen spirituellen Höhe, in der er so wunderbar mit seiner Seele zu leben wußte, zu jener Art, sich zu erheben über die Disharmonie des Daseins, die Schwächen des Daseins, die bei Christian Morgenstern nur bis an die Ufer seines eigenen Seelenlebens herantraten, satirisch eben sich zu erheben über diese Disharmonien, wie sie an ihn herantraten.

Christian Morgenstern trug in sich das, was er sich aus seiner Vererbungsströmung herausgeholt hatte – seine Ahnen waren Maler –: die tiefste Verwandtschaft mit der Natur, aber mit dem Geist der Natur. Er war so vertraut mit alledem, was in seiner Seele erzitterte, mit den zartesten, geheimsten Naturwirkungen, daß dann, wenn seine Seele nachklingen ließ das, was die Natur zu ihr sprach, sie eigentlich kündete von den Stimmen der Elementarwesen, der Elementargeister, die durch die Natur wallen und weben. Und von alledem, was eine tiefe Menschenseele sich erobern kann aus der Natur durch ein intimes verwandtschaftliches Miterleben mit dieser Natur, von alledem ausgehend, wußte sich unser lieber Christian Morgenstern zu erheben zu denjenigen Stimmungen gegenüber dem All, wo die Kunst nicht nur zum Hymnus wird, der die Geheimnisse der Schöpfung aus sich nachklingen läßt, sondern wo die Kunst zum Gebet wird. Und wenige eigentlich haben es verstanden, den dichterischen Ton hinüber zu verwandeln in den Gebetston so wie Christian Morgenstern. Er wußte, was das dichterische, das künstlerische, das anthroposophische Gebet gegenüber der die Natur durchwaltenden Geistigkeit ist. Wenn man sich zum Geiste der Natur so zu erheben vermag, daß sein Wort durch die Naturerscheinungen wie durch eine verhaltene Sprache hindurchklingt, dann wird das, was die Seele ausatmen möchte: Ja, ich will unter Euch sein! – Und wenn die Seele dieses Ja in sich so zu beleben versteht, daß das, was in der Seele lebt, selbst zur wogenden, wallenden Welt wird, hinausfließt ins All, sich mit ihm eins weiß, und wenn dann die Seele überquillt in Dankbarkeit, leben zu dürfen in diesem All, sich begnadigen, sich segnen zu lassen von diesem All, wenn das alles dann Dichterlaut, Dichterwort wird, dann entsteht solche Kunst, wie sie uns so vielfach aus Christian Morgensterns Dichtungen entgegentönt. Derjenige, der sich so erhebt, sich so durch sein Karma in die spirituellen Höhen des Alls zu erheben hat, der braucht, wie die tagwachende Zeit des Menschen abwechseln muß mit der nachtschlafenden, die andere Seite, die dann in Christian Morgensterns Satire zum Vorschein gekommen ist, in jener Satire, die man doch nur dann ganz versteht, wenn man in die zarte, liebe Seele Christian Morgensterns eindringt. So war er, der dichtende Anthroposoph, der anthroposophische Dichter, die anthroposophisch tieffühlende Seele, als er damals in Koblenz in unsere Reihen trat.

Nun erlebten wir seinen Leidensweg in den letzten Jahren, auf welchem er immer mehr und mehr all das, was ihm geistig-seelisch wert war, mit den Zielen unserer Geistesströmung verband. Wir erlebten seinen Leidensweg auf der einen Seite und seinen hohen dichterischen Aufschwung, die wunderbaren Offenbarungen einer herrlichen Menschenseele. Ja, das darf unter die günstigen Schicksalsschläge unserer anthroposophischen Bewegung gezählt werden, daß sie in den letzten Jahren Christian Morgenstern in ihrer Mitte haben durfte. Dasjenige, was wir zu erforschen trachten, dasjenige, in das wir uns zu vertiefen trachten in bezug auf die geistigen Welten, es klang uns in so herrlichen Tönen entgegen aus den Dichtungen Christian Morgensterns! Dichterisch erschuf er unsere Forschungen wieder. Wer so mit unserer Bewegung verwächst, daß ihm Leid und höchster dichterischer Aufschwung eins wird mit den intimsten Zielen unseres anthroposophischen Lebens, der adelt unsere Bewegung. Und Christian Morgenstern, er gehörte mit all dem, was er in sich hinauf erheben konnte, aber auch mit alledem, was er in seinem siechen, ihm so viele Hemmnisse bietenden Körper in den letzten Jahren erlebte, mit seinem ganzen Leiden gehörte er zu uns, weil er mit dem ganzen Umfange seines Gefühls zu uns gehörte. Wie nahm er sein Leiden hin, dasjenige, was von seinem Physisch-Leiblichen als Hemmnis ihm entgegentrat, wenn er in unseren Ideen, in unseren Anschauungen, in unseren Erlebnissen lebend dichterisch in sich widerspiegeln fühlte dasjenige, was uns offenbart ist! Und so konnte er sprechen, sprechen von seiner im Leibe dahinsiechenden Kraft, daß er in einer Skizze, die in der letzten Zeit seines Lebens erschienen ist, die folgenden Worte fand:

«Vielleicht war es dieselbe Kraft, die», so sagt er, «nachdem sie ihn auf dem physischen Plan verlassen hatte, geistig fortan sein Leben begleitete und, was sie ihm leiblich gleichsam nicht hatte geben können, ihm nun aus geistigen Welten heraus mit einer Treue schenkte, die nicht ruhte, bis sie ihn nicht nur hoch ins Leben hinein, sondern zugleich auf Höhen des Lebens hinauf den Weg hatte finden sehen, auf denen der Tod seinen Stachel verloren und die Welt ihren göttlichen Sinn wieder gewonnen hat.»

So hat er gesprochen. So hat er sein Verhältnis zur geistigen Welt aufgefaßt. An uns ist es, zu denen er gehört hat, treulich dieses Andenken zu pflegen. Wir stehen ja auf diesem Standpunkte: Der Tod hat durch unsere Geistesforschung für uns alle, wenn wir ihn richtig verstehen, seinen Stachel verloren. Dabei standen wir aber doch in Schmerz vor den irdischen Resten Christian Morgensterns in der letzten Woche. Wir wissen, unser Freund ist zu einer Reise in Lande, die uns unsere Forschung immer mehr und mehr offenbart, gegangen. Nicht von uns ist er gegangen, er ist in die geistigen Welten eingezogen, in denen er immer inniger und inniger mit uns verbunden sein wird.

Aber es war noch etwas ganz Besonderes bei Christian Morgenstern in den letzten Jahren. Es war denjenigen, die ihm persönlich näher standen, etwas so Wunderbares, zu wissen, wie er, wenn er in den schweizerischen Höhen ruhte oder seine Gesundheit zu verbessern suchte, räumlich weit von uns, doch geistig mit uns vereint war. Es war mir oftmals ein so liebes, ein so inniges Gefühl, da und dort, in dieser oder jener Stadt, ihn über geistige Dinge sprechen zu wissen. Zu wissen: in schweizerischen Höhen, da weilt er, dichterisch in denselben Geisteshöhen lebend und mit mir die Seelenlande durchziehend.

Da war dann seine liebe Gattin, die heute unter uns ist, oftmals die Botin, die zu den Zyklen, den Vorträgen kam, die uns physische Botschaft von ihm brachte, die das, was unter uns vorging, ihm wieder mitteilte. Innige Gemeinschaft, innige Geistesgemeinschaft war zwischen uns. Und er weilte da oben. Oh, er hatte gelernt, in den Einsamkeiten des physischen Lebens zu leben, weil er durch sein ganzes Leben den Geist suchte und ihn auch gefunden hat. Er brauchte nur zusammenzuhängen mit dieser Außenwelt der Menschen durch seine ihm so unbegrenzt verständnisvolle Gattin, nur durch sie brauchte er zusammenzuhängen mit dieser äußeren Menschenwelt, die ihm allerdings durch das seltene Verständnis, das sie ihm entgegenbrachte, die ganze Menschheit repräsentieren konnte. Es ist etwas Wunderbares im Leben, mitanschauen zu dürfen einmal solch inniges Seelenverständnis zweier Individualitäten.

Aber wir standen doch in Schmerz bei seinem physischen Ende. Als ich ihn einmal während seines schweizerischen Aufenthaltes in Zürich traf, war die Stimme schon umflort, der Leib hatte nicht mehr die Kraft, die Stimme zu durchtönen, Heiserkeit hatte sich ausgegossen über sein Sprechen. Aber es gab bei Christian Morgenstern noch eine andere Sprache, eine seltene Sprache dieser wunderbaren Augen, in denen die Seele erglänzte, wie nur bei wenig Menschen sie durch Augen erglänzen kann; man fühlte, wie viel er einem mit seinen Augen sagen konnte. Und man fühlte in so manchen Momenten, wie viel er zu sagen vermochte durch das nur ihm eigene Erzählen. Wir werden diese Sprache nicht mehr mit ihm sprechen können. Das war gerade unser Schmerz, denn wir hatten ihn so lieb. Aber das wird auch die Veranlassung sein, daß wir ihn immer lieber und lieber haben werden, daß wir treulich mit ihm vereint sein werden, je nach der Art, wie wir das geistig vermögen. Er wird unter uns leben als Vorbild, er wird unter uns leben so, daß, wenn wir uns fragen: Wie sollen sein die besten Anthroposophen? –, wir als mit einem der ersten Namen antworten werden mit dem Namen Christian Morgenstern!

Ich durfte in Leipzig, als ich noch sprechen konnte in seiner Gegenwart, ein Wort gebrauchen von denjenigen Dichtungen, in denen widerklingt, was unsere Weltanschauung ist, das ich aus tiefster Seele spreche, weil ich so sehr die Wahrheit dieses Wortes empfinden muß: Christian Morgensterns Dichtungen, von denen Sie nachher einige Proben hören werden, sprechen zu uns wahrhaftig nicht bloß durch dasjenige, was in Gedanken, in Gefühlen sich ausspricht – Seele lebt in ihnen, das lebt in ihnen, was wir oft Aura nennen. Seine Gedichte haben Aura! Und fühlen konnte ich das oft, wie diese Gedichte Lebewesen sind, wenn ich Christian Morgenstern gegenüber es selbst versuchte, so recht in seine Seele einzudringen, in seine Seele, die mir so lieb geworden war, daß ich durch diese Liebe auch inniges Verständnis gewonnen habe, wenn ich versuchte, dahin mit der Seele zu gehen, wohin so viele seiner wunderbaren Gedichte führen: auf dieses einsame Eiland! Denn manche seiner Gedichte sind, wie wenn sie uns auf eine einsame Insel führten, aber auf eine Insel, wo man sich mit dem, was durch das All wallt, eins fühlen kann. Und wenn dann Christian Morgenstern, selbst in sich erklingen fühlend die Töne des Weltengeistes, auf dem Seeleneiland seine wunderbaren Töne erklingen ließ, dann verstand man ihn nur, wenn man ihm zu folgen verstand. Oft ist es gesagt worden: Wer den Dichter will verstehn, muß in Dichters Lande gehn. – Christian Morgenstern ist ein Dichter des Geistes. Wer diesen Dichter des Geistes will verstehen, der muß in die Lande des Geistes, in die Geisterlande gehen. Manche Töne in den Dichtungen, die Sie nachher hören werden, strömen Aura aus, sie sind so, wie wenn sie wahrhaftig schon gesprochen wären aus dem Geisterland heraus, von einer Seele, die sich des Seins im Geisterlande voll bewußt ist, von einer Seele, die sagen durfte:

«Vielleicht war es dieselbe Kraft, die, nachdem sie ihn auf dem physischen Plan verlassen hatte, geistig fortan sein Leben begleitete und, was sie ihm leiblich gleichsam nicht hatte geben können, ihm nun aus geistigen Welten heraus mit einer Treue schenkte, die nicht ruhte, bis sie ihn nicht nur hoch ins Leben hinein, sondern zugleich auf Höhen des Lebens hinauf den Weg hatte finden sehen, auf denen der Tod seinen Stachel verloren und die Welt ihren göttlichen Sinn wiedergewonnen hat.»

Wir mußten Christian Morgenstern in seinen irdischen Resten den Elementen übergeben in jener Zeit, da wir in der Erwartung sind, daß gerade diejenigen Dichtungen, welche seinen höchsten geistigen Aufschwung offenbaren, in die Welt hinausgehen werden. Diese Dichtungen, wir erwarten von ihnen, daß sie viele Seelen in ihren tiefsten Tiefen ergreifen werden, daß viele, viele Seelen in ihren tiefsten Tiefen Erlebnisse aus diesen künstlerischen Schöpfungen haben werden, welche die Seelen hinführen zu dem Geisterland.

Damit habe ich Ihnen einiges von dem gesagt, was ich aus ganz persönlichem Empfinden heraus Ihnen sagen möchte. Er lebte so, daß er eine Sehnsucht in einem kleinen Gedichte aussprach, eine Sehnsucht, von der ich aus tiefstem Herzen sagen möchte: Sie ist in Erfüllung gegangen!

Er, der Rätselsinner, liebte die rätselsinnenden Dichter des Nordens; er hat in so vertiefender Art die Dichtung Ibsens und andere Dichter übersetzt. Und während er im Norden weilte, gewann er den Norden lieb. Das war eine Empfindung, die sich bei ihm verband, harmonisch verband, mit dem, was von deutschem Geistesleben in seine Seele hinein klang. Der große Erleber Nietzsche, einer der deutschesten Dichter, Lagarde: ihre Anschauungen waren es, ihre Impulse waren es, in die sich seine Seele so gerne vertiefte. Das alles drängte sich zusammen in Christian Morgensterns Seele. Und in einem Augenblick, der wohl so recht geboren war aus einer Stimmung, die in den Zeilen sich offenbart, die ich Ihnen zweimal vorzulesen mir erlaubte, in einem solchen Augenblicke entstanden jene Zeilen:

> Zu Niblum will ich begraben sein,
> am Saum zwischen Marsch und Geest...
>
> Zu Niblum will ich mich rasten aus
> von aller Gegenwart.
> Und schreibt mir dort auf mein steinern Haus
> nur den Namen und: «Lest Lagarde!»
> Ja, nur die zwei Dinge klein und groß:
> Diese Bitte und dann meinen Namen bloß.
> Nur den Namen und: «Lest Lagarde!»
>
> Das Inselchen Mutterland dorten, nein,
> das will ich nicht verschmähn.
> Holt mich doch dort bald die Nordsee heim
> mit steilen, stürzenden Seen –
> das Muttermeer, die Mutterflut...
> o wie sich gut dann da drunten ruht,
> tief fern von deutschem Geschehn!

Vieles hat sich noch verwandelt in Empfindungen in den letzten Jahren. Aber wir, im Geiste, wir schauen ihn, den Elementen übergeben, am Rande des physischen Seins, am Strande des physischen Seins. Und wir sehen – in einer höheren Weise noch, als er es damals in diesen Zeilen zu sagen vermochte – aufgenommen von der Mutterflut, der höchsten menschlichen Heimat, diese Seele, die so sehr beheimatet war in dem Mutterlande des Geistes, der Menschenseele. Ja, wir dürfen es sagen: Er ist dort begraben, wo er begraben zu werden verlangte. – Aber er soll begraben werden, begraben werden so, daß dieses Begraben-werden eine stetige Auferstehung ist in unseren Herzen, in unsern Seelen: in ihnen will er leben! Und eingeschrieben wird sein Name sein in unseren Seelen. Und diejenigen unter uns, die nicht bloß äußerlich, sondern ganz innerlich mit dem Geistesleben, dem wir uns gewidmet haben, verbunden sein wollen, die werden verstehen, wenn ich jedem einzelnen als ganz persönliche Bitte nun vortrage: Es mögen die Seelen unserer Freunde sich anthroposophisch vertiefen lassen in dem, was sie an Anthroposophie erleben und in sich vertiefen können durch die künstlerische Wiedergeburt der Anthroposophie aus den Dichtungen Christian Morgensterns.

So wollen wir freudig, vereint mit seiner ihm so verständnisvoll und liebevoll zur Seite gestandenen und ferner zur Seite stehenden Gattin, ihr treulich beistehen in der Pflege des Angedenkens. So wollen wir lebendig mit unserem Freunde vereint sein, wollen seinen Namen oftmals lesen auf dem Gedenkstein, der ihm in unseren Herzen errichtet werden soll, und dann wissen, daß wir es niemals ohne den tiefsten geistigen Gewinn tun werden, wenn wir befolgen das Wort, das ich jetzt umändernd seine eigenen Worte als meinen tiefsten Wunsch ausspreche: Wenn wir ihn sehen auf dem Gedenkstein unseres Herzens geschrieben, den Namen Christian Morgensterns, dann lassen wir uns das, seine Worte umändernd, zu einer Aufforderung sein: Lesen wir, lesen wir oft *Christian Morgenstern!*

GEDÄCHTNISFEIER FÜR CHRISTIAN MORGENSTERN

Kassel, 10. Mai 1914

Heute möchten wir Ihnen einiges über unseren vor kurzem verstorbenen Freund *Christian Morgenstern* mitteilen. Zuerst werde ich mir gestatten, über Christian Morgensterns Laufbahn zu sprechen, wie sie sich gestaltet hatte, bevor er zu uns, in unsere Gesellschaft als Mitglied eingetreten ist; dann wird Fräulein von Sivers einige seiner Gedichte aus dieser seiner vortheosophischen Zeit zum Vortrag bringen. Nach dem Vortrag dieser Gedichte werde ich mir dann gestatten, gewissermaßen aus der Zeit der Mitgliedschaft zur Anthroposophischen Gesellschaft Christian Morgensterns einiges zu Ihnen zu sprechen, und es wird Fräulein von Sivers im wesentlichen Gedichte Christian Morgensterns aus dieser seiner anthroposophischen Zeit zum Vortrag bringen, die in einer demnächst erscheinenden Gedichtsammlung unseres Freundes der Öffentlichkeit übergeben werden.

Nicht nur, daß wir über Christian Morgenstern sprechen dürfen als von einem treuen, lieben und energischen Mitglied unserer Gesellschaft und unserer Geistesströmung, wir dürfen auch wohl hier in diesem Zweige über Christian Morgenstern schon aus dem Grunde sprechen, weil er gewissermaßen mit diesem Zweige verbunden war dadurch, daß ihm der Vorsitzende und Leiter dieses Zweiges, Dr. Ludwig Noll, Jahre hindurch in treu freundschaftlicher, hingebungsvoller Weise Freund und Arzt war.

Es war im Jahre 1909, da bekam ich einen objektiv liebenswürdigen bescheidenen Brief Christian Morgensterns, in dem er ansuchte um die Mitgliedschaft zu unserer Gesellschaft, jene Gesellschaft, von der er damals aussprach, daß er in ihr zu finden hoffe dasjenige, was empfindungs- und gefühlsmäßig durch sein ganzes Leben hindurch in seiner Seele wirkte, und was eben empfindungs- und gefühlsmäßig den Grundton, die Grundnuance eines großen Teiles seines dichterischen Schaffens immer gebildet hat. Und man darf wohl sagen: Wenn man die Seelenstimmung, die gesamte Seelenstimmung Christian Morgensterns in Betracht zieht, dann ersieht man, daß wohl kaum ein mehr vorbereitetes, mehr mit der ganzen Seele in unserer Welt lebendes Mitglied als eben Christian Morgenstern sich hätte dazumal, 1909, mit uns verbinden können.

Christian Morgenstern hat sich hineingefunden in diese seine Erden-Inkarnation so, daß man aus der Art dieses Hineinfindens förmlich ersieht, wie diese Seele gestrebt hat, aus geistigen Höhen heraus diejenige Art von Verkörperung zu finden, die dieser besonderen Individualität angemessen war. Eine Seele möchte man in Christian Morgenstern erkennen, welche sich nicht voll entschließen konnte, in das unmittelbar materialistische Leben vom Ende des neunzehnten Jahrhunderts zum Beginn des zwanzigsten Jahrhunderts sich hineinzufinden, eine Seele, von der man sagen möchte, daß sie sich bei der Verkörperung eine gewisse Reserve auferlegte, gleichsam mit gewissen Kräften zurückzubleiben in der geistigen Welt und die Welt der Erde anzuschauen, immer voll durchdrungen von jenem Gesichtspunkte, der sich ergibt, wenn man halb wurzelt in der geistigen Welt. So konnte Christian Morgenstern hier auf dieser Erde wohl kaum eine für ihn geeignetere Generationsfolge finden als die seiner malenden Ahnen. Sein Vater war Maler und entstammte, er selbst wiederum, einer Malerfamilie. Gewöhnt war man in dieser Familie, anzuschauen das, was der Erdumkreis darbietet, vom Standpunkt des vergeistigten Künstlers, und man liebte vom Standpunkt des vergeistigten Künstlers alle Schönheiten in der Natur und alles das, was das Menschenleben doch als seine Blüten aus sich hervorbringt, wenn auch die Grundlagen materialistisch sind. Und so wurde Christian Morgenstern gleichsam in eine Vererbungssubstanz hineinversetzt, durch die bei ihm ein gewisses Verhältnis zur Natur sich ausbildete, da er aus einer Landschaften malenden Familie hervorging. So wurde hineinversetzt in ihn das, was ich nennen möchte das Verhältnis zur Natur, das noch besonders sich verstärkte dadurch, daß er schon als kleines Kind mit seinen Eltern viele Reisen machen durfte. Und so sehen wir Christian Morgenstern heranwachsen, und früh in ihm den dichterischen Trieb erwachen. So sehen wir, wie er diesen dichterischen Trieb so entfaltete, daß er, ich möchte sagen, sich mit seinem Seelenleben auf eine einsame Insel zurückzieht und von der Perspektive dieser einsamen Insel aus alles anschaut, was um ihn war. Da entströmen denn dieser dichtenden Seele Verse, zarte Verse, die wie aus der noch halb im Geistigen ruhenden Seele selbst herausgeboren sind, und andere Verse, von denen man leicht begreifen kann, wenn man in eine solche Seele hineinsieht, daß sie auch derselben Seele entströmen müssen; andere Verse, in die eingeflossen ist alle Disharmonie, die einem entgegenschaut, wenn man das äußere Leben unserer Gegenwart betrachtet. So sind denn neben den Gedichten, die sich erheben bis zur Stimmung des Gebetes, auch die Gedichte entstanden, welche die äußere Welt fast einzig von Christian Morgenstern kennt: jene sarkastischen, ironischen, humoristischen Dichtungen, die eine solche Seele aushauchen muß, wie die physische Lunge neben dem Einatmen der reinen Luft auch die kohlensäure-durchdrungene Luft ausatmen muß. So mußte eine solche Seele gleichsam in diesem zweigliederigen Atmungsprozeß des geistigen Lebens auf der einen Seite sich gebetartig erheben zu den erhabensten Weisheiten und Schönheiten des Daseins der Welt, auf der anderen Seite hinblicken auf das, was an Unnatur, an Diskrepanz, Disharmonie in der Umwelt gerade einer so geistigen Seele so auffällt, daß sie nichts anderes vermag, als über diese Diskrepanz sich durch einen leichten flüchtigen Humor hinwegzusetzen.

Christian Morgenstern wird einer derjenigen Künstler sein, an denen man erkennen wird, wie innig zusammenhängt gerade in der geistig gestimmten Seele das gebetvolle Moment auf der einen Seite und das leicht humoristische auf der anderen Seite. Wahrhaftig, durch dieses Gebethafte, bis zum Gebethaften in der Stimmung sich Erhebende seiner Dichtungen war Christian Morgenstern prädestiniert, seinen Lebensweg zuletzt mit dem Lebensweg unserer Geistesströmung zu verbinden. Tritt uns doch schon in den Gedichten, die seiner frühesten Jugend angehören, diese gebetartige Stimmung in ihrem ganzen Umfang, in ihrer ganzen Bedeutung entgegen. Dreifach gliedert sich die gebetartige Stimmung für Christian Morgenstern gegenüber der Welt.

Welche Seele kann beten? So, möchte man sagen, stellt sich eine tiefe Gemütsfrage vor Christian Morgensterns Seele oftmals hin. Und so fühlt er die Antwort auf diese Gemütsfrage: Jene Seele kann beten, welche imstande ist, die Größe, die Erhabenheit, die göttliche Geistigkeit des Universums so auf sich wirken zu lassen, daß sich ihr die Stimmung des Ja-Sagens zu dieser Größe, dieser Erhabenheit, dieser Weisheitsfülle entringt. Und daß dann aus diesem Ja-Sagen zu den hehren Erscheinungen der Welt als zweites Glied hinzukommt in der Seele das, was man nennen kann: Mit der eigenen Seele aufgehen im Weltall, untertauchen in die Größe und Schönheit und Weisheit des Daseins. – Als drittes Glied kommt dasjenige hinzu, was Christian Morgenstern empfand, indem er die Vorstellung vor seine Seele rückte: Gesegnet sein von der Größe, Erhabenheit und Weisheitsfülle und dem Liebe-Inhalt des Weltalls! – Ja sagen können, aufgehen können im Weltenall, sich gesegnet fühlen als einzelne Seele von der Weisheit, Schönheit und dem Liebe-Inhalt des Universums: das ist die Stimmung, die Christian Morgenstern als Dichter in viele seiner früheren Gedichte schon hineinzuhauchen verstand.

Sechzehnjährig war er, als seinem sinnenden Geist entgegentrat das, was uns so gründlich zu beschäftigen hat in unserer Geistesströmung: die große Frage der wiederholten Erdenleben der menschlichen Seele. Unablässig rang er nach Klarheit auf diesem Gebiet.

Einundzwanzigjährig war er, da trat in seine Lebensbahn herein all das, was von Nietzsche, dem großen Fragesteller, von der Persönlichkeit ausging, die in einer so tragischen Weise und zuletzt doch fruchtlos mit all den Rätselfragen rang, die sich dem Menschen im letzten Drittel des neunzehnten Jahrhunderts entgegenstellten, wenn er Leben und Zeit wirklich ernst nimmt. Eine leidenschaftliche Liebe, sagt Christian Morgenstern selbst, hat er viele Jahre hindurch für das Ringen Nietzsches gehabt. Dann kam er auf einen anderen Geist, auf einen Geist, von dem er die schönen Worte spricht: «Das Jahr 1901 sah mich über den ‹Deutschen Schriften› Paul de Lagardes. Er erschien mir... als der zweite maßgebende Deutsche der letzten Jahrzehnte, wozu denn auch stimmen mochte, daß sein gesamtes Volk seinen Weg ohne ihn gegangen war.» Nun vertiefte sich Christian Morgenstern in die «Deutschen Schriften» Lagardes, in jene Schriften, die nicht in Nietzschescher Art geschrieben sind. Man möchte sagen, in jener Art nicht geschrieben sind, die sich abkehrt vom Leben, um irgendwie außer dem

Leben einen Standpunkt zu gewinnen und von ihm aus das Leben zu betrachten, sondern auch die andere Seite fand Christian Morgenstern, die in Paul de Lagarde verkörpert ist: jene Seite, die unmittelbar ins Leben sich hineinstellt. Lagarde ist ein Geist, der mit einem scharf durchdringenden Seelenvermögen alles auffaßte, was in der Gegenwart nach Reform, nach Umwandlung ringt, um dieses Leben wieder gesund zu machen. Und unendlich weit verzweigt sind die Gedanken, die Lagarde aus seiner Gelehrsamkeit und tiefen Lebenserfahrung heraus zu gestalten versuchte, um dem Leben des deutschen Geistes aufzuhelfen. Das wirkt dann in solchen Geistern wie Christian Morgenstern nach, die in ihrer Einsamkeit sich miteinsam fühlen mit Geistern wie Nietzsche und Lagarde. Nietzsche ist dann ja populär geworden, Lagarde ist bis jetzt nicht populär geworden, aber Christian Morgenstern empfand eine Miteinsamkeit mit diesem Geiste. So können wir es begreifen, daß, als noch eine andere Stimmung zu seiner Miteinsamkeit kam, Christian Morgenstern merkwürdige Töne fand für das, was er von seiner Zukunft ersehnte und der Zukunft derjenigen, mit denen sich seine Seele in dieser Inkarnation verwandt fühlte.

Die Eigenart seiner Seele hat dann Christian Morgenstern dazu gebracht, sich zu vertiefen in die großen Rätselsucher des Nordens. Ibsen lernte er kennen, den Rätselsucher; er übersetzte «Peer Gynt» und «Brand» und fühlte sich so in seiner Seele dem großen Rätselsucher des Nordens innig verbunden.

Aber auch fühlte er sich herausgehoben über das, was in der deutschen Kultur ihn unmittelbar umgab. Man darf wahrhaftig auf anthroposophischem Boden so etwas besprechen und dabei voraussetzen, daß sich die lieben Zuhörer hinwegsetzen über alles einseitige politische oder patriotische Fühlen und sich in eine höhere Sphäre versetzt fühlen, wenn man auf Worte aufmerksam macht, in denen Christian Morgenstern das, was er für seine Zukunft und die Zukunft derjenigen, die er doch liebte, wenn er auch sich in ihnen vereinsamt fühlte, voraussehnte. Deshalb wirken tief die Worte, die Christian Morgenstern sechs Jahre später, im Jahre 1907, nachdem er Paul de Lagarde kennen gelernt hatte, und wenige Jahre, nachdem er sich in Ibsen vertieft und Werke von ihm übersetzt hat, im Jahre 1907 schrieb:

Zu Niblum will ich begraben sein,
am Saum zwischen Marsch und Geest.

Zu Niblum will ich mich rasten aus
von aller Gegenwart.
Und schreibt mir dort auf mein steinern Haus
nur den Namen und: «Lest Lagarde!»
Ja, nur die zwei Dinge klein und groß:
Diese Bitte und dann meinen Namen bloß.
Nur den Namen und: «Lest Lagarde!»

Das Inselchen Mutterland dorten, nein,
das will ich nicht verschmähn.
Holt mich doch dort bald die Nordsee heim
mit steilen, stürzenden Seen –
das Muttermeer, die Mutterflut...
o wie sich gut dann da drunten ruht,
tief fern von deutschem Geschehn!

Das war die Seele, die dann allmählich heranwuchs, heranwuchs zu jener Stimmung, die sie damals, fünfunddreißigjährig, überkam, wo sie fühlte in sich: Mensch und Natur sind gleichen Geistes.

Dann kam ein Abend: wie durch Karma veranlaßt, möchte man sagen, legte sich hin vor diese Seele das Johannes-Evangelium. Eine ihm neue Stimmung überkam Christian Morgenstern, denn jetzt erst glaubte er nach dieser Vorbereitung, das Johannes-Evangelium wirklich zu verstehen. Jetzt war diese Seele in einer Stimmung, daß sie von sich sagen konnte: Ich fühle mich eingegliedert dem breiten, weiten Strom des Geistesalls; ich fühle das, was als ein Wahrzeichen dieser Empfindung durch alle Zeiten gegangen ist und uns in der neueren Zeit, da wir etwas fühlen von dem tiefsten Welten- und Menschengrund, ganz besonders berühren muß. Anschauend die Welt ringsum, kann die Seele ausbrechen, wenn sie vorbereitet ist, in die tief bedeutsamen Worte: Das bist Du! – Aus dem Johannes-Evangelium heraus entströmte die Weisheit des «Das bist Du» für die Seele Christian Morgensterns. Da konnte er von sich sagen, in einem Kaffeehause sitzend: «So von seinem Marmortischchen aus, seine Tasse vor sich, zu betrachten, die da kommen und gehen, sich setzen und sich unterhalten, und durch das mächtige Fenster die draußen hin und her treiben zu sehen, wie Fischgewimmel hinter der Glaswand eines großen Behälters, – und dann und wann der Vorstellung sich hinzugeben: Das bist Du! – Und sie alle zu sehen, wie sie nicht wissen, wer sie sind, wer da, als sie, mit SICH selber redet und wer sie aus meinen Augen als SICH erkennt und aus ihren Augen nur als sie!»

Dann kam noch eine andere Stimmung, eine Stimmung, von der manche wünschen möchten, daß sie sich so recht in der Welt verbreitete. Da war Christian Morgenstern am Ende seiner dreißiger Jahre bekannt bereits als Dichter. Als ein Mensch lebte er, der sich so einfühlen gelernt hatte in das «Das bist Du» und der dann eine Stimmung über seine Seele kommen fühlte, die er in den Worten aussprach: «Und doch war solches Erkennen nur erst ein Oberflächen-Erkennen und darum letzten Endes noch zur Unfruchtbarkeit verurteilt.»

Fühlen Sie, meine lieben Freunde, die Bescheidenheit, die innere, wahre Bescheidenheit der Seele, die erst diese Seele wirklich vorbereitete, in die Geheimnisse des Lebens einzudringen!

Doppelt geworden fühlte sich Christian Morgenstern. Vor den Toren der Geisteswissenschaft stand er so. So stand er vor den Toren der Geisteswissenschaft, daß er doch alles dasjenige, was vorher war, ein «Oberflächen-Erkennen» nannte, das darum «letzten Endes zur Unfruchtbarkeit verurteilt» sei.

Hören Sie nun erst die Töne, die Christian Morgensterns Seele sich entrungen haben in seiner voranthroposophischen Zeit, dann will ich einige Worte weiter sprechen über seine anthroposophische Zeit, über dasjenige, wovon er sprach in den allerletzten Tagen seines Erdenlebens, daß er in ihm das einzige habe, woran er im Leben nie irre geworden ist, und wovon er wisse, daß er nicht irre werden könne.

<blockquote>

Rezitation durch Marie von Sivers:

Mittagsstille · Eins und alles · An die Wolken
Sommernacht im Hochwald · Präludium · Mondenstimmung
Morgenandacht · Inmitten der großen Stadt

</blockquote>

Am 4. April dieses Jahres war es, als wir, in der Nähe unseres Dornacher Baues, in Basel, Christian Morgensterns irdische Überreste der Einäscherung zu übergeben hatten. Bei den Worten, die ich bei dieser Gelegenheit vor der Einäscherung Christian Morgensterns zu sprechen hatte, stand mir lebendig vor der Seele manches Gespräch, das stattgefunden hatte, nachdem sich Christian Morgenstern 1909 in unsere Gesellschaft aus jenen Vorbedingungen heraus gefunden hatte, von denen ich vorhin gesprochen habe. Da waren es oft Worte, die in jenen Gesprächen von ihm zu mir und umgekehrt gingen, welche tiefe Fragen des Daseins berührten, soweit sie Menschen berühren können, Fragen, die zugleich – es hing ja das zusammen mit dem eben erfolgten Eintritt Christian Morgensterns in unsere Bewegung – hinwiesen auf die großen Probleme des Daseins, die aber auf der anderen Seite durch die Kämpfe, durch das Ringen, das die Seele Christian Morgensterns durchgemacht hatte, einen unmittelbar individuellen Charakter trugen. Da tauchten wieder herauf alle die Empfindungen, die Christian Morgenstern zum Beispiel durchgemacht hatte in seiner jetzigen irdischen Lebenslaufbahn, als er durch Jahre hindurch sich an Nietzsche, ich darf sagen orientieren wollte für die großen Fragen des Lebens.

Da konnte man an manchem Wort, das er sprach im intimen Gespräch, so recht sehen, wie anders das Verständnis eines solchen Menschengeistes sich ausnimmt, der selbst so titanisch zu ringen hatte wie Christian Morgenstern, als eine Seele, die oberflächlicher über das Ringen anderer Erdenseelen hinweggeht. Und ich darf wohl sagen, ohne irgend eine Unbescheidenheit zu begehen: Ich durfte glauben, trotzdem aus Seelentiefen sich seine Gedanken, die er gerade auch über Nietzsche äußerte, herausgerungen hatten, über Nietzsche mit Christian Morgenstern reden zu können in der Art, wie Christian Morgensterns Seele das vielleicht verlangte. – Hatte ich doch selbst vierzehn Jahre gebraucht, vom Jahre 1888 bis 1902, um über Nietzsche zu einiger Klarheit in der eigenen Seele zu kommen, wußte ich doch selbst, welche Kämpfe und Überwindungen es kostet, um Orientierung zu gewinnen über all das, was ein Geist wie Nietzsche in unsere Zeit hineingeworfen hat. Ich kannte sie, diese

Töne, welche die Seele anschlug, von Spott und Hohn selbst, über manches, was Nietzsche geäußert hat, bis wieder zur liebenden Verehrung, – ich kannte all das Ringen und Überwinden, das man durchzumachen hat. Und wiederum, wenn Christian Morgenstern über seinen geliebten Paul de Lagarde sprach, – ich durfte auch da mitreden. Ich hatte eine Seele vor mir, die an Lagarde sich in vielem aufgerichtet hatte. Ich darf sagen, fast zwanzig Jahre vorher, ja sogar reichlich zwanzig Jahre vorher, hatte ich sehen können, wie wenigstens auf ein kleines Häuflein Menschen die «Deutschen Schriften» Lagardes wirkten, so daß diese Menschen innerliche Seelensubstanz durch Lagarde bekamen. Ich hatte allerdings gesehen, wie in diesem Kreise Paul de Lagarde in eine Art National-Politik herabgezogen worden ist, aber ich hatte auch merken können die Stärke der Gedanken Lagardes, wie sich die Kraft seiner Gedanken hineinfinden konnte in menschliche Seelen, wenn diese Seelen Richtung und Ziel im Leben brauchten. Das war für mich lange vergangen, – da trat mir die einsame Seele, die mit Paul de Lagarde miteinsame Seele, in Christian Morgenstern entgegen.

Und so konnte ich denn Christian Morgensterns Seele wirklich recht, recht gut kennen lernen in jenem Moment, da sie stand vor den Toren der Anthroposophie. Es war ja die Zeit, in der dann Christian Morgenstern, nachdem er mit vollem Enthusiasmus, mit voller Begeisterung verschiedene unserer anthroposophischen Veranstaltungen mitgemacht hatte, auch mitgezogen war einmal mit uns in sein geliebtes Nordland hinauf. Ich konnte dann sehen, wie der schwere Zusammenbruch seiner Gesundheit und seines Leibes herankam. Oftmals mußte er immer wieder und wiederum – was er so ungern tat – daran denken, wie er diesem seinem Leibe noch für einige Jahre des Erdendaseins aufhelfen konnte. Dann kam die Zeit, in der er uns entzogen sein mußte, in der er einige Zeit in den schweizerischen Hochbergen lebte, um dort Linderung seines Leidens zu finden in der frischen, freien Bergesluft. Er hatte vorher gefunden die ja auch tief in unserer Bewegung stehende Gattin, die ihn nunmehr begleitete in seine unfreiwillige Einsamkeit – denn nun wäre er gern gesellig gewesen, wäre gern mit unserer Bewegung zusammen gewesen. Da kam die Zeit, wo man denken durfte – während wir versuchten, das, was uns zugeteilt war, den Menschenseelen mitzuteilen –, daß da oben in dem schweizerischen Hochgebirge einer lebe, der unablässig trachtete, seine dichterische Kraft zu vermählen mit demjenigen, was in unserer Geistesströmung zutage treten sollte, daß da oben einer lebe, in dem in individuell eigenartiger Weise aufging, aus der Dichterkraft heraus neu geboren, das, was wir versuchen in unserer geisteswissenschaftlichen Strömung zu durchleben. Ein Verbindungsglied war die Gattin, die ihm zuletzt das einzige Verbindungsglied war auf dem physischen Plan zwischen seinem einsamen Seelenleben in den schweizerischen Hochbergen und unserer Gesellschaft. Sehen konnte er, wie die Gattin herunterbrachte die Nachrichten von ihm und wieder hinauftrug das, was sie aufgenommen hatte, wenn er sie immer wiederum gebeten hat, bei uns einzukehren bei dieser oder jener Veranstaltung, damit auch er teilnehmen könne an dem, was durch Geisteswissenschaft in die Kultur unserer Zeit und in das menschliche Geistesleben überhaupt geleitet werden soll. Er hatte wohl gefunden als unmittelbares Labsal seiner Seele die ihn so treu pflegende, ihm so treue Freundesseele, die ihn so tief verstehende Gattin. Durch sie hindurch sah er ja die Welt des physischen Planes. Und es war stärkend für diejenigen, die an seinem Seelenleben teilnehmen durften, daß gerade in dieser Seele einen solch künstlerisch-dichterischen Widerhall fand das, was durch unsere Seelen zieht, von dem wir glauben, daß es der Menschheit so wichtig ist.

Dann traf ich ihn, nachdem wir dies verabredet hatten, in Zürich, als ich zurückkehrte von einer Vortragsreise in Italien. Die Zerstörung des Leibes war so weit fortgeschritten, daß er nur noch leise sprechen konnte. Aber in Christian Morgensterns Seele lebte etwas, was, ich möchte sagen, fast entbehrlich machte auch für den physischen Plan das äußere Sprechen. Das war es, was einem so recht vor der Seele stand, auch in dem Augenblick, als man entfliehen sah dem irdischen Dasein die verklärte Seele Christian Morgensterns im April dieses Jahres. Sie, diese Seele, die frei geworden ist, frei geworden in der Entfaltung ihrer Geisteskräfte gerade durch den Tod, hat sich selbst und wir haben sie wahrlich nicht verloren: sie ist seither erst recht unser. Aber eines konnte doch schmerzvoll vor uns stehen, denn das hatten wir allerdings verloren: jene eigentümliche Sprache, welche aus diesen von solcher Innigkeit zeugenden Augen sprach, die so wunderbar in stummer Sprache ausdrückten die Innigkeit, von der man die geisteswissenschaftliche Weltanschauung so gern durchdrungen sehen möchte. Und das andere war das liebe, intime Lächeln Christian Morgensterns, welches einem entgegenstrahlte wie aus einer geistigen Welt, und welches in jedem Zug Zeugnis ablegte von der tiefen Innigkeit, mit der er verbunden war mit allem Geistigen, insbesondere da, wo das Geistige sich intim und innig zum Ausdruck bringt.

Als ich ihn in Zürich traf, da konnte er mir überreichen jene seiner Dichtungen, welche gewissermaßen dadurch entstanden sind, daß sich in ihm vermählt hat seine dichterische Kraft mit der anthroposophischen Geistesströmung. Und wiederum sah man, wiederum vernahm man aus Christian Morgensterns Dichtungen die großen Erkenntnisse über die Weltenentwickelung, über vergangene Verkörperungen der Erde, über das Wiederaufleben der Kräfte und Wesenheiten der vergangenen Weltenkörper auf unserem Erdenkörper, – in dichterische Gestalt gebracht dasjenige, was erstrebt wird innerhalb unserer Geistesströmung. Aufgegangen war ihm selbst dasjenige, was als der Gipfelpunkt unseres anthroposophischen Forschens uns erscheint, aus seiner zarten, innigen und doch so starken Seele sprechend: das Durchdrungensein mit dem Christus, von dem eine Vorstellung errungen wird durch die geisteswissenschaftliche Überlieferung. Wahrhaftig, da lebte verkörpert in diesem morschen Erdenleibe, stark und kräftig durchseelt und durchgeistigt, unsere Weltanschauung. Und wahr, tief wahr erscheinen dann die Worte, die Christian Morgenstern über sein Verhältnis zu dieser Weltanschauung gesprochen hat, nachdem er zuerst sich erinnert an das Leidenserbe, das von der Mutter übernommen war, das ihn körperlich schwach gemacht hat im Leben, das ihn zuletzt immer schwächer und schwächer gemacht hat. Nachdem er sich an das alles erinnert, spricht er die Worte: «Vielleicht war es dieselbe Kraft, die, nachdem sie ihn auf dem physischen Plan verlassen hatte, geistig fortan sein Leben begleitete und, was sie ihm leiblich gleichsam nicht hatte geben können, ihm nun aus geistigen Welten heraus mit einer Treue schenkte, die nicht ruhte, bis sie ihn nicht nur hoch ins Leben hinein, sondern zugleich auf Höhen des Lebens hinauf den Weg hatte finden sehen, auf denen der Tod seinen Stachel verloren und die Welt ihren göttlichen Sinn wiedergewonnen hat.»

So war er bei uns, und so war er unser. Und so dichtete er jene Gedichte, die wir nachher hören werden, die eingeleitet werden sollen durch ein Gedicht aus seiner früheren Zeit, in dem stimmungsvoll gerade seine Prädestination für die Weltanschauung liegt, die ihm dann aufgegangen war, als er sich so innig gesinnungs- und geistmäßig mit uns verbunden hatte.

Und dann erschien er wieder etwas gekräftigt bei unseren anthroposophischen Veranstaltungen. Wir konnten die Freude erleben, daß gerade seine ihm am meisten am Herzen liegenden Gedichte am Ende des letzten Jahres in Stuttgart von Fräulein von Sivers gesprochen werden konnten in seiner Gegenwart, und wir konnten miterleben dasjenige, was in seiner Seele vorging, was, ich darf sagen, einen so erschütternden Eindruck auf mich gemacht hat, als wir damals noch in seiner Gegenwart über ihn sprechen und seine Dichtungen zum Vortrag bringen konnten, – da war es, daß er in einem Brief, den er an Fräulein von Sivers richtete, die erschütternden Worte fand:

«Es war vor etwa vier Wochen, als ich beim Herausziehen geeigneter Stücke aus meinen verschiedenen früheren Sammlungen von einem Gefühl überwältigt wurde, das mir im Augenblick sehr nahe ging. Ich sagte mir – im Hinblick auf den Verlust meiner Stimme und im Hinblick darauf, daß gerade jetzt Aufforderung nach Aufforderung an mich herantritt, öffentlich zu lesen –, daß diese kleinen Lieder und Rhythmen nun wohl niemals so vor Menschenohren gelangen würden, wie sie von mir empfunden worden waren. Denn ich erlebte noch einmal die wunderliche Seligkeit, in der jede wirklich lebensvolle dieser Strophen ins Dasein hatte treten dürfen, und sagte mir: dieser Zustand der Seele wird, da nicht mehr von mir, von niemandem mehr wieder heraufzubeschwören sein. Ich vergaß damals, wie so oft, das liebevolle Verständnis verwandter Seelen, die einen ähnlichen Zustand in sich zu schaffen vermögen, einfach aus Wärme für das Kunstwerk, um das es sich handelt, und der durch sie bewirkten Hellfühligkeit für die Regungen, aus und unter denen es sich gebildet haben mag. Für jene arge Vergeßlichkeit haben Sie mich an diesem unvergeßlichen 24. November 1913 in der allerschönsten und -zartesten Weise bestraft. Denn da war jemand in jenen isolierten Kreis getreten, von dem unser lieber Herr Doktor sprach, war dem ‹Einsamen› auf sein ‹Eiland› willig gefolgt und konnte nun gleichsam mit dessen eigner Stimme die kunstlosen Weisen wiedergeben, die sich dort vorfanden und darboten.

Ich darf fortan getrost sein, daß dies oder das meiner bescheidenen Hervorbringungen auch als lebendiger Klang den Menschen wird nahekommen dürfen – seit ich sie von Ihnen zum zweiten Male empfing und damit einen Gruß meiner Jugend und andrerseits eine Mahnung, Ihnen reinen und hohen Menschen allen und den Idealen, die unter der beständigen aufopfernden Hilfe unseres geliebten Lehrers durch Sie Wahrheit werden wollen, immer besser und stärker zu dienen.

In inniger Verehrung und Dankbarkeit!

Christian Morgenstern.»

Nach all dem, was wir nachher erlebt haben, werden Sie verstehen, meine lieben Freunde, daß wir gerade in bezug auf den Punkt, den Christian Morgenstern in diesem Briefe berührt, gern treue Testamentsvollstrecker seiner Intentionen werden möchten.

Dann war es wiederum in Leipzig, als wir einen Neujahrsgruß ihm bereiten konnten, drei Monate vor seinem Tode. Ich sprach dazumal, nachdem ich wieder die Dichtungen seiner letzten Zeit auf meine Seele hatte wirken lassen, von denen Sie nachher einige hören werden – ich sprach dazumal ein Wort, das sich mir unmittelbar als eine tatsächliche Empfindung aus den Gedichten heraus ergab. Ich sprach ein Wort, das ich etwa wie folgt wiederholen möchte: Sehen hatte ich können, wie Christian Morgenstern mit seinem ganzen Geiste, man möchte sagen, inhaltsvoll in unserer Weltanschauung lebte, die in ihm eine ganz individuelle Gestalt angenommen hatte, so daß das, was er gab, eine Gabe für uns war, und wir niemals daran hätten zu denken brauchen, daß er von uns sie empfangen hätte: wir fühlten uns gerade in der Stimmung so beglückt, daß er uns aus sich heraus wiedergab, wozu ihn unsere Weltanschauung angeregt hatte. Aber nicht nur das, sondern etwas anderes noch strömten seine Gedichte aus. Und ich könnte es nicht anders ausdrücken, als indem ich sage: Seine Dichtungen haben Aura! Man fühlt das anthroposophische Leben und anthroposophische Gesinntsein unmittelbar wie aurisch aus ihnen herausströmend. Noch etwas durchlebt man mit, was nicht in den Worten, sondern was zwischen den Worten, zwischen den Zeilen liegt und unmittelbar aurisches Leben ist. – Ich konnte es dazumal aussprechen wie eine Empfindung, die sich mir tatsächlich ergeben hat: Diese Gedichte haben Aura!

Ich weiß jetzt, warum, erst jetzt, warum ich dieses Wort dazumal gesagt habe. Und einige von Ihnen, oder vielleicht alle, meine lieben Freunde, die den Worten meines gestrigen Vortrages zugehört haben, werden wissen, weshalb ich das «Warum» erst jetzt weiß. Diese Dichtungen, ja, sie haben Aura –, so mußte ich sprechen, als ich das zweite Mal gelegentlich des Vortrages seiner Dichtungen in unserem Kreise in Leipzig in seiner Gegenwart über ihn sprechen durfte. Es war dazumal, gerade im Beginn dieses Jahres, für Christian Morgenstern eine schöne Zeit, – ich darf so sagen. Als ich ihn dann sah auf seinem Zimmer in Leipzig, da war es eigentümlich zu sehen, wie – ja wie gesund, wie innerlich kraftvoll diese Seele in dem morschen Leibe war, und wie sich diese Seele gerade dazumal so gesund, so gesund im geistigen Leben fühlte wie nie zuvor. Da war es mir, daß sich mir das Wort prägte, das ich dann sprechen mußte vor seiner Einäscherung: «Diese Seele, sie bezeugt so recht den Sieg des Geistes über alle Leiblichkeit!»

An der Herbeiführung dieses Sieges hat er durch die Jahre hindurch gearbeitet, in denen er durch unsere Geistesströmung so innig verbunden war mit uns. Diesen Sieg, er hat ihn erreicht nicht in Anmaßung, sondern in aller Bescheidenheit. Hinaufsehend zu ihm, da sich seine Seele entrungen dem irdischen Leben, durfte ich in Basel die Worte sprechen: «Er war unser, er ist unser, und er wird unser sein!» Damals war es – zum dritten Male über ihn sprechend –, als das Karma, ich darf sagen, auf merkwürdige Weise herbeigeführt hat, daß ich gerade am Ort war, als er in der Nähe unseres Dornacher Baues in seinen irdischen Überresten den Elementen übergeben wurde.

Und so war er denn, nachdem er jene Worte niedergeschrieben hatte von der Sehnsucht nach seinem einsamen Grab, noch in seinem Erdenleben durchgegangen durch unsere Geistesströmung. Und wahrhaftig, man kann es vielleicht empfinden, wenn mit einer kleinen Veränderung wiederum hingewiesen werden mag auf die Worte, die vorhin mitgeteilt worden sind, die von ihm vor Jahren gesprochen worden sind, bevor er sich mit unserer Geistesströmung vereinigte. Sagen dürfen wir jetzt mit Recht: Wir suchen ihn im Geisterland, zu dem wir den Pfad suchen. «Wir fanden einen Pfad» – so wird auch seine letzte Gedichtsammlung, die demnächst erscheinen wird, betitelt sein. Im Geisterland sehen wir ihn geborgen. Wir schauen hinauf zu ihm. Lernen wollen wir allmählich, erkennen lernen wollen wir, welch bedeutende Individualität in ihm verkörpert war. Doch davon sei heute nicht gesprochen. Aber dasjenige, was wir tief empfinden wie eingeschrieben auf seinem geistigen Grabstein, den wir ihm setzen wollen in unserem Herzen, das wird der uns liebgewordene Name sein, mit dem wir viel, viel verbinden wollen. Er darf als einziges Wahrzeichen auf seinem geistigen Leichenstein stehen. Wir werden, nachdem er unser geworden ist, nachdem wir ihn erkannt haben, viel mit diesem Namen verbinden. Daher werden Sie als Aufrichtigkeit empfinden, meine lieben Freunde, wenn ich anknüpfend an die vorhergehenden Worte sage:

> Im Geisterland finden wir ihn eingebettet,
> am Saum, zwischen Irdischem und Geistigem.
> Da wirkt er, da rastet er sich nicht aus,
> da wirkt er weiter als Geist unter Geistern,
> für alle Gegenwart.

Wir aber schreiben auf sein geistig Haus seinen uns liebgewordenen Namen und die Worte, die wir empfinden wollen tief:

> Lest Christian Morgenstern!

Ich selbst möchte sie aussprechen, diese Bitte, in Verbindung mit dem Namen Christian Morgenstern:

Lest Christian Morgenstern.

Gefunden hat er sein Mutterland dort in geistigen Höhen, heimgeholt hat ihn die Geisteswelt, die Mutterflut. Er ist zurückgekehrt in die Heimat, aber in die Heimat, worinnen unsere Seele mit ihren stärksten Kräften wurzelt, wurzelt selbst in den Augenblicken, in den Feieraugenblicken des Lebens, wo sie sich ferne fühlen muß von allem bloß sinnlichen Geschehn.

Das ist es, was ich auch hier in Worten, die sich mir aus der geistigen Betrachtung Christian Morgensterns selbst ergeben, vorausschicken möchte dem Vortrag der Dichtungen, die er uns hinterlassen hat als ein schönes Wahrzeichen für die Wirksamkeit unserer Weltanschauung in einer Menschenseele, die viel gerungen, viel gekämpft hat, die sich erkämpft hat als Geist den Sieg über den Leib, die mancherlei an Menschen, mancherlei an Weltanschauungen erlebt hat, und die noch in den letzten Tagen des Lebens hier auf der Erde sprechen konnte die Worte:

«Eigentlich gibt es nur eines, in dem ich gar nicht, auch nicht im geringsten irre geworden bin...»

Christian Morgenstern meinte die Weltanschauung, zu der wir uns auch bekennen.

Wir aber wollen überzeugt sein, meine lieben Freunde, daß ihm diese Anschauung auch bleibt für das Leben im Geiste, das er führt und zu dem wir hinaufschauen wollen.

Rezitation durch Marie von Sivers:

Sonnenaufgang · Gebet · Einem Zweifler · Mond am Mittag · Von zwei Rosen · Wasserfall bei Nacht · Licht ist Liebe · Wie macht' ich mich von DEINEM Zauber los · Da nimm · Ich hebe dir mein Herz empor · Ich bin aus Gott wie alles Sein geboren.

ANSPRACHE FÜR DIE IM FELDE STEHENDEN
Berlin, 1. September 1914

Meine lieben Freunde!

Mit tief bewegtem Herzen ist es, daß ich in diesen ernsten Stunden eine Weile unter Euch sein darf und mit Euch sprechen darf. Unser erster Gedanke sei aber gerichtet an diejenigen lieben Freunde, die so oftmals mit uns hier vereint waren und die jetzt gerufen sind auf das Feld, wo in einer so eindringlichen Weise gekämpft wird um Menschenschicksale, um Völkerschicksale. Und daß wir dieser Freunde in treuer Liebe in dieser Stunde gedenken und unsere Gedanken ihnen senden, unsere Gedanken, denen Kraft innewohnen möge, auf daß sie sich stärken können auf dem Plan, wo sie jetzt stehen – zum Zeichen dafür erheben wir uns für einen Augenblick von unsern Sitzen!

> Geister Eurer Seelen, wirkende Wächter,
> Eure Schwingen mögen bringen
> Unserer Seelen bittende Liebe
> Eurer Hut vertrauten Erdenmenschen,
> Daß, mit Eurer Macht geeint,
> Unsere Bitte helfend strahle
> Den Seelen, die sie liebend sucht!

Und zurufen wollen wir unsern Freunden, daß der Christus, von dem so oft hier gesprochen worden ist, sie stärkend, über sie waltend auf dem Felde, wo jetzt Geschicke der Menschen und Geschicke der Völker sich entscheiden, bei ihnen sei!

GEDENKWORTE FÜR THEO FAISS
Dornach, 10. Oktober 1914

Ist es nicht im Grunde genommen, meine lieben Freunde, unser aller, die wir hier gerade zum Zwecke unseres Baues zusammen sind, merkwürdiges Karma, jetzt, in einem erschütternden Ereignis, den Zusammenhang zwischen dem Karma und dem scheinbar äußeren Zufall zu erfahren? Das können wir schon verstehen, wenn wir alles, was wir bisher in der Anthroposophie erfahren haben, zusammennehmen, das können wir schon zu einer Überzeugung erheben: daß Menschenleben, die früh hinweggenommen werden, die nicht die Sorgen und Bekümmernisse, auch nicht die Versuchungen des Lebens durchgemacht haben, daß solche Menschenleben Kräfte in der geistigen Welt sind, die zu dem gesamten Menschenleben in einer gewissen Beziehung stehen, die da sind, um auf diese menschlichen Leben zu wirken. Oftmals sagte ich: Die Erde ist nicht da als ein bloßes Jammertal, als etwas, wohin der Mensch versetzt ist, gleichsam zur Strafe, hinaus aus einer höheren Welt, die Erde ist da als Lehrstätte für die Menschenseelen! – Wenn aber ein Leben nur kurz dauert, nur eine kurze Lehrzeit hat, dann bleibt eben gerade die Kraft, um von der geistigen Welt herunterzuwirken und fortzuströmen...

Wir erkennen dann auch das Bleibende in den Wirkungen der geistigen Welt in einem solchen Leben, das uns entrissen wird, wie der gute Knabe, der uns für den physischen Plan entrissen wurde. Wir ehren ihn, wir begehen seinen physischen Weggang in würdiger Weise, wenn wir in der angedeuteten und in noch mancherlei Hinsicht von dem in den letzten Tagen Erlebten lernen, recht, recht viel lernen. Anthroposophie lernt man fühlend und empfindend erleben. Dann schauen wir, wenn wir so uns einem solchen Fall gegenüberstellen, in richtiger Weise in jene Sphären hinauf, in die versetzt worden ist die Seele des Kindes, dessen Leib wir heute der Mutter Erde übergeben haben. Dasjenige, was jetzt von vielen anthroposophischen Seelen hinausgeschickt wird zu Menschen, die ihre Persönlichkeiten zum Opfer bringen, das darf mit einer kleinen Veränderung auch zu den für den irdischen Plan Toten gesprochen werden. Denn auch sie erreicht die Bitte, die wir also sprechen. Diese Bitten gelten Lebendigen, sie gelten auch Toten. Und wenn wir überzeugt sind, daß die Seele die Körperhüllen schon verlassen hat, dann sprechen wir das Mantram, das wohl die meisten der hiesigen Freunde kennen, mit einer kleinen Änderung, mit der kleinen Änderung, mit der ich es jetzt nachsenden werde dem lieben, guten *Theo,* seiner Seele, wie sie in den Sphären als Sphärenmensch weiter lebt:

> Geist seiner Seele, wirkender Wächter,
> Deine Schwingen mögen bringen
> Unserer Seelen bittende Liebe
> Deiner Hut vertrautem Sphärenmenschen,
> Daß, mit Deiner Macht geeint,
> Unsere Bitte helfend strahle
> Der Seele, die sie liebend sucht.

ANSPRACHE AM GRABE VON ALBERT FAISS

Dornach, 27. Dezember 1914

Liebe Leidgenossen!

Nach den lieben Worten des Herrn Pfarrers habe ich zu sein der Interpret für diejenigen Herzen, die in Liebe aufgenommen den Teuren, der von uns dahingegangen ist. Zuerst habe ich mich zu wenden an die liebe, teure Lebensgefährtin, den lieben Vater und die lieben Kinder und dann an Euch alle, die Ihr hier versammelt seid, um zu begleiten die irdische Hülle des von uns so sehr geliebten Freundes zu ihrer letzten Ruhestätte.

Kurz, kurz ist es her, seitdem wir denselben Weg gegangen sind und der lieben Lebensgefährtin des Dahingegangenen gelobten, ihren Schmerz mitzutragen, mitzutragen den Schmerz, über den wir sie nicht trösten wollten, sondern gegenüber dem wir ihr nur versprachen, ihn mitzutragen.

Und heute sind wir in der Lage, das Versprechen versuchen zu müssen, den vermehrten, den vergrößerten Schmerz mit unserer lieben Freundin zu tragen und mit den anderen, denen der teure Dahingegangene so nahestand. Er ist uns im Laufe der Zeit immer näher und näher gekommen, näher gekommen mit denjenigen Kräften des Menschen, mit denen man den Menschen am allernächsten kommen kann, mit den besten Kräften seines seelischen Strebens.

Auch diesmal möchte ich mit diesen Worten nichts anderes zum Ausdruck bringen, als damals, als wir am Grabe des teuren Kindes standen: daß wir tragen wollen, getreu tragen wollen den Schmerz, der so berechtigt der Hülle zum Grabe folgt, der dauern wird, der aber tapfer und mutig getragen sein muß in dem Bewußtsein, daß von den geistigen Welten, in die aufgenommen ist die menschliche Seele nach dem Tode, uns zwar Raum und Zeit trennen, aber daß uns nichts trennt von den geistigen Welten, wenn die Seelen verbunden sein wollen mit diesen geistigen Welten durch jene Kräfte, die sie in sich selber tragen und durch die sie in treulichem Zusammenhang mit diesen Welten werden siegen können über Raum und Zeit.

In solchem Streben haben wir ihn gekannt, unseren Freund *Albert Faiss*. Vor Jahren kam er schon in unsere Mitte, geprüft, schwer geprüft von dem äußeren Leben. Man darf wohl sagen: Arbeit, harte Arbeit und mühseliges Streben ward ihm zugeteilt. Aber, wenn man so seine Seele kennen lernte, wie sie sich darlebte, wie sie aus den lieben, treuen Augen so zuversichtlich blicken konnte, da sah man, daß diese Seele in sich selber Halt und Sicherheit gefunden hatte, fähig war, schwere, mühselige Arbeit und Lebenssorge zu tragen, weil sie sich fest wußte auf dem sicheren Grunde geistigen Lebens.

In weite Ferne mußte der Teure wandern und auch in weiter Ferne fand er nicht Ziel und Ruhe, aber im eigenen Herzen, in der eigenen Seele fand er sie. Er fand sie, und wir wußten zu schätzen den festen Zusammenhalt des Strebens, das er in seiner Seele entwickelte, mit unserem eigenen Streben. Wir wußten zu schätzen, was uns so unendlich wertvoll sein muß, meine liebe Trauergemeinde.

Wenn jemand den Zusammenhang mit uns findet, wie unser Freund Faiss ihn fand, so findet er ihn deshalb, weil dieser Zusammenhang in den ewigen Gründen schon vorgebildet ist, weil er bei uns das nur suchte, was er in seiner eigenen Seele immer suchte. Das gab auch unserem Freunde jene so wunderbar schön geschlossene Natur, die derjenige, der ihm nahe kam, immer wieder in ihm beobachten konnte.

Er hatte sich einen Beruf erwählt, der ihn mit der Natur in Zusammenhang brachte. Er hatte es dahin gebracht, aus diesem Berufe, wenigstens in seinen Gedanken, dasjenige zu machen, was im Grunde genommen mit jedem Berufe gemacht werden sollte und was aus der Sicherheit des geistigen Lebens aus jedem Berufe gemacht werden kann. Er brachte es zu einem höheren Streben innerhalb seines Berufes. Wenn er so sprach und durchdringen wollte die Kräfte, welche die Erde entwickelt, um hervorzubringen in seinem Berufe Nahrungsmittel, wie sie der Menschheit am besten dienen könnten, wenn er sich erkundigte, welche Pflanze für diese oder jene menschliche Natur besser geeignet war, dann sah man, wie er verstand, Menschheitsdienst aus seinem Berufe heraus zu entwickeln. Das war etwas Schönes in seiner Natur, daß er niemals daran dachte, den Beruf aus persönlichen

Gründen zu verfolgen, sondern versuchte, aus demselben das zu machen, was Menschheitsdienst und damit auch Gottesdienst sein kann, versuchte, zu durchdringen menschliches Wirken mit dem Bewußtsein von göttlichem Wirken.

Das ist unsere Aufgabe, und dieser Aufgabe widmete sich unser Freund Albert Faiss mit inniger Hingebung, mit all den Kräften, die ihm zur Verfügung standen. Das, was so in seiner Seele lebte, was er so liebevoll und innig zu durchdringen wußte mit seinem ganzen Wesen, und alles, was so in ihm lebte, oh, das brachte ihm die Liebe, die innige Liebe derer, die in seiner Nähe lebten. Wir kennen sie alle, diese Frau Faiss, wir wissen, wie sie in inniger Liebe und gleichem Streben mit dem teuren Dahingegangenen zusammenhing, wir wissen zu schätzen das harmonische Zusammenwirken dieser beiden Menschen, und da wir das wissen, werden wir auch Wege finden, den Schmerz, für den es kaum Trostesworte gibt, mit ihr zu tragen.

Ich wüßte kaum etwas, was so wunderbar schön ausdrücken kann, wie die in der Seele unseres Freundes sich ausdrückenden Kräfte sich werktätige Liebe zu erwerben vermochten, als wenn ich noch mit einigen Worten gedenke des entschlafenen Kindes.

Als der Vater in den Krieg gezogen und die Mutter allein mit den Kindern war, da sprach das teure entschlafene Kind – es war das älteste derselben –, indem es treu an der Seite der Mutter arbeitete: Jetzt, wo der Vater fort ist, muß ich besonders fleißig arbeiten, damit ich meiner Mutter eine Stütze bin. – Das ist werktätige Liebe, wie man sie erwirbt mit so edlen Seelenkräften, wie sie der teure Dahingegangene besaß. Dieses Kind, es wird jetzt empfangen in entsprechender Weise die Seele des dahingegangenen Freundes; sie werden zusammen wirken in der geistigen Welt, und wir sollen uns im Geiste, den wir zu ergreifen glauben, mit ihnen vereinigen.

Stark sind die Gedanken an die Teuren, die sie von drüben schicken zu denen, welche sie zurückgelassen haben; sie erwarten, daß wir die Seelenblicke zu ihnen richten. Wir wollen gedenken oft und oft, wie die Toten, die sogenannten Toten, wissen können, wie hier die Seelen nach ihnen blicken, wie hier die Seelen mit ihnen vereint sind. So wollen wir denn in inniger, treuer Freundschaft mit den Hinterbliebenen den Liebesdienst pflegen mit dem Dahingegangenen, wissend, daß er in gleichem Streben mit uns vereint war.

Ja, lieber Freund, liebe Seele, Du verstandest es aus Deiner ganzen Natur heraus, den Weg des Geistes zu gehen. Du machtest keinen Schritt in Deinem täglichen Leben hier auf Erden, ohne daß Du wußtest, daß alles, was das Auge umschließt, die Hände ergreifen, gegeben ist von Gott, dem Vater, dem ewigen Gott, in all Deinem Erdenwirken. Du wußtest Dich eingewoben in das Ewige Gottes.

Und so war Dein Wirken, lieber Freund, liebe Seele, daß es suchen mußte nach der Erkenntnis, die ihr angemessen war, daß es durchdrungen werde mit der Wesenheit, welche der Erde erst ihren Sinn gegeben hat, mit der Wesenheit des Christus. Das wußtest Du. Und das suchtest Du, als Du den letzten Deiner Erdenschritte in diese Gegend machtest, als Du Deine Tätigkeit entfalten wolltest im Einklange mit unserem geistigen Streben in der Nähe des Baues, durch den wir entwickeln wollen dieses geistige Streben.

So suchtest Du in Deiner Art das Ewige in Dir, schon während Deines Erdenlebens zu durchdringen mit jener Kraft, die dahin strebt, den Sinn der Erde zu erfassen, und Du suchtest jene Erkenntnis zu gewinnen, welche darnach strebt, den Sinn des Erdenlebens zu gewinnen, welchen der Christus Jesus gegeben hat. Dadurch wußtest Du Dich verbunden mit Deinem ewigen, göttlichen Teil in dem Christus Jesus selber, wußtest Dich einverwoben in ihn. Und so wußtest Du auch, daß Du einstmals sterben werdest in dem Christus Jesus, und wußtest, daß Du durch die Pforte des Todes tragen werdest die Anwartschaft, zu leben mit dem Geiste, mit dem wir alle vereinigt sind.

So lebtest Du mit dem Gotte, lebtest mit dem Christus, so starbest Du in dem Christus und so wird Deine Seele mit ihm vereinigt sein und wir dürfen zu Dir hinaufschauen im Geiste.

In diesem Bewußtsein mit Dir vereint zu sein, oftmals unsere Gedanken hinzurichten nach den Reichen, in denen Deine Seele jetzt wirkt, das geloben wir, denn für uns sind die Toten lebend, lebend mit uns, wie sie es waren im irdischen Leben, als sie noch im physischen Leibe mit uns verbunden waren, und wir wissen: Dasjenige, was wir ihm jetzt nachfühlen, ist auch hier auf der Erde hineinverwoben in dasjenige, was herunterströmt aus den geistigen Planen, in welche die Toten eingegangen sind. Verbunden wissen wir mit Deinen Kräften diejenigen Kräfte, diejenigen Seelenkräfte, die raum- und zeitlos sind.

Das geben wir Dir als Versprechen mit, getreulich zu stehen zu denjenigen, die Du hier hinterlassen hast, mit denen wir zu tragen versuchen werden ihren Schmerz, aufschauend zu Dir, der Du empfangen wirst von der Seele des teuren Kindes, mit der vereint wir Dich wissen. In ewigen Sphären, nicht nur im Tode, fühlen wir uns mit Dir verbunden, und wir dürfen, voll durchdrungen von diesem Bewußtsein, Deiner Seele zurufen: Lebe wohl, lebe wohl im Geiste und lasse uns, so weit wir es vermögen, mit Dir leben!

ANSPRACHE BEI DER KREMATION VON
LINA GROSHEINTZ-ROHRER

Basel, 10. Januar 1915

Die Seele, deren Weggang wir heute betrauern, zeigte die volle, die edelste Kraft, dieses Erdenleben zu vertauschen mit jenem anderen, in das sie einzugehen berufen wurde. Und die Freundin, sie war bereit, die Offenbarungen zu empfangen jener anderen Welt, wie sie stets bereit war, zu empfangen die Offenbarungen dieser irdischen Welt.

Wir, meine liebe Trauerversammlung, erheben unsere Seelen zu dieser Seele, in Vereinigung mit all den Lieben, im Schmerz um die teure Entschlafene hier. Unsere Seelen vereinigen wir mitfühlend mit den Seelen der teuren Angehörigen und blicken auf zu der Seele, die von dieser irdischen Welt und ihrer Lebensform gegangen ist. Und wenn wir versuchen, fühlend, erkennend zu erforschen, was in dieser Seele lebte, wenn wir sie uns frei denken von alledem, was Erdenschwere, Erdenhülle war, wenn wir auf sie hören wollen, da wo sie spricht aus ihrer tiefsten Überzeugung, aus ihrem tiefsten Fühlen und Wollen heraus, da darf es uns wohl sein, meine lieben Trauernden, als ob wir hören würden diese liebe, diese kraftvolle Seele sprechen Worte wie diese:

> In Weltenweiten will ich tragen
> Mein fühlend Herz, daß warm es werde
> Im Feuer heil'gen Kräftewirkens;

> In Weltgedanken will ich weben
> Das eigne Denken, daß klar es werde
> Im Licht des ew'gen Werde-Lebens;

> In Seelengründe will ich tauchen
> Ergeb'nes Sinnen, daß stark es werde
> Für Menschenwirkens wahre Ziele;

> In Gottesruhe streb' ich so
> Mit Lebenskämpfen und mit Sorgen,
> Mein Selbst zum höhern Selbst bereitend;

Nach arbeitfreud'gem Frieden trachtend,
Erahnend Welten-Sein im Eigensein,
Möcht' ich die Menschenpflicht erfüllen;

Erwartend leben darf ich dann
Entgegen meinem Seelensterne,
Der mir im Geistgebiet den Ort erteilt.

Ein arbeitsreiches Leben, ein kraftvolles Leben, ein Leben voll lebendiger Sorge und menschlichen Pflichten, die ihr angewiesen waren im Erdentun, in ihrem diesmaligen Lebensabschnitt, ist in unserer geliebten Freundin zu Ende gekommen, zu Ende gekommen in einer solchen Weise, meine lieben trauernden Freunde, daß ein Wort sich auf die Lippen und vor die Seele drängt, wenn überblickend dieses Leben charakterisiert werden soll durch die Eigenart seiner Persönlichkeit, ein Wort, in das man vieles, vieles einschließen kann. Nichts aber, denke ich, ist in diesem Worte, das nicht eingeschlossen werden dürfte im Anblick der Persönlichkeit, die von uns gegangen ist: eine «anima magna» im edelsten Sinne, eine im besten Sinne des Wortes schöne Seele und eine Seele, welche verstanden hat, dasjenige, was in herrlicher Schöne in ihr strahlte, so auszugießen für alle diejenigen, die ihr nahestanden oder in leiseste Berührung zu ihr kamen, daß man teilhaftig wurde der Liebe, des Wohlwollens, der Kraft, die von ihr ausgingen. Jeder, der um sie war, konnte die Stärkung und Offenbarung inniger Seelenschönheit wahrnehmen.

Eine solche Seele ist von uns gegangen, und wir empfinden unser Verhältnis zu ihr, das fühlend wirklich wie den Untergang einer Sonne, die wir so gern um uns gesehen haben.

Aber wieder, meine lieben trauernden Freunde, wenn wir den geistigen Blick hinwenden zu diesem Lebensabend nach arbeitsreichem Leben, so überkommt uns etwas von innigstem Trost von dieser Seele selber, Trost in vieler Beziehung.

Denken kann man an das Lebensideal vieler antiker Seelen, die sprachen von dem Zeitpunkte, wo sie zu dem Bewußtsein des Lebensabends gekommen sind, daß sie zu diesem Lebensabend nicht kommen möchten, ohne daß die Seele in entsprechender Weise imstande ist, sich einzuleben in die geistigen Welten, in die sie untertauchen soll, wenn das Tor des physischen Lebens geschlossen wird. So haben unzählige Geister im Altertume empfunden: Möge mir ein Lebensabend beschieden sein, daß ich fühlend hingehe, einziehe in die geistige Welt. – Es fühlten gleichsam ihren Lebensinhalt weggehen diejenigen, die noch nicht in sich aufgenommen haben die Empfindung von ihrem Zusammenhang mit der geistigen Welt. Welch schönes Fühlen und Empfinden war dieser Frau zuteil geworden in dem, was sie in ihrem Lebensabend um sich hatte, und das darum ein solcher Lebensinhalt war, der sie der geistigen Welt näherbrachte. Man kann sich kaum vorstellen ein schöneres Eingehen und Entgegenleben der geistigen Welt, als es der Fall war bei unserer Freundin.

Man blickt zurück, wenn man auf ihr Leben zurückblickt, auf eine Lebensgesinnung, die gewidmet war der Sorgfalt des Kleinsten, des Unbeträchtlichsten im Leben, die kraftvoll Dinge wollte aus den Einzelheiten des Lebens heraus und die doch wieder beseelt, bestrebt war, alle Einzelheiten des Lebens in großem Zuge zu umspannen. Allen, die die Freude und das Glück hatten, dieser Seele näherzutreten, war sie vorbildlich durch ihre edelmütige, durch ihre starke Aktivität, vorbildlich durch die Sorgfalt im einzelnen, vorbildlich im treuesten Handeln.

Und dann wiederum hatte diese Seele, die in Arbeit, Mühe und Sorge das Leben vollbracht hat, das Bedürfnis, die Seele einzuleben und einzutauchen in die Offenbarungen des Geisteslebens. Auch da hatte sie dieses Bedürfnis in vorbildlicher, wirklich vorbildlicher Weise. Meine lieben leidtragenden Freunde und Angehörigen der Freundin, von dem, was jene Offenbarung des geistigen Lebens sein kann, zu der wir uns bekennen, erhält man eine Überzeugung für das geistige Erkennen allerdings durch ein Wort Goethes; aber gerade in dieser Überzeugung stehend, empfindet man so stark die Wahrheit des Goetheschen Wortes, wie man kaum auf einem anderen Gebiete die Wahrheit dieses Wortes empfinden kann: «Was fruchtbar ist, allein ist wahr!»

Oh, oftmals mußte man denken von unserer treuen Weggegangenen, wenn man ihr stark vorbildliches Leben betrachtete, in ihr hat sich der Zusammenhang mit der geistigen Welt wahrhaft fruchtbar erwiesen. Mit ihrer ganzen Seele und ihrem ganzen Herzen stand sie in den Elementen darinnen, die uns ergreifen und uns durchströmen, wenn wir den Zusammenhang mit den geistigen Welten suchen. Durchwallt, durchflutet und gestärkt fühlte sie sich immer und immer wieder, wenn sie so richtig den Zusammenhang mit der geistigen Welt erleben wollte, und dann strömten die Kräfte bis in ihre physische aufrechte Haltung hinein.

Wahrhaftig, unsere geistige Strömung, meine lieben Freunde, fühlt sich glücklich, mit solchen Seelen vereint sein zu können. Und das kann sie auch, denn auf der einen Seite muß sie sich sagen, daß sie von diesen Seelen ebensoviel als eines rechten Lebens herrliches Geschenk nimmt, als sie gibt; und auf der anderen Seite, wenn gesehen werden kann, was die Geisteswissenschaft solchen Seelen sein darf, fühlt sich auch die Geisteswissenschaft gestärkt und gekräftigt, strömt auch ihr selber aus solchen Seelen Kraft zu. Darum sind solche Seelen lebendige Sterne inmitten unserer Geistesströmung, und wie zu gewissen Sternen blicken wir auf, wenn wir auf sie hinblicken. Weil wir zu solchen lebendigen Sternen aufblicken, gießt sich uns tragender Trost in den Schmerz, und wir empfinden diesen Trost, wenn wir auch in das liebende Auge nicht mehr sehen und die liebe Stimme nicht mehr hören dürfen. Wenn es ein Trost sein kann den lieben Angehörigen, daß sich viele in treuer Freundschaft mit unserer Freundin verbundene Seelen in äußerem Schmerz und äußerer Trauer vereinigen, dann dürfte ihnen dieser Trost wahrhaftig sicher sein, sie dürfen sicher sein des Trostes, der aus dem Bewußtsein kommt, wenigstens des äußeren, des Trostes, der sich hinwendet zu einer Empfindung, die gerade bei einer solchen Seele wirklich tröstlich sein kann.

Wir werden bedenken, empfinden: Nun ist sie von uns gegangen, nun wird sie uns nicht mehr die Hand reichen, nun werden wir nicht mehr die Wärme ihres Herzens fühlen, ihren wohlwollenden Blick nicht mehr auf uns ruhen haben, nun werden wir ihre starke Kraft in der physischen Welt nicht mehr vor Augen haben. – Wenn wir das alles empfinden, dann wenden wir uns zu dem anderen Fühlen hin, gerade wenn wir einer solchen Seele gegenüberstehen, zu dem Empfinden, ein wie unendlich wertes Geschenk unseres Erdenlebens diese Seele ist. Und betrachten wir jeden Augenblick, in dem sie sich uns widmen durfte in dieser physischen Welt, an den wir in Liebe und Treue zurückdenken als einen Gewinn, und dann betrachten wir jeden Augenblick, in dem wir sie nicht mehr haben können in der physischen Welt, als solchen, in dem wir treulich festhalten wollen an der Liebe und Hingabe, die sie sich so reichlich verdient hat.

Sehen wir nicht mehr auf die Augenblicke, in denen sie uns physisch entzogen sein wird, sehen wir auf die Augenblicke, die sie uns geschenkt hat, und bedenken wir diese Augenblicke auch in der Erinnerung. Sie werden reich sein und Wichtiges ausströmen. So war diese Seele, daß die Erinnerung an sie überreichlich sein kann. Finden wir nicht nur Trauer in ihrem Nicht-mehr-bei-uns-Sein, finden wir unter den vielen anderen Dingen Stärke und Kraft. Ihr Anblick zeigt uns eine solche Seele, bei welcher der Wert sich hereindrängt in die eigene Seele, in die anima.

Seelen solcher Art gehören zu denen, durch welche die Götter offenbaren, wie lieb sie die Welt haben. Leben, die also verfließen, segnend, arbeitsreich, voller Hingabe in Liebe, die dann auch die Früchte an Kindern und Kindeskindern ernten dürfen, und die im Einblick in dieses Befriedigtsein von ihrem Erdenleben in sich selber blicken dürfen, solche Seelen sind diejenigen, durch welche die Götter ihre Liebe zur Welt an den Menschen offenbaren. Und wenn eine solche Seele von uns geht, dann fühlen sich unsere eigenen Seelen wie vereint im Geiste mit dem Geiste, der durch alle Welten fließt, mit der lebendigen Kraft, die durch alles Leben geht. Dann sind wir dem Verständnis dieser Worte, die dem Menschengeschlecht gegeben werden, näher als sonst in den gewöhnlichen Augenblicken des Lebens, wenn wir uns vereinigt fühlen mit der edlen Seele, die über unserem Leben, dem vergänglichen Leben, schwebt, und dann sagen nicht in anderem Sinne als sonst: Vater unser, der Du bist in den Himmeln, Dein Name werde geheiligt, Dein Reich offenbare sich uns, Dein Wille geschehe im All der Welt.

Ein Weltgefühl durchdrang die Seele unserer Freundin, ein Weltgefühl, das aus der herzlichen Anteilnahme, die sie an dem geistigen

Leben hatte, immerzu sprach, und man muß schon, meine lieben leidtragenden Freunde, zu Worten eines großen Weisen des Altertums greifen, wenn man Worte finden will, die gestalten dasjenige, was erfüllte diese anima magna:

«Nicht mehr bloß dein Odem soll mit der dich umgebenden Luft, sondern auch dein Sinn soll fortan mit dem Vernunftwesen in Übereinstimmung sein, das alles umgibt, denn die Vernunftkraft ist ebenso über uns alle ausgegossen und durchdringt ebenso jeden, der sie an sich ziehen will, wie die Luft denjenigen, der sie einatmen kann.»

Dieses Weltgefühl des alten römischen Weisen lebte im Herzen unserer Freundin. Aber dazu lebte in ihr das lebendige Verständnis für die Vereinigung der einzelnen Menschenseelen mit dem Ganzen, lebte in ihr alles dasjenige, was die Menschenseele in unserer Zeit erfüllen kann, wenn sie den Weg sucht durch die irdische Hülle hinauf in die geistigen Welten. Und wenn sie dieses Lebensgefühl in unserem Sinne fühlte, unsere Freundin, daß der Geist uns umgibt und eingeatmet sein will wie die Luft – wahrhaftig, ehrlich und aufrichtig, liebevoll und eindringlich fühlte sie oft durch ihre Seele das: Aus Gott bin ich geboren –, aus Gott, mit alledem, was meine physische Hülle, was mein irdisches Leben gemacht hat.

Dann aber, wenn eine solche Seele sich erhebt in die geistige Welt, wenn sie sucht dasjenige, was herausleuchten kann aus den geistigen Welten, dann geht beim Suchen in den geistigen Welten ihr eine Ahnung, ein Glauben, ein Wissen von jenen Welten auf, die über Raum und Zeit, über Geburt und Tod und über die Sterne erhaben sind. Dann beginnt jenes Gefühl, das der alte römische Weise noch nicht haben konnte, jenes Gefühl, das wirklich den Anblick des Todes zu einer neuen Geburt macht, das den Anblick des Todes erscheinen läßt als die Geburt der Seele für die geistigen Welten.

Die Seele hier fühlte in der irdischen Welt sich umgeben von Vernunft, von Geist, von Weltgedanken. So fühlt die Seele, die also fühlen kann, die eingeweiht worden ist, von der Seele der Freundin. Wenn sie hinuntertaucht in ihre Gründe, fühlt sie, wie sie den Weg findet in die Welt, die jenseits von Raum und Zeit ist, in welcher der physische Tod den Eingang bildet zu der Verbindung mit dem Christus, der sich offenbart durch das Mysterium von Golgatha, der in der verstehenden Seele in jedem Augenblicke neu sich offenbart. Und dann findet eine solche Seele die wahre Überzeugung, die keine Seele aufrichtiger finden kann, als die Seele, welche vor uns hineilte, das Wort: In dem Christus sterben wir. — Alles, was sie uns darlebte, wenn wir sie unter uns sahen, seit Jahren und insbesondere in den letzten Zeiten, ist eine Bekräftigung ihres Durchdrungenseins mit dem Christus-Impuls. Das ist eine Bekräftigung desjenigen, was sie empfand, wenn sie immerzu hinwendete auf das Geheimnis von Golgatha die Weisheit, die in alle Menschenseelen fließen kann, die sie aufnehmen wollen. So finden wir ihren Tod, der für sie bewußt eine neue Geburt war, in inniger Vereinigung mit dem Christus. Sie starb in dem Christus.

Das aber gibt uns die Kraft des Gedankens, uns mit ihr vereint zu wissen im Geiste, über allen Schmerz, über alle Trauer hinweg den hauptsächlichsten Trostgedanken zu finden. So wahr, als sie in die geistige Welt enteilte und der lichtvolle und kraftvolle Gedanke sie bekleidete: Im Christus werde ich wieder auferstehen, — so wahr als das Wort, das kraftvolle Wort, das aus ihr heraustönte, wird es in ihrer Seele erstehen, und wir werden mit ihr erstehen und mit ihr vereinigt sein.

In dieser Vereinigung, meine lieben Trauernden, sollen wir die Gedanken in unsere Seele pflanzen, die gerichtet sein sollen, so oft es uns gegönnt ist, nach der Seele der teuren Freundin, nach der vorbildlichen Art, in der sie uns ihre Erdenzeit vorlebte, nach der Kraft und nach dem Himmelslicht, die von ihr ausstrahlen. Wenn wir so die Gedanken in Treue zu ihr wenden, geloben wollen wir, da wir ihre irdische Hülle verlassen, daß wir das fühlen wollen, so stark das fühlen wollen in uns allen, mit unseren besten Gedanken in ihr vereint, immerdar, bis wir sie schauen werden durch die Kraft des Geistes, in dem wir innig vereint mit ihr leben wollen.

Weil diese Seele so innig durchdrungen war von diesem Geiste, beseelt war von der Sehnsucht nach dem Licht, das aus den geistigen Welten spricht, darum ist es, meine lieben Freunde, daß, als ich versuchte mich so recht vereint zu fühlen am heutigen Morgen mit der in die geistige Welt dahineilenden Seele, daß ich vernehmen konnte die Worte, von denen es mir scheint, daß diese Seele sie sagen müßte, wenn sie dem reinsten Impuls ihres Selbstes folgt, demjenigen folgt, was strahlte von dem Lebensstern, solange sie unter uns weilte.

Bewußt sollen sie werden in unseren Herzen, diese Worte, die mir scheinen Worte zu sein, die uns die dahineilende Seele in diesem letzten Augenblick, da wir bei ihrer irdischen Hülle weilen dürfen, zuruft, mahnend zuruft, sorgend um unseren eigenen Weg, in unserer geistigen Welt hinzuruft, Worte, durch die wir selber die Kraft fühlen werden, uns mit ihr vereint zu empfinden und den Weg in die geistige Welt zu finden. Es scheint, wie wenn diese Seele zu uns spräche in den Worten, die wir treu weitertragen wollen in immerwährendem Gedenken an sie:

> In Weltenweiten will ich tragen
> Mein fühlend Herz, daß warm es werde
> Im Feuer heil'gen Kräftewirkens;

> In Weltgedanken will ich weben
> Das eigne Denken, daß klar es werde
> Im Licht des ew'gen Werde-Lebens;

> In Seelengründe will ich tauchen
> Ergeb'nes Sinnen, daß stark es werde
> Für Menschenwirkens wahre Ziele;

> In Gottes Ruhe streb' ich so
> Mit Lebenskämpfen und mit Sorgen,
> Mein Selbst zum höhern Selbst bereitend;

> Nach arbeitfreud'gem Frieden trachtend,
> Erahnend Welten-Sein im Eigensein,
> Möcht' ich die Menschenpflicht erfüllen;

> Erwartend leben darf ich dann
> Entgegen meinem Schicksalsterne,
> Der mir im Geistgebiet den Ort erteilt.

ANSPRACHE BEI DER KREMATION VON SIBYL COLAZZA
Zürich, 31. Januar 1915

Liebe, mit uns gleichstrebende Seele, die Du verlassen hast die Erde, hinauf folgen wollen wir Dir über die Pforte des Todes hinaus in die Gefilde, die Du betreten hast. Durch das Innerste meiner Seele und aus dieser Seele heraus seien die Worte nachgesprochen, die sich mir aus Deines Geistes Denken in meinem Denken ergeben haben.

> Du tratest unter uns.
> Deines Wesens bewegte Sanftmut
> Sprach aus Deiner Augen stiller Kraft –
> Ruhe, die seelenvoll belebt,
> Floß in den Wellen,
> Mit denen Deine Blicke
> Zu Dingen und zu Menschen
> Deines Innern Weben trugen; –
> Und es durchseelte dieses Wesen
> Deine Stimme, die beredt
> Durch des Wortes Art mehr
> Als in dem Worte selbst
> Offenbarte, was verborgen
> In Deiner schönen Seele weset;
> Doch das hingebender Liebe
> Teilnahmsvoller Menschen
> Sich wortlos voll enthüllte – –
> Dies Wesen, das von edler, stiller Schönheit
> Der Welten-Seelen-Schöpfung
> Empfänglichem Empfinden kündete.

Du wolltest hier, während Deines Erdenwallens in Deine Seele aufnehmen jenes Bewußtsein von dem starken Weltenimpuls, der sich für uns an den Christus-Namen knüpft und der alle Schwäche menschlicher Erdenkraft innerlich durchstärkt, auf daß es belebt sei in dem Leben, das nicht stirbt, wenn die Seele durch die Pforte des Todes schreitet.

So bist Du gestärkt und wissend, fühlend in Dir die Christus-Kraft, durch die Pforte des Todes geschritten, geschritten in jene Regionen, wo liebevoll in der Welt sich Freude und Gefühle der Schönheit einverweben werden in den großen Schöpfungsplan des Daseins. Wo Schmerzen aber auch eingeschrieben werden als schöpferische Kräfte in das ewige Sein, damit die Welt wissend werde. So blicken wir zu Dir auf und folgen Dir in treuer Liebe, in herzlich zugetaner Freundschaft.

Meine lieben Freunde!

Es gibt Seelen, die hier durch das Erdenleben wallen, so als ob sie gleichsam durch dieses Leben dahinschwebten, leicht schwebten über der Erde und nur wenig in ihren Schritten den Boden des Erdenseins betreten, Seelen, die wie bestimmt erscheinen, durch dasjenige, was ihnen anhaftet, was ihnen einverwoben ist bei ihrer diesmaligen Geburt, sich eine eigene innere Welt aufzubauen, in dieser eigenen inneren Welt zu leben und die gerade deshalb schwer berührt werden von demjenigen, was in der äußeren Welt auf sie einwirkt, einfließt.

Zu solchen Seelen gehörte unsere liebe Frau Colazza. Wahrhaftig war es so, wenn man in ihre liebestrahlenden Augen blickte, als wenn die innerliche Bewegung ihrer Seele sich liebegetragen durch den stillen Blick ergoß und in einer bewegten Ruhe tiefes, schönstes menschliches Wesen erstrahlte auf diejenigen, die in ihrer Umgebung waren.

Für solche Seelen ist es gerade oft, meine lieben Freunde, als wenn sie mit den Mächten des Daseins, die keine Kraft vergehen lassen, unvertraut im Weltall stehen, sich erst erobern mußten durch Schmerz und Leid, durch Duldung und Entsagung die Kräfte, die hingeführt werden von dem sterblichen Menschen-Dasein in jene schöpferischen Regionen, wo die ewigen Kräfte leben und sich regen. Und so ist denn Schmerz und Leid an unsere Freundin herangetreten, hat sich tief eingeschrieben in ihre Seele. Und noch als wir, die wir sie kannten, an ihrem entseelten Leibe standen, konnten wir aus diesem ihrem toten, ihrem schönen Leibe entnehmen, wie viel die Seele in diesem Leibe geduldet, wie viel sie erlitten hat.

Aber wahrhaft, die wir versuchen im Geiste die Rätsel der Welt nicht zu lösen, sondern den Spuren dieser Rätsel bis zu gewissem Grunde zu folgen, uns prägt sich tief in die Seele die Wahrheit, daß in der Welt keine Kraft verlorengeht, weder im physischen noch im geistigen Leben. Und wir wissen, daß die Schmerzen von den Seelen, die sie erlitten haben, eingewoben werden in den göttlich-geistigen Schöpfungsplan.

Uns muß es erscheinen, als ob die fruchtbarsten, die regsten Kräfte dieses Weltenplanes als schöne Blumen hervorsproßten aus demjenigen, was als Schmerz, als Leid leben mußte. Oftmals ist es so, daß den Menschen grundlos erscheint das Leid einer Menschenseele. Was diese Seele ist, zeigt sich im Spiegel des Daseins, das vielfach im Leben zurückstrahlt auf diejenigen Seelen, die dieser unserer Freundin so nahe gewesen sind, die ihr Liebe entgegengebracht haben. Sie haben das in solcher Art getan, daß in ihrer Seele sich widerspiegelt das edle, sanfte, milde Wesen, daß es sich umwandeln wird, nachdem es durch den Tod gegangen, in starke, fruchtbare Kraft der Welt.

Und dann müssen wir, die wir die durch die Pforte des Todes Gegangene geliebt haben, dankbar denjenigen sein, die ihr befreundete Stütze, liebevolle Pfleger waren in den letzten Tagen ihres Daseins. Vor allen Dingen sei gedankt ihrer Freundin Miß Fulton, ihrer Freundin Tamara von Statkowski und all den anderen, die sie pflegen durften und die nun geleiten dürfen ihren physischen Leib an diejenige Stätte, aus der sie geholt hat der ewig wirkende und webende Weltengeist. Gedankt sei hiermit auch dem sie liebend pflegenden Arzte und den anderen liebend Pflegenden, die ihr die letzten Zeiten erleichtert haben. Meine lieben Freunde, die Liebe, wie sie entgegengebracht wurde unserer Freundin, sie ist zugleich ein Versprechen, das wir der Seele geben, ein Versprechen, daß wir im wahrsten Sinne des Wortes Treue halten.

Unter den mancherlei Dingen, die sich in unsere Gefühle hereindrängen, in der Betrachtung der geistigen Welt, die wir finden, wenn wir uns dazu vorbereiten, unter diesen mancherlei Gefühlen ist vor allen Dingen dieses: Die Liebe, in der verbunden war die Seele mit anderen Seelen, wird jene, die durch die Pforte des Todes gehen, hindurchführen, -tragen in die Welt der lichtvollen Geistigkeit. – Die Toten vergessen die Lebenden nicht, und unter den Wünschen, die sie lenken in das Tal des Erdenlebens, sind diejenigen vor allen Dingen, die für uns Zurückbleibende in Betracht kommen, die da gehen nach der Liebe, die wir auf uns genommen haben, unausgesprochen, aber wie ein teures Versprechen, das wir den Seelen gegeben haben. Und richtig gesehen, das Verhältnis von Seele zu Seele gibt uns das Gefühl, die Überzeugung: Es ist wie ein unerfülltes gegebenes Versprechen, wenn wir nicht imstande sind, hinauszutragen über die Zeiten, in denen wir uns physisch trennen müssen, die Liebe, die wir ihnen hier entgegengebracht haben. – Denken können wir oft und oft, daß der Tote es empfindet wie ein Versprechen, das ihm gegeben wurde und dessen Erfüllung er erhofft, das aber unerfüllt bleibt, wenn wir ihm nach dem Tode die Liebe entziehen, die wir ihm im sogenannten Leben gegeben haben. Die Liebe ist in gewissem Betracht etwas, was seine Geistigkeit schon durch sein Dasein beweist... Die Echtheit, die Geistigkeit beweist sich, wenn wir die Liebe bewahren bis in die Zeiten hinein, wo man sich uns nicht mit Blicken, nicht mit der Stimme, nicht mit einem Händedruck nähert, sondern wenn sich unsere Liebe von Herzen in andere Herzen ergießt.

Das, was selbstlose Liebe war, bewährt sich dadurch, daß wir diese Liebe hindurchtragen in die Zeit, in welcher sie selbstlos werden muß, weil das andere Selbst auf einen Schauplatz gegangen ist, auf den wir ihm zunächst nicht folgen können mit den Kräften, durch die wir in der physischen Welt den Horizont um uns herum zu betrachten und mit unserem Leben zu erfüllen imstande sind.

So wollen wir, meine lieben Freunde, wie ein Bleibendes an den sterblichen Resten unserer Freundin, die Worte ihr zusprechen, daß wir ihr treu bleiben wollen mit unserer Liebe, damit, wenn sie aus ihrem Lichte hier herunterblickt, sie finden möge ungeschwächt und unvermindert die Gefühle, die wir für sie hegen.

Der jungen, der lieben befreundeten Seele dürfen wir folgen in der befriedigten, beruhigten Zuversicht, daß die Kräfte, die sie versuchte hier ihrer Seele einzuverleiben, sie hindurchtragen durch die Pforte des Todes und sie beleben in jener Welt, zu der wir im Geiste folgen können, jener Welt, in welcher die Kräfte, die hier auf dieser Erde im Geiste gesammelt wurden und die auch nur im Leben für das Erdenwerk und dessen Umkreis selber wirken konnten, die dort in jener Welt walten, wo Wesen sich entrissen haben den Leibeshüllen, schaffend das ganze Universum.

Seien wir eingedenk, daß da etwas als ewiger Wesenskern im Menschen ruht, wenn es im Kreis der menschlichen Hüllen nicht mehr nur wirkt innerhalb der Grenzen, die ihm angewiesen sind durch das Werkzeug des Leibes, sondern daß er als universelle Kraft wirkend, nicht nur der Menschheit, sondern aller Welt zugute kommen wird.

Die Zeit wird kommen, wo man ahnend erkennen, erkennend wissen wird, daß in der uns umgebenden Welt verborgen sind die Kräfte, die uns verlorengegangen sind innerhalb des menschlichen Erdenwirkens. Die Zeit wird kommen, wo einverwoben werden alle Kräfte, die wir durch Geistbetätigung erworben haben, in die Welt des physischen Daseins, als Schönheit uns entgegenleuchten aus dem Kosmos herein, wo auch die Schmerzen, die uns einverwoben sind als kosmische Schöpferkräfte, fruchtbar wirken im Universum, wenn sie sich keimhaft angesetzt haben innerhalb des Erdenwirkens.

Mit diesem Gefühle, meine lieben Freunde, stehen wir hier, begleitend Deine irdischen, sterblichen Überreste, stehen wir hier, die wir in der Seele mit Dir verbunden, in der Seele mit Dir innig verwandt uns fühlen.

Wir lassen unseren Geistesblick auch hinüberschweifen zu demjenigen, der als Lebensgefährte Dir verbunden war, der durch seine Pflicht verhindert ist, hier an Deinen sterblichen Resten zu stehen, auf den Du herunterblickst, auf daß ihm werde Stärkung und Kraft in der Prüfung, durch die er hindurchgehen muß, dadurch, daß Du in dieser Zeit von diesem Erdenplane von uns hinweggegangen bist. Und stehen wir nicht durch Naturbande Dir verbunden hier da, die wir Deinen Leib begleiten und Deiner Seele folgen, die sich aufschwingt in lichte geistige Höhen, so stehen wir doch als Dir treu verbundene Seelenverwandte hier, Seelenverwandte, die den Bund mit Dir geknüpft haben, der unzerreißbar sein soll und dadurch seine Echtheit bewähre. Und aus diesem Gefühle des Verbundenseins in geistig-

seelischem Streben mit ihr seien aus tiefst ergriffener Seele die Worte
zu Dir gesprochen an Dein Geisteshören, die sich in die Seele drängen
sollen, damit sie nochmals in der Vorstellung beleben das Bild, das
erschienen ist von dieser Seele während Deines Erdenwallens.

    Du tratest unter uns.
    Deines Wesens bewegte Sanftmut
    Sprach aus Deiner Augen stiller Kraft –
    Ruhe, die seelenvoll belebt,
    Floß in den Wellen,
    Mit denen Deine Blicke
    Zu Dingen und zu Menschen
    Deines Innern Weben trugen; –
    Und es durchseelte dieses Wesen
    Deine Stimme, die beredt
    Durch des Wortes Art mehr
    Als in dem Worte selbst
    Offenbarte, was verborgen
    In Deiner schönen Seele weset;
    Doch das hingebender Liebe
    Teilnahmsvoller Menschen
    Sich wortlos voll enthüllte – –
    Dies Wesen, das von edler, stiller Schönheit
    Der Welten-Seelen-Schöpfung
    Empfänglichem Empfinden kündete.

ANSPRACHE BEI DER KREMATION VON FRITZ MITSCHER
Basel, 5. Februar 1915

Eine Hoffnung, uns beglückend:
So betratest Du das Feld,
Wo der Erde Geistesblüten,
Durch die Kraft des Seelenseins,
Sich dem Forschen zeigen möchten.

Lautrer Wahrheitliebe Wesen
War Dein Sehnen urverwandt;
Aus dem Geisteslicht zu schaffen,
War das ernste Lebensziel,
Dem Du rastlos nachgestrebt.

Deine schönen Gaben pflegtest Du,
Um der Geist-Erkenntnis hellen Weg
Unbeirrt vom Welten-Widerspruch
Als der Wahrheit treuer Diener
Sichern Schrittes hinzuwandeln.

Deine Geistorgane übtest Du,
Daß sie tapfer und beharrlich
An des Weges beide Ränder
Dir den Irrtum drängten
Und Dir Raum für Wahrheit schufen.

Dir Dein Selbst zur Offenbarung
Reinen Lichtes zu gestalten,
Daß die Seelen-Sonnenkraft
Dir im Innern machtvoll strahle,
War Dir Lebenssorg' und Freude.

Andre Sorgen, andre Freuden,
Sie berührten Deine Seele kaum,
Weil Erkenntnis Dir als Licht,

Das dem Dasein Sinn verleiht,
Als des Lebens wahrer Wert erschien.

Eine Hoffnung, uns beglückend:
So betratest Du das Feld,
Wo der Erde Geistesblüten
Durch die Kraft des Seelenseins
Sich dem Forschen zeigen möchten.

Ein Verlust, der tief uns schmerzt,
So entschwindest Du dem Feld,
Wo des Geistes Erdenkeime
In dem Schoß des Seelenseins
Deinem Sphärensinne reiften.

Fühle, wie wir liebend blicken
In die Höhen, die Dich jetzt
Hin zu andrem Schaffen rufen.
Reiche den verlaß'nen Freunden
Deine Kraft aus Geistgebieten.

Höre unsrer Seelen Bitte,
Im Vertrau'n Dir nachgesandt:
Wir bedürfen hier zum Erdenwerk
Starker Kraft aus Geistes-Landen,
Die wir toten Freunden danken.

Eine Hoffnung, uns beglückend,
Ein Verlust, der tief uns schmerzt:
Laß uns hoffen, daß Du ferne-nah,
Unverloren unsrem Leben leuchtest
Als ein Seelen-Stern im Geistbereich.

Wie vorschwebend durch innerster Kräfte Denken, so, klar sich darlebende Seele, erschienst Du uns, lieber Freund, um zu wirken auf dem Gebiete jenes Geisteslebens, dem wir unser Herz, dem wir unsere Seelen in Treue zugetan, dem Du auch Deine Seele, Dein Herz in Treue zugetan zuwendetest. Wahrhaft, eine Hoffnung uns beglückend.

Und am heutigen Tage stehen wir vor dem Verluste, der tief uns schmerzt, mit der lieben Mutter, die so nahe unser aller Herzen steht, und die mit so tiefem, liebevollem Verständnis, verwandtem Geiste mit mir selbst seinem Lebenswege folgte, nicht allein nur folgte, sondern ihn Dir zubereitete mit tief innerlichster Erkenntnis Deines Wesens, mit tief innerlichster Liebe. Wir stehen da mit den lieben Geschwistern, von denen einige fern sein müssen, hingegeben der Pflicht, welche die Zeit von so vielen Menschen in der Gegenwart fordert. Wir stehen da und können der lieben Mutter, den lieben Geschwistern das eine Trosteswort bei Deinen sterblichen Resten nur sagen: Es möge ein Trost sein, ein Trost, der die Zeit überdauert, daß Dich, lieber Freund, so viele Dir geistverwandte Seelen liebgewonnen haben, die den Schmerz, den die Mutter, die Geschwister erleben, stets bereit sein werden mit ihnen zu teilen.

Du ergriffst dasjenige, was uns durchdringt als unser geistiges Wesen, wie Dein eigenes Wesen. Tief in Deiner Seele aber glimmt ein beharrlicher, ein ernster Forschertrieb, ein Forschertrieb, der mit Unerschrockenheit der Wahrheit stets zugewandt war, der Wahrheit allein als dem leuchtenden Licht. Oftmals sprach ich mit Dir über Deine Lebenswege hier auf Erden, oftmals aber war es auch, als ob Du dasjenige, was Dir die Erde hat geben können für den irdischen Lebensweg, beiseite drängtest, weil hell und leuchtend vor Dir stand das Geisteslicht, dem Deine Seele sich ganz widmen wollte, zu dessen Abglanz sich Deine Seele wendete.

Lernte man Dich näher kennen, dann war es, als ob Du tief, tief in Deiner Seele, die in Deinem Bewußtsein allerdings niemals weilende Überzeugung durch dieses oder jenes Wort aussprechen wolltest: Ich werde doch nicht nötig haben, mir Sorgen zu machen für meinen irdischen Lebensweg in dieser Inkarnation. – Und so wurde Dir wertloser und wertloser, was Dir eben solche Sorgen machen konnte. Dafür leuchtete Dir immer mehr und mehr in Deiner Seele auf ein schönes wunderbar helles Zusammenklingen unseres Geisteslebens, und was äußerlich als Schwäche erschien, als Stärke trat es vor die Seele…

Herrlich leuchtete aus Deiner Seele heraus eine verborgene geistige Welt, aus dem engen Horizont ein reiches Leben und Streben, und wunderbar leuchtete Dir die geistige Welt. Wären Dir der Jahre mehr zugeteilt gewesen, es wäre zur schönsten Frucht gereift dasjenige, was in Deiner edlen Seele demütig, keusch als Forschersinn lebte. Sie war rein und keusch wie jene Forscherseelen, die sich emporarbeiten aus den tiefsten Klüften, aus denen sich Forscherseelen emporarbeiten müssen. Eine der Seelen, in denen die Kräfte langsam und allmählich sich entwickeln, damit sie dann auch jene Form annehmen können, die umwandelt den Forschertrieb zum Lehren-Können.

So standest Du, mein Freund, auf dem Wege vom Forschen zum Lehren-Können. Konnte Dich, wie es symbolisch in Deinem äußeren Wesen schon ausgedrückt war, dasjenige von der äußeren Welt nicht berühren, was so viele durchdringt mit Irrtum und falschen Vorstellungen gegenüber dem Lichte des geistigen Daseins, so war es auf der anderen Seite Dein starker Wille, bis zu den Quellen des Daseins durchzudringen, Erkenntnis Dir zu suchen und diese Erkenntnis Deinen Mitmenschen zu geben. Und Dein starker, starker Wille wußte sich zu durchleuchten mit jenem scharfen Sinn, der imstande war, den der Wahrheit entgegenstehenden Irrtum zu durchschauen. So war es. Du sprachst von dem, was Du schon zu verkündigen wußtest aus dem Quell des geistigen Lebens heraus, als einer von jenen ersten, die durch ureigene Kraft mit den göttlichen Gründen der Welt verknüpft, klare Wahrheit an die Stelle des Irrtums zu setzen wußten, der uns von allen Seiten, mißkennend und mißverstehend unser geistiges Streben, von der Welt entgegenkommt. Daher verspracht Du selbst, ein treuer Mitkämpfer in jener Schar zu werden, welche ergeben sein will der heiligen, ewigen Wahrheit, um die vergängliche Zeit zu beleuchten und zu durchwärmen, damit sie fester stehen und sich einfügen könne in den Strom des ewigen Seins.

Im Grunde ist es Dir selbstverständlich, mit dem, was wir das geistige Leben nennen, in eins verbunden zu sein. Und das machte es, daß dieses Wesen in seinem stillen, aber unbeugsamen Eifer so unendlich harmonisch auf alle Freundesseelen wirkte, diese Seelen wieder stärkte und kräftigte und in ihnen wieder anzündete den Funken, der sich entzünden muß im Menschen, wenn er den Weg finden soll von der Zeit in die Ewigkeit. Und war es manchmal schwach, was als Deine irdische Lebenskraft erschien, so trat als besonders stark und kräftig stets uns entgegen Deines inneren Geisteslebens Energie, die sicheren Schrittes wußte zu wandeln den Weg, den sie sich aus der Erkenntnis heraus gewählt hatte. Wie ein Versprechen an die Zukunft standest Du vor uns, wie ein regsamer Kämpfer für die Sache, die eins war mit Deinem innersten Selbst, mit der Du eins gemacht hattest dieses Innerste.

Es kann nicht an uns sein, in dieser Stunde nur Trostesworte zu sprechen für diejenigen Seelen, die zurückbleiben müssen, für die liebe Mutter und die lieben Geschwisterseelen. Für alle, die in inniger Freundschaft Dir zugetan waren, geziemt es sich in heiligem Schmerz zu leben, da Du dieses irdische Feld verlassen hast. Aber durch das Vertrauen in den Geist, der uns beseelt, in den Geist, der so stark in Dir lebte, vertrauen wir auch im Schmerze der Seelen, daß er die Kraft finden wird, immerdar zu Dir hinaufzuschauen in die Regionen, in denen Du weilen wirst und uns unverloren bist durch die schönen, herrlichen Schätze, die Du durch Dein höheres Selbst, das Du während Deines Erdendaseins auszubilden strebtest, sammeltest.

Du weißt es, liebe Seele, wie stark gefährdet durch den Widerspruch der Welt, durch Irrtum und Mißverständnis dasjenige ist in unserer geistigen Strömung, das uns so sehr am Herzen liegt. Du weißt es, wie wir, die wir hier stehen an Deinen sterblichen Resten, hinaufblicken in die Sphären, die das Geistige aufnehmen. Du weißt es, wie schwer es den Seelen wird in den Körpern, gegen bewußte und unbewußte Feinde, mit dem, was uns so teuer ist, anzukämpfen. Du weißt, wie wir blicken zu Dir mit der Bitte, fernerhin Deine Kraft mit der unsrigen zu vereinen. Du weißt, wie wir vertrauen nicht auf dasjenige, was uns von den Menschen in der sichtbaren Welt entgegentritt. Du weißt, daß wir zu der unsichtbaren Welt halten, weil wir sie durchkraftet wissen von denjenigen Seelen, die zu uns gehörten und ihren irdischen Lebensplatz verlassen haben. Wir aber, die da arbeiten unten, wollen Dich bitten, damit Du mit den Kräften, die Dir jetzt zu Gebote stehen, unter uns wirkest.

Wenn dasjenige, was manchmal in uns anstürmt und unsere Kraft allzu stark herausfordert, sich geltend macht, dann wirst Du es sein, der in unserem Streben wirkt. So unverloren, so in inniger Liebe mit uns vereint, möchten wir, denen Du unvergeßlich sein wirst fern-nahe, in Gedanken mit Dir leben. Und Du wirst es können, aus den geistigen Regionen, die Dich aufgenommen haben, Deine starken Kräfte zu uns herabzusenden.

Unverbrauchte Kräfte erblicke ich in dem Leben, aus dem Dich nach kurzem Dasein der Tod hinweggerafft hat. Aber Du bist durchgegangen durch des Todes Pforte mit den Seelenkräften, die stark beseligt sind durch des Christus Kraft, durch jenes Christus Kraft, den Du wußtest als Geist-Erkenntnis aufzunehmen in Dein innerstes Fühlen, in Dein innerstes Herzensgeheimnis, in Dein reiches Wissen, den Du verstandest aufzunehmen auch als lebendige Kraft, die lebendig durch die Ewigkeit hindurch dasjenige um uns erhält, was wir zu verbinden wissen mit dieser Christus-Kraft.

Du hast es verstanden, der Geisteswissenschaft Rätsel für Dich also zu lösen, daß Du treten ließest in den Mittelpunkt all Deines Sehnens und Forschens dasjenige, was der Erde Sinn verleiht, was als Menschheitsstreben allem Erdenleben einverleibt ist: die Kraft des Christus. Gestärkt und gekräftigt durch die Kraft des Christus-Impulses bist Du hindurchgegangen durch die Todespforte, mit der Kraft des Christus-Impulses bist Du weilend im Geiste. Und zu uns, die wir suchen nach dieser Kraft des Christus-Impulses, wird sich wenden dasjenige in Dir, was verbunden ist mit dieser Kraft des Christus-Impulses, damit mit unserem Feuer Dein Feuer eins werde, um zu erreichen jene Menschheitsziele, die sich einverleiben müssen in der Erde Streben und Wirken aus der Ewigkeit in die Zeit.

Geeint mit der lichtvoll erstandenen Christus-Kraft schauen wir jetzt, blicken wir liebend zu Dir auf, zu unserer starken Hilfe, zu unserem herben Verluste, aber auch zu unserem zuversichtlichen Troste.

So gehe denn in die lichterfüllte Welt und sei gewiß, daß unsere Liebe Dir folgt, wie wir gewiß sind, daß Dein Licht mit uns sein wird.

> Eine Hoffnung, uns beglückend:
> So betratest Du das Feld,
> Wo der Erde Geistesblüten
> Durch die Kraft des Seelenseins
> Sich dem Forschen zeigen möchten.

Lautrer Wahrheitliebe Wesen
War Dein Sehnen urverwandt;
Aus dem Geisteslicht zu schaffen,
War das ernste Lebensziel,
Dem Du rastlos nachgestrebt.

Deine schönen Gaben pflegtest Du,
Um der Geist-Erkenntnis hellen Weg
Unbeirrt vom Welten-Widerspruch
Als der Wahrheit treuer Diener
Sichern Schrittes hinzuwandeln.

Deine Geistorgane übtest Du,
Daß sie tapfer und beharrlich
An des Weges beide Ränder
Dir den Irrtum drängten
Und Dir Raum für Wahrheit schufen.

Dir Dein Selbst zur Offenbarung
Reinen Lichtes zu gestalten,
Daß die Seelen-Sonnenkraft
Dir im Innern machtvoll strahle,
War Dir Lebenssorg' und Freude.

Andre Sorgen, andre Freuden,
Sie berührten Deine Seele kaum,
Weil Erkenntnis Dir als Licht,
Das dem Dasein Sinn verleiht,
Als des Lebens wahrer Wert erschien.

Eine Hoffnung, uns beglückend:
So betratest Du das Feld,
Wo der Erde Geistesblüten
Durch die Kraft des Seelenseins
Sich dem Forschen zeigen möchten.

Ein Verlust, der tief uns schmerzt,
So entschwindest Du dem Feld,
Wo des Geistes Erdenkeime
In dem Schoß des Seelenseins
Deinem Sphärensinne reiften.

Fühle, wie wir liebend blicken
In die Höhen, die Dich jetzt
Hin zu andrem Schaffen rufen.
Reiche den verlaß'nen Freunden
Deine Kraft aus Geistgebieten.

Höre unsrer Seelen Bitte,
Im Vertrau'n Dir nachgesandt:
Wir bedürfen hier zum Erdenwerk
Starker Kraft aus Geistes-Landen,
Die wir toten Freunden danken.

Eine Hoffnung, uns beglückend,
Ein Verlust, der tief uns schmerzt:
Laß uns hoffen, daß Du ferne-nah
Unverloren unsrem Leben leuchtest
Als ein Seelen-Stern im Geistbereich.

GEDENKWORTE FÜR RICHARD KRAMER, DEN JÜNGEREN
Dornach, 15. August 1915

Unter dem Eindrucke der «Faust»-Aufführung stehend, darf etwas zunächst ausgesprochen werden, zu dem es die Seele drängen kann in diesem Augenblicke.

Zwar haben wir schon infolge der in die Weltengeschicke tief eingreifenden Ereignisse unserer Zeit so manche Seele in die geistige Welt hinaufgehen sehen hier vom physischen Plane aus, die dem Kreise, der durch unsere Geisteswissenschaft zusammengehalten wird, angehören. Auch solche zu uns Gehörende sind Opfer geworden dieser unserer so vieles an Schmerz und Traurigkeit erfordernden Zeit. Und vieles wäre zu sagen, was wir durch solche Hingänge unserer lieben Freunde infolge der traurigen Ereignisse erlebt haben.

Hier aber ist eine besondere Pflicht, zu gedenken des Hinaufsteigens der Seele eines Freundes, der an diesem Ort mit uns treulich mitgearbeitet hat zur Herstellung jenes Baues, den wir widmen wollen dem Streben unserer Geisteswissenschaft. Und weil er so treulich mit uns verbunden war in seiner Seele und ein so wunderschönes Streben hatte, mit uns zusammen an der Auferrichtung dieses Denkmals unserer Zeit mitzuwirken, so ist es unsere besondere Pflicht, aber gewiß auch der Impuls unserer besonderen Liebe, seiner zu gedenken in dieser Stunde, die unter der Nachwirkung stehen kann des Geheimnisses vom Hinaufgehen der Menschenseele, des Unsterblichen im Menschen in die geistige Welt.

Unser lieber Freund *Kramer*, der Jüngere, hat den physischen Plan verlassen, nachdem er sich mit uns vereint hatte, um dasjenige, was ihm durch sein Streben draußen in der Welt durch sein Lernenwollen und Arbeiten geworden war, in den Dienst unserer Sache zu stellen. Nachdem er die Möglichkeit gefunden hatte, in der Sonne seiner schönsten Gefühle und seines höchsten Zugetanseins zu unserer Sache selbstlos hier mit uns zu arbeiten, wurde er abberufen, und seine Seele ging hinauf in die geistigen Welten, nachdem seine Leibeshülle den kriegerischen Ereignissen im Osten zum Opfer gefallen war.

So wie wir in seine Seele schauen konnten, wie sie sich so ganz verwandt fühlte mit dem Strome des geistigen Lebens, den wir durch unsere Geisteswissenschaft suchen, so wie sie immer mehr und mehr ganz eins war mit diesem Strome, so wie ihr Ernst immer größer und größer wurde, so dürfen wir sagen, daß wir vieles, vieles gerade von diesem unserem Freunde Kramer auch für diesen physischen Plan erhofften.

Aber wir fügen uns, meine lieben Freunde, mit ihm selber der äußeren Notwendigkeit des Karmas. Wir wissen, daß er unter uns ist. Wir wissen sogar bei ihm, da wir ihn haben kennen lernen, daß er mit besonderer Liebe auch jetzt bei uns ist, da seine Seele in die geistigen Welten ging. Wir wissen, daß er sich zurücksehnt nach dem Ort, mit dem er, ich möchte sagen in Feierlichkeit sein Wissen und Können verbunden hat, bevor er an den Ort, wohin ihn die Pflicht gerufen hat, abgegangen ist. Und so wissen wir uns denn auch ferner mit ihm vereint, nachdem er nur die Form des Arbeitens dadurch verändert hat, daß seine Seele sich vom physischen Plan in die geistige Welt zurückgezogen hat.

Und in Liebe, in Trauer, in echt warmer Freundschaft und Brüderlichkeit lenken wir alle unsere Seele, heben wir unser geistiges Auge auf zu dem schützenden Geist, der ihn führt von Inkarnation zu Inkarnation, und rufen ihm die Worte nach, die wir an solche schützenden Geister, durch die Menschenseelen hineinfinden wollen in die geistig-seelischen Welten, hilfeflehend für diese Geister hinaufsenden.

Dazu erheben wir uns:

> Geist seiner Seele, wirkender Wächter,
> Deine Schwingen mögen bringen
> Unserer Seelen bittende Liebe
> Deiner Hut vertrautem Sphärenmenschen,
> Daß, mit Deiner Macht geeint,
> Unsere Bitte helfend strahle
> Der Seele, die sie liebend sucht.

GEDENKWORTE FÜR GERTRUD NOSS
Dornach, 25. September 1915

Meine lieben Freunde!

Es ist mir Bedürfnis, heute noch einmal zu sprechen von unserem schweren Verluste, den wir erlitten haben; nicht so sehr, weil ich glaube, nach dem, was ich gestern zu sagen hatte, da wir unsere liebe Freundin, Frau *Gertrud Noß*, dem Feuerelemente übergeben haben, etwas Besonderes, Neues hinzufügen zu können, sondern weil ich wirklich denke, daß gerade die Hinlenkung der Gedanken in die ganz einzigartige Wesenheit dieser Frau für unsere Seelen, für unsere Herzen von einer großen Bedeutung insbesondere auch in diesem Augenblicke sein kann und sein soll.

Wir dürfen so, wie Frau Gertrud Noß unter uns stand, sie wirklich als eine vorbildliche Persönlichkeit betrachten, und wir dürfen den Blick auf ihre Wesenheit als etwas durch unser ferneres Leben tragen, das geeignet ist, uns mit Kräften auszustatten, die tiefe Bedeutung für unser Leben haben können.

Meine lieben Freunde, der Tod, wenn er uns vor Augen tritt, ist, man darf sagen, die tiefst einschneidende Erscheinung im menschlichen Leben, und tritt er uns insbesondere so vor Augen, daß er für die Lebenden bedeutet: Du wirst nicht mehr in ein Auge schauen können, in das Du so oftmals schauen durftest, Du wirst nicht mehr eine Hand in der Deinen halten können, die Du so gern lange Zeit hindurch immer wieder und wieder in der Deinen fühlen wolltest, Du wirst nicht mehr gegenübertreten einer Persönlichkeit, mit der Du im Leben innig verbunden warst, – tritt der Tod als Lebenserscheinung so an uns heran, dann verbindet uns dieses Herantreten wirklich für kürzere oder längere Zeit, je nachdem wir dessen fähig sind, mit dem Ewigen, mit den Quellen des Geistigen.

Nun haben wir bei dem Tode unserer lieben Freundin, Frau Gertrud Noß, alle Veranlassung, gerade diesen Gedanken recht tief in unseren Seelen zu befestigen. Wir haben kurz hintereinander zu schauen gehabt, wie Frau Gertrud Noß selber vor den letzten sterblichen Resten ihres geliebten Sohnes stand, der als eine unserer Hoffnungen so schön in unserer Mitte gestanden hat. Und wenigstens einige von uns – das sollten aber viele von uns wissen – konnten erleben, wie damals der Tod eines innig geliebten Nahestehenden selber auf unsere Freundin wirkte. Einige von uns konnten berührt werden von jener großen Veränderung, die mit der Seele dieser Frau vor sich gegangen war, nachdem tief bedeutungsvoll, tief schmerzlich der Tod eines Nahestehenden an ihr vorübergezogen war.

Aus tiefster Seele heraus, meine lieben Freunde, sprach ich gestern das Wort, daß dieser Tod für unsere Freundin war eine Art von Geistesweihe. Merken konnte man an der Seele unserer Freundin, wie nahe sie in einer selbstverständlichen Weise der Geistesvertrautheit gekommen war, gerade seitdem der Tod in einer so schmerzlichen Weise an ihr vorübergezogen war. Ich habe es oftmals ausgesprochen, daß es niemals die Aufgabe eines Menschen sein kann, der Worte zu sprechen hat dann, wenn der Tod an uns herantritt, die überlebenden Freunde zu trösten, daß es niemals die Meinung sein kann desjenigen, der anläßlich eines Todesfalles zu sprechen hat, Trost zusprechen zu wollen, der den Schmerz lindern soll. Denn den Schmerz zu lindern, wäre eine Spekulation auf die Lebensschwäche des Menschen. Der Schmerz, den wir empfinden in einem solchen Falle, ist voll berechtigt, und der, welcher ihn lindern wollte, rechnete nicht in Wirklichkeit mit den tiefsten Anforderungen des Lebens. So kann es auch nicht die Aufgabe sein in diesem unserem Falle, denjenigen, die von Schmerz ergriffen sind, in diesem Augenblicke diesen Schmerz lindern zu wollen.

Allein etwas anderes ist es, was uns die Worte auf die Zunge preßt, wenn wir einem solchen Ereignisse gegenüberstehen. Wir haben also gesehen, wie der Tod unsere liebe Freundin berührt hat, und wir mußten dann selber von dem Tode dieser Freundin berührt werden. Der Tod des uns nahestehenden Menschen bringt uns, wie er unsere Freundin nahegebracht hat, nahe der geistigen Welt, er bringt uns unter allen Umständen in irgend einer Weise dem Empfinden, dem realen Erfassen der geistigen Welt näher. Denn schon das Allernächste, das Allernaheliegendste, das wir empfinden und erleben müssen dem Tode gegenüber, ist, daß wir uns sagen: Stehen wir dem Menschen im Leben gegenüber, so sind vielleicht viele Bedingungen da, welche unser Gefühl, unsere Empfindungen gegenüber dem Menschen in dieser oder jener Weise so nuancieren, daß sie in einer späteren Zeit leicht wieder anders werden können. – Es sind viele, viele Bedingungen da, die, nachdem wir ein Urteil, ein Urteil des Lebens über einen Menschen uns gebildet haben, da machen, daß wir später dieses Urteil über den Menschen durch das oder jenes, was uns von dem Menschen entgegentritt, wieder ändern. Wir denken vielleicht nicht nach, wie wir eine Änderung in diesem Sinne vornehmen, aber wir ändern so manches. Jeder weiß, der etwas über das Leben nachgedacht hat, und jeder kann es wissen, wenn er nur ein wenig über das Leben nachdenkt: Wir ändern vielfach unsere Empfindungen und Gefühle den Menschen gegenüber und haben auch immer den Glauben, ich möchte sagen, an ein nicht abgeschlossenes Urteil. – Wenn wir dem Leben gegenüber mit einem solchen Urteil stehen, dann drängen sich uns unsere Gedanken über das Wesen eines Menschen, über dasjenige, was wir mit ihm erlebten, an ihm empfunden haben, in die Seele. Wenn wir dem Augenblicke des Todes gegenüberstehen, dann verspüren wir es unwillkürlich, daß dasjenige, was dann sich in unsere Seele drängt, was dann wie ein unwillkürlicher Rückblick auf das Leben, das wir mit dem Menschen gelebt haben, uns erscheint so, daß darinnen etwas ist wie ein Dauerndes, wie etwas, das nun als ein Abschluß in unserer Seele steht, wie etwas, wovon wir nur dann kein unbefriedigtes Gefühl haben, wenn wir wissen: Wir bilden uns diese Gedanken so, daß sie in einer gewissen Weise in unserer Seele bleiben können. – Ja, wir haben schon von vornherein das Gefühl, wir dürfen uns nur solche Urteile und Empfindungen bilden, die in unserer Seele bleiben können und Wurzel fassen können so, daß wir sie behalten können. Wir fühlen dies als eine heilige Verpflichtung gegenüber dem Toten, wir fühlen wie erwachend in unserer Seele eine gewisse Verantwortung, dem Toten gegenüber ganz wahr zu sein, und wir fühlen ferner, wenn wir uns dem Toten gegenüber wissen, daß er nun eigentlich beginnt, uns viel näher zu sein. Wir sagen uns vielleicht nicht, daß er beginnt, uns viel, viel näher zu sein, aber in einer unterbewußten Weise haben wir in unseren Gedanken, in unseren Empfindungen das, daß wir uns danach richten wollen, jetzt dem Menschen näher zu sein, als wir ihm noch im Leben waren.

Im Leben hatten wir das Bewußtsein: Bis in unsere Gedanken herein reicht der Mensch nicht. – Nun, da wir dem toten Menschen gegenüberstehen, erhalten wir das Gefühl, er wächst nach und nach mit dem, was von seinem Wesen aus dem Zeitlichen in das Ewige übergeht, zugleich in unsere Gedanken herein. Wir dürfen, wenn wir nicht wollen, schon durch dasjenige, was wir denken, vor ihm als Lügner zu stehen, nichts Unwahres über ihn denken, wir dürfen nichts über ihn denken, was verfälscht ist für unser eigenes Gefühl durch unsere eigene Empfindung, die ja oftmals von Ranküne und Neid dem Lebenden gegenüber beherrscht sind, ohne daß wir es wissen. So kommen, wenn wir dem sogenannten Toten gegenüberstehen, über uns die Gedanken über das, was wir mit ihm erlebt haben; wir bekommen wie in eine Art Fazit zusammengefaßt, das wir in uns haben unwillkürlich bei dem Bilden der Worte, eine größere Verantwortlichkeit, so daß wir eine größere Verantwortlichkeit fühlen, als das dem Lebenden gegenüber der Fall war. Und auch mit unseren Gefühlen müssen wir in einer gewissen Weise dem Toten gegenüber abschließen. Er steht da, gewissermaßen aus dem Zeitlichen in das Reich des Dauernden, in das Reich des Dauerhaften für uns eingegangen. Er steht so da, daß er für uns nunmehr etwas wird, was unwechselvoll auf uns nun hinblickt. Selbstlos müssen unsere Gefühle dem Toten gegenüber werden, weil wir nun wissen, daß wir die Liebe, die wir ihm entgegenbringen auf dem Erdenplane, nunmehr durch kein irdisches Mittel ausgedrückt bei ihm als Gegenliebe finden können.

Das, meine lieben Freunde, bedeutet viel, viel. Wir treten zu einer Seele, die wir haben lieben gelernt, in ein neues Verhältnis. *Herman Grimm*, von dem ich hier öfter gesprochen habe, war einstmals bei der Bestattung eines Freundes, und als er dann über den Verstorbenen Worte drucken ließ, war innerhalb dieser Worte ein naheliegender, aber außerordentlich bedeutungsvoller Satz. Da sagte Herman Grimm: Was bis dahin wie fernes, lichtes Gewölk nur vor ihm aufgetaucht war, ist nun Wirklichkeit für ihn geworden, und was ihn bis dahin leibhaftig umgab, liegt wie fernes Gewölk unter ihm. – Ein einfacher Satz, aber ein schöner Satz, der das Hineinwachsen eines Menschen in die geistige Welt schön, wenn auch einfach zum Ausdruck bringt. Es bleibt ja gewiß – wenn wir uns auch noch so sehr vertiefen in dasjenige, was uns das Studium der Geisteswissenschaft gibt – die geistige Welt ein lichtes, feines Gewölk, und Wirklichkeit wird dieses lichte, feine Gewölk dann, wenn die Wirklichkeit, die uns umgibt, bevor wir in dieses lichte, feine Gewölk eintreten, selber dazugehört zu diesem lichten, feinen Gewölke, wenn uns diese Wirklichkeit nunmehr selber zu einem lichten, feinen Gewölk wird.

Ja, meine lieben Freunde, die Seelen, die durch des Todes Pforte gegangen sind, gehören nun selber zu jenem lichten, feinen Gewölke und nicht mehr zu der Wirklichkeit, aus welcher der Tote hinweggegangen ist. Aber wirklicher und immer wirklicher können wir den Bedürfnissen des Toten entgegenkommen, wenn wir das lichte Gewölk ausfüllen mit dem, was wir im näheren Zusammenhange mit dem Toten erlebt haben.

Meine lieben Freunde, wir reden von den sterblichen, physischen Resten eines Menschen; wir können auch sprechen von jenen Resten eines Menschen, die das Seelische auf Erden zurückläßt. Und dieses Seelische auf Erden wird in Gröberes gebettet, das unsere Herzen, unsere Seelen selber sind, solange wir im irdischen Leibe verkörpert sind. Die Gedankensteine, die Gedankenziegel aus diesem Gröberen sind die Gedanken, die wir durch das Leben mitnehmen von denjenigen, mit denen uns das Leben zusammengeführt hat. Bei einer Persönlichkeit, wie sie unsere Freundin war, können wir vielleicht – wir dürfen sagen – für das Erdenleben weiter belebende Gedanken mitnehmen. Ergreifend war die Gesinnung, welche unsere verstorbene Freundin vor ihrem Hingange entwickelte aus ihrer Geistvertrautheit heraus. Denn von Geistvertrautheit muß man bei ihr für ihre letzten Lebensmonate sprechen. Wie ich schon sagte, ergreifend war die Gesinnung. Das, was nun mit ihr geschehen werde, wie sie selber ihr Dasein weiter finden werde im großen Weltenzusammenhange, war durchzogen von einer Grundempfindung insbesondere in den letzten

Tagen, als ihr bereits klar war, daß die Waage sehr schwankte zwischen Leben und Tod auf Erden. Eine Grundempfindung ging durch ihre Gesinnung, das war die Empfindung der Ergebung, der Ergebung in dasjenige, was da kommen werde, sei es nun Leben oder Sterben; denn so fest wurzelte die Überzeugung von der die Welt durchwaltenden Weisheit in der vom Leibe sich lösenden Seele bei unserer Freundin, daß sie wußte, wie es auch kommen mag: Alles entspricht dieser die Welt durchwaltenden Weisheit. Alles, wie undurchdringlich es auch für die einzelne menschliche Seele sein mag, muß vor dem Blicke der Geister der höheren Hierarchien ein Richtiges sein. – Diese Empfindung war als eine tiefbedeutungsvolle Kraft in der Seele unserer Freundin. Daher konnte sie mit ruhigem, gelassenem Blicke zurückschauen in die Erdenwelt und mit ruhigem, gelassenem Blicke hineinschauen in die geistige Welt.

Indem sie mit ruhigem, gelassenem Blicke hineinschaute in die irdische Welt, bewährte sich die Gesinnung, die sie durch das Leben immer getragen hat, von der ich bei ihrer Bestattung sprechen durfte, die Gesinnung, die man mit den Worten ausdrücken muß: Sie versuchte überall, wo sie konnte, sich selber auszulöschen, um für andere dasjenige zu tun, was diesen anderen Lebensnotwendigkeit war. – So dachte sie in ihren letzten Tagen an ein mögliches Weiterleben auf der Erde nicht als von einem Bedürfnis für ihre eigene Sehnsucht, sondern nur wie von einer Gelegenheit, die dann ihr gegeben sein würde, weiter zu sorgen für diejenigen Menschen, die ihr nahestanden und mit denen zusammen, im engeren Sinne zusammen, sie den Lebenskampf zu führen hatte. Sie dachte nur, wie es anders sein werde, wenn diese Menschen nunmehr ohne sie werden hier leben müssen, wenn sie ihnen nicht mehr Führerin und Helferin wird sein können. Das waren ihre Gedanken; nicht der Gedanke, nicht ein Bedürfnis, selber noch hier auf der Erde zu leben. Sie lebte ja auch früher immer vorzugsweise in dem, was sie für andere tat, und in dem, was sie anderen sein durfte, und so erstanden eben vor ihrem Blicke vor ihrem irdischen Hingang die Bilder derjenigen, die da sein werden und die nunmehr ohne sie den Kampf im Leben werden aufzunehmen haben, die nunmehr ohne sie dastehen werden in diesem Erdenleben, während sie doch so lange das erwärmende, regelnde Licht von ihr erhielten.

Dann wohl kamen in diese Gedanken hinein auch diejenigen des ihr vorangegangenen Sohnes, der mit ihrer Seele in innigem Zusammenhange geblieben war und mit dem sie nur noch inniger verbunden war, seitdem er von seiner irdischen Hülle sich getrennt hat. Und da lebte denn dasjenige in ihr, was so schwer auszusprechen ist, meine lieben Freunde, was gewiß nicht mit einem deutlichen Gedanken vor die Seele unserer Freundin trat, was aber in ihr lebte und die stille, ruhige, Ehrfurcht gebietende Gelassenheit über ihr ganzes Wesen in ihren letzten Tagen ausbreitete, der Gedanke, der da hinschaute von den Lebenden zu den Toten, von den Toten zu den Lebenden, vom Geistigen zum Irdischen, vom Irdischen zum Geistigen und der da wie selbstverständlich zu vereinigen wußte die beiden Welten in eine einzige.

Zu einer solchen Grundempfindung, die ihren Tod so verklärte, hatte sie sich wirklich emporgerungen durch die Art und Weise, wie sie hier auf der Erde gelebt hat. Und vieles, vieles von dem, wie sie gelebt hat, macht sie zum Vorbilde für alle, und wir würden schlecht anwenden dasjenige, was uns an Gefühlen und Empfindungen aus der Wesenheit vom Geiste erblüht, wenn wir nicht auszusprechen wagten bei einer solchen Gelegenheit das, was wir an Menschenwert und Menschenwürde gerade durch die Geisteswissenschaft, durch ihre Vertiefung zu erkennen vermögen dem einzelnen Menschen gegenüber.

Wohl, meine lieben Freunde, weiß ich es, daß die schlichte, innere Größe und die große Bescheidenheit unserer Freundin niemals würde gestattet haben, daß ihr gegenüber ausgesprochen würde das, was auszusprechen während der Zeit ihres Erdenlebens nicht möglich war. Aber das gehört auch zu den Eigentümlichkeiten des Todeserlebnisses bei anderen, daß uns mit Bezug darauf die Zunge gelöst werden darf. Wenn wir uns fragen, wodurch war denn gerade diese unsere Freundin von einer solchen Größe im unmittelbaren ihr Gegenüberstehen? Dann müssen wir sagen, weil unsere Freundin das Leben versuchte, man könnte sagen, zu durchforschen, um nach Möglichkeit die Schwierigkeiten dieses Lebens bei anderen in selbstverständlicher Art zu beheben. Es war niemals bei ihr die Frage, ob sie, wo sie in der Lage war, zu helfen, eingreifen sollte oder nicht, sondern es war immer gleich die andere Frage vor ihrer Seele: Wie greift man am besten ein, wie lernt man die Bedingungen kennen, um am allerbesten einzugreifen, um das Beste in einer solchen Weise zu tun, daß es auch in der besten Weise den Menschen bekam, auf die es sich beziehen sollte.

Das wußte aus ihrer ursprünglichen, elementaren Güte heraus dieses Frauenherz immer zu finden. Wenn unsere Freundin, Frau Gertrud Noß, Menschen gegenüberstand, mit denen sie es im Leben zu tun hatte, dann kam es ihr niemals darauf an, diesen Menschen das Allergeringste, was sie für sie oder im Zusammenhange mit ihnen zu tun hatte, so zu machen, daß sie daran dachte, den Menschen irgend etwas aufzudrängen oder gegen die Natur dieser Menschen in irgend einer Weise zu handeln. Darinnen war sie geradezu in einer wunderbaren Weise vorbildlich.

Wir sehen, meine lieben Freunde, im Leben so viele Naturen, die vor allen Dingen darauf bedacht sind, die Menschen, denen sie begegnen, anders zu machen, den Menschen, denen sie begegnen, etwas beibringen zu wollen, was diese Menschen anders machen soll. Wir sehen so viele Menschen, die da sagen: Wie kann ich diesem oder jenem Menschen helfen? – Und sie haben dabei eigentlich nur im Auge, wie sie sich selber helfen können, weil sie nicht leiden können, daß dieser oder jener Mensch anders ist als sie. Von dieser Art war unsere Freundin, Frau Gertrud Noß, nie. Niemals hatte sie das Verlangen, irgend einen Menschen anders machen zu wollen, als er ist, niemals hatte sie das Verlangen, die Schwierigkeiten, die im Verhältnisse mit den Menschen entstehen, dadurch zu verringern, daß man erst den Menschen anders machen will, als er ist, bevor man mit ihm in eine Lebensbeziehung tritt. Sie wußte aus ihrer ursprünglichen Lebensweisheit heraus viel zu gut, wie wenig, wie wenig man im Leben an den Menschen eigentlich ändern kann. Sie wußte aber auch und sie empfand es mit einem sicheren Instinkte, daß dennoch die Menschen zu ändern sind, und daß sie sich am allermeisten dann ändern, wenn man sie nicht ändern will, aber im entsprechenden Augenblicke das tut, was man in diesem Augenblicke für die Menschen als das Richtige empfindet. Wenn wir erst unsere Hilfsmöglichkeit für die Menschen umwandeln in Taten, in eine solche Tat, die dem Menschen in diesem Augenblicke entspricht, in dem wir ihm entgegentreten, ohne daß wir ihn in diesem Augenblicke ändern wollen, wenn wir alles so tun, daß wir den Menschen lassen, wie er ist, und das Richtige tun, vielleicht dasjenige, was wir selber nicht wollen, aber was er will, tun, dann werden die Taten, die wir also im Lebenszusammenhange verrichten, auch zu Ursachen für die anderen Menschen nach gewissen Richtungen hin. Das ist gemeint, wenn gesagt wird: Wir tragen am meisten zur Veränderung der Menschen, die etwa nach unserem Urteile geändert werden sollen, bei, wenn wir sie gar nicht ändern wollen, sondern wenn wir im richtigen Augenblicke das Richtige tun.

Meine lieben Freunde, wenn ich selber im Leben oftmals unserer Freundin Gertrud Noß gegenüberstand, dann tauchte mir ein Gedanke auf, den ich gerade gegenüber dieser Frau wie eine Selbstverständlichkeit empfand. Sie finden in dem Buche, in dem ich zusammengefaßt habe das, was ich bis in die neunziger Jahre an Gedankenformen durch mein Lebensforschen gewonnen hatte – ich meine die «Philosophie der Freiheit» – ein Kapitel, das handelt über den Takt des Lebens, über den Übergang desjenigen, was unsere Moral, unsere ethischen Prinzipien sind, in dasjenige im Leben, was in selbstverständlicher Weise sich ausspricht als der Lebenstakt, wo in dem Menschen wie eine Gewohnheit zutage tritt das, was seine Lebensbeziehungen regelt zu anderen Menschen, wo es selbstverständlich geworden ist für den Menschen, was er in dieser oder jener Lage des Lebens tun soll, so daß er nicht nachzudenken braucht, warum er dieses oder jenes tun soll, und es doch so tut, daß es richtig wird im Leben. Das muß immer wieder und wieder den Glauben der Menschen an das Leben stärken, daß es Menschen gibt, die einen solchen Lebenstakt haben, die, ich möchte sagen, in kurzer Weise immer dasjenige wissen, was im Leben notwendig ist, die moralischen Takt, Lebenstakt haben.

Das ist dasjenige, was wie eine Prägung über das ganze Wesen unserer Freundin ausgebreitet in ihm abgedrückt war, so daß man sagen konnte, man schaute in Gertrud Noß vieles, was Glaube an Lebenswerte und Lebensgehalt erwecken kann, wenn man ihr unbefangen entgegentrat. Diejenigen Menschen lassen am allermeisten jene Quellen erströmen, die den Lebensglauben erwecken, welche die Gewißheit in sich erstrahlen lassen, daß sie in dem, was sie tun, nichts Hinterhältiges haben können, und es gehört wirklich ein nicht ganz gerader Sinn dazu, an Gertrud Noß, wenn sie einem entgegentrat, nicht ohne weiteres zu sehen, daß dasjenige, was sie über die Oberfläche ihres Tuns und Handelns ausgoß, aus dem Allerinnersten ihrer Seele zugleich kam; sie hatte die Gabe, in jedes Wort und in jeden Blick hineinzulegen: Seele. Und schöne Seelenhaftigkeit drückte sich aus in ihrem Tun und auch in allen ihren Beziehungen, die sie zu begründen hatte mit den Menschen. Das gibt dann im Umgange mit solchen Menschen denjenigen, die solchen Menschen nahekommen dürfen, Sicherheit, Lebenssicherheit. Wo hätte bei denjenigen, die geraden Sinnes sind, wenn sie Gertrud Noß nahegekommen sind, der Gedanke, die Empfindung auftauchen können: Du bist unsicher über die Empfindungen, die dir diese Frau entgegenbringt? – Nun, sie machen einen sicher, daß dasjenige, was sie im Augenblicke geben, auch für alle folgenden Augenblicke des Lebens tief begründet ist, sie machen einen sicher darüber, daß man, wenn man mit ihrer Seele einmal verbunden sein kann, von ihrer Seele auch niemals wiederum verlassen sein könnte. Der Umgang mit solchen Menschen und die Anknüpfung von Lebensverhältnissen mit solchen Menschen gibt dem Leben Sicherheit, jene Sicherheit, die das Leben braucht, und diese Sicherheit entstand auch dann, wenn man Gertrud Noß in den heiligsten Angelegenheiten ihres Lebens gegenüberstand. Ich habe schon gestern zu erwähnen gehabt, wie sie nicht aus blindem Glauben und leichten Herzens in unsere Geistesbewegung hereingekommen ist, wie sie vielleicht sogar von den ersten Eindrücken, die von unserer geistigen Bewegung ausgegangen sind ihr gegenüber, abgestoßen war, wie sie aber dann in diese geistige Bewegung hineinwuchs, und aus dem, wie sie so hineinwuchs und wie wir sie innerhalb derselben kennen lernten, dürfen wir wiederum jene Lebenssicherheit haben, die wir auch in unserer geistigen Bewegung brauchen und die wir in unserer Geistesbewegung müssen zu schätzen wissen. Sie besteht darinnen, daß der Mensch in einer natürlichen, elementaren Weise mit der geistigen Welt verbunden ist und nicht in einer sentimentalisch-egoistischen Weise. Gertrud Noß wird niemals denjenigen, die unsere Lehre zunächst nicht anzieht, diese Lehre in irgend einer äußeren Weise haben aufdrängen wollen. Gertrud Noß hat gewußt, über unsere Lehre zu reden, wenn es richtig war, und sie hat gewußt, über unsere Lehre zu schweigen, wenn es richtig war. Das ist auch der schöne, richtige Lebenstakt.

Und wenn wir nun darauf hinblicken, was sowohl diejenigen, die innig und eng mit unserer Freundin im Leben verbunden waren, die ihr die Nächststehenden waren, und was jene mit uns, die wir durch eine gemeinsame Weltanschauung in einem Verhältnis zu ihr standen, verband, wenn wir auf das blicken, so kommt uns zunächst vor allen Dingen ein Gedanke nahe, der uns naheliegen kann: Das Schmerzliche, das in dem Tode von Frau Gertrud Noß liegt.

In einem frühen Lebensalter ist diese Frau von uns gegangen. Sie gehörte also zu jenen, bei denen uns der Gedanke nahetritt: Was wäre noch alles möglich gewesen an Lebensgemeinschaft zu entwickeln, wenn wir länger hätten in das sonnige Auge schauen dürfen, wenn wir länger den sonnigen Umgang hätten genießen können, wenn wir länger hätten mit ihr zusammenhängen können hier in diesem Erdenleben. – Sie gehört gewissermaßen zu den Frühverstorbenen. Wenn wir sie so kennen, wie wir sie kennen lernen konnten, dann sagen wir uns: So wie sie immer abgeklärter und abgeklärter zweifellos geworden wäre, hätte sie vieles, vieles zum inneren Wohle derjenigen, mit denen sie verbunden war, noch während dieses Erdenlebens machen, tun können. Aber so ging sie von uns, und wir gedenken denn im Sinne unserer Lehre, wie sich anschließt an dieses Erdenleben das Leben in den geistigen Welten. Wir gedenken auch, wie ein jegliches Erdenleben in der Art, wie es zugebracht ist, die Vorbereitung ist für die künftigen Erdenleben. Und nunmehr fragen wir uns: Wie war es um das Gemüt dieser unserer lieben Freundin mit

Bezug auf einen der Lebensnerven unserer Lehre, mit Bezug auf die wiederholten Erdenleben?

Ich kann mir denken, daß es viele Menschen geben kann, die aus einer gewissen Eitelkeit heraus den Glauben hegen konnten, sie stünden der Lehre von den wiederholten Erdenleben näher, als Gertrud Noß ihr gestanden hat, weil sie sich viel, viel gerade im Hinblick auf das eigene Leben beschäftigten mit dieser Lehre. Ich glaube, sagen zu dürfen, daß für unsere Freundin Gertrud Noß nichts, nichts ferner gelegen hatte, als an sich selbst zu denken. Bei dem Gedanken der wiederholten Erdenleben sich für diese oder jene Verkörperung, für diese oder jene historische Persönlichkeit zu halten und zu gleicher Zeit an Gertrud Noß zu denken – es ist unmöglich. Und warum? Es ist unmöglich aus dem Grunde, weil unserer Freundin diese Lehre viel zu heilig war, um sie unmittelbar mit ihrem eigenen Leben zu verknüpfen. Und darinnen zeigt sich mir die innige Vertrautheit mit dem geistigen Leben mehr, als an einem Hinunterzerren dieser uns heiligen Lehre in das persönliche Leben. Ein feierliches Empfinden gegenüber der geistigen Welt hatte unsere Freundin im allerhöchsten Sinne, jenes feierliche Empfinden, dem gegenüber man sicher sein konnte, daß auch im innersten Herzen niemals mit der Anschauung von der geistigen Welt Mißbrauch getrieben werden könne. Daß in den Bereich persönlicher Phantastik Gertrud Noß jemals herunterziehen könnte das, was uns heilig ist, das zu denken, war durch den Charakter und das edle Wesen dieser Freundin ausgeschlossen, und das mußte auch jeder, der in ihre Nähe kam, für ausgeschlossen halten. Darinnen offenbarte sich eine große Sicherheit mit Bezug auf den Umgang mit unserer Freundin, Gertrud Noß.

Das war ihre Treue zu dem, was sie gefunden hatte innerhalb unserer geistigen Bewegung. Sie gehörte zu denjenigen, die eine Bereicherung sind unserer geistigen Bewegung, die etwas in sie hineinzubringen haben an sicherer, innerer Haltung der Seele, an, wie ich schon gestern sagte, geradem, innerem Wahrheitssinn. Sie wußte und hörte niemals auf zu wissen, daß, solange der Mensch im physischen Leibe verkörpert ist, er seine Lebenspflichten im irdischen Leibe zu verrichten hat, daß er diesem Leben der Erde nicht fremd werden dürfe. Und so verlor sie niemals den Boden unter den Füßen, so gehörte sie niemals zu denjenigen, die hier auf der Erde in den Sternen leben wollen und dann, weil sie die Bedingungen des Erdenlebens nicht achten, in alles mögliche hineinkommen, wozu gerade eine geistige Weltanschauung niemals führen sollte. So war dasjenige, was Gertrud Noß in unsere Bewegung hineinbrachte, vor allen Dingen ein gesundes, ein herzhaftes, gesundes Seelenleben. Und in dieser Beziehung ist sie vorbildlich, vorbildlich zweifellos für viele.

Meine lieben Freunde, wir lernen nicht nur von denjenigen, die mit Worten der Lehre zu uns sprechen, wir lernen viel mehr noch, wenn wir uns selber machen müssen zu Lernenden. Von Gertrud Noß konnte man viel lernen, wenn man nur lernbegierig war, denn das Leben selber ist noch ein größerer Lehrmeister als jedes Wort und jede Lehre. Aber das Leben spricht bescheiden, spricht so, daß man erst das Seelenohr geeignet machen muß, um damit hören zu können. Der Umgang mit Frau Gertrud Noß war eine Lehre, eine tiefe Lehre. Und unter dem mancherlei, an das uns der Tod dieser edlen Frau so erinnern soll, daß es uns bleibend ist, ist auch das, daß wir nicht vorübergehen sollen an den Gelegenheiten, wo das Leben unser Lehrmeister werden kann. Man spricht oftmals vom Ausgleich im Leben. Aber man hat es in unseren heutigen Zeiten verlernt, diesen Ausgleich des Lebens in einer richtigen Weise zu empfinden. Sehen Sie, wenn wir entgegentreten demjenigen, was auf der Wiese wächst, dann werden wir es als selbstverständlich empfinden, die schöne Blume zu unterscheiden von einer minderschönen Blume, ohne dabei der minderschönen Blume eine Schuld geben zu wollen, daß sie nicht die schönere Blume sei, weil wir in der Schönheit der Blume nicht nur den Ausdruck dessen sehen, was unmittelbar vor uns ist, sondern den Ausdruck des göttlich-geistigen Wirkens. Wir müssen uns wirklich hindurchringen zu der Anschauung, daß es göttlich-geistiges Wirken ist, wenn in einem Menschen so viel schönes Wirken zum Ausdruck kommt, wie es in unserer Freundin zum Ausdruck gekommen ist. Wir müssen wieder den Begriff uns bilden lernen von göttlich begnadeten Menschen.

Ja, meine lieben Freunde, und dann kommt der Gedanke des Ausgleichs, dann dürfen wir uns wohl auch, wenn solche Menschen durch die Todespforte gegangen sind, Gedanken machen darüber, wie der Ausgleich gerade in einem solchen Falle wird, und da sehen wir, wie unsere Freundin, die frühzeitig durch die irdische Todespforte gegangen ist, ein irdisches Leben hinter sich hat, das uns gerade dann, wenn wir von wiederholten Erdenleben sprechen, so berührt, daß wir sagen: Es war verflossen dieses Leben so, daß derjenige, der mit diesem Leben begnadet war, vieles, vieles von dem ihm beigefügt hat, was in ein späteres Leben groß und schön zur weiteren Erdenentwickelung wird hinübergetragen werden können.

Und wie könnte uns denn entgehen der Gedanke von der göttlich-geistigen wirklichen Weisheit der Welt, wenn wir bei dieser göttlich-geistigen Weisheit entstehen sehen auf der einen Seite Menschen, die uns erscheinen mit Göttlichem begnadet, und auf der anderen Seite Menschen, die uns zeigen, wie sie gerade dadurch die Mühe und Arbeit des Lebens auf sich nehmen und alle Möglichkeiten suchen, wie sie im Leben nützen, wie sie Lebenskräfte schaffen können. Und wie sehen wir da, wie wir gerade am intensivsten, ich möchte sagen, in solcher Menschen Arbeit die Bedeutung des einen Erdenlebens für die folgenden in der Realität erkennen können. In dem, was sie tat, wie sie es tat, sprach sich bei Frau Gertrud Noß das aus, wie sie den Zusammenhang des jetzigen Erdenlebens mit dem folgenden dachte und empfand. Und das ist das gesunde, das feste Darinnenstehen im Leben und zu gleicher Zeit in der geistigen Anschauung. Das ist es auch, was mich zwang, die Worte auszusprechen bei der Feuerbestattung von Frau Gertrud Noß, daß die Spuren, die sie eingegraben hat in unsere Bewegung hier während des Erdenlebens, so lange nicht werden verlöschen können innerhalb unserer Bewegung, wie diese Bewegung selbst besteht. Und so wie wir, als unser lieber *Fritz Mitscher* starb, daran dachten, wie er uns in seiner Vergeistigung ein Helfer ist, so denken wir es auch jetzt, so denken wir, wird die beste Hilfskraft für unsere geistige Bewegung uns dann erstehen, wenn solche Seelenwesen uns verbunden werden, wie Gertrud Noß eines war. Und wenn uns einmal der Gedanke auftauchen sollte, daß unsere Bewegung doch vielleicht auf Irrtum, auf Verirrung beruhen könnte, dann kann uns immer wieder und wieder das trösten, daß

Seelen von solcher Gesundheit, von solcher Geradheit, von solchem Wahrheitssinn mit unserer Bewegung sich verbinden wollten, wie Gertrud Noß es war. Und so bleiben wir, wollen wir bleiben verbunden, innig, innig verbunden mit ihr. Daß ihr Verlust im Erdenleben uns tief schmerzlich ist, daß wir uns nicht darüber trösten wollen, das wollen wir uns nur gestehen. Aber gestehen wollen wir uns auch, daß wir würdig werden wollen, solche Seelen unter uns zu haben, die eine solche Sicherheit für das ganze Menschenleben geben können.

Nicht mehr werden wir in ihre lieben Augen schauen können, nicht mehr werden wir ihr wunderbar menschliches Entgegenkommen vor unseren physischen Augen haben, aber verbunden bleiben wir ihr mit unserer Seele, weil wir die Sicherheit haben, daß wir uns mit ihr so zusammengefunden haben, daß wir ihr gegenüberstehen so, daß sie uns nicht verlassen wird. Und das wird für uns eine wichtige, eine wesentliche, eine bedeutende Sache sein.

Bitten möchte ich diejenigen, die wenn auch nur als die beiden Repräsentanten derjenigen, die im Leben auch sonst noch außer unserer Bewegung nahegestanden haben, nächstgestanden haben unserer Frau Gertrud Noß, die beiden ihr Verwandten und heute unter uns Befindlichen, bitten möchte ich sie zu wissen, daß die Vereinigung des Geistes, die Gertrud Noß aufgesucht hat, dieser unserer Freundin Liebe und Treue bewahren werde, Liebe und Treue immer entgegenbringen werde, daß wir mit ihnen an ihr hängen, insofern wir sie erkannt haben. Dieses bitte ich, uns, die wir Gertrud Noß kennen gelernt haben, zu glauben. Und wenn Schmerz, der auch in diesem Falle nicht durch leichten Trost kuriert werden soll, dadurch erfahren werden muß, daß wir in der physischen Nähe eines geliebten Menschen, in der wir so gerne weiter gelebt haben würden, nicht mehr leben können, wenn ein solcher Schmerz, der so tief berechtigt ist im Leben, dadurch gelindert werden kann, daß er mitgetragen wird, dann bitte ich diejenigen, die unserer lieben Frau Gertrud Noß so nahegestanden, zu glauben, daß sie Mittragende dieses Schmerzes, Mittragende dieses Leides finden werden, daß sie nicht allein stehen werden in der Menschheit mit ihrem Leide.

Aus dieser Gesinnung heraus, meine lieben Freunde, beginnen wir jene Gedanken anzuknüpfen, die sich uns selbstverständlich ergeben haben im Leben, die, wenn wir Gertrud Noß nahegestanden haben, in unserer Seele sind und in unserer Seele weiterleben sollen. Noch einmal lassen wir die Gedanken durch unsere Seele ziehen, die ich gestern unseren Seelen nahebringen mußte, als wir vor den irdischen Resten unserer innig geliebten Freundin standen und ihre schöne Seele in die geistige Welt aufsteigen sahen. Ist es uns doch wohl allen, wenn wir eine solche Seele in die geistige Welt aufsteigen sehen, etwa so, wie es *Friedrich Rückert* war, als er die Gedanken hinlenkte auf die Seele jener, die ihm im Tode vorangegangen war. Da hat Friedrich Rückert, der so vieles gerade an Empfindungen und Gefühlen aus der geistigen Welt heraus geschöpft und gestaltet hat, einen wunderschönen Gedanken geäußert, und der Gedanke tauchte vor mir auf, als ich so denken mußte, wie das Himmlisch-Geistige dieser Frau sich verband zu gnadedurchwirktem Erdendasein mit einem physischen Leibe, mit einem physischen Menschenleben, durch das sie vielen zum Glücke ward. Dieses Zusammensein des Geistigen mit dem Physischen, es konnte vor die Seele treten so, wie es etwa einem auch durchgeistigten Menschen wie Rückert vor die Seele getreten ist, als er den Gedanken hinlenken mußte an seine im Tode vorangegangene Frau:

> Es träumte mir, ich steh als eine Rebe
> In eines Grabes Boden eingesenket,
> Die Wurzel sei dem Grunde zugelenket,
> Indes die Krone nach dem Himmel strebe.
>
> Und aus dem Grabe durch die Wurzel hebe
> Der Lebenssaft sich, der die Rebe tränket,
> Der, durch der Rebe Augen ausgeschenket,
> Zu festen Tränen werdend, Trauben gebe.
>
> Dann fliege aus vom Himmel eine Taube,
> Und von des tränenträchtigen Weinstocks Stengel
> Entpflücke sie die beerenreiche Traube

> Und trage sie hinauf, da wo ein Engel
> Sie lächelnd abnimmt und in Edens Laube
> Die Tränen zählet aus dem Land der Mängel.

So fühlten wir auch, wie eine geistige Taube sich vereinigen unserer Freundin Seele mit dem Leben, und so fühlen wir, wie hinaufträgt diese Geistestaube die Geisteskeime, die sie auf Erden gepflanzt hat, wo ein Engel sie lächelnd abnimmt und in Edens Laube die Tränen zählt aus dem Land der Mängel.

So lassen Sie uns, meine lieben Freunde, anknüpfen an dasjenige, was wir aus dem Leben dieser Frau uns zu eigen gemacht haben, an die Gedanken, daß wir ihr Treue bewahren werden in treuer Geistesverbindung mit ihr.

> Ein heller Menschenstern
> Verglomm dem Erdenschauen;
> Er wird im Geistesglanze
> Den Seelenaugen strahlen,
> Die seines Lichtes Schönheit
> Als Lebens-Glückesgabe fühlten.

> Wann strahlte uns am hellsten
> Aus Deinem Treu-erfüllten Herzen
> Das freudige Lebenssternenlicht? –
> Wenn Freude Du erschufest
> Den Seelen, die der Freude
> Bedürftig Du erfandest.

> Wann fühlte Deine stille
> Von Güte leuchtende Menschengröße
> Des Lebens schönstes Glück? –
> Wenn Dir gelang, des Glückes
> Erwarmend Licht zu wecken
> Auf andrer Menschen Lebenspfaden.

> So warst Du selber Glück
> Den Seelen, die vom Schicksal

Im Lebenskampfe Dir verbunden. –
Du trugest edler Liebe Kraft
Im Blicke und im Worte,
Im Schaffen und im Denken.

Wer Dich in voller Lebenskraft
In Deinem Wert erkannte,
Dem ward an Dir geoffenbart,
Wie güt'ge Kraft und Wahrheitsinn
Aus Herzens- und aus Seelengründen
In Menschenwesen sich verkörpern.

Wer Deiner Seele Lösung
Von Körper-Sein und -Form,
In heil'ger Ehrfurcht folgte,
Dem ward durch Dich erwiesen,
Wie Seelen sich im Geiste finden,
Die geisterstrebend leben wollten.

Du blickst auf unsre Trauer;
Wir fühlen Deines Blickes Milde;
Wir fühlen Deiner Seele Kraft;
Wir brauchen Trost im Leide:
Du selber tröstest uns
Mit liebevollem Geisteswort.

Wir sind gewiß, daß Du ferne-nah,
Vereint mit Deines Sohnes Kraft,
Der in des Geistes lichten Höhen
Entgegen Dir nun wandelt,
Uns unverloren leuchten wirst,
Ein andrer Seelenstern im Geistbereich.

ANSPRACHE BEIM TODE VON SOPHIE STINDE
Berlin, 18. November 1915

Für diejenigen, die infolge der schweren Kriegsereignisse durch die Pforte des Todes gegangen sind, sprechen wir auch heute unsere Formel:

>Geister Eurer Seelen, wirkende Wächter,
>Eure Schwingen mögen bringen
>Unserer Seelen bittende Liebe
>Eurer Hut vertrauten Sphärenmenschen.
>Daß, mit Eurer Macht geeint,
>Unsere Bitte helfend strahle
>Den Seelen, die sie liebend sucht!

Und der Geist, der durch das Mysterium von Golgatha gegangen ist zu der Erde Heil und der Erde Fortschritt, der die Leiden der Menschen als göttliches Wesen in seiner unendlichen Weisheit zu der Erde Wohl, zu der Menschen Wohl und der Menschen Fortschritt und der Menschen Freiheit übernommen hat, Er sei mit Euch und Euren schweren Pflichten.

Als erstes obliegt mir die schwere traurige Pflicht, Ihnen, meine lieben Freunde, die Nachricht zu überbringen, daß zu denen, die wir heute schon zu den Sphärenmenschen zu rechnen haben, auch unsere liebe Freundin, die Leiterin des Münchener Zweiges, Fräulein *Sophie Stinde*, gehört. Sie hat gestern abend den physischen Plan verlassen. Es ist keine Möglichkeit, in den ersten Augenblicken über diesen für unsere Gesellschaft so außerordentlich schweren, bedeutungsvollen Verlust zu sprechen. Ich will nur ganz wenige Worte über dieses für uns so schmerzliche, bedeutsame Ereignis im Beginne der heutigen Betrachtungen zu Ihnen sprechen.

Fräulein Stinde gehört ja zu denjenigen, die wohl in den weitesten Kreisen unserer Freunde wie selbstverständlich bekannt ist. Sie gehört zu denen, welche unsere Sache im Aller-allertiefsten ihres Herzens ergriffen haben, sich ganz mit unserer Sache identifiziert haben. Die ersten intimen Vorträge über unsere Sache, die ich in München zu halten hatte, konnte ich im Jahre 1904 in ihrem und ihrer Freundin, der Gräfin Pauline Kalckreuth Hause halten. Und man darf sagen: Von diesem ersten Mal an, da uns Fräulein Stinde näher trat, verband sie nicht nur ihre ganze Persönlichkeit, sondern ihre ganze, auch so wertvolle, so ausgezeichnete, so tief in die Waagschale fallende Arbeitskraft mit unserer Sache. – Sie verließ ja dasjenige, was ihr vorher als ein künstlerischer Beruf – Fräulein Sophie Stinde war Landschaftsmalerin – teuer war, um sich ganz und einzig, mit ihrer ganzen Kraft in den Dienst unserer Sache zu stellen. Und sie hat in einer selten objektiven, in einer ganz unpersönlichen Weise seit jener Zeit intensiv für diese unsere Sache im engeren Kreise und im weiteren Kreise gewirkt. Für München war sie die Seele unseres ganzen Wirkens. Und sie war eine solche Seele, von der man sagen konnte, daß sie durch die inneren Qualitäten ihres Wesens die allerbeste Garantie dafür abgab, daß an diesem Orte, in München, unsere Sache in der allerbesten Weise sich entwickeln könne. Sie wissen ja, es hatten die Aufführungen der Mysterienspiele und all dasjenige, was damit verbunden war für München, den dort für uns tätigen Persönlichkeiten in den früheren Jahren – eine ganze Reihe von Jahren hindurch – eine riesige Arbeitslast auferlegt. Dieser Arbeitslast unterwarf sich Fräulein Stinde mit ihrer Freundin in der allerintensivsten Weise, und vor allen Dingen darf gesagt werden, in der allerverständnisvollsten Weise, die ganz aus dem innersten Wesen unserer Sache herausgeboren war, aus dem Wollen, das nur selber aus diesem inneren Wesen unserer Sache herausgeboren werden kann. Und man darf vielleicht auch andeuten, daß die intensive Arbeit, welche Fräulein Stinde geleistet hat, wirklich ihre Lebenskraft in den letzten Jahren sehr stark verzehrt hat. So daß man wirklich sich gestehen muß: Diese wertvolle, vielleicht etwas zu schnell in den letzten Jahren aufgezehrte Lebenskraft, war in der schönsten, in der tief befriedigendsten Weise unserer Sache gewidmet. – Und es ist wohl unter denen, welche Fräulein Stinde näher kannten, niemand, der sich des Eindruckes je ganz erwehren konnte, daß gerade diese Persönlichkeit zu unseren aller-allerbesten Arbeitern gehörte.

Es ist gewiß manches auch in der Tätigkeit von Fräulein Stinde da oder dort mißverstanden worden, und es steht zu hoffen, daß auch diejenigen unserer Freunde und Anhänger, welche das Wirken Fräulein Stindes durch Vorurteil verkannt haben, nachträglich das sonnenhaft Kraftvolle, das von dieser Persönlichkeit ausgegangen ist, voll anerkennen werden. Und jene, die aus unserem weiteren Kreise beobachten konnten, was Fräulein Stinde für unsere Sache tat, die werden ihr mit all denen, die ihr nähergestanden haben, das allertreueste Andenken bewahren. Wie wir gerade von ihr sicher sein können, daß wir das Wort ganz besonders betonen dürfen, welches in diesen Tagen öfters ausgesprochen werden mußte in Anknüpfung an den Abgang vom physischen Plane mancher unserer Freunde. Es darf gerade im Hinblick auf Fräulein Stinde – bei dem vielen Angefochtenwerden und bei der Gegnerschaft, die unsere Sache in der Welt hat – dieses Wort betont werden: Wir, die wir treu und ehrlich zu den geistigen Welten uns bekennen, zählen jene, die nur die Form ihres Daseins gewechselt haben, die aber, trotzdem sie durch die Pforte des Todes gegangen sind, als Seelen treu mit uns vereint sind, zu unseren wichtigsten, bedeutungsvollsten Mitarbeitern. – Jene Schleier, die noch vielfach diejenigen umgeben, die im physischen Leibe verkörpert sind, sie fallen ja nach und nach ab, und die Seelen dieser unserer teuren Toten wirken – dessen sind wir uns gewiß – mitten unter uns. Und wir brauchen gerade solche Hilfe. Wir brauchen solche Hilfe, die nicht mehr angefochten wird vom physischen Plane aus, solche Hilfe, die auch keine Rücksicht mehr zu nehmen hat in bezug auf die Hemmnisse des physischen Planes. Und wenn wir den tiefen, ernsthaftesten Glauben an das Fortkommen unserer Sache in der Weltkultur haben, so ist es mit darum, daß wir uns vollbewußt sind, daß diejenigen, die einmal zu uns gehört haben, auch dann, wenn sie mit geistigen Mitteln aus der geistigen Welt unter uns wirken, unsere besten Kräfte sind. Manchmal wird das Vertrauen, das wir brauchen in unsere Sache, sich erhärten müssen daran, daß wir wissen: Wir danken unsern toten Freunden, daß sie mitten unter uns sind, und daß wir, mit ihren Kräften vereint, die Arbeit für die geistige Weltenkultur leisten können, die uns obliegt.

In diesem Sinne nur wollte ich mit ein paar Worten heute schon dieses schmerzliche Ereignis berühren und will nur noch Ihnen sagen, daß die Kremation am nächsten Montag um 1 Uhr in Ulm stattfinden wird.

ANSPRACHE BEI DER KREMATION VON SOPHIE STINDE

Ulm, 22. November 1915

Wir blicken auf zu dem Geiste, der uns hier von unserer Erdenwirksamkeit entrissen worden ist. Wir blicken auf aus dem Schmerz heraus, der sich in diesen Tagen formen muß aus den Wurzeln jener tiefen Beseligung, mit der wir so lange an der Seite unserer lieben Freundin für das uns Teuere und Werte in der Welt gearbeitet haben. Aus den schönen Seelenzügen der Teueren, und aus dem, was die Hinneigung der Seele zu ihr in den letzten Stunden in meine eigene Seele gegossen hat, sei versucht, unsere Gefühle zu ihr hinauf zu senden.

> Dich führen aus dem Erdensein
> Dem Geistes-Sonnenlande zu
> Die Wesen, deren Abglanz wir
> In Deinem Wirken fühlen durften;
> Sie lebten uns als Daseinsfrüchte
> In allem, was Du auf den Erdenwegen
> In Kraft und Liebe schufest.
>
> Du blickst aus Geisteshöhen
> In Deiner Freunde Herzen;
> Es treffen Deinen Seelenblick
> Die Blüten Deiner Liebeswerke;
> Sie leuchten durch den Schmerz
> In jenem hellen Lichte
> Das *Du* um ihre Seelen schufest.

Die sichre Treu' im recht Erkannten:
Es war das erste Geisteswesen,
Das all Dein Tun beseelte; –
Wer dies in Dir erfühlte,
Ihm ward Vertrauen unbegrenzt
Ins eigne Werk, das er
Mit Deinem Werke *einen* durfte.

Der Wahrheitsinn, der unbeirrt
Aus Deiner klaren Seele wirkte,
Er war das zweite Wesen,
Dem sich stets alles nahen durfte,
Was auf Menschen-Lebens-Wegen
Verwandtes Fühlen sich erstreben muß.

Den dritten Geist, der Dich durchlebte,
Es fühlten seiner Seelenwärme Macht,
Die Dir zum Lebenswerk verbunden;
Er stählte Deine edle Liebekraft
Durch richtungfesten Pflichtensinn;
Er konnt' in lautre Herzensmilde
Die strengste Pflichtentat verhüllen.

So standest Du in unsrer Mitte,
In Deinem Wesen voll verkörpernd
Den Sinn des Werkes, dem wir leben;
Den Platz im Sinnensein, den Du
Mit Deiner Kraft belebtest:
Ihn wird in Deiner Weise
Kein andrer je beleben können.

Er wird im Sinnen-Sein
Den Freunden leer erscheinen müssen;
Doch hell wird von ihm leuchten
Die Geistesflamme, welche Du
An ihm mit Deinem Sein entflammt.
Sie wird im Spiegel Deiner Freundesseelen
Im kräft'gen Widerschein erstrahlen.

Den ew'gen Menschengeist,
Den Deine Erdenhülle
Uns liebend offenbarte,
Ihn hört aus jener Äther-Höhe,
Der Er sich jetzt verbindet,
Das Seelenohr als Trosteswort verkünden
Den Freunden, die von tiefem Leid erfüllt:

«Ich will mit Eurem Erdenwirken
Vereinen, was in Geisterlanden
Der Seele sich an Kräften gibt.
So wird das Band, das in dem Zeitensein
An Euch mich binden konnte,
Der Ewigkeiten Siegelmacht
In Licht und Wahrheit offenbaren.»

Liebe Freunde! Aus jener tiefen Beseligung, die wir empfinden durften in jahrelangem Zusammenleben, in einem Zusammenleben, das von der Seite der teuren von uns Hingehenden so mustergültig, so vorbildlich war, aus dieser tiefen Beseligung heraus entspringt der Schmerz, jener Schmerz, der allein gefühlt werden kann, der nicht mit Worten auszudrücken ist und auch gar nicht ausgedrückt werden soll. Aus ihm blicken wir hinauf, den letzten, noch mit der Leibeshülle vereinten Gruß zu senden, um ihn als Ausgangspunkt zu haben zu jener niemals trennbaren Vereinigung, die wir haben mit unserer lieben teuren Freundin.

Und wie stellt es sich uns vor die Seele, dieses Bild, das aus der Erdenhülle der teuren Entschlafenen so viele Jahre an unserer Seite weilte? Wir blicken hin auf dieses ganze Leben, das jetzt für diese Erdenverkörperung abgeschlossen ist, und wir müssen verehrungsvoll hinblicken auf die einzigartige einheitliche Größe dieses Lebens, das da durch die eigene Art sich ein bleibendes Erdendenkmal in unseren Herzen und allüberall, wo es wirken durfte, geschaffen hat. Hat doch die liebe Freundin zu ihrem diesmaligen Erdenleben sich wie ausgesucht eine Erdenumgebung, aus der so vieles hervorgegangen ist an Menschenseelen, das gerade ihr im allgemeinen Bilde so ähnlich ist. Aus ihrer herben Gegend des nordischen Mitteleuropa sind sie hervorgegangen, die vielen ähnlich gearteten Naturen mit der nach außen oftmals so herb wirkenden Hülle und mit der tiefen, tiefen Innerlichkeit, welche des Herzens Milde und Wärme so schön zu durchgießen vermag durch Lebensstrenge und Lebenspflichtensinn. Und so trat sie ja vor jetzt viel mehr als zehn Jahren in unsere Mitte, die liebe Freundin. Sie trat in unsere Mitte so recht herausgeboren aus dem oben angedeuteten allgemeinen Menschenbilde; diesem Menschenbilde, das sich noch in jener Familie, aus der die Teuere hervorgegangen ist, zu ganz besonderer Eigenart formte. Begrüßten wir ja vor Jahren, als wir an die Seite unsrer Freundin treten durften, in ihr Julius Stindes Schwester. Begrüßten wir doch damit zwei Glieder jener Familie, in welcher geherrscht hat eine nach Klarheit stetig ringende und doch in alle Tiefen dringende religiöse Gesinnung, eine tiefe Sehnsucht nach dem Lebensquell, nach Lösung der Rätsel des Lebens. Es war nicht lange, nachdem unsere liebe Freundin in unsere Mitte getreten ist, da mußten wir ihr die Hand drücken teilnehmend an dem Verlust, den sie erlebte durch den Tod ihres Bruders *Julius Stinde*. Und uns, die wir ihr näherstanden, uns erschien sie in den Jahren, in denen wir mit ihr zusammen wirken durften, wirklich wie eine andere Menschenseite der Wesenheit von Julius Stinde selber. Mit ihm zusammen war sie eine von den Naturen, die verständnisvoll einzugehen wissen auch in all dasjenige, was in der Alltäglichkeit menschlich genommen werden muß, was getan werden muß, um Menschen zu erfreuen, um Menschen das Menschliche so recht nahezubringen. Das ist ja der tiefste Kern im Wesen Julius Stindes auch gewesen. Aber in diesem echten Menschlichnehmen des alltäglichen Lebens, dessen was unmittelbar in der Natur und Menschenumgebung um uns lebt, in das hinein mischte sich gerade bei diesen Naturen ein tiefes Drängen nach des Geistes Geheimnissen. Und es gehört zu einer der schönsten Gaben, die unsre jetzt vom physischen Plan gegangene Freundin mir in jenen Tagen zeigte, daß sie mir zeigen konnte das, was aufgezeichnet hat ihr Bruder an Notizen über die geistigen Welten aus jener Gesinnung heraus, in welcher nun durch so viele Jahre seine teuere Schwester mit uns verbunden war. Hinter all dem äußeren Wirken Julius Stindes lag sein tiefes Verbundensein mit denjenigen Welten, in die wir uns durch unser geistiges Streben hineinarbeiten wollen. Hinter all dem äußeren Wirken, das er zu dem, was die Menschen zum rechten Lebenssinn brauchen, vollführt hat, lag der tiefgründige Forschersinn nach den für physisches Wahrnehmen, für physische Erkenntnisse unbekannten Welten. Und sagen möchte man: so hat in aller Fülle, so hat in allem Umfang gesprochen dieser bei Julius Stinde der Welt ja verborgen gebliebene Sinn aus der Seele unserer lieben teueren Freundin.

Und dieser Gesinnung widmete sie all dasjenige, was sie namentlich in den letzten Jahrzehnten an Kräften auswirken konnte in diesem Erdenleben. Sie widmete all dasjenige, was in ihrer Macht stand, diesem Leben in der geistigen Welt, so daß ihr Wirken wahrlich unzähligen Herzen jene milde Wärme brachte, derer sie bedürfen, unzähligen Seelen jene Kraft gaben, nach der sie lechzen. Und immer geläuterter in der Liebe zum Geiste und immer heller und klarer in der Erkenntnis des Geistes wurde unsere Freundin selber. Ein Suchen war in allen ihren Anlagen nach dem Geistigen schon auf solche Art, daß es den Weg finden konnte, diesen inneren Weg nach der Verbindung mit dem Christus, so daß dieser Christus nicht nur die tiefsten menschlichen Gefühle erreicht, sondern auch die höchsten menschlichen Gedanken. So geartet war unsere liebe Freundin, daß der Christus ihr lebendig werden konnte, daß sie den Christus-Impuls wahrzunehmen vermochte in allem einzelnen, was Menschenarbeit und Menschenkraft in der Erdenentwickelung hervorbringt. Und so fand sie in dem Streben nach dem Christus diesen lebendigen Christus, der in allem lebt und doch als einzelne Wesenheit nur durch die tiefste Anstrengung des Geistes gefunden werden kann. So stand sie, dieses ihr Streben nach diesem Christus mit unserem eigenen Streben vereinend, beglückend für uns, die wir an ihrer Seite walten durften. Sie kam zu uns, sie legte das Tagewerk, das sie bis dahin so hoffnungsvoll vollbracht hatte, zu Gunsten unserer Arbeit nieder. Wer sich heute noch vertieft in die lieb sprechenden, Tiefes offenbarenden Landschaften unserer Freundin, der weiß, wie edel geformt ihr künstlerisches Wesen war, der weiß auch, welche Schätze von Menschenkraft sie in unsere Reihen gebracht hat dadurch, daß sie gerade mit solch künstlerischem Sinn, mit solch tiefer künstlerischer Vertiefung in der Seele, ihr Wirken mit unserem Wirken zu einen verstand. Und so trat sie unter uns, trat unter uns wie jemand, der vom ersten Mal des Kennenlernens an sich erweist als ein verständnisvoller Kenner des Ausgesprochenen, aber auch des Unausgesprochenen, das unsere Weltanschauung geben kann, um das Menschendasein zu tragen. Wenige wußten in all dem Ausgesprochenen auch das viele Unausgesprochene mit tiefem Seelen- und Herzensverständnis hinzunehmen, das in unserer Weltanschauung liegt, wie *Sophie Stinde*. Wenige wußten mit jenem Willensfeuer und jener Gefühlswärme dasjenige zu durchdringen, dasjenige auch an die Herzen der Freunde zu bringen, was unsere geistige Anschauung in die Welt tragen will.

Das teuere Band, das uns mit Sophie Stinde verknüpfte, ich kann es nur dann einigermaßen mit ferne nur treffenden Worten charakterisieren, wenn ich sage: Man konnte sich mit ihr verstehen in alle dem, was Worte zu Menschen sprechen können, aber man konnte sich mit ihr verstehen auch in alle dem, was Worte nicht zu Menschen sprechen können, was unsichtbar von Menschenseele zu Menschenseele, was unhörbar von Seele zu Seele waltet. – Es gibt so vieles, dann wenn die Bahn einer geistigen Arbeit eingeschlagen wird, was man in Menschenhände legen können muß, von denen man sicher sein kann, daß sie es so ausführen, wie man es vielleicht selber nicht einmal ausführen könnte. Es gibt Dinge in solchem Menschenstreben, deren Fruchtbarkeit, deren Wert gar nicht in demjenigen Augenblick sich aussprechen läßt, in dem die Arbeit begonnen werden muß, deren Fruchtbarkeit und deren Wert sich erst entwickeln muß, indem die Arbeit getan wird. Und zu denjenigen Menschen, die in kräftigster Weise mittaten, wenn so gehandelt werden mußte, gehörte Sophie Stinde. Und damit spreche ich voll aus, wie tief, tief, nicht mit blindem, sondern mit sehendem Vertrauen sie mit uns, wir mit ihr verbunden waren. Und, meine lieben Freunde, so war sie mit uns verbunden, daß vieles von dem, was innerhalb unserer Arbeit hat geschehen dürfen, ohne ihre lebendige Mitwirkung niemals hätte geschehen können. Jene geheimnisvollen Zusammenhänge zwischen dem, was in geistigen

Welten durch höhere Sinne erschaut werden soll, und demjenigen, was in der künstlerischen Menschennatur ruht, jenes geheimnisvolle Band –, wir brauchten es in Menschenseelen zu einer gewissen Zeit unseres Wirkens. Der Bau, der sich im Süden erhebt, um Umhüllung zu sein unserer Sache, er ist mit aus der Seele Sophie Stindes herausgeboren. Nicht bloß seiner Absicht nach, sondern jener Liebekraft nach, aus der er allein entstehen konnte, jenem künstlerischen Sinne nach, ohne den eine Weltanschauung also sich nicht in Kunst ergießen kann. Was wir nur in ihr haben konnten, das hat uns Sophie Stinde gebracht, als sie in unsere Mitte trat. Und nimmer ausgelöscht wird das Bild sein, das sich mir erhalten hat aus jenen Tagen, da ich zum ersten Male an der Stätte ihres späteren Wirkens und ihres früheren Wirkens in ihrer und ihrer teuren Freundin, unserer lieben Gräfin Kalckreuth Hause in intimerer Weise in München sprechen durfte über dasjenige, dem ein so großer Teil unserer Lebenskraft gewidmet ist. Wie etwas, was notwendig zusammengehört, so gliederte sich zusammen, was in ihren Seelentiefen an unsere Seelentiefen rührte, was von unseren Seelentiefen an die ihren wieder rührte. Milde, Liebe, das wußte wahrhaftig zu umkleiden einer der Geister, die sie hier auf Erden beseelten, und die sie jetzt hinauftragen in lichte geistige Höhen. Das wußte er zu beseelen, wenn sie aus ihrem geraden, ihrem mit sicherer Treue sie führenden rechten Wahrheitsinn ihre Lebensaufgabe klar verfolgte; und wiederum nichts, nichts nachzugeben vom strengen Pflichtensinn, das flößte ihr dieser Geist ein, der an ihrer Seite auch stand, wenn sie in Liebe, in Milde wirkte, um Strenge, um Pflichtensinn mit Liebe, Milde und Wohlwollen jederzeit zu vereinigen. So war sie uns Lebensglück. So war sie uns einer der schönsten Lebensschätze, so lernten sie alle diejenigen erkennen, die ihr wirklich nahekommen durften. Und wer Sophie Stinde einmal gewonnen hatte, wirklich gewonnen hatte, er kann sie nimmermehr verlieren.

Und vor uns mögen sie jetzt stehen, alle die Augenblicke, in denen der eine, der andere von uns die tiefsten Angelegenheiten der Menschheitsentwickelung und auch dasjenige mit ihr in gemeinsamer Sehnsucht durchsprach, durcharbeitete, was dem menschlichen Herzen am nächsten steht. Unvergänglich sind alle diese Augenblicke denen, die sie wahrhaft erlebt haben, weil über alle diese Augenblicke eine Wärme gegossen ist, die niemals wiederum schwinden kann, die bleiben muß unauslöschlich in den Seelen. Und so hat sie gewirkt an ihrem Platz vorbildlich für uns alle. So hat sie gewirkt, daß von diesem Platze aus wahrhaftig ein jeder, der hier auf Erden mit ihr gewirkt hat, sich mit ihr verbunden fühlte. So hat sie gewirkt, daß von diesem Platze aus ein unvergeßliches Licht strahlte, ein Licht, an dem sich werden viele erleuchten können lange Zeiten hindurch: Sie hat so tief, tief eingegraben in die Arbeit, die die unsrige ist, dasjenige, dem sie alles, was sie an Arbeitskräften hatte, zuletzt geopfert hat. Und wenn wir blicken werden, auch wenn sie nicht mehr im physischen Dasein unter uns weilt, auf unsre Arbeitsstätte, wenn wir fühlen werden mitten in unserer Arbeit dasjenige, was an wertvollsten Kräften in dieser Arbeit ruht, immer wird geheimnisvoll aus unserer Arbeitsstätte, aus unseren Arbeitszeiten, aus unserer Arbeitsart Sophie Stindes Geisterstimme sprechen, an die wir uns in so tiefer Verehrung durch so viele Jahre gewöhnen durften.

Ja, wir schauen zu Dir hinauf aus dem Schmerze heraus, der sich bilden muß aus tiefster Beseligung, die uns floß aus der Vereinigung unseres Wesens mit Deinem Wesen durch viele Jahre. Aber wir schauen Dich daselbst im Geiste. Und Du selber in Deiner kraftvollen Art, die wir kennen lernten, Du selber in Deiner lieben milden Weise, die wir ebenso kennen lernten, Du bist uns selber Trost. Du bist uns Trost, weil wir aus Deinem Herzen, aus Deiner tiefen Seele das Versprechen glauben nehmen zu dürfen, daß – wenn wir dasjenige, was wir glauben als richtig fernerhin arbeiten zu sollen – Du mit Deiner Kraft in unserer Kraft wirken willst, daß das, was Du zeitlich mit uns verbunden hast, in alle Ewigkeit mit unserer Seele verbunden bleiben wird. Und zu dem Schönsten, zu dem Beseligendsten wird es gehören, wenn wir immer vertrauend an unserer Arbeitsstätte, in unseren Arbeitszeiten, in unserer Arbeitskraft Dich, unseren seligen Geist, finden werden. Der Christus, den wir suchen, er war so oftmals in Deinem Herzen – dann, wenn Du Dich mit den lieben Freunden hier so recht im Innersten vereinen wolltest. Es war Deines Wesens tiefste Art zugleich dasjenige, was Deine Gedanken als Weltanschauung, als Lebensauffassung suchten. Wie Deine so liebwerte Phantasie in Deiner Kunst wirkte, wie Dein Gemüt, Dein Gefühl in Deiner Lebensauffassung wirkte, so war Dein ganzes Wesen sich wissend ruhend in jenen Gotteskräften, aus denen das Sinnesall auf Geistesart sprießt. Vereint mit dem, was als Göttliches durch alle Welt wallt und west, so wußtest Du dasjenige, was Deine Seele aus Seelenwelten in dieses Erdensein getragen hat. Und in tiefem Sinne fandest Du innere Kraft der Sehnsucht, zu finden während Deines Erdenlaufes den Christus, der zu der Erde Heil und Fortschritt durch das Mysterium von Golgatha gegangen ist, damit er tragen kann – vereinend in ihrer Göttlichkeit seine Seele mit unserer Seele – unsere Seele aus einem fruchtbaren Leben durch das Tor des Todes, auf daß sie sich einlebe in das weite Geisteslicht und Geistesall.

So war Deine Art. So war Dein Leben. Und unauslöschlich muß bleiben in unseren Seelen, was jetzt sich bindet zwischen uns und Deinem Ewigen, wie so schön sich gebunden hat das Band zwischen uns und Deinem Zeitlichen. Ein Weltenwert stellt sich dar in der Sinneswelt in Deiner vorbildlichen Seele, die uns unauslöschliches Licht sein wird in der geistigen Welt.

> Den ew'gen Menschengeist,
> Den Deine Erdenhülle
> Uns liebend offenbarte,
> Ihn hört aus jener Äther-Höhe,
> Der Er sich jetzt verbindet,
> Das Seelenohr als Trosteswort verkünden
> Den Freunden, die von tiefem Leid erfüllt:

«Ich will mit Eurem Erdenwirken
Vereinen, was in Geisterlanden
Der Seele sich an Kräften gibt.
So wird das Band, das in dem Zeitsein
An Euch mich binden konnte,
Der Ewigkeiten Siegelmacht
In Licht und Wahrheit offenbaren.»

So trennen wir uns schweren Herzens von Deiner irdischen Hülle, die wir den Elementen zu dieser Stunde übergeben müssen. So vereinigen wir uns aufs neue mit Deinem Geist, der so lange im Erdensein von uns schon gesucht wurde. So geloben wir, daß wir die Gedanken immer rege halten wollen, die unsere Seelen zu Deiner Seele hin auf ihrem Wege immer finden können. So geloben wir uns Dir an, Du treu mit uns verbundene Geistesfreundesseele, so geloben wir uns Dir an in dieser Stunde auf ewig!

GEDENKWORTE FÜR SOPHIE STINDE
München, 29. November 1915

Ein Platz ist leer geworden für die physische Welt unter uns, der ausgefüllt war von einer Persönlichkeit, die in verständnisvollster Treue und in wärmstem Erkenntnisstreben diesen Platz ausgefüllt hat. Unsere Liebe strömt nach diesem Platz, sie blickt nach diesem Platz und sie sucht zu beleben das innige Band, welches uns seit vielen Jahren verbunden hat mit dieser Persönlichkeit, die von dem physischen Plan hinweggegangen ist. Unser Schmerz blickt nach ihrem Platz. Dieser Schmerz wird lebendig bleiben, wie der Gedanke lebendig ist, der Gedanke, der uns zurückträgt zu all der belebenden, beseligenden Treue und Liebe, mit der wir der lieben *Sophie Stinde* verbunden waren. Und die tiefe Schätzung, die wir, suchend das Verständnis ihres ganz eigenartigen Wesens, ihr entgegenbringen mußten, muß sich in uns verwandeln in das treueste Angedenken, damit, wenn sie nun nicht mehr in der physischen Welt mit uns wandelt, ihr Geist unter uns walte, mit uns arbeite, mit uns wirke – jener Geist, der uns durch Jahre hindurch in seiner Bedeutung, in seinem Werte innerhalb unserer Arbeit so wunderbar erstrahlte. Entbehrung wird die Schätzung, die wir Sophie Stinde entgegenbringen durften, Entbehrung, die nur ausgeglichen wird werden können durch die treue Festhaltung an dem Geistigen, mit dem wir uns dauernd verbunden wissen werden mit ihr, mit Sophie Stinde. Suchen wir uns heute im Bilde zu vereinigen, in dem Bilde, das sie durch ihre Liebe, ihre Arbeit, ihr starkes Wirken, das sie durch ihr verständnisvolles Wirken innerhalb unserer Arbeit in uns geschaffen – in diesem Bild suchen wir uns zu vereinigen, gedenkend, wie ihr Seelenauge herunterblickt zu diesem Bilde und sich mit uns einen kann, wenn wir mit rechtem Sinn, mit rechter Liebe, mit tiefem Verständnis das Bild, das sie selber in uns geschaffen, in diesem Augenblick in unserer Seele wieder erschaffen.

So, meine lieben Freunde, hat sich mir, als die teuere Seele Sophie Stindes uns entschwebte, in Ätherhöhen dieses ihr Bild vor meiner Seele geformt:

Dich führen aus dem Erdensein
Dem Geistes-Sonnenlande zu
Die Wesen, deren Abglanz wir
In Deinem Wirken fühlen durften;
Sie lebten uns als Daseinsfrüchte
In allem, was Du auf den Erdenwegen
In Kraft und Liebe schufest.

Du blickst aus Geisteshöhen
In Deiner Freunde Herzen;
Es treffen Deinen Seelenblick
Die Blüten Deiner Liebeswerke;
Sie leuchten durch den Schmerz
In jenem hellen Lichte,
Das *Du* um ihre Seelen schufest.

Die sichre Treu' im recht Erkannten:
Es war das erste Geisteswesen,
Das all Dein Tun beseelte; –
Wer dies in Dir erfühlte,
Ihm ward Vertrauen unbegrenzt
Ins eigne Werk, das er
Mit Deinem Werke *einen* durfte.

Der Wahrheitsinn, der unbeirrt
Aus Deiner klaren Seele wirkte,
Er war das zweite Wesen,
Dem sich stets alles nahen durfte,
Was auf Menschen-Lebens-Wegen
Verwandtes Fühlen sich erstreben muß.

Den dritten Geist, der Dich durchlebte,
Es fühlten seiner Seelenwärme Macht,
Die Dir zum Lebenswerk verbunden;
Er stählte Deine edle Liebekraft
Durch richtungfesten Pflichtensinn;
Er konnt' in lautre Herzensmilde
Die strengste Pflichtentat verhüllen.

So standest Du in unsrer Mitte
In Deinem Wesen voll verkörpernd
Den Sinn des Werkes, dem wir leben;
Den Platz im Sinnensein, den Du
Mit Deiner Kraft belebtest:
Ihn wird in Deiner Weise
Kein andrer je beleben können.

Er wird im Sinnen-Sein
Den Freunden leer erscheinen müssen;
Doch hell wird von ihm leuchten
Die Geistesflamme, welche Du
An ihm mit Deinem Sein entflammt.
Sie wird im Spiegel Deiner Freundesseelen
Im kräft'gen Widerschein erstrahlen.

Den ew'gen Menschengeist,
Den Deine Erdenhülle
Uns liebend offenbarte,
Ihn hört aus jener Äther-Höhe,
Der Er sich jetzt verbindet,
Das Seelenohr als Trostesworte verkünden
Den Freunden, die von tiefem Leid erfüllt:

«Ich will mit Eurem Erdenwirken
Vereinen, was in Geisterlanden
Der Seele sich an Kräften gibt.
So wird das Band, das in dem Zeitensein
An Euch mich binden konnte,
Der Ewigkeiten Siegelmacht
In Licht und Wahrheit offenbaren.»

Meine lieben Freunde! So allerdings steht Sophie Stindes Seele vor der unsrigen. Wir ahnen, wie sie geleitet wird in Geistesätherhöhen von den drei Genien, von den drei Geisteswesen, von denen ihre Arbeit, ihr Wirken, von denen ihr Charakter, von denen all ihr Sein hier, wie es sich im Physischen offenbarte, begleitet war.

Jene innige, gerade auf unendlich Festes gebaute Treue, mit der sie verbunden war unserem Geistesstreben, das ist wirklich das eine Wesen, das wir fühlen konnten an Sophie Stindes Seite, und das sie so sicher und so tief verständnisvoll auf den Weg unserer Arbeit versetzte. Wenn wir die Blicke sinnend in das Leben schweifen lassen und zu empfinden versuchen, welche Menschen wir in den ernstesten, wichtigsten, bedeutungsvollsten Augenblicken des Lebens zum gemeinsamen Lebens- und Arbeitswege suchen müssen, dann sind es diejenigen Menschen, mit denen wir nicht bloß verbinden können dasjenige, was immerzu bewußt in unserer Seele leben kann, wenn wir mit den Freundesseelen, den in Liebe verbundenen Seelen zusammen sind: jene Seelen sind es, die wir in solchen Augenblicken des Lebens suchen müssen, die im tieferen Seelengrunde mit uns verbunden sind, in jenem Seelengrunde, der unser Wesen ausmacht und unser Wesen hinüberträgt in die Freundesseele und von der Freundesseele herüber in die unsrige, so daß wir sicher sein können auch dann, wenn wir mit ihr verbunden sein müssen durch Bande, die sich nicht unter allen Umständen dem Bewußtsein erschließen können. Wir gehen an unser Lebenswerk, wir sind oftmals unsicher, wie wir uns im Beginn des einen oder des andern verhalten müssen; wir ergreifen des Freundes Hand; wir wissen ihm zu sagen: In dieser oder jener Weise erwarten wir von dir, daß du uns hilfst, daß du mit uns tust das, was wir zu tun gedenken. – Da gibt es eben die starken Freundesseelen, denen wir solches nicht zu sagen brauchen, mit denen wir so tief verbunden sind, daß wir ihnen nur zu sagen brauchen, was wir selber vom Anfang unseres Beginnens wissen, die aber so innig mit uns verwandt sich fühlen im Streben, daß sie mit uns arbeiten, auch wenn sich der Arbeit Frucht und Wesen erst in dem gemeinsamen Wirken selber entfalten kann. Da entwickelt sich die unter der Schwelle des Bewußtseins die Seelen verbindende Lebenstreue, jene Lebenstreue, die wahrhaftig da sein muß auf dem Boden eines geistigen Strebens, wie der unsrige sein soll, jene Lebenstreue, die fest zusammenhält die Seelen auch in dem, was nicht nur hier von den Seelen sich offenbart und auslebt auf dem physischen Plan, die die Seelen zusammenhält bis in die tiefsten Tiefen des geistigen Wesens hinein. So fühlten sich die, die Sophie Stinde wahrhaftig kennen lernen durften hier auf dem physischen Plan, mit ihr verbunden, und so lernten sie erkennen den einen der drei Begleiter, die sie durchs Leben geleiteten und die jetzt ihre Seele in die Gefilde der Ewigkeit hinaufleiten.

Und das, was wir nennen dürfen den geraden Wahrheitssinn, der unbeirrt in der Seele wie selbstverständliches Licht erweckt, so daß diese Seele die Kraft findet, der aufrichtig gemeinten Erkenntnis durch ihre eigene Natur zu folgen, dieser Wahrheitssinn, es war der zweite Genius, der an Sophie Stindes Seite stand, jener Genius, der diejenigen, die ihr nahestanden, so sicher machte in ihrer Nähe, jener Genius, der da bewirkte, daß zwischen ihr und ihren Freunden die Atmosphäre der Wahrheit, die Atmosphäre des ernstesten, würdigsten Wahrheitsuchens sich ausbreitete.

Und der dritte der Geister, die mit ihr waren, die mit ihr bleiben werden, das war derjenige, der in des Menschen Seele entzündet jene tiefe, tiefe Menschenliebe, die diejenigen Untergründe in der Seele des Nächsten zu finden weiß, die der Liebe bedürftig sind, und Sophie Stindes Seele – darf man sagen – ihre Liebe wußte stets die Seelenorte zu finden, wo Liebe nötig ist, und sie war sich dessen bewußt, daß die Liebe da wirken muß, wo sie benötigt ist, wenn sie wirken darf. Aber in diese Liebe, in diese warme Liebe strahlte hinein ein heiliger Pflichtensinn, Pflicht im Kleide der Liebe, das war das dritte Geisteswesen, das an Sophie Stindes Seite stand. Derjenige, der Sophie Stinde verstand, er wußte, wie heilig ihr der Opferdienst der Pflicht war; er wußte aber auch, wie innig in Liebe sie sich verbinden konnte denjenigen Herzen und Seelen, nach denen hin ihre Pflichterfüllung gerichtet sein mußte.

So stand sie wirklich unter uns, so stand sie unter uns in treuer Arbeit, in ernster tiefer Erkenntnisarbeit und Liebesarbeit, so machte sie zu ihrem eigenen Werke das Werk unserer Geisteswissenschaft, so verband sie des Lebens beste Kräfte in hingebungsvoller Art mit demjenigen, was unserer Arbeit nötig ist, so nahm sie auch auf sich als selbstverständliches Opfer alles das, was als Opfer zu leisten ist für unsere Arbeit. Derjenige, der so mit unserer Arbeit, wie Sophie Stinde, verbunden war und ist, der wirkt, hinwegsehend über alles Persönliche, rein sachlich, stets nur das Sachliche im Auge haltend, für die Ziele, die sich unser Streben setzen muß. Da kommt manches Mißverständnis. Es ist ganz naturgemäß im Leben, daß manches Mißverständnis uns entgegenschlägt, wenn wir versuchen als Menschen rein um der Sache willen aus uns heraus zu der Sache im anderen Menschen zu sprechen. Nicht erspart sind unserer lieben Sophie Stinde geblieben Mißverständnisse, die gerade aus Untergründen herauskommen, die mit dem sachlichen Wirken zusammenhängen, denn ein Muster, ein Vorbild war sie in bezug auf sachliches Wirken, so sachlich ihre Persönlichkeit stets unterdrückend, daß sie gar nicht anders konnte, als sich dem Glauben hinzugeben, wenn sie so ganz in Sachlichkeit aufgehe, daß auch jeder andere in voller Sachlichkeit das von ihr Gewollte entgegennehmen könne.

Diejenigen, die sie so wirken sahen unter uns, die werden ihr Bild in sich bewahren als eine Kraft, auf welche das Seelenauge, der geistige Blick des Wesens, der in Sophie Stinde gewohnt hat, herabblicken, herabkraften kann in die Freundesseelen hinein, auf die dieses Wesen mit dem, was es an Macht, an Kraft aus Geistgefilden zieht, hineinwirken kann in die Freundesseelen. Denn diejenige Seele, die also unter uns gewirkt hat, fort wird sie wirken, wenn wir wissen, ihr Wirken in unsere Herzen, in unser Innerstes aufzunehmen.

Und Sophie Stinde war verbunden mit unserer Arbeit nicht nur von der einen oder anderen Seite, verbunden war sie mit unserer Arbeit in umfassendster Art. Sie kam in unsere Mitte herein, indem sie, um voll zu ergreifen das, was sie als ihre Aufgabe erkannte innerhalb unserer Mitte; sie kam zu verlassen die ihr so liebe Kunst, von der sie glaubte zu gewissen Zeiten, daß sie ihr Leben ausfüllen werde. Wir sehen in den Bildern, die sie geschaffen hat und die wir gerne hierherbringen wollten heute, wo wir unsere Gedanken mit Sophie Stindes Erdengedanken verbinden wollen, die liebevollste Erfassung der Natur, das intimste Zusammenleben mit dem, was geistig die Natur durchwallt und durchlebt. Weil sie glaubte, daß sie einem noch Höheren dienen müsse innerhalb unserer Geisteswissenschaft, verließ sie dieses Feld ihres Wirkens und widmete unserem Felde die Kräfte, die sie vorher der Kunst dargebracht hatte. Und wir fühlten in der Art und Weise, wie Sophie Stindes Seelentaten in unsere Geistesarbeit einflossen, diejenige Richtung ihrer Kraft, die voll des künstlerischen Sinnes, voll der künstlerischen Wärme künstlerische Phantasie ausgießen konnte in das, was der Geist erarbeiten will innerhalb unserer Mitte. Und diejenigen, die sich im tiefsten Sinn verbunden fühlen mit unserer Arbeit, die können vielleicht, wenn sie nicht fernstehen demjenigen, was Kunst eigentlich trägt und hegt, ermessen, was es bedeutet für unsere Arbeit, wenn künstlerische Phantasie sich verbindet mit denjenigen Seelenwirksamkeiten, die wir gerade in der Praxis unserer geisteswissenschaftlichen Arbeit brauchen. Ist es doch dasselbe, was in einer gewissen Sphäre aus der menschlichen Seele herausfließt in Farbe und Form in die anderen künstlerischen Arbeits- und Wirkungsweisen, was in anderen Sphären wirksam zu den Erkenntniskräften der Geisteswissenschaft wird, zum geisteswissenschaftlichen Schauen wird. Unendliche Schätze trägt herein in das Feld unseres Wirkens derjenige, der sie von den Gefilden der Kunst, der sie aus der Wärme der Begeisterung für die Kunst, der sie aus dem Vermögen künstlerischen Schaffens bringt. Und so fühlten wir uns auf dem Arbeitsfelde, auf dem unsere liebe Sophie Stinde wirkte, mit ihr verbunden, wie mit ihr zusammen vor dem Opferaltar unserer Arbeit stehend, auf dem sie ihr Bestes aus ihrem diesmaligen Erdenleben willig hinopfern wollte mit uns. So fühlten wir uns in heiliger

Pflicht und – wie wir glauben dürfen – in treuer Liebe mit ihr vereint; so blicken wir mit inniger Dankbarkeit auf das, was sie innerhalb unserer Mitte zu unserer Beseligung leistete in ihrer Erdeninkarnation. Und so folgen wir in getreuem Gedenken ihrer Seele, wissend, daß sie unter uns fortwirkt, wenn sie gleich die Art und Weise ihres Wirkens, ihrer Kräfte verändert hat. Und wir brauchen sie, diese Kräfte unter uns. Daß wir in der Lage waren, uns mit dem Gedanken zu verbinden, den Bau, der zuerst in München aufgeführt werden sollte und der nun in Dornach aufgeführt wird, aufzuführen, es hängt innig zusammen mit dem, was Sophie Stinde für unsere Arbeit ersehnte. Und was für das erste Erkeimenlassen des Gedankens an diesen Bau getan werden mußte, das wurde zum großen Teil von Sophie Stinde getan. Den allerersten Gedankenkeimen zu diesem Bau war ihr Sinnen, ihr Sehnen für unsere Geistesarbeit verbunden, und ihnen war wie den anderen Zweigen unseres Arbeitens gewidmet ihre hingebungsvolle Tätigkeit. Ja oftmals sahen wir in den letzten Jahren, namentlich auch in den letzten Monaten, wie sie sich überarbeitend in dem weiten Umfang ihrer Pflichten, der ihr allmählich zugewachsen war, schwächte. Ängstlich sahen wir, wie oftmals ermüdet ihr überarbeiteter physischer Leib die Seele offenbaren konnte. Diejenigen, denen unsere Arbeit teuer ist, die unsere Arbeit verstehen, werden immer verbunden fühlen mit dieser unserer Arbeit den Namen Sophie Stindes. Wir arbeiteten an ihrer Seite in Dornach, wir schauten hin auf das, was wir als künstlerische Form Stück für Stück als Hülle unserer Arbeit dort im Dornacher Bau entstehen sahen. Uns war teuer und lieb, wenn wir mit Sophie Stinde an diesem Bau wirken, diesen Bau betrachten konnten, wie er Stück für Stück entstand. Das physische Auge Sophie Stindes wird nicht an dem Tage, an dem dieser Bau sich seinem völligen Ende naht, wie wir heute vor unsere Seele hinschreiben müssen, auf den Formen dieses Baues ruhen. Verlassen ist die Arbeitsstätte um diesen Bau im physischen Sinn von Sophie Stinde, aber nichts ist in diesem Bau wie in unserer übrigen geisteswissenschaftlichen Arbeit, was nicht im tiefsten Sinn eingeprägt mitträgt Sophie Stindes Geistesmittätigkeit. Und wer unsere Arbeit nicht im abstrakten Sinn, wer sie in Lebendigkeit fühlt, der fühlt mit zu den Organen dieser Arbeit gehörig Sophie Stindes Geistesauge, Geistestaten auch. Physisch werden wir sie ferner nicht am Bau in unserer Arbeit haben, geistig wird sie uns immerdar umschweben. Wir werden nicht nur das Gefühl haben, daß sie treu zu uns halten wird auch in ihrer Geistform, wir werden wissen, daß sie mit der starken Kraft, die sie sich gebildet hat durch ihre Erdeninkarnation für die Geistesform, weiter unter uns wirken wird. Das werden fühlen die Seelen, die Sophie Stinde nahegekommen sind. Bei denjenigen, die in engerem Sinn mit ihr zusammenwirken durften, werden sich besonders der Schmerz und die Liebe zu einem Denkmal gestalten, das kraftend und stets in den ernstesten Augenblicken des Lebens leuchtend in ihrer Seele bleiben wird. Wie treu, wie lieb, wie schön wirkte hier in München Sophie Stinde mit ihrer Freundin, der Gräfin Kalckreuth, zusammen. Diejenigen, die nahestehen diesem Wirken, ich weiß, ich wende mich an ihre Seelen nicht vergebens, wenn ich mit diesen Seelen zusammen es aussprechen möchte unserer lieben Freundin, der Gräfin Kalckreuth, die als die Nächste zurückgelassen ist von der teuren Hingegangenen, wenn ich es ihr ausspreche, daß wir treu mittragen wollen ihren Schmerz, treu mitpflegen wollen das Gedächtnis unserer lieben Freundin. In mustergültiger Weise hat unsere liebe Gräfin Kalckreuth uns Anteil nehmen lassen an der innigen Liebe, mit der sie mit ihrer Freundin verbunden war, neidlos Anteil nehmen lassen, hingebungsvoll Anteil nehmen lassen, nichts für sich beansprucht, das sie nicht gern aus dem teuren Schatz, das sie nicht gern aus ihrer Freundschaft heraus den anderen abgegeben. So möge sie uns gestatten, daß wir in Treue geloben, auch nun ihren Schmerz mit ihr zusammen zu tragen, jenen Schmerz, der sich uns so tief in die Seele schreibt aus all der Liebe und all der Schätzung, die wir entgegenbringen mußten Sophie Stinde, weil wir sie zu erkennen versuchten, weil ihre Arbeit als ein so klares Licht, klares Wahrheitslicht unter uns wirkte. Denjenigen aber der lieben Freunde, die Sophie Stinde zu schätzen, zu lieben wußten, denen möchte ich sagen: Wendet Eure Gefühle, wendet Eure Gedanken, wendet all Euer liebendes Seelenwesen hin zu den Geistesorten, wo Ihr Sophie Stindes Seelenwesen jetzt ahnt, wendet diese Empfindungen, diese Gedanken dorthin und lernt Euch gewöhnen, diese Eure Gedanken und Empfindungen an diesen von Euch geahnten Geistesort Sophie Stindes immer dann hinzuwenden, wenn Ihr, die Ihr in treuer Freundschaft ihr verbunden waret, Kraft braucht zu dem, was Ihr hier auf der Erde zu leisten habt, Ratschlag und Zuspruch braucht für manches, was Ihr tun wollt. Wendet Euch hin zu der Seele an ihrem Geistesort, die Euch im Leben so oftmals mit Rat und tätiger Hilfe zur Seite gestanden hat. Ihr werdet Euch nicht vergeblich an sie wenden, an diese Kraft, an dieses Seelenwesen am Geistesort. Ihr werdet fühlen, wenn Ihr Euch sagen werdet: Das ist einer der Augenblicke, wo ich suchen würde Sophie Stinde, wenn sie noch hier weilte in der Welt der Sichtbarkeit, – wenn Ihr solche Augenblicke erfahren werdet, da dürft Ihr die Gedanken, die Empfindungen hinauflenken zu ihrem Geistesort, dürft Euch in der Seele innig mit ihr verbunden fühlen, und wenn Ihr die rechte Liebe, die rechte Schätzung hier in diesem Erdendasein für sie gewonnen habt, dann wird sie den Geistesblick, das Seelenauge, die Geisteskraft zu Euch herunterwenden, und Ihr werdet Rat und Hilfe aus den Tiefen Eurer Seelen heraus erfühlen, die sie Euch auf Geisteswegen zuwendet. – Das können wir durch die Art und Weise, wie wir uns nun schon mit einer Reihe von unseren lieben Toten verbunden fühlen, erkennen können, daß diejenigen, die uns im physischen Leben verbunden waren, fortwirken unter uns, auch wenn sie ihren Geistesort aufgesucht haben. Sophie Stinde, eine unserer ersten Arbeiterinnen, sie wird eine unserer wirksamsten Geistesarbeiter auch sein da, wo sie nunmehr weilt, nachdem sie den physischen Leib verlassen hat. Und so verbinden wir uns in dieser Stunde so tief, so stark wir nur können, mit ihrer Seele, fassen wir zusammen all das, was in unserer Seele für sie leben kann nach der starken Kraft, wie sie unter uns gelebt hat:

Du Seele, die Du uns so teuer warst, an Dich richten wir uns, damit von diesem Richten unsere Seelenkraft den Ausgang nehme zu dem stetigen Verbundensein mit Dir in Treue, in Liebe, in wachsendem Erkenntnisstreben.

Die Gedächtnisworte: «Dich führen aus dem Erdensein...» werden noch einmal gesprochen.

So wollen wir gründen die Gefühle, die Gedanken, die uns verbinden sollen mit Sophie Stindes Geist, so wollen wir in Treue uns selbst und ihr geloben, daß wir festhalten wollen an dem, was uns mit ihr, sie mit uns verbindet auf ewig.

GEDENKWORTE FÜR SOPHIE STINDE
Dornach, 26. Dezember 1915

Als ich das letzte Mal hier von diesem Orte zu Ihnen sprach, war noch unter uns diejenige Persönlichkeit, die mit am innigsten verbunden ist mit diesem unserem Bau: unsere liebe *Sophie Stinde*.

Sie haben hier des großen, schmerzlichen Verlustes gedacht, und in der Zeit, als Sophie Stindes Seele von uns ging, in Ihren eigenen Seelen jene Empfindungen wachgerufen, welche aus der tiefen, innigen Verbindung hervorgingen, die in bezug auf unsere geistige Arbeit zwischen Ihren Seelen und Sophie Stindes Seele bestanden hat. Dennoch kann ich diese Vorträge hier, meine lieben Freunde, nicht wieder aufnehmen, ohne des so tief in unser Leben einschneidenden Hinwegganges der Seele Sophie Stindes vom physischen Plane zu gedenken. Es brauchen nur wenige Worte zu sein, denn vieles, vieles sprechen unsere Seelen, eines jeden Seele zu uns, gerade wenn wir an die von uns gegangene Seele denken, und je reichlicher, je umfänglicher vielleicht dasjenige ist, was gerade an diesem Orte jede Seele sich selber sagen muß, desto kürzer darf das sein, was mit äußeren physischen Worten ausgesprochen wird.

Meine lieben Freunde, durch viele Jahre waren wir hier in der physischen Welt treulich verbunden mit dieser von uns gegangenen Seele auf eine Art, von der wir sagen dürfen, im höchsten Sinne des Wortes sagen dürfen: Sie war uns und galt uns vorbildlich. – Denn die Art und Weise, wie sich Fräulein Stinde in unsere geistige Bestrebung hineingestellt hat, ist so, daß sie zusammenhängt mit dem tiefsten, innersten Seelenimpulse dieser Persönlichkeit, mit dem in dieser Persönlichkeit, was innerhalb dieser Inkarnation ihren wesentlichen Daseinscharakter ausmacht.

Es war erst kurze Zeit, da wir die Arbeit innerhalb Mitteleuropas begonnen hatten, und es handelte sich darum, diese Arbeit an verschiedenen Orten heimisch zu machen. In dem Hause Fräulein Stindes und ihrer lieben Freundin, Gräfin Kalckreuth, war es für München möglich, daß ich gewissermaßen die ersten intimen Worte zu einer Gemeinde sprechen konnte, die damals diese Worte aufnehmen wollte. Und von jenem Zeitpunkte an war Fräulein Stinde aus der ganz reichen Fülle ihres schönen Wollens heraus mit dieser unserer Arbeit, war in einem Sinne mit unserer Arbeit, wie ihn unsere Arbeit braucht.

Denn zweierlei müssen wir unterscheiden. Dasjenige, was der Inhalt ist unserer Arbeit, er muß aus der geistigen Welt herausgeholt werden, er muß, wenn die Erde an ihr Ziel kommen soll, zu dem gehören, was im Laufe der künftigen Erdenzeiten in die geistige Menschheitsentwickelung einfließt. Das ist es, was uns in aller Demut vor der Seele stehen muß. Von diesem Inhalte kann man in unserer Gegenwart überzeugt sein, man kann ihn auch ablehnen. Das ist eine Sache, von der man sagen kann, sie gehört zu etwas, was vielleicht schon jetzt, aber jedenfalls einmal, in die geistige Menschheitsentwickelung einfließen wird, wenn auch unsere Bestrebungen, wie sie in der Gegenwart von uns versucht werden, an dem Widerstande der für unsere Sache zu schwachen Seelen scheitern sollten.

Etwas anderes aber ist innerhalb unserer Gesellschaft die Arbeit in dem Kreise, der sich mit uns bestrebt, dasjenige, was den geistigen Inhalt unserer Weltanschauung betrifft, in das geistige Gut der Menschheit jetzt hineinzuarbeiten, diesen Inhalt an die Seelen, an die Herzen derjenigen Menschen heranzubringen, die seiner bedürfen. Da gibt es keine Möglichkeit zu sagen: Wenn nicht jetzt, so später. – Da gibt es nur die eine Möglichkeit, mit ganzer ungeteilter Seele sich einzusetzen. Und wer sich also einsetzt, wer zugleich alles dasjenige, was er hat und tun kann, so in den Dienst der Sache setzt, als ob diese Arbeit zu dem Notwendigsten gehörte, was ihm im Leben obliegt, von dem dürfen wir sagen, daß er den ganzen vollen Sinn dessen begriffen hat, wie durch einen Kreis, der gesellschaftlich organisiert ist, unsere Arbeit in die Geisteskultur der Welt einfließen soll.

Für das Erste, für den Inhalt unserer Weltanschauung, bedarf es keines guten Willens der Menschen, da bedarf es nur des inneren Wahrheitscharakters der Sache. Aber allerdings ist damit verbunden, daß unter Umständen die Sache mißglücken kann, und die Zeit ferner liegen kann, in welcher dieser Inhalt der geistigen Kultur der Menschheit sich einverleiben kann. Da gibt es nichts als Verstehen des Inhaltes, nichts als Erkennenlernen, da braucht nicht gesprochen zu werden von Vertrauen, von dieser oder jener Artung des Willens, da braucht nur gesprochen zu werden von der inneren Wahrheit der Sache.

Anders ist es, wenn wir auf das Instrument sehen, durch welches dieser geistige Inhalt in die Welt hineinkommen soll. Das hat nichts zu tun mit dem Wahrheitsgehalt unserer Weltanschauung. Aber in dasjenige, was wie in einem notwendigen Strome der Entwickelung in der Gegenwart hintragen muß diese Wahrheit, in dem Vertrauen, das gegenseitig die Seelen der Mitglieder zu einander haben, muß hineinragen der gute Wille, der mit der Wärme und dem Lichte der Sache verbundene gute Wille.

Da kommt dann für diejenigen, die gewissermaßen an einem besonderen Platze zu arbeiten haben, mancherlei in Betracht. Das Erste ist, daß sie den guten Willen haben, zusammenzutragen das, was ihnen Karma in dieser Inkarnation bis zu dem Momente gebracht hat, wo sie durch die Pforte unserer geistigen Bestrebungen in unser gewissermaßen geistiges Haus treten, daß sie alles das, was sich ihnen da in der gegenwärtigen Inkarnation geboten hat, umzuformen, umzuwandeln wissen, um es in den Dienst unserer Sache zu bringen. Der eine wird dieses, der andere jenes herantragen; der eine war tüchtig, als er herankam, in dem, der andere in jenem. Es gibt keinen Weg im Leben der gegenwärtigen Menschheit, der nicht also führen würde, wie wenn er käme von den Enden eines Kreises und doch führen würde in den Mittelpunkt hinein: dahin, wo das Tor zu jenem Hause steht.

So war Fräulein Stinde. Und sie hatte Wichtiges, Wesentliches herzutragen, und sie hatte guten Willen, besten Willen, heranzutragen durch unser Tor dasjenige, was ihr mit dieser Inkarnation geworden ist. Unter dem mancherlei, dessen wir gedenken dürfen in diesen Tagen der Weihnachtszeit, steht vor allen Dingen der Welt Erdenwahrspruch vor unserer Seele:

Offenbarung von göttlichen Kräften in den Höhen
Und Friede den Erdenmenschen,
Die eines guten Willens sind.

Ja, eines guten Willens war diese Seele. Sie hatte ein Lebensziel, als sie zu uns kam, dieses Lebensziel war umschlossen von ihrer künstlerischen Bestrebsamkeit. Ein inniger künstlerischer Sinn lebte in ihrer Seele und drückte sich aus für alle, welche kennen lernten das, was gerade diese Seele auf dem Gebiete der Kunst versucht und geschaffen hat, durch die innige Art, wie sie künstlerisch sich betätigte. Das aber war von unendlichem Werte, daß sie solches heranbringen konnte durch das Tor zu unserem geistigen Hause. Denn dasjenige, was in der künstlerischen Phantasie blüht, findet den Weg vielleicht leichter, als von manchem anderen Ausgangspunkte aus, zu dem, was aus den Welten der Imagination herunter an geistigen Geheimnissen geholt werden muß. Und was erleben konnte, was sich diese Seele erwerben konnte aus der Kunst heraus, sie brachte es uns.

Nur dadurch war es möglich, jenen Willen zu entfalten, der dann sich ausbreitet und viele ergreift, jenen Willen zur Entwickelung, der seinen Ausdruck findet in diesem unserem Bau. Zu den allerersten, denen der Gedanke an diesen unseren Bau aufgegangen ist, gehörte Sophie Stinde, und man kann das Gefühl haben, daß wir kaum die Möglichkeit gefunden hätten, aus unseren Münchner Mysterien-Gedanken heraus den Weg zu diesem Bau zu finden, wenn ihr starker Wille nicht am Ausgangspunkte des Gedankens dieses Baues gestanden hätte.

Ein Zweites, meine lieben Freunde, darf uns vor die Seele treten, wenn wir Sophie Stindes Seele sehen, was innig mit dem Wirken und Leben in unserer Gesellschaft zusammenhängt: ihr Vertrauen. Innerhalb des Zweiten also, innerhalb dessen, wo Vertrauen notwendig ist, weil Miteinanderarbeit notwendig ist, kann uns Fräulein Stinde vorbildlich sein. Und wo Miteinanderarbeit notwendig ist, ist gegenseitiges Vertrauen notwendig, ganz unabhängig von der Lehre und der Weltanschauung, zu denen das Wahrheitsstreben und das Erkenntnisstreben gehört und nicht etwa Vertrauen. Aber zum Zusammenarbeiten gehört Vertrauen.

Ja, an Sophie Stindes Art konnten diejenigen, die mit ihr zusammen zu arbeiten wußten, erkennen lernen, welche besondere Art des Vertrauens gerade das Zusammenarbeiten auf unserem Gebiete nötig macht. Ich möchte ein Wort dabei sagen, von dem ich wünschte, daß es sich in viele Seelen so einschreibt, daß sie es ganz verstehen möchten: Im Zusammenarbeiten nach einem gewissen Ziele hin, nach einem Ziele, das sich oftmals nach längerer Zeit erst der äußeren Welt mitteilen kann, das erst nach längerer Zeit in der äußeren Welt dastehen kann, ist es nötig, daß man miteinander arbeitet nach einem solchen Ziele, das man nicht vor die anderen hinstellen kann, sondern das sich entwickeln will. Menschen müssen miteinander arbeiten, die zueinander Vertrauen fassen können, daß sie miteinander arbeiten wollen, auch wenn man nicht programmäßig abstrakt, theoretisch mit ein paar Sätzen das Ziel vor Augen hinstellen kann, sondern auch dann, wenn man in lebendiger Arbeit lebendige Seelenglut erreichen kann. Vertrauen nicht in Arbeit, nicht in Theorien, Vertrauen in Seelen, von denen man fühlt und erlebt, man werde mit ihnen das erreichen, was erreicht werden soll, wenn man es auch noch nicht in der äußeren Welt feststellen kann, denn in der Entwickelung selber wird sich das zeigen. – Wissen muß man, mit Menschen hat man es zu tun, die also nicht allein dieses Tiefere, nicht auf äußerlich Formulierbares sich gründende Vertrauen zu erfassen vermögen, sondern zu erfassen vermögen das Miteinanderleben der Seelen, die miteinander gehen wollen, auch wenn sie das Ziel nicht wissen. Dieses Ziel wird das rechte sein. Das heißt: im lebendigen Kern mit der Arbeit verbunden sein; das heißt: in diesem Lebenskern erleben die Arbeitstreue; das heißt: selbstlos mit der Arbeit verbunden sein.

Wir werden miteinander einverstanden sein vielleicht erst in demjenigen, was wir in Jahren vor uns haben werden, was wir jetzt verderben würden, wenn wir es schon äußerlich formuliert vor uns hinstellen wollten: das muß man einander sagen können, wenn man in einem solchen Zusammenhange Vertrauen hat, wie unser Zusammenhang einer sein soll. Daß ein solches Vertrauen vorhanden war zwischen ihnen und Sophie Stinde, wußten diejenigen, die Sophie Stinde wirklich kennen lernten in dieser Beziehung.

So ist vor allen Dingen der Gedanke, wenn wir über sie nachdenken: weil wir wissen, wie sie in der Seele bei uns ist, weil wir wissen, wie sie zu denjenigen Seelen gehört, die, nachdem sie durch das Todestor geschritten sind, mit all den Machtmitteln, die ihren Seelen dann zur Verfügung stehen und die die Blüte desjenigen sind, was sich die Seelen hier in der Erdeninkarnation angeeignet haben, in unserer Mitte arbeiten.

Ihr Platz in der äußeren physischen Welt wird künftig leer sein. Aber von diesem Platze wird ausgehen für diejenigen, die sie haben verstehen gelernt, der Gedanke der vorbildlichen, hingebungsvollen, opfersinnigen Arbeit innerhalb unserer Reihen. Und dieser Gedanke muß insbesondere leben in den Räumen, über denen sich die Doppelkuppel wölbt, in den Räumen, in denen als ihrem Mit-Werke Sophie Stindes Seele während dieser Erdeninkarnation schon wirkte. Wird es doch, wenn wir in richtigem Sinne unser Verhältnis zu ihr erfassen, unmöglich sein, den Blick zu wenden an unsere Formen, ohne uns verbunden zu fühlen mit ihr, die den Blick in erster Linie dem zuwandte, dem sie ihre eigene Arbeit gewidmet hat, und in dem Sophie Stindes Seele weiterwirken wird.

Meine lieben Freunde, die Geisteswissenschaft kann nicht da sein, den Schmerz zu dämpfen, der sich auf unsere Seele legt, wenn wir großen Verlust haben, ist doch der Schmerz ein Weltenprinzip. Und das Große, das Erhabene in der Welt ergibt sich, wie wir an verschiedenen Stellen unserer Weltanschauung ausgeführt haben, als Blüte und Frucht aus dem Mutterboden des Schmerzes heraus. Würden wir gegen den Schmerz sündigen, wir würden gegen allen Sinn der Welt sündigen. Aber hinaufschauen dürfen wir zu den Worten, die sie als Sophie Stindes Geist gesprochen hat, den Worten, die wir von ihr lernen können: Ich werde mit Euch sein, wie ich mit Euch war! – Verwandelt haben wird sich unser Verhältnis durch den Durchgang durch das Tor des Todes, verwandelt nur, nicht geändert, und man darf denken, daß unser Verständnis für den Zusammenhang mit den hingegangenen Seelen unser gesamtes Verständnis des menschlichen Zusammenhanges mit der geistigen Welt dann noch vergrößern kann. Denn durchwirkt ist und erhalten ist von der Liebe und dem gegenseitigen Vertrauen dasjenige Verständnis, das wir haben dürfen zu solchen Persönlichkeiten, wie Sophie Stinde eine war.

Ich denke nicht, daß es jemals eine bedeutende Gelegenheit innerhalb dieses Baues geben kann, bei der man nicht wird gedenken müssen, wie am Ausgangspunkte dieser Begründung Sophie Stindes Seele gewaltet hat, wie sie damit sich verbunden hat. Gewiß, Seelen dieser Art, welche die Aufgabe wohl erkennen, die innerlich obliegt dem, der sich mit unserer Arbeit vereint, müssen manches Mißverständnis hinnehmen, manche Schwierigkeit durchmachen; sie werden nicht leicht von anderen verstanden, von vielen mißverstanden. Das muß ertragen werden. Aber es gibt genügend Seelen in unseren Reihen, welche in ihrem tiefsten Innern eine Liebesflamme tragen, eine wunderschöne Liebesflamme tragen, welche hinleuchtet zu Sophie Stindes Seele. Jene Liebesflammen, die in den Herzen unserer Mitglieder angezündet hat Sophie Stindes Wesen, sie erscheinen mir besonders vor der Seele.

Man denke nur, wie so manche Seele gesucht hat, zu ihr gekommen ist, und mit jenem Worte, das sie zu sprechen vermochte, jene Liebe, Treue und Freundschaft gefunden hat, deren eine solche Seele bedürftig ist. An solcher Liebe, Treue und Freundschaft entzünden sich dann der Liebe Flammen, sie entzünden sich insbesondere dann zu einem Dauernden da, wo sie in der richtigen Weise aufflammen, da wo sie entzündet werden können durch eine Seele, die ergreift, was sie für die Welt in höchstem Pflichtgefühl zu ergreifen hat, und deren Pflichtgefühl nie spricht, auch wenn es hierbei ablehnend sprechen muß, ohne daß dieses Pflichtgefühl durchsetzt wird von der mildernden Liebe. Wir brauchen niemals durch die Liebe uns verführen zu lassen, von der Pflicht abzulassen. Die Liebe muß durch die Pflicht erwärmt, die Pflicht durch die Liebe gekräftigt werden. Gerade an Sophie Stindes Seele konnte man dies sehen. Und so waltete sie auch innerhalb dieser Räume, so waltete sie zu unseres Baues Segen, und so wird der Geist ihrer Seele weiter walten als unseres Baues Seele. Mögen die Seelen recht zahlreich sein, die verständnisvoll auf die Art blicken, wie Sophie Stindes Seele mit diesem unserem geistigen Arbeitswerke verbunden ist.

Meine lieben Freunde, nicht wollte ich das Wort wiederum ergreifen innerhalb dieser Räume, in denen Sophie Stindes Seele waltete, ohne einleitend ihrer zu gedenken. Haben wir sie geliebt, als sie im physischen Leibe unter uns wandelte, so werden wir sie lieben, da sie als Geist uns durchwärmt und durchleuchtet ohne Ende. Suchen wir sie unter denjenigen, zu denen wir mit besonderer Treue aufschauen in den Zeiten, in denen die Geistesreiche noch heller erglänzen als zu anderen Jahreszeiten, suchen wir insbesondere jene wirksamen Kräfte, die von Sophie Stindes Seele ausgehen, und denen gegenüber wir uns so würdig machen wollen, daß sie durch unsere Arbeit, insbesondere auch in diesen Räumen, immer waltend wirken können.

GEDENKWORTE FÜR ANNA RIEBENSAHM
Berlin, 14. Dezember 1915

Meine lieben Freunde!

Bevor wir zu unseren Betrachtungen kommen, habe ich Ihnen davon zu sprechen, daß unsere liebe Freundin, Fräulein *Anna Riebensahm,* gestern abend durch die Pforte des Todes gegangen ist.

Sie kennen sie ja fast alle, die uns so liebenswerte Persönlichkeit des Fräulein Riebensahm. Sie haben mit ihr zusammen hier an unseren geistigen Bestrebungen teilgenommen. Und es waren gewiß viele unter Ihnen, die das liebe, innige Geistesstreben von Fräulein Riebensahm mitfühlend mitgemacht haben, denn wir dürfen sagen, daß in bezug auf stilles, inniges Verwobensein mit der geistigen Welt, die wir suchen, gerade Fräulein Riebensahms Seele zu denjenigen gehörte, die wirklich wie Muster des idealen, des spirituellen Strebens hingestellt werden dürfen.

In dieser Erdeninkarnation hatte Fräulein Riebensahm zeit ihres Lebens zu kämpfen mit einem physischen Leibe, der nicht nur dem äußeren Leben, sondern oftmals auch der strebenden Seele schwere, schwere Hemmnisse in den Weg legte. Mit einer innerlich tapferen Dulderseele hat diese Persönlichkeit sich ihren Weg gebahnt durch die Welt. Mit starkem Geiste hat sie den Anschluß gefunden an diejenige geistige Strömung, die wir suchen, und mit wärmster Innigkeit war sie mit den Impulsen verbunden, die wir innerhalb unserer Geistesströmung zu ergreifen versuchen, und die sie mit uns ergriffen hat in ihrer stillen, aber deshalb nicht weniger energischen Art.

Sie ist uns lieb und wert geworden, wie sie in den letzten Jahren an der Seite eines unserer ältesten Mitglieder, unseres lieben Fräulein Motzkus, die mit ihr Freude und Leid, aber auch Strebensinhalt geteilt hat, die Wege zu gehen suchte, die wir uns vorgezeichnet haben.

Es war für denjenigen, der dies mitansehen durfte, eine wunderbare, mustergültige, geistige Gemeinschaft zwischen diesen unseren beiden Mitgliedern, zwischen derjenigen, die schon seit langer Zeit mit unserem geistigen Leben verknüpft ist und alles dasjenige kennt, was innerhalb unseres geistigen Lebens angestrebt wird, die dieses unser geistiges Leben als die eigenen Kräfte ihrer Seele kennt, – und es war schön und herrlich anzusehen, wie diejenige, die später in dieses geistige Leben hineingekommen ist, sich ihr angeschlossen hat, wie dann die beiden Seelen zusammen den Weg gegangen sind.

Und jetzt stehen wir mit Schmerz an der Todespforte, da zu anderer Menschendaseinsform die Seele unseres lieben Fräulein Riebensahm sich angeschickt hat. Wir denken mit Wehmut daran, wie sie durch einen äußeren Unfall dieses ihr Erdenleben zu beenden hatte. Wir denken aber auch daran, wie gerade ein solch irdisches Leben, das durch die äußere Verkörperung hier zwischen Geburt und Tod manche Schwierigkeiten hatte, diese Schwierigkeiten umgeändert haben wird auf dem Wege des geistigen Strebens, der sich für sie nun fortsetzt. Und wir gedenken der Seele unseres Fräulein Riebensahm als einer weiter mit uns strebenden Seele, zu der wir immer in Liebe und Treue aufblicken wollen.

Ich habe nur noch zu sagen, meine lieben Freunde, daß am Freitag um 11 Uhr im hiesigen Krematorium die Kremation sein wird.

IN MEMORIAM ANNA RIEBENSAHM

Still-ernste Seele, du trittst
Aus schwerem Erdenwege
In lichte Geistespfade;
Aus treuen Freundesherzen
Nimm hin den Lebens-Abschieds-Gruß,
Den Dir die Seelen sprechen,
Die Dich im Sinnensein
Die ihre nennen durften.

Edel-starke Seele, du schufest
In festem Erdenwollen
Dir Licht für ew'ges Geistes-Sein;
Nimm hin den Lebens-Morgen-Gruß,
Den Dir die Seelen sprechen,
Die auch im neuen Geistessein
Sich *Deine* nennen wollen.

Wohl dem, der wandeln kann
In Deiner wackren Art
Des Erdenlebens Schwere
In geistgetragne Seelenkraft.
Er siegt durch Duldermut,
Er gibt vom Geiste Zeugnis
Durch sanfte Seelenstärke.

So webe Deine starke Seelensanftmut
Das kräftevolle Geistesband,
Das unsre Seelen eint mit Deiner,
Da wir in Geisteslanden ferner
Dich denkend suchen wollen,
Du stille, ernste Menschenseele,
Du edel-starker Menschengeist.

GEDENKWORTE FÜR MISS WILSON
UND DR. ERNST KRAMER

Dornach, 30. Juli 1916

Meine lieben Freunde!

Ich mußte gestern gedenken jener tiefen Befriedigung, die mir selbst geworden ist, als ich nach längerer Zeit die Stätte unseres Baues wiederum betreten konnte. Es mischte sich in diese Befriedigung ein herber Ton der Trauer dadurch, daß unter denjenigen lieben Freunden, die treu und unendlich hingebungsvoll an dem Fortschreiten dieser unserer Arbeitsstätte gewirkt haben, Miß *Wilson* nicht mehr hier auf dem physischen Plan zu sehen war, zu sehen ist. Sie gehört zweifellos zu denjenigen unserer lieben Freunde, an welche die Gedanken der hier auf dem physischen Plan Zurückgebliebenen schon dadurch nicht erlöschen können, weil diese Gedanken vorbereitet sind durch tief sachgemäße, selbstloseste Arbeit, Zusammenarbeit mit denjenigen, die es ernst, aufrichtig, ehrlich mit dieser der Welt notwendigen geistigen Bewegung halten. Diejenigen, welche Miß Wilson näher gekannt haben, wissen nur allzu wohl, was die Bewegung, insofern sie sich auf dem physischen Plan auslebt, dadurch verloren hat, daß Miß Wilson diesen physischen Plan verlassen mußte. Und ich fühle mich gedrängt, auszusprechen, daß ein tiefer Schmerz durch die Seelen aller derjenigen zog, die auswärts durch die Mitteilungen der hiesigen Freunde von dem Hinweggehen Miß Wilsons vom physischen Plane in der letzten Zeit erfuhren. Miß Wilson stellte sich in ihrer so unendlich anspruchslosen, aber von so tiefem Verständnisse und von so ernstlicher Hingebung getragenen Art in unsere Bewegung hinein, nicht nur insofern diese Bewegung ein Strom des geistigen Lebens ist, der die Seele aufnehmen will, sondern Miß Wilson stellte sich in diese unsere geistige Bewegung auch hinein mit dem tiefsten Verständnis für dasjenige, was diese Bewegung sein soll und sein will und sein muß im ganzen Entwickelungsgange, namentlich im geistigen Entwickelungsgange der Menschheit. Und in bezug auf diese Art der Auffassung unserer Bewegung als einer geistigen Weltbewegung werden gerade

Miß Wilson viele von uns als eine vorbildliche Persönlichkeit in unseren Reihen gekannt haben, und in diesem Sinne werden diejenigen, die sie gekannt haben, in Gedanken immer zu ihr sich zurückfinden, aber auch zu ihr emporfühlen, da sie jetzt ihr Dasein in den geistigen Welten fortzusetzen hat. Miß Wilson stellte sich in einer tatkräftigen Weise, indem sie half, wo sie helfen konnte, in unsere Bewegung hinein. Miß Wilson gehörte zu denjenigen Naturen, welche mit so starkem Impuls unsere Bewegung aufgenommen hatten, daß sie in der Lage war, über dasjenige hinwegzusehen, was so leicht aus den Vorurteilen insbesondere unserer Zeit heraus Trennungen und Spaltungen der Seelen innerhalb unserer Bewegung hervorrufen könnte, was aber niemals geschehen kann und geschehen soll, wenn genügend viele Seelen vorhanden sind, die ebenso wie Miß Wilson dasjenige, was als geistiger Impuls durch unsere Bewegung fließt, in erster Linie anzustreben wissen, anzustreben wissen als Höheres, als Vereinigendes gegenüber all dem, was aus den Vorurteilen der Zeit Trennendes in unsere Reihen kommt. Auch in dieser Beziehung ist Miß Wilson zweifellos eine vorbildliche Persönlichkeit in unseren Reihen. Und fest und treu wollen wir an den Gedanken halten, die uns mit Miß Wilson zu verbinden begonnen haben, so zu verbinden begonnen haben, daß diese Verbindung niemals aufhören kann. In dem Sinne desjenigen, was uns als geistige Überzeugung aus unseren Anschauungen werden kann, dürfen wir sagen und darf ich es aussprechen, daß wir Miß Wilson zählen werden können, jetzt von der geistigen Welt aus wirkend, zu denjenigen Seelen, auf die wir als Mitarbeiter in schönstem, in erhabenstem Sinne immer werden blicken können. Und groß, wahrlich groß ist die Schmerzempfindung, die diejenigen durchdringt, die sie gekannt haben, darum, weil wir sie nicht mehr unter uns auf dem physischen Plane haben, weil wir nicht mehr auf dem physischen Plane hier leben können in der schönen Aura treuherziger, freundschaftlicher Gesinnung, mit der Miß Wilson unter uns war. Aber fest und sicher wollen wir bauen auf den Gedanken, die uns mit ihr als einer treuen, lieben, höchst geschätzten Mitarbeiterin ferner von der geistigen Welt aus verbinden. Wir wollen ihr die Treue halten, so wie wir überzeugt sind, daß sie uns die Treue halten wird, und daß wir durch die gegenseitige Achtung und das gegenseitige Sichfinden vereinigt sein werden mit dieser Seele für alle Zeiten, für die sich menschliche Seelen vereinigen können, nachdem sie sich gefunden haben.

Ferner, meine lieben Freunde, habe ich Ihnen die traurige Mitteilung zu machen, daß eine andere liebe mitarbeitende Seele in den letzten Tagen den physischen Plan verlassen hat, also auch nicht mehr von denjenigen wird hier unter den Mitarbeitern gefunden werden auf dem physischen Plane, die mit dieser Seele gearbeitet haben. Unser lieber Freund, Dr. *Ernst Kramer*, hat den Tod gefunden infolge zweier Schüsse, die er bekommen hat am 1. Juli auf dem Schlachtfelde an der Somme, und erlag seinen schweren Verwundungen am 10. Juli. Viele von uns werden gedenken der schönen Hoffnungen, die wir hatten für gerade jene Arbeitsentfaltung, die wir uns mit Recht versprechen durften, von Dr. Ernst Kramer, der seit einer Reihe von Jahren unter unseren geisteswissenschaftlichen Mitarbeitern und in der letzten Zeit unter den Mitarbeitern des Dornacher Baues war. Sein eindringender mathematischer Verstand, seine mathematische Umsicht, seine schnelle Art, eine technische Situation aufzufassen und sie entsprechend hineinzustellen in ein Ganzes, ist dasjenige, was denen unvergeßlich bleiben wird, die mit ihm zusammen gearbeitet haben, und was zu unser aller Hoffnung berechtigt, daß er gerade durch solche Fähigkeiten, die er nun durch des Todes Pforte hinaufgetragen hat in die geistige Welt, mit uns vereinigt sein wird in der Arbeit, die wir, insoweit sie uns gegönnt ist zu leisten von dem Karma, mit all denjenigen zusammen leisten wollen in der Zukunft, die mit uns vereinigt sein wollen auf dem physischen und auf dem geistigen Plane.

GEDENKWORTE FÜR JOSEPH LUDWIG
UND JACQUES DE JAAGER

Dornach, 29. Oktober 1916

Schmerzliches Empfinden füllt heute unsere Seele. Wir betrauern den Tod zweier Freunde, die beide innig verbunden sind mit demjenigen, was im Sinne des fortschreitenden Geisteslebens der Menschheit hier an diesem Orte geleistet werden soll. Durch die leidvollen Ereignisse unserer Zeit ist uns hinweggenommen worden unser Freund *Ludwig* vor einigen Tagen, und gestern ist ganz rasch durch die Todespforte gegangen unser lieber Freund *de Jaager*.

Wir haben in beiden Freunden Arbeiter innerhalb unseres geistigen Lebens für den physischen Plan verloren, deren Arbeit treulich eingemeißelt ist in den Bau, der hier auf Dornachs Hügel errichtet ist, Freunde unseres Strebens und Freunde unseres Herzens, die mit tiefer Liebe gearbeitet haben an jener Arbeit, die uns allen so teuer ist. Und so verlieren wir in ihnen für den physischen Plan Mitwirker unserer Sache; wir verlieren aber auch zwei Menschen, die uns teuer geworden sind durch dasjenige, was von ihrem Leben durch Jahre in unser Leben geflossen ist. Wenn wir den Tod nahestehender Freunde erleben, dann wird uns wohl wie plötzlich klar, tritt uns wie plötzlich vor die Seele ein Bewußtsein von dem, was sie der Welt waren, was sie in der Welt wirkten, während wir, solange sie unter uns wandeln, dasjenige, was uns mit ihrem Leben gnadevoll gegeben ist, mehr wie eine Selbstverständlichkeit hinnehmen. Wir, von dem Gesichtspunkt des geistigen Zusammenlebens aus, das durch den Tod eine Unterbrechung wohl, aber keine Trennung erleidet, blicken auf den Tod hin wie auf die Einleitung eines Stückes Lebens, das allerdings anders ist als die andere Art des Lebens, die im Physischen verläuft. Mögen wir auch immer verbunden sein karmisch aus früheren Lebenskreisen her mit denjenigen, mit denen uns das Erdendasein zusammenführt, so müssen wir doch gedenken, wie in jedem neuen Erdendasein mit den Menschen, mit denen wir zusammengeführt werden, auch neue Daseinsfäden angesponnen werden; und wir fühlen diese neuen Daseinsfäden.

Wenn sie sich so verändern von Jahr zu Jahr, von Monat zu Monat, von Woche zu Woche, von Tag zu Tag, dann nehmen wir das mehr als etwas Selbstverständliches hin. Wenn aber das, was so als selbstverständlich hingenommen worden ist, durch den Anblick der Todespforte stärker ins Bewußtsein tritt, dann empfinden wir den Unterschied, der besteht zwischen dem Miterleben, das von Tag zu Tag läuft, und jenem Erleben, das über den Tod hinaus liegt und das wir wohl gerade durch die Kraft, die uns Geisteswissenschaft gibt, zu einem recht Lebendigen, zu einem im tiefsten Sinne vom Daseinsernst Durchdrungenen machen. Wir empfinden den Unterschied von diesem Leben, das da steht, so, daß gewissermaßen fest wird, was flüssig war im Erdendasein, daß wir durch eine Weile der Zeit zurückblicken auf etwas, was uns ein Mensch geworden ist, während er uns vorher täglich neu etwas wurde. Und erschütternd bleibt der Anblick der Todespforte auch von diesem Gesichtspunkte aus, weil wir uns erst zurechtfinden müssen für jene Vorbereitungszeit, die wir zu durchlaufen haben, und nach welcher wir wiederfinden werden diejenigen, die uns nahegetreten sind, auf daß wir fortsetzen die Fäden im geistigen Leben, die sich angesponnen haben hier im Erdenleben. So wird Geisteswissenschaft wohl geeignet sein, uns lebendiger und inniger, weil ewig, zu verbinden mit denjenigen, die uns im Leben nahetreten. Sie wird uns gewiß nicht zu trivialem Hinwegtrösten führen können über das berechtigte Leid, das wir empfinden, wenn wir in solcher Lage die Pforte des Todes vor uns sehen. Denn, meine lieben Freunde, Rätsel des Lebens lösen sich nicht mit Theorien. Rätsel des Lebens lösen sich nur durch das Leben selber. Und jeder Tod, er gibt uns ein Rätsel auf, ein Lebensrätsel, eine Lebensprüfung; ein Rätsel, das wir lebend lösen müssen, eine Prüfung, die wir lebend bestehen müssen, – ein Rätsel, durch dessen Lösung wir uns würdiger dem All-Leben machen, eine Prüfung, durch die wir bewähren lernen all die Liebesbande, die wir begnadet sind, anzuknüpfen mit anderen gleichgestimmten oder durch ihr Karma zu uns getragenen Seelen. Und im Anblicke des Todes empfinden wir erst, welche Gnade es war von der weisen Führung des Weltendaseins, daß wir zusammengeführt worden sind mit dem oder jenem, mit dem uns liebend das Karma zusammengeführt hat.

Man möchte sagen, wie rätselvoll stehen die beiden Tode, unter deren Eindruck wir jetzt sind, vor uns. Der eine eingetreten in der Atmosphäre, die heute in so schmerzlicher Weise uns umgibt, umtobt von einem Getöse, das die Menschheit wird erst verstehen müssen, verstehen lernen müssen, um einzusehen, was sich vollzogen hat durch die Heraufführung dieses schmerzlichen Ereignisses. Und immer erneut müssen wir ja fühlen, welch Lebensrätsel vor uns steht, wenn wir sehen, daß heute junge Menschenleben durch die Menschheit selber hinweggefordert werden. So – möchte ich sagen – ist dasjenige, was uns schmerzlich berührend im Hintergrunde des einen Todes steht.

Und wie kontrastiert damit der andere Tod! Frieden umgab den lieben Toten gestern, als ich ihn erst treffen konnte, nachdem er bereits durch die Todespforte gegangen war, Friede, der ausströmt selbst dann von einem Menschen, wenn das Leben in dieser Weise durch das Karma früh abgeschlossen ist, wenn wie in diesem Falle ein warm und ernst strebendes Menschenleben sein Physisches hingibt, wie, ich möchte sagen, in freiwilligem Abschluß desjenigen Erdendaseins, das einem für diesmal das Erdenkarma überreicht hat. Und so ist es schon ein Doppel-Lebensrätsel, vor dem wir stehen. Nicht weil uns Geisteswissenschaft ohnmächtig machte, hineinzusehen, wie in jedem solchen Falle der Tod nur eine Umformung des Lebens ist, wie in jedem solchen Fall der Tod auch nur eine Veränderung unseres Freundschaftsverhältnisses ist, sondern weil auch jene Lösung, die uns ja gewiß in befriedigender Weise Geisteswissenschaft in einem solchen Falle gibt, weil diese Lösung ja erst erlebt sein will.

Unser Freund Ludwig, – dasjenige, was wir sehen konnten durch sein Erdenleben ziehend durch die Reihe der Jahre, in denen er innerhalb unserer Reihen war, konnte wirklich zeigen, wie ein Mensch aus nicht ganz leichten Lebensverhältnissen heraus, aus manchen Lebensprüfungen heraus, durch einen tiefen Grundzug seiner Natur mit dem innersten Nerv unseres geistigen Strebens sich verbunden hat. Ludwig war ein Mensch, welcher durch seine innerste Natur alle seine Gedanken und alle seine Bestrebungen so formte, daß gewissermaßen der Karmagedanke, der im Sinn des Karmas gefaßte menschliche

Schicksalsgedanke immer im Hintergrunde stand. Ohne daß man sagen konnte, Ludwig wäre Fatalist gewesen, war seine Seele doch so, daß sie stets mit einer gewissen Friedfertigkeit hinnahm dasjenige, was ihr das Schicksal brachte, trotzdem diese Fügung in die Schicksalsmächte verbunden war bei ihm mit einem regen Anteil, mit einem tiefen Interesse für dasjenige, was ihm als Leben entgegentrat. Das gerade war ein Grundzug im Charakter dieses jetzt für die physische Welt von uns Gegangenen, daß er in stetiger starker Lebensfassung dasjenige hinnahm, was das Leben brachte, und daß er aber auch mit intensivem Anteil den Freuden, den Erhebungen des Lebens, allen Freuden, allen Erhebungen des Lebens mit Gefühlsverständnis entgegensehen konnte. Es ist mir eben ein «Abendlied», das unser Freund Ludwig gedichtet hat, übergeben worden, das wir im Andenken an ihn uns vor die Seele führen wollen.

> Ich steh' auf des Berges Gipfel,
> Ich breite die Arme aus.
> Es brennen der Bäume Wipfel,
> Die Sonne geht müde nach Haus.
> Ihr Scheiden vergoldet die Länder,
> Ihr Scheiden vergoldet die Luft.
> Der schrägen Strahlen Gebänder
> Verglimmt und verglitzert in Duft.
> Und rings wird es stille, ach stille,
> Doch singen so fern wie nah
> Die Wesen und Dinge nur Eines:
> Gloria, Gloria!

Und in solchem tiefen Gefühlsverständnis hat unser Freund auch aufgenommen alles dasjenige, was aus dem Bau werden sollte und hat gewissermaßen einzufügen gewußt in sein eigenes Schicksal das Schicksal unserer Bewegung, insoferne es in den Formen unseres Baues verkörpert ist, und er hat treulich eingemeißelt in diesen Formen seinen Fleiß, seine Liebe für unsere Sache. Es strahlte die Nachwirkung dieses Fleißes, die Wirkung dieser Liebe wirklich aus seiner Seele, als er Abschied nahm, um zu wandern nach jenen Stätten, von denen heute so viele hoffnungsvolle Leben nicht wiederum für diese Inkarnation zurückkehren. Wie ein Schatten dieses Eingreifens des Schicksals in seinem diesmaligen Erdenleben lag wohl über den gedämpften Abschiedsworten von damals die Vorempfindung des Bevorstehenden für unseren Freund Ludwig. Diejenigen, welche ihm nahestanden, welche ihn kennen lernen konnten, denen wird sein Andenken teuer und lieb und wert sein. Aber auch all diejenigen, in deren Mitte er hier gearbeitet hat, all diejenigen, in deren Mitte er stand mit seinem geistigen Streben, vereint durch gleichgesinntes geistiges Arbeiten, werden ihre Gedanken treu und liebevoll an ihn richten. Denn verbunden sind wir mit denjenigen, die sich mit uns verbinden, namentlich auch verbinden in treuem Streben innerhalb unseres Geisteslebens, das wir uns erwählt haben aus der Betrachtung des Menschenkarmas heraus.

Und wie sich in den Kreis, der hier treulich arbeitet, unser Freund Ludwig selber hineingestellt hat, das bezeugt das andere Gedicht der zwei, die mir eben überreicht worden sind, und das er gedichtet hat zum Abschied der Kameraden August/September 1914, derjenigen also, die hingezogen sind auf dieselben Gefilde hinaus, auf die er später ziehen mußte, die verlassen mußten, wie er später, die Arbeitsstätte, die ihnen lieb geworden war. So sind die Worte, die er diesen vor ihm in den Krieg Gezogenen im Herzen mitgab:

> Vom Friedenshort in die weite Welt,
> Die rings vom Krieg entbrannt,
> So ziehen die, so hier gesellt,
> Dahin, dahin ins Land.
>
> Es schlägt die schwere Abschiedsstund',
> Das Scheiden naht heran.
> Ein jeder fühlt im Seelengrund:
> Treu auf dem Posten stahn!
>
> Noch einmal blicken wir zurück
> Auf Wald und Fluß und Flur,
> Wo wir gesellt im reinsten Glück
> Im Schoße der Natur

> So manche Stunde treu vereint
> Gescherzt, gelacht, gedacht, geweint.
> Es schlingt sich der Erinnerung Band
> Um das, was uns bewegt,
> Das wie ein Stückchen Märchenland
> Ein jeder bei sich hegt.
> Und wenn die Welt im Schmerz sich krampft,
> Und wenn sie auch im Blute dampft –
> Es wird das große, schwere Ringen
> Zuletzt uns doch den Frieden bringen.
> Der Würfel fällt,
> Das Eisen klirrt,
> Der Schlachtruf gellt,
> Die Kugel schwirrt.
> Es wird, was muß, auch jetzt geschehn
> In jenen reinen Ätherhöhen,
> Wo wir uns einstens wiedersehn.

Und in dieser Gesinnung, die ihm in der Seele war, wollen wir mit diesem lieben Freunde, der nun durch des Todes Pforte gegangen ist, treulich vereint sein.

Aus einem im eminentesten Sinne künstlerischen Leben ist abberufen worden unser lieber Freund de Jaager. Wenn wir auf diesen so rasch eingetretenen Tod hinblicken, so wird uns aber doch vor allen Dingen, insofern wir das – wir dürfen sagen – in wahre Schönheit getauchte Erdenleben de Jaagers vor unserer Seele haben, auch in dieser schmerzerfüllten Stunde ein Gefühl tiefen Friedens überkommen können. Mit jeder Faser seiner Seele war de Jaager ein Künstler, aber ein Künstler, der alle Kunst echt heraus gebar aus einer tief pietätvollen Lebenserfassung und Lebenserfüllung. Man konnte, wenn man den sinnigen, im schönsten Sinne gedanken- und gefühlvollen Schöpfungen de Jaagers gegenüberstand, fühlen, wie diese Seele suchte nach angemessener Verkörperung desjenigen, was sie wie visionär ahnte auf den Gefilden, in die ihr Seelenblick gerichtet war, und auf denen Seelen entgegentreten die Wirkungen, Wellungen und Wogungen der großen Daseinsrätsel, entgegentreten jenen Seelen, die den Drang verspüren, das, was ihnen visionär entgegentritt, in Formen, in künstlerisches Erleben zu ergießen. Und wenn, wie bei de Jaager, das, was die Seele will als Verbindungsglied schaffen zwischen dem Geistigen, das sie erahnt, erschaut, und dem Physischen, in das das physische Auge blickt, auf das das physische Erdenleben sich richtet, dann wird dieses also künstlerisch Geformte von ganz besonderem Zauber durchhaucht, wenn wir es verbunden sehen mit einer so scheuen, schönen und tiefgehenden Ehrfurcht vor dem Leben, vor dem gerade dem Geisteswissenschafter so tief geheimnisvoll erscheinenden Leben, dessen Geheimnisse aber wir gerade mit unserem Erdentum lösen wollen. Eine künstlerische Natur, die pietätvoll allem Leben gegenüberstand, die ehrfurchtsvoll allem Dasein gegenüber war, und deren Lebenspietät und Daseinsehrfurcht sich ausdrückte so schön in allem, was sie schuf, ausdrückte so schön in jedem Gedanken, den sie hegte, in jedem Impuls, von dem sie ihre Kunst durchwärmen wollte. Wir schauten, meine lieben Freunde, in das sinnige, von Gefühls-Gedanken und Gedanken-Gefühlen durchzogene, lebhaft in die Welt blickende Antlitz, und uns wird aus der Seele niemals schwinden können, wie mild-andächtig und doch tief ehrfurchtsvoll dieses Auge hineinschaute in die Rätsel des Daseins. Und uns wird in treulicher Erinnerung bleiben müssen, wie ernst und innig würdig diese Hand stets bereit sein wollte, zu formen, was das sinnende Auge also von den Lebensrätseln und Lebensgeheimnissen schaute und ahnte.

Ach, meine lieben Freunde, wenn wir ein solches Leben, das so früh abgeschlossen vor uns steht, an das man knüpfen möchte so viele, viele Lebenshoffnungen, Hoffnungen für die allgemeine Welt, Hoffnungen für unser eigenes geistiges Streben, wenn man das so vor der Pforte des Todes schweben sieht, dann, dann regt gerade Geisteswissenschaft an, auf das Positive und nicht auf das Negative hinzusehen. Der Karmagedanke, der vom Karma durchleuchtete Schicksalsgedanke, er tritt uns gerade bei einem solchen Leben so bedeutsam entgegen. All dasjenige, was in de Jaagers Kunst lebte, was lebte in seinem künstlerischen Empfinden, es ist wohl, wenn man versucht liebevoll darauf einzugehen, kaum zu trennen von zwei Elementen, die ja vielleicht wie durch Tragik uns in diesem Falle verbunden erscheinen, durch Lebenstragik, aber die wir doch anschauen wollen mit derselben Ehrfurcht und mit derselben Lebenspietät, mit denen de Jaager das Leben angeschaut hat. Wem sich verbindet die Kraft, die aus einem ganzen Menschenleben, vielleicht aus einem langen Menschenleben und seiner Erfüllung werden kann der menschlichen Seele zwischen Geburt und Tod, wem sich diese Kraft, die aus einem langen Menschenleben fließen kann, vereinigt mit einem intensiveren Werdegang für dieses Dasein, der verbraucht Jugendkraft, um über ein kürzeres Dasein ausgegossene Jugendkraft auszustrecken gleichsam über dasjenige, was sonst ein langes Leben gibt; wenn sich mit anderen Worten die Kraft, die wir gewinnen aus einem vollen Erdenleben, verbindet durch ihren Ernst, durch ihre Vielfältigkeit mit dem, was aus der Wärme, aus dem Idealismus, aus dem Visionären der ersten Lebenshälfte fließen muß, und so verwendet wird dasjenige, was sonst die beiden Lebenshälften durchzieht, dadurch daß die Kraft der einen Lebenshälfte über beide ausgegossen wird – was so in einem Menschen leben kann, das lebte in de Jaagers Leben, der im zweiunddreißigsten Jahre für diese Inkarnation durch des Todes Pforte gegangen ist. Und das lebt in seiner Kunst. Wir sehen zu ihm hin wie zu einem Menschen, der in die erste Lebenshälfte herübernahm dasjenige, was sonst ein ganzes Leben durchkraftet. Und das sehen wir als das Sinnige, als das besonders Sinnige, als das außerordentlich Gedankendurchdrungene über sein künstlerisches Streben ausgegossen. Und das sahen wir auch leben in der liebevollen, treuen Hingabe, mit der er sein Können einmeißelte in die Formen unseres Baues; verbunden fühlte er Kraft der eigenen Arbeit, Kraft der eigenen Ideale mit unserer Arbeit, mit unseren Idealen. Gerade durch solch ein Fühlen, durch solch ein Empfinden werden wir den Gedanken recht beleben, der jetzt ersetzen muß von dieser Stunde ab den anderen Gedanken, der uns so lieb war: haben zu dürfen diese Seele in unserem Kreise zur Erfüllung der Hoffnungen, der Sehnsuchten, die wir für unsere Bewegung hegen. Zartheit war gerade durch dasjenige, was ich als das Tragische bezeichnete in diesem Leben, um dieses de Jaagersche Dasein ausgegossen. Und diese Zartheit empfanden wohl diejenigen, die diesem lieben Freunde nahestanden. Und diese Zartheit wird fortleben in den liebevollen treuen Erinnerungen, die wir dem Freunde bewahren wollen. Leben wird seine Arbeit im Geiste mit unserer Arbeit, mit unserem Wirken und Streben vereint. Ungetrennt wollen wir von seinem Wollen sein und oftmals denken, wie uns Ersatz sein muß dasjenige, was er, physisch neben uns stehend und mit uns wirkend, geleistet haben würde, was wir anblicken als herunterfließend aus geistigen Höhen zu uns, so lange wir selbst durch Karma bestimmt sind, auf diesem physischen Plane zu wirken, zu streben, zu schaffen.

Und so wollen wir denn treue Gefährten sein denjenigen, die diesen beiden Toten besonders nahestanden. Unter uns steht ja, meine lieben Freunde, unser liebes Mitglied Frau de Jaager, die hingestellt ist vor die Todespforte desjenigen, mit dem sie hoffen durfte, lange, lange ihr Leben zu gehen hier auf diesem physischen Plan. Vereinigen wir unsere Gedanken, unsere Empfindungen treulich mit den schmerzerfüllten Gedanken und Empfindungen dieses lieben Mitgliedes Frau de Jaager, und durchdringen wir uns in dieser Stunde mit all dem, was uns an treuen, an herzlichen, an liebenden Empfindungen für die beiden durch die Pforte des Todes Gegangenen in der Seele erstehen kann, was uns werden kann bei dem Gedanken, der uns auch durchdringen darf, wie sie empfangen werden sein von denjenigen, die aus unseren Reihen früher hinaufgegangen sind in die geistige Welt. Denken wir im echten geistigen Sinne uns zusammen mit diesen Seelen. Aber lassen wir auch die Kraft dieses Denkens zur Kraft der rechten Liebe werden, die uns verbinden kann mit solch teuern Freunden, die im Leben mit uns verbunden waren, über die Pforte des Todes hinaus, über die hinaus wir gedenken des Verbundenseins in ewigen Zeiträumen, setzen wir fort, was sich angebahnt hat durch dasjenige, was uns hier im Erdenleben zusammengeführt hat. Tragen wir hindurch durch die Todespforte die Liebe, die uns hier verbunden hat mit denjenigen, die wir nicht mehr physisch sehen werden, die wir aber um so lebendiger geistig in unsere Gedanken hereinnehmen wollen, damit unsere Gedanken zu ihnen fließen und uns unaufhörlich mit ihnen verbinden.

IN MEMORIAM JACQUES DE JAAGER
Basel, 31. Oktober 1916

In sinniger Ehrfurcht konntest Du schauen
Den Geist, der schaffend sich erlebt;
Mit suchender Seele Dich erbauen
Am Geiste, der nach Formen strebt.

Des Künstlers reine Lebenstriebe
Erwarmt durch Schönheit Zaubermacht,
Gereift in heller Schaffensliebe,
Sie haben edle Frucht erbracht. –

Es wirkt' in Deiner Künstlerschaft
Als Lebensquelle kraftvoll-zart
Die hochgestimmte Herzenskraft,
Die Glückesquell auch denen ward,

Die ihrem treu-verbundnen Sohn
Jetzt senden schweren Schmerzensgruß
Und jener Frau, die frühe schon
Von lichter Lebenshoffnung scheiden muß.

Die liebe Seele muß aus Geistesfernen
Ihr leuchten auf den weiten Erdenwegen
Aus ihres Kindes lieben Augensternen;
Auf ihnen ruhte seiner Liebe Segen. –

Und Deine Freunde, sie empfinden
Die sonnig-helle Menschenweise
Wie schönstes Glück-Verkünden
Aus Deinem edlen Lebenskreise.

So wandle mit der Lebensgabe,
Die Dir die Künstlerseele spendet,
Mit jener Geistes-Herzenshabe,
Die Menschenlieb' und Treu' Dir sendet,

Zum lichten Geistes-Ätherleben,
Von dem uns Deine Werke künden.
Es soll im ew'gen Seelenweben
Mit Dir uns Liebe stets verbinden.

ZUM JAHRESTAG DES TODES VON SOPHIE STINDE

Dornach, 17. November 1916

Ein vielgenannter Amerikaner hat vor einiger Zeit das Wort geprägt: Kein Mensch sei unersetzlich hier auf Erden. Das bezeuge, daß ein jeder nach seinem Tode sogleich wiederum mit Bezug auf seine Stelle voll durch einen anderen ersetzt werden könne. Man muß sagen: Wie armselig nimmt sich eine Vorstellungswelt aus, welche zu einem solchen Gedanken, zu einer solchen Empfindung kommen kann. – Derjenige, der aus jenen Untergründen heraus, welche gewonnen werden können aus intensiverer Empfindung der menschlichen Lebenszusammenhänge, dem Mysterium des Todes gegenübertritt, er wird gerade die entgegengesetzte Empfindung in seiner Seele regsam spüren.

Wir blicken nunmehr seit dem verhältnismäßig kurzen Bestande unserer anthroposophischen Geistesbewegung zurück auf Tode lieber Freunde, auf Tode, die unseren Herzen nahe-, sehr nahegegangen sind. Freunde haben wir durch die Todespforte schreiten sehen, die ihr Leben durch, wie man sagt, eine normale Anzahl von Jahrzehnten über die Erde tragen durften, und junge Freunde haben wir durch die Todespforte schreiten sehen. Im stillen Frieden einer ruhigen Umgebung ist der eine hingegangen; die Stürme der heutigen Zeit haben auch aus unseren Reihen viele, viele Seelen herausgerissen, andere sind aus dem heute so sturmdurchwühlten Leben hinweggegangen durch die Todespforte hindurch. Und indem wir den empfindenden Blick werfen auf den Hingang unserer lieben Freunde, so wird sich uns zweifellos ja – insbesondere am heutigen Tage, der uns so schmerzlich daran erinnert, daß wir bereits ein Jahr unsere Arbeit führen müssen ohne unsere liebe, teure *Sophie Stinde* hier auf dem physischen Plane –, so wird sich uns gerade heute das andere Wort, die andere Empfindung tief aus der Seele heraus losringen: Für den physischen Plan ist ein jeder Mensch, der durch die Todespforte geht, unersetzlich. – Und scheint es auch dem oberflächlichen Blick oftmals anders, so braucht man ja nur hinzublicken auf die Seelen derjenigen, welche in der einen oder in der anderen Art karmisch verbunden waren mit dem Toten, und man wird es gewahren: Ein jeder ist unersetzlich.

Indem wir uns ein solches Wort wohl in die Seele schreiben wollen, blicken wir auf der anderen Seite auf zur geistigen Welt, in die der Tote eintritt durch die Todespforte, blicken zu dieser geistigen Welt so auf, wie wir aufblicken dürfen, wenn in unserer Seele nicht nur lebendige Empfindung wird dasjenige, was die Geisteswissenschaft uns geben kann, sondern wenn auch werktätiges Leben selber in unserem Wesen diese Geisteswissenschaft wird. Wissen wir es nicht schon vergleichsweise aus dem physischen Leben, daß wir nur dasjenige Wesen verstehen können, recht verstehen können, von dem wir in unserem eigenen Sein Verwandtes, Anklingendes tragen? Verständnis eines Wesens ist ja nur möglich, wenn etwas in uns lebt, das in dem anderen Wesen auch lebt. Wir eignen uns die Begriffe, die Ideen davon an, wie lebendig des Menschen Leben und in welcher Art lebendig des Menschen Leben bleibt, wenn er durch die Todespforte schreitet. Aber wir sollen uns auch bestreben, daß dasjenige, was an Begriffen und an Ideen und Vorstellungen uns die Geisteswissenschaft gibt, immer lebendiger und lebendiger wird in unseren Seelen. Denn nur dadurch dringt in das Leben dieser unserer Seelen etwas herein, was zugleich lebt in den Seelen derjenigen, die abgestreift haben diese physische Hülle, die in der Geisteswelt selber leben mit einem Blicke ungetrübt durch physische Organe. Und lernen sollen wir allmählich, was es heißt: Verständnis sich aneignen für die teuren Toten, wenn wir Geisteswissenschaft zum lebendigen Bronnen in unserer eigenen Seele machen, denn das Wesen wird ja dann Teil unseres eigenen Wesens, das ihnen, den Toten, Lebenselement ist. Nicht mehr, wenn wir uns so aneignen Verständnis ihres Lebenselementes, brauchen sie dann herüberzuschauen auf die Seelen, auf die Herzen, die sie hier zurückgelassen haben, also daß sie gewahren müssen: O diese Seelen, o diese Herzen da unten, es fehlt ihnen dasjenige Verständnis, das sie haben müssen, wenn sie zu uns heraufblicken mit einem Blick, den wir ihnen beantworten können! – Wie man ein Wesen selbst hier auf dem physischen Plane nur kennenlernen kann, wenn man sich in seine Welt zu vertiefen vermag, so können wir verständnisvoll eins sein mit unseren Toten nur dann, wenn in uns leben Vorstellungen derjenigen Welten, in denen sie sich befinden.

Das, meine lieben Freunde, scheint mir – und scheint mir nicht nur – wie eine Mahnung zu sein derjenigen Toten, zu denen wir mit Liebe blicken wollen, die aus unseren Reihen hinaufgestiegen sind in die geistigen Welten, eine Mahnung von ihnen, weil sie jetzt wissen aus ihrer Anschauung heraus, was es für die ganze Welt bedeutet, wenn Menschen erkennen das Wesen der geistigen Welten. Und wir dürften ja schon so weit sein im Verfolge unserer Geisteswissenschaft, daß wir mit eindringlichen Worten zu unseren Seelen sprechen hören die aus den geistigen Welten von unseren teuren Toten zu uns herunter gesprochenen Worte: «Erkennet die geistige Welt! Denn unter dem vielen, was dadurch wird für die Menschheit, ist auch dieses, daß eine Einheit bilden können die Toten und die Lebendigen.»

Ich weiß, daß wir im Sinne vieler unserer teuren Toten denken, vor allem auch im Sinne Sophie Stindes, so wie sie jetzt denkt, wenn wir diese Mahnung uns gerade heute in unsere Seelen schreiben, und wenn wir dazufügen so manchen anderen Gedanken, der uns nun auch schon werden kann, wenn wir in vollem Ernste und in voller Tiefe dasjenige nehmen, was Geisteswissenschaft uns sein soll.

Vielleicht darf ich etwas anknüpfen an die Tatsache, daß mir die Liebespflicht nun schon öfter geworden ist, angesichts des eben erfolgten Todes teurer dahingegangener Glieder unserer Bewegung bei ihrer Beerdigung oder Kremation sprechen zu sollen. Ich darf sagen: Solche Augenblicke führen einem besonders den Gedanken vor die Seele, was es heißt, Worte auszusprechen unter derjenigen Verantwortung, die sich ergibt, wenn gewußt wird: Nicht nur im Allgemeinen ist eine geistige Welt vorhanden, sondern im Konkreten schaut derjenige auf dich herab, mit dem zusammen du gearbeitet hast hier, zu bekräftigen das Dasein und das Wesen der geistigen Welten. – In solchen Augenblicken und in denjenigen Augenblicken, die sich daraus ergeben, von der Wahrheit also zeugen zu sollen, daß man sich bewußt ist der Gemeinschaft in dieser Wahrheit zwischen den Lebenden und den Toten, das gehört zu den Herzens-, zu den Seelenerrungenschaften der geisteswissenschaftlichen Weltanschauung, gehört zu demjenigen, was durchströmt die geisteswissenschaftliche Bewegung von dem lebendig empfundenen Mysterium des Todes aus. Und wir dürfen, meine lieben Freunde, alle, alle uns durchdringen von dieser Empfindung, von der Empfindung unserer Gemeinschaft, die wir pflegen hier als Lebende im physischen Leibe mit den Lebenden, die durch die Todespforte gegangen sind, mit den Lebenden im Lichte der geistigen Welt und im geistigen Leben. Und wenn wir das Gefühl entwickeln jener Verantwortlichkeit gegenüber der Erkenntnis der geistigen Welten, die sich ergibt durch das Bewußtsein: Hier gedenken wir der geistigen Welt, und dort sind die Geistesaugen, die herunterschauen prüfend, wie wir zur Wahrheit der Welt stehen, dort sind die Geistesohren, die herunterhören, ob Wahrheit oder Lüge in unseren Herzen wohnt, – wenn wir entwickeln dieses Gefühl in konkreter Gemeinschaft mit denjenigen, die hier Seite an Seite mit uns gearbeitet haben und die jetzt weiter mit den Strömungen unserer Seele mit uns arbeiten, dann, dann wird uns geisteswissenschaftliche Weltanschauung, geisteswissenschaftliche Bewegung jenes Lebendige, das die Brücke schlägt zwischen Welten, zwischen denen in unserer Zeit und in der ewigen Zukunft auf eine andere Weise keine Brücke geschlagen werden kann.

Und wenn wir solche Gefühle entwickeln, wenn wir solche Gefühle so recht beleben in unseren Seelen, dann fühlen wir, wenn wir in der einen oder in der anderen Weise den durch des Todes Pforte Gegangenen nahegestanden haben, auch in besonderer Weise den karmischen Zusammenhang. Und dann lernen wir auch allmählich durch jene subtilen, feinen Offenbarungen hindurch spüren, die stets bestehen zwischen der geistigen Welt und unseren Seelen, dann erfahren wir sie schon – die Stimmen unserer Toten, derjenigen namentlich, die karmisch mit uns ganz besonders verbunden waren. Wir erfahren sie dadurch, daß wir in der eben gekennzeichneten Weise die Gedanken zu ihnen richten und in der inneren Seelenatmosphäre und Seelenaura, die uns diese Gedanken übermitteln, in vielleicht leiser, in recht intimer, aber darum doch allmählich wahrnehmbarer Art verspüren, wie sie fortleben in uns, die durch des Todes Pforte Gegangenen, wie sie mit uns leben, wie sie teilnehmen an unserem Schicksal, aber wie sie zu gleicher Zeit ihre Kraft für alles dasjenige geben, was vielleicht das Beste in uns selber ist und im Wirken der Welt aus uns werden kann. Und so wird es uns, ausgehend von solchen Empfindungen und Gedanken, immer mehr und mehr möglich, die abstrakten Empfindungen gegenüber dem Tode, die in unserer materialistischen Zeit sich immer mehr und mehr verbreiten müssen, wiederum in lebendig konkrete zu verwandeln, wiederum zusammen sein zu dürfen geistig-seelisch mit denjenigen, die uns als physische Persönlichkeit für eine Weile, bis wir ihnen folgen durch des Todes Pforte, verlassen haben. Und vielleicht ist es eine Botschaft unserer Toten an uns, wenn ich sagte: Wir sollen uns bewußt sein, welche Belebung das Erdendasein über die Vorstellung des Todes hinaus in der Richtung der Heiligung dieses Erdendaseins erfährt dadurch, daß wir mit jener Aufrichtigkeit Geisteswissenschaft nehmen, die notwendig ist, wenn wir fühlen: Unsere Toten schauen uns zu, hören unsere intimsten Gedanken und unser wahres oder unwahres Dabeisein bei den Erkenntnissen der Geisteswissenschaft.

Wie eine Botschaft der teuren Toten empfindet man es, daß aufgehen müsse der Menschheit im allgemeinen die Vorstellungswelt des Geistes. Denn wie schneidet es einem gerade heute, gerade in unserer Gegenwart ins Herz, wenn man von da- oder dorther, von Seiten her, die viele Menschen sogar als Berufene, die unzählige Menschen als Berufene ansehen, wenn man von solchen Seiten her in dieser traurigen Zeit oftmals heute die Worte hört: man sei es den Toten schuldig dasjenige fortzusetzen, was heute in so grausiger Weise durch die Welt geht! – Erkennt man die eben gekennzeichnete Meinung der Toten, dann weiß man auch, daß zum Ärgsten des Materialismus dies gehört, daß das Mysterium des Todes also in unserer Zeit, wo die Menschen so den Tod in die Welt bringen, entheiligt wird, indem die Leidenschaften der Lebenden sich berufen auf diejenigen, die durch des Todes Pforte gegangen sind.

Ehren und lieben wir unsere teuren Toten, meine lieben Freunde, dadurch daß wir lebendiges Leben der Geisteswissenschaft hineinzutragen versuchen auf alle die Plätze, auf die wir gestellt sind, der eine und der andere, im Erdendasein. Dadurch tragen wir geistiges Leben auch in alles Weltendasein hinein nach unserem Vermögen, und wir werden gerade in unserem Eifer, in unserer Hingabe für geisteswissenschaftliche Weltanschauung am besten zusammensein mit unseren teuren Toten. Und ich weiß, daß ich auch im Sinne der nun schon ein Jahr in der Geisteswelt weilenden Sophie Stinde spreche, wenn ich diese Worte, die heute zu ihrem und der anderen uns Nahestehenden und durch des Todes Pforte Gegangenen Gedächtnis gesprochen worden sind, gerade an diesem Tage ausspreche. Wenn ich gerade an diesem Tage versuche, in Ihnen das Bewußtsein rege zu machen, daß in der Arbeit für die geisteswissenschaftliche Weltanschauung immer wieder und wieder jene großen, aber auch jene intimen Augenblicke für unsere Seele kommen, in denen diese unsere Seelen wissen: Jetzt bist du nicht allein: bei dir ist sie, die Seele, der du nahestandest, als sie sprach mit den Organen des physischen Leibes, als sie dich ansah mit den Augen des physischen Leibes, als du blicken durftest in ihre physischen Augen. Nahe ist dir jetzt diese Seele, der du damals nahegetreten bist, die Seele, die du begleitet hast zu des Todes Pforte, die Seele, die du betrauert hast, als sie sich vom physischen Dasein zu wenden hatte. Du kanntest sie, du liebtest sie, dir war sie teuer; du kennst sie weiter, du liebst sie weiter, sie ist dir weiter teuer. Und da du sie begleitetest zu des Todes Pforte, da war es nur, daß sich verwandelte die Art deines Zusammenseins mit ihr; denn du fühlst, wie sie um dich, wie sie bei dir ist.

Durchdringen wir uns, meine lieben Freunde, heute an dem Jahrestage des Todes unserer lieben Sophie Stinde mit solchen Gedanken, und gedenken wir all derer in solchen Gedanken, die aus unseren Reihen durch des Todes Pforte gegangen sind, und die sich wohl alle mit ihr zusammenfinden, weil alle mit ihr vereint hat das gemeinsame geistige Streben. Und suchen wir ihnen allen nahe zu sein durch die intimsten Phasen unserer Seele, indem uns mit ihnen vereinigt das gleiche Sehnen, das gleiche Streben nach der geistigen Welt.

GEDENKWORTE FÜR GERTRUD MOTZKUS

Berlin, 6. Februar 1917

Seit wir uns hier nicht zusammengefunden haben, haben wir für den physischen Plan den Verlust unseres lieben Fräulein *Motzkus* und anderer lieber Freunde zu beklagen, die infolge der Zeitereignisse den physischen Plan verlassen haben. Es ist besonders schmerzlich, unter denjenigen lieben Freunden, die hier nun durch so viele Jahre mit teilgenommen haben an unseren geisteswissenschaftlichen Bestrebungen, Fräulein Motzkus nicht mehr zu sehen. Sie gehörte ja unserer Bewegung an, seitdem wir mit derselben begonnen haben. Vom ersten Tage an, von der ersten Versammlung im kleinsten Kreise an, die ganze Zeit über war sie in unserer Mitte als ein im tiefsten Herzen unserer Bewegung hingegebenes Mitglied, das alle Phasen, alle Entwickelungsprüfungen unserer Bewegung mit innigem Anteil mitgemacht hat; das vor allen Dingen durch alle diese Ereignisse hindurch, durch die wir haben gehen müssen, sich bewahrt hat im tiefsten Sinne des Wortes eine unbesiegliche Treue zu unserer Sache, eine Treue, durch die Fräulein Motzkus gewiß vorbildlich war für diejenigen, die wirklich ergebene Mitglieder der geisteswissenschaftlichen Bewegung sein wollen. Und so schauen wir denn dieser lieben, guten Seele nach in die Welten des geistigen Lebens, zu denen sie aufgestiegen ist, indem wir das durch viele Jahre herangebildete und herangefestigte Treue-Verhältnis zu ihr bewahren, indem wir uns mit ihrer Seele verbunden wissen für immerdar.

In der letzten Zeit hat Fräulein Motzkus selber den Verlust ihrer treuen Freundin, die sie nun so bald in der geistigen Welt wiedergefunden hat, zu beklagen gehabt und in dem Sinne, wie man aus dem Bewußtsein einer wirklichen Auffassung der geistigen Welt einen solchen Schlag erträgt, diesen Schlag hingenommen. Bewundernswert war es, mit welch regem Interesse Fräulein Motzkus bis in ihre letzten Tage hinein ein tiefes Anteilnehmen zeigte an den großen Ereignissen der Zeit. Sie sagte mir selber wiederholt, so lange möchte sie noch hier auf dem physischen Plane leben, bis sich diese bedeutenden Ereignisse, in deren Mitte wir jetzt stehen, entschieden haben. Nun, sie wird mit freierem Blicke noch, mit festerem Sinne für die Entwickelung der Menschheit, in ihrem jetzigen Zustand diese Ereignisse, an denen sie mit so innigem Anteil und Interesse hing, verfolgen können.

Und so sei es denn uns allen ans Herz gelegt, daß wir, wo wir nur können, unsere Gedanken, unsere tätigen Kräfte der Seele, mit diesem treuen Geiste, mit diesem treuen, lieben Mitgliede unserer Bewegung vereinigen, damit wir uns mit ihr eins wissen auch fernerhin, wo sie in anderer Form unter uns weilen wird als bisher, da sie auf dem physischen Plan mit uns in einer so vorbildlichen Weise verbunden war.

ANSPRACHE BEI DER KREMATION VON PAULINE DIETERLE

Stuttgart, 11. Mai 1917

Nicht leicht gewobene Trostesworte geziemt es sich zu sprechen, wenn man als Freund eines Dahingegangenen inmitten derjenigen steht, welche ein Teuerstes verloren haben. Denn allzuberechtigt, allzubegreiflich ist der tiefe Schmerz, den wir in einem solchen Augenblicke fühlen, wenn Lebensbande zerrissen werden, die fest gewoben sind, die gewoben waren, um in gemeinsamen Schicksalen und in gemeinsamen Lebensaufgaben durch das Dasein hindurchzugehen.

Aber ein anderes darf vielleicht hineinsprechen in solchem Augenblick auch in den größten, in den herbsten Schmerz, in die bitterste Trauer: Es ist der Mitschmerz, die Mittrauer derjenigen, welche zu den Nächststehenden hinzu in tiefster Seele, aus vollstem Herzen schätzen und lieben gelernt haben diejenigen, die den physischen Plan verlassen haben. Und vielleicht darf gerade ich in diesem Traueraugenblick gedenken derjenigen Seele, von der wir wissen dürfen, daß ihr zueilt diejenige, die uns jetzt im physischen Erdendasein verläßt. Denn gedenken darf ich der Seele des lieben, uns so teuer gewordenen Gatten der teueren Dahingeschiedenen, dieser suchenden, tief in die Geheimnisse des Daseins schürfenden Persönlichkeit. Unvergeßlich werden mir bleiben viele Augenblicke, die ich im Gespräche über geistige Angelegenheiten, über geistige Verhältnisse und geistige Welten haben durfte mit der Seele, die jetzt schon seit langer Zeit von uns hinweg in geistige Welten gegangen ist, mit der Seele des Gatten der Dahingegangenen und des Vaters der hier traurig Zurückgebliebenen. Und wenn in unserem Kreise die liebe, suchende Seele der jetzt Dahingegangenen erschien, so spiegelte sich aus ihren Augen, aus diesen suchenden und, man darf wohl sagen, lichttragenden und liebetragenden Augen dieselbe Kraft echten, wahren, geistigen Strebens und Suchens nach höheren, lichten Welten, die da lebte in der Seele des ihr Vorangegangenen. Und wir dürfen in diesem Traueraugenblick der schönen Geistbegegnung gedenken der beiden, die eine Aussöhnung sein darf für die dahingegangene Seele gegenüber alle dem, was sie hier in ihrem teuren, lieben Kreise verlassen hat, in jenem Kreise, für den sie durch das Schicksal so tief vorausbestimmt erschien, in jenem Kreise, aus dem heraus Welteninteresse im tiefsten Umfang jedem entgegentrat, der diesem Kreise nahetritt. Erhebend war es, zu hören, zu sehen, wie diejenigen, denen Mutter geworden ist die teuere Dahingegangene durch Schicksalsfügung, wie sie den suchenden Geist der Familie Dieterle hinaustrugen in die weitesten Weltenkreise, wie sie suchten Menschenglück zu finden im Menschenwirken, wie sie suchten aus dem Engen stets heraus in das Weite hineinzukommen.

Das ist es, was vor unserer Seele stehen darf für diesen Kreis, den die Teuere uns Liebgewordene verläßt, und versichert darf der Kreis, der Verwandtenkreis sein, daß sein Schmerz, seine Trauer Mitschmerz, Mittrauer findet in dem weiteren Kreise derer, in den die Dahingeschiedene getreten ist, um nach dem Geiste zu suchen, um Annäherung zu finden an die Lösung derjenigen Rätsel, die ihr so stark in der Seele brannten. Und diejenigen, die mit ihr verbunden waren in diesem, nach dem Geiste suchenden Kreis, ihnen werden sie unvergessen bleiben, die geistsuchenden, liebetragenden beiden Dahingeschiedenen. Wir werden sie hier im physischen Leben nicht mehr schauen, diese beiden, diese milden, starken, diese suchenden Seelen, aber wir werden wissen, daß unserer Erinnerung lebendig bleiben wird und als lebendige Erinnerung mit der lebendig bleibenden Seele der nur physisch von uns Gegangenen sich immer verbunden fühlt, jener Seele, die mit dem ewigen Geiste Harmonie suchte und bis zu einem gewissen Grade ganz gewiß gefunden hat, so daß sie diese hinübertragen kann in geistige Welten, um dort in der entsprechenden Weise weiter die Sorge für das eigene und der andern Menschen Heil, für die eigene und der andern Menschen Entwickelung zu pflegen.

Und so darf ich als letzten Gruß nachsprechen aus der Erinnerung, aus dem Zusammensein mit der Seele und dem Geiste der teueren Freundin, ihrer Seele, ihrem Geiste die Worte nachsenden, die sich mir vor die Seele gestellt haben, als die irdische Hülle verlassen wurde von dieser Seele, von diesem Geiste:

Seele, aus dem Reich der milden Kraft erstanden,
Die im Kampf des Erdenlebens Felsengrund
Für die innern Wesenstiefen
Mutig sich erworben,

Die im Suchen nach der Wahrheit Segen
Echtem Menschenziel sich zugerungen,
Und in edler Menschenliebe
Sinnvoll wirken wollte;

Geist, der in den Lebensweiten
Nach der Seele Tiefen strebte,
Und die Quellen wahrer Daseinswerte
Sich ergründen wollte,

Der im Strom des Lebens
Stets das Selbsterrungene gütig
Andern Menschen segensvoll
Wirksam reichen wollte:

Du betrittst der Seele Lichtbereich.
Blick in Deiner Kinder Herzen,
Und in Deiner Freunde Seelen,
Blick zu uns hernieder,

Wie wir Dich geleiten möchten
Mit dem Seelenschritt der Liebe,
Mit dem Herzenswort der Treue,
Hier vom Trauerort

Zu den Höhen, wo Dich wissen kann
Unser Seelensinnen unverloren,
Wo das Licht durch Todesschleier
Nicht verdunkelt werden kann.

Und so scheiden wir denn von Deiner irdischen Hülle, die uns in dem nie verlöschenden Lichte geistigen Lebens erstrahlen wird, und wir wissen, daß wir in jenem Geiste, der in Dir gesucht hat nach seines Wesens Ursprung, gesucht hat nach derjenigen Überwindung des Todes, die aus der geistigen Erkenntnis heraus zu dem Christus kommen will, der da finden will aus der Versenkung des eigenen Wesens in die Christus-Wesenheit die Kraft der Wiedergeburt der ewigen Seelenkraft, – so wissen wir, daß wir im Suchen nach diesem Geiste uns mit Dir gefunden haben, und daß dieser Geist, der Menschenseelen durch Ewigkeiten und Todestore und Lebenstore trägt, uns für immer mit Dir zusammenhalten wird. Wir werden uns verbunden wissen nicht nur in toter Erinnerung, sondern in voller Lebendigkeit, da wir Dich gefunden haben in einer Art, daß wir Dich nimmermehr verlieren können.

GEDENKWORTE
Stuttgart, 11. Mai 1917

Meine lieben Freunde!

Seit wir uns das letztemal gesehen haben hier, haben innerhalb und außerhalb des Kreises, der hier vereint ist, zahlreiche unserer Mitglieder, zum Teil infolge der Ereignisse, die in der Gegenwart die Menschheit so schwer prüfen, teilweise ohne Zusammenhang mit diesem Äußerlichen, den physischen Plan verlassen. Es ist nicht möglich, im einzelnen auf alle diejenigen, die für uns fortan ihre Vereinigung mit uns haben in der geistigen Welt und nicht mehr auf dem physischen Plan, mit Namen hinzuweisen. Lebhaft vor der Seele stehend sind Ihnen die schweren Verluste, die gerade unsere Bewegung hier durch den Hingang unseres lieben Herrn *Barth*, unseres lieben Fräulein *Rettich* und unserer lieben Frau *Pauline Dieterle* erlitten hat. Es würde lange Zeit in Anspruch nehmen, wenn ich alles das jetzt vor Ihren Seelen hier aufrollen wollte, was in diesen unseren Seelen aufsteigt in dem Augenblick, wo wir an diese teuren Seelen denken. Allein darum kann es sich uns nicht handeln. Für einen jeden von diesen lebt hier ein sehr großer Kreis, welcher das, was in Worten ausgesprochen lange Zeit in Anspruch nehmen würde, mit ungeheurer Intensität und voller Hingebung an diese Seelen in seiner eigenen Seele fühlen kann. Und daß wir dieses in unserer Seele lebendig halten, daß wir uns gewissermaßen geloben, dies in unseren Seelen lebendig zu halten, daß wir keine Gelegenheit zur Aufmerksamkeit verlieren, den Zusammenhang mit diesen Seelen aufrecht zu erhalten, das ist es, was uns nahegehen muß.

Wer Fräulein Rettichs stille, ruhige Art gekannt hat, wer mit ihr lebte, wer mit ihr wirkte, der weiß, daß ein reicher Geist, der durch schwere Prüfungen des Lebens hindurchgegangen ist, der beseelt war von ernstem, heiligstem Streben nach Wahrheit, beseelt war von reinstem Menschenwohlwollen und von Menschenliebe, in dieser unserer Freundin lebte. Und die Individualität von Fräulein Rettich ist so, daß wohl niemand sie wird vergessen können, der in irgend einem Lebenszusammenhang mit ihr war. Die stille, bescheidene Art, verbunden mit einer starken inneren Kraft des Strebens, das war bei dieser Persönlichkeit das besonders Anziehende. Das war dasjenige, welches machte, daß uns die fortwirkende Seele gerade Fräulein Rettichs, mit der wir uns vereinigt fühlen wollen, besonders nahestehend bleiben wird, sofern wir das Glück hatten, ihr schon im Leben nahezustehen.

Was Herr Barth durch seine besondere Individualität und Wirkungsart dem Kerningzweig war, das werden sogar manche andere hier besser künden können als ich selber, weil sie viel zu erzählen haben werden von dem, was sie Herrn Barth verdanken. Daß ein großer Kreis mit innigster Liebe an ihm hing, das ist weithin bekannt; daß er keine Mühe gescheut hat, keine Kraft unwirksam gelassen hat, um in der Richtung zu wirken, die er als die richtige erkannt hat, das ist das, was in bleibender Erinnerung leben muß, was vorbildlich wirken kann über diese Erinnerung hinaus, und was dem zugrunde liegen wird, was viele Seelen in lebendigem Zusammenhang mit dieser Seele erlebten. Was Herr Barth seinem Kreise war, es ist von einem Angehörigen dieses Kreises geschildert worden, als unsere lieben Mitglieder sich von der irdischen Hülle dieses unseres teuren Freundes trennten, und wir können gerade bei ihm das Andenken am besten ehren, wenn wir die ungeheuer hingebungsvolle Art an die Sache und an die Persönlichkeiten nimmermehr aus den Augen verlieren.

Was in meiner Seele lebendig ist, und was ich glaube, daß in vielen Seelen lebendig ist infolge des Hinganges der lieben Frau Dieterle, das versuchte ich mit wenigen Worten heute morgen anzudeuten, als wir uns trennten von der irdischen Hülle dieser lieben Freundin. Ich glaubte hindeuten zu dürfen insbesondere bei dieser Gelegenheit darauf, wie diese Seele wie geboren war aus Gegensätzen, die zur schönsten Harmonie – wie das bei richtigen Gegensätzen immer der Fall ist – sich vereinigten, wie diese Seele erstanden war aus milder Kraft, aus Mildheit und Kräftigkeit. Gedenken mußte ich der weiten Lebensinteressen, in welche das Karma diese Frau hineingetragen hat. Und gedenken mußte ich vor allen Dingen der weiten geistigen Interessen, die in diesem Traueraugenblick lebendig vor meiner Seele standen, des Geistes des ihr lange vorangegangenen Gatten, des Vaters der Zurückgebliebenen. Gedenken mußte ich manches Gespräches mit diesem Manne, das immer erfüllt war von reinsten geistigen, unpersönlichen geistigen Interessen, erfüllt war von dem, was eigentlich niemals den Richtpunkt auf das Persönliche nahm. Und in diesem Augenblick dürfen wir dieses Mannes gedenken ganz im Sinne unserer geisteswissenschaftlichen Gesinnung, die uns im Geiste hinblicken läßt auf das nunmehr zu erfolgende Zusammentreffen unserer Freundin mit der ihr in die geistige Welt vorangegangenen Seele. Was sie mir selbst durch die Art wurde, wie sie immer hier seit langer Zeit mit teilnahm an unserem Wirken und Leben, das stellte sich mir vor die Seele in den Worten, die ich als letzten Abschiedsgruß unserer lieben Freundin heute morgen nachrief und die ich vielleicht hier wiederholen darf, die zum Ausdruck bringen sollten, wie sich mir hinstellte das Verhältnis der Seele, des Geistes dieser Frau:

Seele, aus dem Reich der milden Kraft erstanden,
Die im Kampf des Erdenlebens Felsengrund
Für die innern Wesenstiefen
Mutig sich erworben,

Die im Suchen nach der Wahrheit Segen
Echtem Menschenziel sich zugerungen,
Und in edler Menschenliebe
Sinnvoll wirken wollte;

Geist, der in den Lebensweiten
Nach der Seele Tiefen strebte,
Und die Quellen wahrer Daseinswerte
Sich ergründen wollte,

Der im Strom des Lebens
Stets das Selbsterrungene gütig
Andern Menschen segensvoll
Wirksam reichen wollte:

Du betrittst der Seele Lichtbereich.
Blick in Deiner Kinder Herzen,

Und in Deiner Freunde Seelen,
Blick zu uns hernieder,

Wie wir Dich geleiten möchten
Mit dem Seelenschritt der Liebe,
Mit dem Herzenswort der Treue,
Hier vom Trauerort

Zu den Höhen, wo Dich wissen kann
Unser Seelensinnen unverloren,
Wo das Licht durch Todesschleier
Nicht verdunkelt werden kann.

Um das Andenken all unserer lieben Dahingegangenen zu ehren, erheben wir uns von den Sitzen. Und wir denken uns, wie wir Kraft gewinnen, wenn wir mit den Dahingegangenen im Geiste fest verbunden bleiben.

GEDENKWORTE FÜR HEINRICH MITSCHER UND OLGA VON SIVERS

Dornach, 7. Oktober 1917

Die meisten der Freunde, die hier ihre Arbeit mit dem Bau verbunden haben, waren ja auch vereinigt in ihrer Arbeit mit unserem Freunde *Heinrich Mitscher*, welcher vor kurzem den physischen Plan verlassen hat. Sie alle wissen ja, daß wir damit verloren haben das dritte Glied innerhalb jener teuren und treuen Gemeinschaft, aus welcher vorher von uns in die geistige Welt hinweggegangen sind *Fritz Mitscher* und unsere liebe Frau *Noss*. Ich brauche nicht viel zu sagen der Erinnerung über Heinrich Mitscher, denn es ist eine große Anzahl von Freunden hier, welche aus einer verhältnismäßig langen und schönen Arbeitsgemeinschaft heraus empfinden werden, was gerade in Verbindung mit Heinrich Mitscher zu sagen ist.

Heinrich Mitscher stand uns hier bei von den ersten Zeiten dieses Dornacher Baues an, und wie weniges war es ein Glück für diesen Bau, daß wir für viele Dinge – gerade die mit diesem Bau vereinigten künstlerischen Naturen werden dies in gleicher Weise fühlen –, daß wir für die Arbeiten dieses Baues gerade diese künstlerische Kraft haben konnten. Heinrich Mitscher war in dieser Inkarnation eine eigentümlich geartete Künstlernatur, eine Künstlernatur, von der man sagen könnte: Diese Persönlichkeit war in erster Linie Künstler, nicht Maler, nicht Künstler auf einem anderen speziellen Gebiete, sondern in erster Linie Künstler. – Solche Naturen haben das Eigentümliche, daß sie innerhalb des gegenwärtigen Künstlertums, des gegenwärtigen Künstlerwesens manchmal nur sehr schwer dazu kommen, die gerade ihnen geeignete Lebensbahn zu finden. Wer durch eine reichere Seelenveranlagung künstlerische Impulse im allgemeinen in sich hat, künstlerische Impulse von organisatorischer Kraft, der kommt dem heutigen Spezialistentum gegenüber manchmal nicht leicht zurecht. Aber – und gerade dann, wenn sich die Möglichkeit findet, allgemeines Künstlertum zu entwickeln, wie das in ganz besonderem Maße bei der Aufführung dieses Baues dann der Fall ist –, dann sind solche Kräfte so recht am Platze. Und das haben wir gefühlt, indem Heinrich Mitscher mit in unserer Mitte hier wirkte mit seiner starken Organisationskraft, mit seiner in vieler Beziehung suggestiven Kraft, durch die er Intentionen zu übertragen wußte auf andere Freunde, mit seinem starken Wollen, welches geeignet ist, durchzusetzen dasjenige, was intendiert wurde. Hier braucht man ja vor allen Dingen künstlerische Naturen, und eine solche war Heinrich Mitscher. Daher sind die Dienste, die er dem Bau geleistet hat, wirklich nicht hoch genug anzuschlagen.

Bei diesem Bau ist ja vieles von teuren, lieben Freunden geleistet worden, von dem im einzelnen, speziellen vielleicht die Welt gar nicht viel wissen wird. Manche treue, hingebungsvolle Arbeit ist hier verkörpert in demjenigen, was das Auge sieht. Vieles von der fürs Große angelegten Geistigkeit Heinrich Mitschers steckt in diesem Bau. Und sein Wollen war in der Zeit, als er seine Kraft dem Bau widmete, ungeteilt in dem ganzen Sinn des Baues darinnen. Er war innerlich verbunden mit diesem Bau mehr als mit irgend einem anderen Gliede der anthroposophischen Bewegung. Das war eine Folge gerade seiner eigentümlich gearteten künstlerischen Natur, und es wird mir immer eine traurige Erinnerung sein, wie ich schon in den ersten Tagen des Kriegsausbruchs gerade Heinrich Mitscher Abschied nehmen sah von dieser Arbeitsstätte hier. Er hat dann während der ganzen Zeit, während welcher seine Kraft gewidmet sein mußte den jetzigen traurigen in die Menschheitsentwickelung eingreifenden Ereignissen, auch überall verstanden, am rechten Ort den rechten Mann zu stellen. Und die Schätzung, die ihm sicher ist bei all denjenigen, die seinen Wert erkannt haben innerhalb der Gemeinschaft, die diesen Bau aufführt, ist ihm auch zuteil geworden in den Kreisen, in denen er dann eingetreten ist zu einer ganz anders gearteten Tätigkeit. Auch bekannt zu sein, verbunden zu sein im Leben mit solchen Naturen, ist für diejenigen, die es sind, ein außerordentlicher Gewinn des Lebens. Denn diese Bekanntschaft schließt ein das Heranklingen-Fühlen einer wirklichen, innerlich in bestimmter Art wollenden und denkenden Individualität. Das Wort ist in der neueren Zeit vielfach mißbraucht worden für alles mögliche, aber man kann seinen guten Inhalt, seine gute Wesenhaftigkeit deshalb doch empfinden. Da muß man dann sagen:

Diejenigen, die Heinrich Mitscher kennen gelernt haben, lernten kennen eine wirkliche Individualität. – Individualitäten sind ja in der heutigen Zeit viel seltener als man denkt. Deshalb ist es Glück und Gewinn des Lebens, Gemeinschaft mit einer Individualität zu haben. Man muß in solchen Dingen nur recht verstehen. Gewiß konnte von Heinrich Mitscher manches scharfe, manches schneidige Wort kommen, niemals war solch ein scharfes, schneidiges Wort gebraucht worden anders als in heiligem Enthusiasmus für die Sache. Und derjenige, der diese Individualität kannte, der wußte, daß hinter der manchmal rauhen Form tatsächlich etwas ungeheuer Feines, etwas aus eben kunstgeformten und kunstwollenden Welten herauskam.

Nun hat wie so viele der Gegenwart, deren Karma im engeren Sinne verbunden ist mit diesen gegenwärtigen Ereignissen, auch Heinrich Mitscher die Kugel getroffen, und er ist von uns gegangen. Wir dürfen das Gefühl haben, meine lieben Freunde, daß so wie die anderen Glieder der Familie Mitscher-Noss, auch diese Seele uns Hilfe- und Stärkequell sein kann gerade von den geistigen Welten aus. Und die Schwester, die in unserer Mitte weilt, sie darf wissen und darf versichert sein, daß diejenigen, die ihres Bruders Wert erkannt haben, ihres Bruders Wert und Freundschaft erlebt haben, mit ihr brüderlich-schwesterlich fühlen werden und tragen werden treu das Gedächtnis dieses unseres lieben Freundes. Ich brauche, wie gesagt, darüber nicht viele Worte zu machen, denn gerade in diesem Fall sitzt auch das Beste in den Seelen, die diesen Wert einer Freundesseele, einer Künstlerseele, einer treu arbeitenden Seele erkannt haben.

Ein anderer erinnernder Gedanke muß noch kürzer sein, meine lieben Freunde, weil es nicht statthaft ist, daß ich gerade dann ausführlich spreche, wenn das Ereignis, von dem zu sprechen ist, mir selbst persönlich außerordentlich nahesteht. Aber auch in diesem Falle ist es so, daß, wenn ich auch nur wenige Worte spreche, trotzdem diese Worte, wie es in diesem Falle sein muß, aus persönlichstem Empfinden und Fühlen heraus gesprochen werden müssen, daß diese Worte einen von diesem persönlichen Ton in diesem Falle abseits stehenden, selbständigen Widerhall bei vielen Herzen und vielen Freundesseelen, die hier vereinigt sind, finden. Unter den Verlusten der letzten Zeit für den physischen Plan, die ja so zahlreich sind, ist auch der der Schwester von Frau Dr. Steiner, Fräulein *Olga von Sivers*, welche vielen von uns ganz gewiß als treue Freundin, als mit unserer Bewegung in der schönsten Weise verbundene Seele in liebendem Gedächtnis verbleiben wird. Wer wird sich, der es gesehen hat, nicht erinnern an die liebenswürdige, schöne Verkörperung der Gestalten, die Olga von Sivers für unsere Mysterien darstellen konnte. Wer wird sich nicht erinnern des stillen an sich haltenden Waltens gerade nun dieser Persönlichkeit innerhalb der Kreise unserer Gesellschaft.

Olga von Sivers war eines derjenigen Mitglieder – das darf ich sagen –, welche von Anfang an in ganz spezifischer Art mit unserer Bewegung verbunden sind. Sie lehnte im umfassendsten Sinne eigentlich alles dasjenige ab, was an okkulten Wahrheiten, an okkulten Impulsen, an okkulten Einsichten nicht gerade kam von jener Strenge, die wir anstreben, von jener Reinheit, mit der wir die Sachen ansehen sollen. Man kann sagen: Unsere Bewegung, meine lieben Freunde, war ja, weil man immer Geschichtliches an Geschichtliches anknüpfen muß, in der mannigfaltigsten Weise von anderen Bewegungen durchsetzt. Die eine oder die andere Seele fand sogar nur schwer den Weg heraus aus anderen allerlei okkulten Gesellschaften und theosophischen Bewegungen.

Olga von Sivers gehörte zu denjenigen Persönlichkeiten, die niemals irgendwie angezogen waren von etwas anderem. Und daher konnte man sich um so enger gerade mit ihr verbunden fühlen, treu. An demjenigen Ort, dem sie sich zugewiesen fand, pflegte sie im intimen Kreise dasjenige, was von dieser Bewegung ausgehend als den Bedürfnissen der Gegenwart und der nächsten Zukunft dem geistigen Leben angemessen gehalten werden muß. So still sie auftrat, so sanft ihr Wirken war, so energisch im Inneren, wenn auch an sich haltend, war ihr Verbundensein mit gerade der spezifischen Artung unserer Bewegung.

Als dann der Krieg ausbrach, hatte sie neben der weiteren Pflege, die sie treulich besorgt hat – der anthroposophischen Sache in Petersburg, in Rußland überhaupt –, ihre Kräfte dem Samariterdienst des Krieges gewidmet, hatte durch ihre Seele ziehen lassen müssen den schweren Verlust ihres Bruders, der auf dem Schlachtfelde gefallen ist, hatte ihre Kräfte verbraucht, war bis zuletzt beseelt von der Hoffnung, die ihr aber fast keine Hoffnung mehr war, weil sie sie nicht mehr für erfüllbar hielt: vereinigt zu sein mit all dem, was sich um diesen Bau herum bildet.

Weiteres zu sagen, wie gesagt, verbietet mir der Umstand, daß ich selbst so unendlich viel gerade an dieser Persönlichkeit verloren habe. Und ich darf auch hier sagen: Es ist meine tiefste Überzeugung, daß diejenigen, die Wert und Wesen dieser Persönlichkeit kennen gelernt haben, ihr das treueste Andenken bewahren werden und mitfühlen werden, daß es schwer ist, diese Persönlichkeit in Zukunft nicht an der Seite ihrer Schwester in unserem Kreise hier auf dem physischen Plan wissen zu dürfen. Auch sie wird uns von der geistigen Welt aus in Treue weiterhelfen.

GEDENKWORTE FÜR MARIE HAHN
Dornach, 20. September 1918

Meine lieben Freunde!

In die Gedanken, die uns heute bewegen konnten und die zusammenhängen damit, daß wir heute vor fünf Jahren hier an dieser Stätte den Grundstein unseres Baues gelegt haben, tönte uns hinein die schmerzliche Kunde von dem Verlassen des physischen Planes durch eines der ältesten Mitglieder hier in dieser Gegend: unsere liebe Frau *Hahn* hat heute morgen den physischen Plan verlassen. Und ich brauche wahrhaftig nicht viele Worte zu machen, um bei denjenigen unserer lieben Freunde die entsprechenden Empfindungen zu erregen, die in diesem Falle bei allen von selber kommen, bei denjenigen unserer Freunde, die Frau Hahn gekannt haben. Und diejenigen, die sie gekannt haben, die sie in Wirklichkeit gekannt haben, sie haben sie auch wirklich recht, recht lieb gehabt. Vor uns steht, die wir sie gekannt haben, ihre sanfte, stille Wesenheit, doch eben, die wir sie kannten, wußten, wie viel starke, verinnerlichte Kraft in dieser stillen Wesenheit war. Und wir hatten durch eine lange Reihe von Jahren, durch welche Frau Hahn an der Seite unseres lieben Herrn Hahn mit uns verbunden war, reichlich Gelegenheit, tief befriedigt zu empfinden die intensive Verbundenheit mit unserer Bewegung durch diese Seele, die nunmehr den physischen Plan verlassen hat.

In tiefster Seele hatte sie aufgenommen dasjenige, was durch die Geisteswissenschaft spricht. Sie hatte es erfaßt, man darf sagen in der ganzen Breite ihres umfänglichen Gefühlslebens. Und was besonders tief aus ihr sprach, sie hatte überall die Möglichkeit gefunden, dasjenige, was sich aus der Geisteswissenschaft ihr offenbarte, anzuknüpfen an ihr tiefinnerliches, geistergebenes, und wir dürfen im wahrsten Sinne des Wortes sagen frommes seelisches Wesen. Sie war eine derjenigen Seelen, welche nicht nötig hatten, irgend einen Widerspruch zu empfinden zwischen ihrer ursprünglichen, elementaren Hinneigung zum Geistigen, zum Frommsein, zur Geist-Ergebenheit und demjenigen, was als – man möchte sagen – die Geisteswelt erhellendes

Licht durch die Geisteswissenschaft kommen soll. Eine Eigenschaft dieser guten Seele, die sich insbesondere in ihrer Haltung gegenüber unserer geisteswissenschaftlichen Bewegung immer von neuem in der allerschönsten Weise offenbarte, war die so auffällige Treue zur Bewegung, jene Treue, die in der schönen Nuance auftauchte, daß sie nicht bloß ein Festhalten an einem einmal Gewohnten in der Vergangenheit darstellte, sondern ein immer neues Erleben. Man konnte an dieser Seele sehen, wie wahre Treue zu einer Sache darinnen besteht, daß sie jeden Tag, jede Stunde sich neu beleben kann durch die innere Kraft der Sache und durch die herzlich innige Verbundenheit mit der Sache.

Und so steht vor der Seele, die zurückblickt gerade zur treuen Seele, zur lieben Seele unserer Frau Hahn, das schöne Bild ihrer wirklich so ganz im geisteswissenschaftlichen Sinne gehaltenen Todes-Erwartung, einer Todes-Erwartung, die zu nehmen wußte dieses ins Menschenleben so tief einschneidende Ereignis als eine Verwandlung des Lebens, der es selbstverständlich war, dieses Ereignis als eine Verwandlung des Lebens zu nehmen, der es selbstverständlich war, durch ein Tor in eine andere Lebensform einzutreten. Und schauen konnte man an dieser Seele, wie tragend den Menschen solche Möglichkeit des Drinnenstehens im Geiste ist, auch wenn schweres Leiden, wie es hier der Fall war, die letzten Wochen, die letzten Monate, ja Jahre schon durchzog. Wunderbar symbolisch für das schöne Bild, das von dieser treu-lieben Seele auftaucht, ist es wohl, daß man gedenken darf der wahrscheinlich im Menschenleben doch seltenen Tatsache: wie an dem Tage, an dem sich unser lieber Herr Hahn und unsere liebe Frau Hahn zum Lebensbunde vereint haben, wie an ihrem Hochzeitstage 1906 sie abends zu dem zweiten Vortrage, dem zweiten öffentlichen Vortrage, den ich in Basel über unsere Geisteswissenschaft halten durfte, gekommen sind. Der Eintritt in unsere Bewegung, meine lieben Freunde, war dieser unserer beiden Freunde Hochzeitsfeier.

Und schön, sinnbildlich schließt sich zusammen, daß die Gedanken, die uns heute bewegen im Zusammenhange mit unserem Bau, wie durch einen treuen, einen lieben Boten hinaufgetragen werden in die geistige Welt. Denn wahrhaftig, dessen dürfen wir sicher sein, wie ein treu-liebender Bote wird unsere besten Gedanken, die wir hegen können anläßlich dieses Quinquenniums unserer Grundsteinlegung, unsere liebe Frau Hahn in die geistigen Welten hinauftragen.

Ich habe nur noch zu sagen, daß die Trauerfeier, die Beerdigung, am nächsten Sonntag um zwölf Uhr sein wird. Wir versammeln uns im Trauerhause bei Herrn Hahn um zwölf Uhr, Sonntagmittag, in Reinach, Therwilerstraße.

ANSPRACHE AM GRABE VON MARIE HAHN
Reinach, 22. September 1918

Nachdem das priesterliche Wort die Seele, die wir lieben, hinübergeleitet hat aus der sichtbaren in die unsichtbare Welt, sei es mir gestattet, im Namen der hier mit ihr versammelten und mit ihr verbundenen Geistesfreunde einige Worte zu sprechen, die jetzt in diesem Augenblicke unsere Seelen, die mit ihr so eng verbunden waren, durchdringen.

Der Lebenslauf von *Marie Hahn*, wie er sich abspielte in der äußeren Welt, ist eben vor unserem Seelenblick vorübergezogen. Derjenige, welcher die teure Seele kannte, ahnt wohl, wie viel der Lebensbefriedigungen, aber auch der Lebensleiden, der Lebensenttäuschungen durch diese Seele im Laufe der Jahre gezogen sind. Immer wieder zog und strahlte ein Licht durch all dasjenige, was Marie Hahn im äußeren Leben erfuhr, was Marie Hahn im äußeren Leben erarbeitete. Marie Hahn war keine bloß träumerische Seele, Marie Hahn war eine Seele, die in voller Hingabe die äußere Welt, wie sie sich den Menschen darbietet in der sinnlichen Welt, in die er hineingestellt ist, zu erfassen strebte. Marie Hahn war eine Seele, die in voller Hingabe an die Pflichten lebte, die das Leben dem Menschen stellt. Allein derjenige, welcher Marie Hahn kannte, kannte, wie die im Geiste ihr durch mehr als ein Lebensjahrzehnt verbundenen Freunde sie zu kennen strebten, weiß, daß aus all den Lebenserscheinungen, aus aller Arbeit des Lebens heraus Marie Hahn nach dem wahren Geisteslichte suchte, nach geistiger Erkenntnis, nach jener Welt, die da liegt hinter jener Pforte, durch welche die teure, liebe Seele jetzt gezogen ist. Und wenn wir fragen, warum im Hinwenden zur Geisteswissenschaft Marie Hahn die Wege suchte, die da führen aus der Sinneswelt in die Geisteswelt, die da führen aus allen Pflichten, aus allem Beobachten der Arbeiten des Lebens heraus in das Überlebendige, in das Übersinnliche, bekommen wir Antwort durch einen tieferen Blick in die Seele der teuren Dahingegangenen, der uns sagt, daß in dieser Seele mit geboren wurde, als sie hereingetreten ist in diese Welt, das starke, feste Bewußtsein des Gottesursprungs der menschlichen Seele. Welche Wege irrend und ringend die Seele durch der Welten Erscheinungen wandeln muß, innerhalb der Welten-Wandelwege findet die Seele, wenn sie die Wahrheit sucht, das geistige Licht, findet die Seele die tiefe, ewige Wahrheit: Der Mensch ist aus dem Gotte geboren.

Und Marie Hahn, sie fand das Geisteslicht, das aus diesem Wahrworte leuchtet, in ihrer Art. Und wir dürfen ihres Suchens gedenkend in ihrem Sinne mit Angelus Silesius sprechen dasjenige, was auch ihre tiefste Überzeugung ausdrückt:

Gott muß der Anfang sein, das Mittel und das Ende,
Wo ihm gefallen sollen die Werke deiner Hände.

Ein ursprünglich frommes Bewußtsein erweckte in dieser Seele die feste Zuversicht in ihren Gottesursprung. Aber nicht dies allein erfüllte diese Seele. Das Göttliche, das die Welt durchwallt, das Göttliche, welches das Menschenleben durchstrahlt, sie wollte es fühlen, sie wollte es erleben in der eigenen Seele. Das, was sie als Geisteswahrheit erfaßt hatte, sie erfaßte es in so sicherem Wollen, daß die Treue zu diesem Wollen, zu dieser Geistes-Wahrheit, bei ihr eine Selbstverständlichkeit war. In dieser Seele ruhte tief die andere Überzeugung, daß das Christentum allein das Wahre ist, welches in der tiefsten Menschenseele, im innersten Menschenherzen durchlebt wird, welches im innersten Herzen als ganze Macht desjenigen eingreift, was in Wahrheit und in Wirklichkeit durch das Mysterium von Golgatha als Sinn dieses Erdenlebens, als Sinn dieses ganzen Erdenkörpers sich vollzogen hat. Und wiederum dürfen wir der teuren Dahingegangenen ureigenste Überzeugung aussprechen mit des Angelus Silesius Worten:

> Das Kreuz auf Golgatha kann dich nicht von dem Bösen,
> Wo es nicht auch in dir wird aufgericht't, erlösen.

Das gab der teuren Dahingegangenen, als sie anfing, hinfällig zu werden, als die Leiden sich lagerten über das sonst so pflichttreue Leben, die Stärke, sich zu sagen: Gehe ich ein durch die Todespforte in die geistige Welt, so gehe ich ein mit Christus: In Christus werde ich sterben.

Aber Tod und Leben wußte sie zu verbinden, diese Seele, zu verbinden in jener heiligen Geistigkeit, die allen Tod und alles Leben im Überlebendigen, im Übersinnlichen überleuchtet und überstrahlt. Daß das, was hier durch das Erdengeschehen zu Vergänglichkeit verurteilt wird, im Reiche der Dauer wieder auflebt, im Reiche der Dauer sich in seiner wahren Wesenheit durchstrahlt und durchleuchtet von des Geistes Licht wiederfindet, das war es, was das ganze Leben unserer lieben Marie Hahn durchstrahlte und durchleuchtete, das war es, was ihr Kraft gab, rechte, wahre Kraft, Geisteskraft in den letzten schweren Jahren, schwereren Wochen und schwereren Tagen. Wer sie da besuchen durfte und schauen, mit welcher Geist-Ergebenheit, mit welcher starken Seelenkraft sie sich hinüberlebte in die andere Geistesform, in der sie nun weiter wesen soll, der hatte an ihr den lebendigsten Beweis des Geistes und der Kraft, aber auch des Wissens, des Erkennens vom Geiste und seiner Wahrheit.

Und Sie, lieber, mit uns verbundener Rudolf Hahn, teurer Freund, Sie verlieren für dieses Erdenleben das teuerste Wesen. Wir wissen es, was Ihnen das mehr als ein Lebensjahrzehnt währende Sein an der Seite dieser Seele war; wir ahnen es und wissen es zum Teil, wie nahe verbunden sich Ihre Gedanken mit den Gedanken der teuren durch die Todespforte Ziehenden fühlten.

Wir sehen hin auf all die trauten, lieben Gespräche, die Sie führten nach des Tages Arbeit mit der lieben, liebenden und geliebten Gattin, die Sie weiter führen müssen nunmehr in geistiger Verbundenheit. Aber stark war die Seele, die für die sichtbare Welt von Ihnen gegangen ist, und stark waren ihre Gedanken und stark war ihr Wollen. Und diese Stärke und diese Reinheit in ihr, sie wird bei Ihnen sein dauernd, ewig, wesenhaft als Seele durch das Leben. Und kann Ihnen die Verbindung mit den Gedanken liebender Freunde, die sich eng hineinfühlen in die durch die Todespforte ziehende Seele, Trost sein für das, was Sie im Sichtbaren verlieren sollen, um es ferner dauernd im Unsichtbaren zu gewinnen, so lassen Sie sich unsere aus tiefstem Herzen kommenden Gedanken diesen Freundestrost sein. Wir wollen sie mitsenden, unsere liebenden Freundesgedanken, hinauf in die andere, lichte Geistes-Welt, wenn Ihre Gedanken hinaufweisen und hinaufdringen in jene Geistes-Orte, wo wir die Tote, die Tote für diese Welt, nunmehr zu suchen haben.

Und so seien ihr nachgesendet als letzte Worte hier von der sichtbaren Welt in die unsichtbare Welt die Worte, die jetzt in diesem Augenblicke durch unsere Seele ziehen:

> Du Seele mit dem mildestarken Fühlen:
> Du hast im Erden-Wandelwege Dich
> In Freundschaft uns verbunden,
> Weil Du den Eintritt in die Geisteswelten
> Durch jene Pforte finden wolltest,
> Die unsren Seelen weisend auch sich zeigt.
>
> So wisse, daß wir in das Seelenreich
> Und in das Geisteslicht in solcher Liebe,
> Die Deiner Freundesliebe Spiegelbild,
> Dir sinnend folgen wollen –
> Durch jene Pforte, die Dich jetzt
> Zu Geisteslebensformen führen wird.
>
> Wir durften stets in Deinem Zeitenwandel schauen
> Die Treue, die zu halten wußte,

Was Du als wahr und geistgerecht
Ergriffen mit dem sichren Willen –
Und dann durch jene Pforte hast geleitet,
Die fühlend-starkes Denken Dir erschlossen.

So wisse auch, daß Deine künft'ge Geistesschau
In unsren Seelen Treue finden soll,
Die wir Dir dauernd halten wollen,
Wenn wir Dich liebend-denkend suchen müssen
Im Seelenreich durch jene Pforte, die Geisteskraft
Von uns zu Dir erschließen möge.

Und wenn wir oft so zu Dir sprechen, Du wirst uns hören, denn im Geiste lebtest Du, im Geiste wirst Du weiter leben. Deine Gesinnung war die des Angelus Silesius, die uns wie aus Deinem eignen Seeleninnern selbst von hier tönt:

Du aber, an dem allermeist das ganze Werk gelegen,
Du großer Gott, Du Heil'ger Geist, sprich Du hinzu den Segen.

ANSPRACHE AM GRABE VON MARIE LEYH

Arlesheim, 14. Januar 1919

Nachdem des Priesters Weihe-Wort verklungen ist, das leiten sollte die Seele unserer lieben Frau *Leyh* in Geistesgebiete-Höhen, darf durch meinen Mund ausgesprochen werden, was fühlen die liebenden Freunde, die hier stehen zum letzten Erden-Abschiede, zum Geist-Empfang in des Lichtes ewigen Reichen.

Ein Dulderleben, ein Dulderleben wenigstens für die letzten Jahre, das ihr reich an Leiden und Schmerzen war, ist für diese Erde für unsere liebe Frau Leyh abgeschlossen. In unseren Herzen, in unseren Seelen glimmt die Hoffnung, daß ihr erwachsen werde in dem Reiche, in das sie durch das Tor des Todes nunmehr einzieht, aus der edlen Dulderkraft, mit der sie sich wahrlich im strengsten Sinne des Wortes hier im Erdenleben bewährt hat, die Gewalt, zu wirken auf jenen Höhen und auf jenen Wegen, in denen durch des göttlichen Geistes Willen der Mensch wirken soll in unsichtbaren Höhen, wie er hier durch seine Hände und durch seinen Verstand wirkt im Erdenleben als im Sichtbaren.

Ihr lieben, sorgenden Seelen, die Ihr sie pfleget in ihren letzten Wochen, in ihren letzten Tagen, die Ihr teilgenommen habt in Liebe an ihren Leiden, die Ihr teilgenommen habt in Liebe auch an ihren Hoffnungen, an ihrer Zuversicht und geistigen Stärke und Kraft und Liebe, Ihr habt mit ihr vereint aufgeschaut zu jenen Höhen, in die sie nun aufsteigen soll durch die Kraft ihrer Seele, Ihr wart in Liebe mit ihr vereint. Ihr kennt am besten, was es heißt, zusammenzuleben mit dieser lieben Seele, die nur für das Irdische jetzt von uns getrennt ist. O, wir dürfen gewiß sein, liebe Freunde, die Ihr sie gepflegt habt in den letzten Wochen, in den letzten Tagen, daß gerade in Euren Seelen rieseln wird auch in der Zukunft, ausgehend von jener Kraft, welche die teure Dahingegangene Euch gegeben hat, eine Quelle, aus der Euch Edles erfließen wird. Und Ihr werdet dieses Edle fühlen, mehr als erinnerndes Zusammensein, in einem rechten Geistesleben mit ihr. Und sie wird Euch nicht verloren sein. Ihr werdet sie nicht zu finden

225

brauchen, denn Ihr werdet keinen Augenblick daran zweifeln, daß Ihr sie habt.

Und blicken wir zurück, was sagen können in der Erinnerung diese engsten lieben Freunde, die für sie gesorgt, über sie gewacht haben in den letzten Monaten und in den letzten Tagen, blicken wir zurück auf dasjenige, was die Freunde des weiteren Kreises, die hier die irdische Ruhestätte umstehen, zu sagen, zu denken haben. Die engsten Freunde wußten zu sagen, nachdem unsere liebe Frau Leyh durch das Todestor gegangen war, daß sie an ihres irdischen Lebens letztem Tage, an dem so oft im Menschenleben sich noch einmal hebt, wenn der Seele Geist sich losgelöst hat vom Leibe, Leben und Lebensschwung, daß sie dasjenige, was sie zusammenraffen konnte unsere liebe Freundin – das wußten ihre engsten Freunde zu sagen –, zusammenfassen konnte an Gedanken ihres Geistes, an Gefühlen ihres Herzens, daß sie das wandte an die Aufnahme derjenigen Geisteswahrheiten, die ihr so lieb geworden waren im Leben, die ihr – für jeden, der sie kannte, ist es Wahrheit, tiefste Wahrheit – die Kraft des Lebens geworden sind.

Und Ihr, Freunde aus dem weiteren Kreise, die Ihr vereint waret mit ihr im gemeinsamen Geistesleben, Ihr wisset es, wie sie bis in die letzten Tage hinein, da ihr Körper die Seele nicht mehr tragen konnte zu der Stätte, an der sie so gerne weilte, zu vernehmen, was mit schwachen Worten an dieser Stätte vom Geiste verkündet werden konnte, daß sie sich fahren ließ, als der Leib nicht mehr tragen konnte die nach Geist lechzende Seele, daß sie sich tragen ließ zu dem, was da gesprochen werden durfte über den Geist.

Ja, in einigen von uns, liebe leidtragende Freunde, war etwas aufgekommen wie Sorge. Die Stätte des äußeren leiblichen Heiles, in die sie durch liebende Freunde fürsorglich versetzt werden konnte für die letzten Monate ihres Lebens, wollte sie verlassen, weil sie nicht suchen konnte die Heilung ihres Leibes, ohne zu empfangen, wie sie glaubte in ihrem reinen, starken, kindlichen und zu gleicher Zeit in ihrem reinen, starken, geistigen Glauben, das Heil der Botschaft, in der sie den Geist zu vernehmen suchte. So blickte sie denn von der Stätte der leiblichen Heilung zu dem, was ihr war Stätte der geistigen Heilung.

Und beruhigt durften die Freunde, die etwa Sorge empfanden über das Verlassen ihrer leiblichen Heilungsstätte, nur sein, da die Ärztin ihr folgen konnte und sorgen konnte für die leibliche Heilung auch, da die teure Dahingegangene nur suchen wollte noch dasjenige, was wie geistig-seelischer Lebensbalsam in ihre Seele, in ihr Herz rieseln soll.

Nun blicken wir alle zurück auf dieses Leben hin in dasjenige, wovon wir glauben können, daß es die tiefsten Gedanken, die innigsten Empfindungen dieser Seele, dieses Herzens waren. Wir schauen zurück auf ein Leben, von dem wir wahrhaftig glauben dürfen, daß es sich durchgerungen hatte zu heiligen drei Überzeugungen, die ihren irdischen Menschen verbunden hatten mit dem Reiche, in das nun ihre Seele, in das ihr Geist geht.

Und die erste Wahrheit, sie hatte sie wohl geschöpft aus der Kenntnisnahme der Krankheit, die ihr in so reichem Maße zugeteilt worden ist. Sie kannte aus ihrem edlen Dulderleben Krankheit des Leibes. Doch wir dürfen es glauben, sie wußte, daß es eine Krankheit geben kann, die da schlimmer ist für Menschenheil und Menschenziel als alle andere Krankheit des Leibes, jene Krankheit, die nur aus einem zerstörten Leibe kommen könnte, die oftmals aber heimtückisch, ja, durch Täuschung wie Wahrheit wirkt, jene Krankheit, die den Menschen nicht erkennen läßt, daß aus allem Weben, aus allem Streben, Wirken und Wesen gerade des Menschenleibes im Umkreise des Erdendaseins spricht die ewige, einzig große Wahrheit: Der Leib des Menschen verkündet das göttliche Sein und Wirken in tiefster, in ernstester Weise. *Die* Krankheit wäre die größte, die den physischen Leib bestimmte, einen Verstand zu entwickeln, der dieses leugnen wollte. – Dies war wohl die erste Überzeugung, zu der sich dieses Leben durchgerungen hatte selber durch Krankheit.

Und die zweite ihrer Grundüberzeugungen war wohl die, daß sie wußte: Wie auch gesund mag sein dieser Leib, wie auch gesund mag sein der Leib von der Geburt bis zum Tode, eines braucht er, wenn er selbst die größte Gesundheit sein eigen nennte, eines braucht er: jenen Erwecker, welcher die Seele an ihren geistigen Ursprung immerdar erinnert, wenn sie sich zu sehr gefesselt fühlen muß an den vergänglichen Leib. Durch ihr Hinschauen zum Geiste, durch ihr Aufnehmen des geistigen Wortes hatte sie ihn kennen gelernt, jenen großen Erwecker der Seele, welcher der Seele die Kraft gibt, zu wissen: Wenn Du durchgehst durch das Tor des Todes, werde ich Dich führen in die lichte Höhe des Geistes, ich, der Christus, der mit Dir, der in Dir, der für Dich ist, der Christus, der durch den Durchgang durch das Mysterium von Golgatha, der durch die Besiegung des Todes errungen hat für den Menschen die Kraft, erweckt zu werden im Tode mit dem Lichte des Geistes, hindurchzugehen durch die dunkle Pforte des Todes.

Wahrhaftig, Bescheidenheit war Dir eigen, liebe Freundin. Du schriebst Dir wahrlich nicht übermenschliche Kräfte zu. Du warst nicht beseelt von blindem Stolz und eitlem Hochmut, Du kanntest Deine Schwächen. Doch nimmer hättest Du Dir vergeben können, wenn Du eine Schwäche Dein eigen hättest nennen müssen, jene Schwäche des Geistes, die des Geistes Stumpfheit und Dumpfheit ist, und die nicht aufblicken läßt zum ewigen Walten des Heiligen Geistes selbst durch alles Menschenweben und Menschenwollen, durch alles Naturwirken und Naturkraften. Gott, den Vater, hattest Du Dir errungen, indem Du wußtest, daß Gott, den Vater, nicht erkennen des Menschen stärkste Erdenkrankheit wäre. Gott, den Sohn, den Christus, hattest Du Dir errungen, indem Du mit Deiner Seele zu verweben suchtest die Kraft des lebendigen Wortes, das vom ewigen Seligwerden spricht. Gott, den Heiligen Geist, hattest Du Dir errungen, indem Du Dich verpflichtet fühltest, Deine Seele so zu erkraften, daß sie nicht der Schwäche und Dumpfheit verfallen kann, die da sagt: Es ist kein Geist.

Nun bist Du aus einem Leben, das sich dieses errungen hat, dahingegangen durch des Todes Pforte. Sollen wir von Dir Abschied nehmen, so sei es nur der Abschied, der da ist zu gleicher Zeit der Empfangensgruß im Geiste.

Die engeren Freunde, die sie umgaben in den Sorgen-Monaten, Sorgen-Wochen und Sorgen-Tagen, der weitere Kreis von Freunden, der jetzt steht, aufblickend, wie der Geist sie empfangen will zu weiterem Wirken, ihnen allen wird ja unvergessen sein das liebe Gesicht unserer teuren Frau Leyh, jenes liebe Gesicht, das uns seit Jahren anblickte so, als ob sich auf diesem lieben Gesicht glätteten alle die inneren Wogen des menschlichen Strebens, der menschlichen Sehnsuchten. Reine Harmonie war ausgegossen über diesem Antlitz, das unvergeßlich durch sein eigenes Wesen sein wird. Und erinnern wir uns an den Blick, an jenen merkwürdig sehnsüchtigen, forschenden, auf die Weltenrätsel und Weltengeheimnisse hingewendeten Blick, der so eigen hinwegsah über des Lebens nächste Sinnendinge und Sinnenangelegenheiten, und der da schien, als ob er hinausblickend über all dieses Nächste hinsenden wollte des Herzens Sehnsucht nach den ewigen Gründen des Daseins. Und unvergeßlich wird uns sein der Klang Deiner Stimme, liebe Freundin, die uns überströmte mit einem rechten Lichtstrahl wahrer menschlicher Liebe. Wir haben ihn vernommen durch Jahre hindurch.

Und sahen wir Dich dann in den letzten Zeiten Deines Duldens und Leidens: das Leiden hatte nur das eigentümliche Aroma des Ewigen ausgegossen über Dein harmonisches Antlitz, es hatte nur die geistig-seelische Verinnerlichung gelegt in Deinen seelenforschenden Blick und es hatte versenkt in Deine Stimme, die so milde zu uns klang, jenes geheimnisvolle, rätselhafte Tönen, das oftmals durch das Leiden in Menschenstimmen versenkt wird und aus dem heraus gehört werden kann der Unterton des Göttlich-Ewigen, der durch alles Zeitlich-Vergängliche des Menschenwesens auch dann hindurchklingen kann, wenn wir nur einem irdischen Menschen hier gegenüberstehen. So sahen wir Dich. Das, was aus Deinem Antlitz sprach, es wird uns unverloren sein. Wir werden uns vereint wissen mit ihm für alle ferneren Zeiten, denn es hat uns ergriffen so, daß Du uns unverloren bist. Dein Blick wird in uns leben. Und wir werden gedenken dieses Blickes. Er wird uns beleben dasjenige, was aus diesem Blick sich sehnte nach dem Ewigen, wo wir Dich suchen werden, um mit Dir vereint zu sein. Der Klang Deiner Stimme wird uns nachtönen und wird uns erinnern, wie Du nicht verlassen sein sollst, sondern im Geist vereint mit uns fortleben sollst, wie wir uns verpflichtet fühlen werden, wenn die Möglichkeit vor uns liegt, mit Dir vereint zu sein in diesen Deinen Geistes-Seelen-Tagen, wie wir vereint waren mit Dir in Deinen Erden-Tagen.

Dies, nicht ein Abschiedsgruß soll das Letzte sein, dieser Geistes-Gruß soll es sein, der zu Dir aufsteigen möge aus jenen Tiefen des Menschenherzens, aus denen darf sprechen der Menschengeist zum Weltengeist, indem er sucht die Seelen, die durch das Tor des Todes treten vor den Weltengeist, wenn er sie aufruft zu einem Wirken, das nicht vollendet werden könnte hier im physischen Erdendasein.

Und so rufen wir Dir, liebe Frau Leyh, nach als diesen Herzens-Geistes-Gruß:

    Das Suchen auf Geisteswegen,
    Es war Dir der Seele Urtrieb. –
    Die Dir auf dem Erdenpfade
    Bei Deinem ernsten Seelensuchen
    Die Wandergenossen waren:
    Sie folgen Deinem Seelenpfade
    Mit liebendem Denken
    In Geistes lichte Höhen.

    Das Leben in Geisteswärme,
    Es war Dir des Gemütes Blüte. –
    Die Dir mit dem Erdgedanken
    In Deinem starken Geistesstreben
    Die Wandergenossen waren:
    Sie folgen Dir in Geistesreiche
    Mit treuem Erfühlen
    In Geistes Liebesweben.

    Das Dasein im Geisteswillen,
    Es war Dir der Seele Pendelschlag. –
    Die Dir in dem Erdenwollen
    Bei Deinem edlen Seelenschwung
    Die Wandergenossen waren:
    Sie folgen Deinem Geistesflug
    In Seelenvereinung
    Zu Geistes Willenszielen.

GEDENKWORTE FÜR ANNA ZIEGLER

Dornach, 3. Oktober 1919

Während wir in den letzten Wochen in Deutschland waren, hat, wie Sie wissen, unser liebes Fräulein *Anna Ziegler* den physischen Plan verlassen. Sie haben Anna Ziegler ja gekannt, die meisten von Ihnen, und ich brauche denjenigen, die Anna Ziegler gekannt haben, nicht besonders zu sagen, welch wertvolle Persönlichkeit durch sie in unserer Mitte war. Aber es wird uns doch ein Bedürfnis sein, da sie in andere Regionen des Daseins übergegangen ist und unsere Augen sie künftig hier auf dem physischen Plan nicht sehen werden, ein wenig uns Gedächtnis zu rufen am heutigen Tage, wie sie innerhalb unserer Mitte gestanden hat. Sie kennen ihr wirklich stilles Dasein, durch das sie äußerlich im Grunde genommen oftmals von ihren Mitmenschen wenig bemerkt worden ist. Aber es gibt Menschen, welche dieses Dasein in einem ganz starken Sinne bemerken konnten und dann so bemerken konnten, daß sie in Anna Ziegler eine Persönlichkeit erlebten, die zu erleben eine wirkliche Wohltat des Daseins ist. So still sie war, so laut und bedeutsam sprach sie durch ihre Taten für viele Menschen, durch ihre Taten der Liebe und des Wohlwollens, durch die sie Dinge verrichten konnte, welche den Menschen, die sie betrafen, das Dasein wirklich befriedigender gestalten konnte, als das ohne Anna Ziegler der Fall gewesen wäre.

Diejenigen Menschen, die von ihr solches erfahren haben, werden wissen, wie stark die Worte gelten, die ich in dieser Weise über die vom physischen Plan Abgegangene jetzt zu Ihnen spreche. Und daß ich sie sprechen darf, das geht wohl daraus hervor, daß Anna Ziegler unsere eigene Hausgenossin durch lange Zeiten war, und wir alles das aus unserem eigenen Leben heraus zu sagen haben, was viele andere an ihr erfahren haben.

Aber es ist auch noch manches andere über die Dahingegangene zu sagen. Es ist vor allen Dingen das von ihr wirklich als ein höchst Schätzenswertes zu betonen, daß in ihrer Seele lebte in einer mustergültigen Weise die Kraft, überzeugt sein zu können von dem, was wir hier Geisteswissenschaft nennen. Ihre Seele war ganz und gar erfüllt von jener Kraft, durch und durch überzeugt sein zu können von aller Einzelheiten, die auf geisteswissenschaftlichem Felde in Betracht kommen. Und es war diese Kraft der Überzeugung in ihr so wirksam, daß gesagt werden darf: Wenn viele Menschen, welche die Möglichkeit haben, mehr nach außen hin zu wirken, wenn diese solche Kraft der Überzeugung in sich tragen könnten, wie das bei ihr der Fall war, so würde für unsere geisteswissenschaftliche Bewegung außerordentlich viel gewonnen sein.

Und gesagt werden darf, daß solch eine Seele mit solch einer Kraft in sich etwas ganz Besonderes bedeutet auch nach ihrem Tode. Man kann sich mit einer solchen Seele vereinigt fühlen, so daß man weiß, sie wird sein als Seele in unserer Mitte, wenn wir da kämpfen müssen für alles dasjenige, wofür eben stark wird gekämpft werden müssen, wenn Geisteswissenschaft diejenige Stellung in der Welt gewinnen soll, die ihr zugemessen ist.

Wir werden in diesem Sinne, meine lieben Freunde, an unsere Freundin Anna Ziegler immer wieder und wiederum denken. Wer sie gekannt hat, wird als eine Notwendigkeit empfinden, immer wieder und wiederum die Gedanken nach ihr hinzulenken. Sie hatte auch noch das Besondere gehabt, daß sie alle Dinge, die vorgegangen sind um sie, die sie erfahren hat im Leben, in die sie einzugreifen hatte im Leben, daß sie diese rückte in den Gesichtspunkt geisteswissenschaftlicher Betrachtung. Wenn sie sich über irgend etwas sagen mußte: da ist vom geisteswissenschaftlichen Standpunkte und namentlich vor dem Standpunkt des Gedeihens der geisteswissenschaftlichen Bewegung richtig –, so gab es für sie keinen Zweifel, daß alles eingesetzt werden müsse, um eine solche Sache durchzubringen, so durchzubringen, wie es ihrer wirklich rein geisteswissenschaftlichen Empfindung entsprach. Und das ist es, wovon ich glaube, daß wir uns es heute wiederum ins Gedächtnis rufen dürfen, und wovon ich glaube, daß es der Ausgangspunkt dazu sein kann, daß viele von uns, die Anna Ziegler gekannt haben, immer wieder und wieder die Gedanken zu ihr hinlenken werden. Diese hingelenkten Gedanken werden nicht nur solche sein, die ganz gewiß aufgenommen werden von der Seele

Anna Zieglers so, daß sie in ihr Liebe erweckende und Liebe erzeugende Gedanken sind, daß sie in voller Liebe aufgenommen werden, sondern es werden auch Gedanken sein, die, indem sie wiederum zurückkommen von der Toten, stärkend sein können für den, der diese Gedanken zu dieser lieben Seele hinwendet.

So ihrer gedenkend und so uns mit ihr vereinigt fühlend, erheben wir uns von unseren Sitzen und wollen oftmals, meine lieben Freunde, so an sie denken wie in diesem Augenblicke.

GEDENKWORTE AM GRABE VON JOHANNA PEELEN

Arlesheim, 12. Mai 1920

Nachdem der Priester diese liebe Seele hinübergeleitet hat in des Geistes Gebiet, seien ausgesprochen durch mich die Gefühle derjenigen, die hier stehen als Leidtragende:

Es trug Dein Erdensein Dich
Durch schwere Seelen-Prüfungen.
Du hieltest Dein Erleben
Im warmen Gotterfühlen.

Du sahest Menschen leiden
Auf Deinem Lebenswege,
Du gabest opfernd Dich hin
Dem Leiden, das Dir nahte.

Auch Menschenfreuden sahest Du.
Du pflegtest sie in Liebe
Und wandtest sie zur Tiefe
Des Menschenwesens sinnig.

Dein Blick, er trug zum Lichte
In Deinem Innern Dich hin,
Aus aller Lebenswirrnis
Beseelend und befreiend.

So fandest Du Erkenntnis
Aus Fühlens Sicherheiten,
Aus Willens Gütekräften
In Deiner Seelenstärke.

Im letzten Erdenleiden
War stets Dein Sinn gerichtet
Nach lichten Geisteshöhen,
In denen Friede waltet.

Du bleibst bei uns im Geiste,
Die wir durch viele Jahre
Auf Erden mit Dir waren
Vereint im Geistesstreben.

Wir lenken hin zum Geiste
Den Seelenblick und finden
Dich milde Seele leuchtend
Durch Herzenskraftgemeinschaft.

Ja, wir fanden Dich. Es ist viele Jahre her, damals kamst Du und vereintest Dich mit uns. Du hattest vieler Menschen Leiden gesehen, Du hattest vieler Menschen Streben geschaut, vieler Menschen Freude, vieler Menschen Wirken, Enttäuschungen. Du kamst mit dem aufrichtigen Gefühl: ein Licht müsse es geben, das hineinleuchte, nicht tröstend allein, aufklärend in Lebenswirrnis, in Daseinskämpfen. – Wohl mehr der Leiden hatten Eindruck dazumal gemacht auf Deine Seele, als der Menschen Glück. Du verbandest Dich mit uns, wir dürfen es sagen, aus Deinem christlichen Herzen, christlichen Sinn heraus. Du hattest finden gelernt vor allen Dingen Erbarmen gegen alle menschlichen Wesen, gegen alles menschliche Wehe. Du hattest gefunden die Möglichkeit, Menschenfreude nicht zu lassen an der Oberfläche des Daseins, sie hinzuleiten nach der Tiefe des Weltenempfindens. Dein christlicher Sinn, der Dich begleitete von der Kindheit bis zum Erdentode, er ist ein lebendiger Beweis dafür, daß dasjenige, was Du in unsern Reihen gefunden hast, nicht unchristlich sein kann. Du trugst uns entgegen in Deiner tiefempfindenden Seele ein wirkliches, wahres, berechtigtes Wissen von dem Ruhen der Menschenseele im göttlichen Geiste. Du wußtest Dich geborgen in dem Wesen Christi, Du wandeltest im Wesen Christi, Du bist gestorben im Wesen Christi.

Wir fanden Dich immer wieder und wiederum auf unserem Lebensweg innerhalb unserer Strebensziele. Wir fanden Dich im Freundeskreise am Rhein, wir fanden Dich da, wie Du durch die milde Güte, durch die liebende Kraft Deines Wesens Sonne warst dem dortigen Freundeskreise. Und wir sahen es dann, wie Du liebend, beseligend, beglückend tratest an Deines Lebensgefährten Seite, wie er liebend, beseligend, beglückend trat an Deine Seite. Wir stehen hier mit Dir, wenn ihm der Schmerz dieser Tage ein wenig gemildert werden kann durch das Bewußtsein, daß wir im ehrlichsten Inneren seine Leiden tief mit ihm teilen; er darf wahrlich dieses Bewußtsein haben. Er darf es haben, weil wir es haben aus der Erkenntnis seines eigenen Wesens heraus. Wir haben Dich geschaut in den Tagen, da Du Menschenleid durch Deinen Opferwillen lindern durftest in vielen Fällen. Wir haben Dich geschaut, wie Du beglückt warst, wenn Du auch der Menschen Freude hinlenken konntest dorthin, wo Menschenfreude sich vertiefen kann zur geistigen, zur Seelenwelt hin. Aus dieser Erkenntnis Deines Wesens heraus lieben wir Dich, werden Dich lieben immerdar, werden mit Dir vereint bleiben. Du hast schwere Stunden mit uns durchgemacht. Du warst vereint mit uns in Stunden, wo schwerste, man darf sagen welthistorische Augenblicke an uns herantraten. Du fandest Dich dann wieder mit uns zusammen in dem hiesigen Kreise, in dem Du wiederum beglückend und Geist ausstrahlend wirken durftest durch Dein liebes, mildes Seelenwesen. Wir mußten es dann erfahren, wie einmündete hier Dein leibmüdes Seelenwesen in dem irdischen Leben. Aber wie aus Deinem ganzen milden Seelenwesen der lichte Blick sich erhob zum göttlich-geistigen Dasein, wie Deine Herzenskraft immerdar sich erhob zu dem, wie es der Christus als menschliches Erdenwesen vorgezeichnet hat, so warst Du kraftvoll und stark, als Erdenleid Dich umfing. Und es wird eine tiefe, eine bedeutsame Empfindung in der Seele derjenigen sein, die Dich näher kannten, wie Du voraussahst Dein irdisches Ende, voraussehend prophetisch fast bis zu der Woche, da es eintrat, sprachest über diesen Wandel Deines Seins aus der Überzeugtheit Deines Gottesursprunges, aus Deinem Bewußtsein, in Christus zu leben, den Tod als einen Wandel des Lebens begreifend, hineinfühlend schon im irdischen Dasein die Welten des Geistesseins. So warst Du leidend im tiefsten Wesen zugleich glücklich. Wir sahen einen glücklichen Menschen in schwerem Leiden glücklich sich hinwegfinden aus des Lebens Engen in des Geistes, in der Seele Weiten.

So wirst Du in uns allen leben unvergänglich, so werden unsere

Gedanken Dich durchleuchten, wenn sie Dich suchen. Und sie werden Dich suchen in den geistigen Welten, die Du erstrebt hattest während Deines Erdendaseins, die Du gefunden hattest und weiter nun finden wirst vom heutigen Tage an. Wir werden Dich suchen, und wir werden Dich finden, weil wir Dich lieben. Und Du wirst finden aus dem Bewußtsein Deines Gottesursprunges, aus dem Bewußtsein Deines Lebens in Christus, Du wirst finden das Leben, in dem Deine Seele wiedererstehen wird im weiten Lichte des Geistes, der die Welt durchleuchtet, zu dem Du sehnend Dich hingelebt hast, in dem Du findend Dich weiter leben wirst.

Dasjenige, was uns verband mit Dir, es ist kein flüchtiges Erdenband, es ist das Band, das die geistige Erkenntnis bindet für Ewigkeiten. So werden wir Dich suchen, so werden wir Dich finden, wissend, daß Du gelebt hast, bewußt Dir Deines Ruhens im göttlichen Schoße der Welt, bewußt Dir Deines Wandelns bis zum Erdentode, durch den Erdentod und weiter darüber hinaus in den Pfaden, die Christus vorgezeichnet hat dem Erdenwandel, vorgezeichnet hat dem Menschenwesen, vorgezeichnet hat allem Menschendenken und allem Menschenempfinden. Du wirst Dich finden wiedererstanden im Geiste, und wir werden Dich als unser dort schauen in den Ewigkeiten.

<blockquote>
Es trug Dein Erdensein Dich
Durch schwere Seelen-Prüfungen.
Du hieltest Dein Erleben
Im warmen Gotterfühlen.

Du sahest Menschen leiden
Auf Deinem Lebenswege,
Du gabest opfernd Dich hin
Dem Leiden, das Dir nahte.

Auch Menschenfreuden sahest Du.
Du pflegtest sie in Liebe
Und wandtest sie zur Tiefe
Des Menschenwesens sinnig.
</blockquote>

Dein Blick, er trug zum Lichte
In Deinem Innern Dich hin,
Aus aller Lebenswirrnis
Beseelend und befreiend.

So fandest Du Erkenntnis
Aus Fühlens Sicherheiten,
Aus Willens Gütekräften
In Deiner Seelenstärke.

Im letzten Erdenleiden
War stets Dein Sinn gerichtet
Nach lichten Geisteshöhen,
In denen Friede waltet.

Du bleibst bei uns im Geiste,
Die wir durch viele Jahre
Auf Erden mit Dir waren
Vereint im Geistesstreben.

Wir lenken hin zum Geiste
Den Seelenblick und finden
Dich milde Seele leuchtend
Durch Herzenskraftgemeinschaft.

GEDENKWORTE FÜR HARALD LILLE
Dornach, 22. Oktober 1920

Meine lieben Freunde!

Gestern Abend hat unser lieber Freund *Harald Lille* den physischen Plan verlassen. Eine überwiegend große Anzahl derjenigen Freunde, die seit Jahren hier an diesem Bau arbeiten, und auch solche, die immer wiederum hierher gekommen sind, kennen unseren Freund und haben ihn zweifellos sehr lieben gelernt. Lille war eine Persönlichkeit, die ganz der anthroposophischen Sache ergeben war, eine Persönlichkeit, die mit inniger Liebe an allen Arbeiten und an dem ganzen Zustandekommen unseres Baues hing. Als Lille vor einiger Zeit, durch seine Verhältnisse veranlaßt, nach seinem engeren Heimatlande zog, war schon der Keim derjenigen Krankheit, die jetzt ihn hinweggerafft hat, in ihm. Es zog ihn aber wieder hierher. Der gegnerische Geist in seinem Körper warf ihn, als er wiederum hierher gekommen war im vorigen Jahre, aufs Krankenlager. Es war eine schwere Zeit, die er hier durchgemacht hat. Dann suchte er Erholung in den Bergen, immer gedenkend dessen, was hier für die Menschheit entstehen soll, und voll überzeugt davon, welchen Wert dasjenige hat, das hier entstehen soll.

Als unsere Kurse begannen, fand er sich, trotzdem er schwer litt und dem Tode nahe war, hier wiederum ein, und mit einer innigen Anteilnahme, mit einem wirklichen inneren Sonnenleuchten konnte er eine Anzahl der Darbietungen in der ersten Woche des Kurses noch mitmachen. Dann allerdings hinderte ihn die Krankheit wiederum daran. Und noch ganz kurz, einen Tag vor seinem Tode versicherte er mir, wie außerordentlich froh er sei, daß er diesen Teil des Kurses, den er hat mitmachen können, noch habe auf sich wirken lassen können. Er ist mit Mut und im Lichte in die geistige Welt hinübergegangen, schon eigentlich wirklich kaum einen Unterschied der Welten von hier und dort in sich selber annehmend, hinübergegangen als eine unserer treuest mitarbeitenden Seelen, die ganz gewiß alle ihre Gedanken, ihr ganzes Streben vereinigt halten wird mit dem, was hier entsteht. Und überzeugt davon werden diejenigen sein, die unseren lieben Freund haben kennen und in seiner Art namentlich schätzen lernen. Sie werden ihm treulich auch zu seinem jetzigen weiteren Lebensweg ihre Gedanken nachsenden. Er wird ganz sicher, nachdem er in seinem Erdenleben immer wieder und wiederum nach dem Bau hergestrebt hat, schon vorauszeigend, wie sein ganzes Wesen hierher gerichtet ist, er wird ganz gewiß seine Gedanken mit denjenigen vereinigen, die von hier aus zu ihm hinaufkommen. Zum Zeichen dessen, meine lieben Freunde, erheben wir uns von den Sitzen.

Die Kremation wird am Montag, Nachmittag um 4 Uhr, in Basel stattfinden.

ANSPRACHE BEI DER KREMATION VON HARALD LILLE

Basel, 25. Oktober 1920

Liebe Trauergemeinde! Jung ist unser lieber Freund *Harald Lille* von uns gegangen. Eine Wegstrecke seines Lebens hat er in gemeinsamer Arbeit, gemeinsamem Bestreben, gemeinsamem Trachten mit uns zurückgelegt. Wir haben ihn kennen gelernt, in ihm kennen lernen, was wirken kann, daß unsere Gedanken, unsere Empfindungen nachkommen seiner nunmehr in geistige Welten hinaufsteigenden Seele.

Seit, lieber Freund Lille, Deine Seele diesen Leib verlassen hat, traten noch einmal vor mein Inneres alle diejenigen Augenblicke, in denen ich Dich kennen lernen konnte. Die Erinnerungen, sie brachten mir das Bild Deines Wesens, das sich uns nun, den Trauernden hier in diesem Augenblicke, da wir hinaufschauen zu Deiner in Geisteswelt enteilten Seele und Abschied nehmen von Dir auf dem physischen Plan, das sich mir vor die Seele stellt. Und das vor die Seele Gestellte soll Dein Bild dieser unserer Trauergemeinde geben:

> Des Geschickes übermenschlich Walten,
> Es erzog zur Kunst des Messens, Formens
> Und der Technik Leistung Deine Kräfte.

Dieses blieb Deines Wesens Schale nur.
Tief im Innern wies ein mächtig Sehnen
Auf den Weg nach Geistessonnenwärme.

Und es wies dies Sehnen aus dem Norden
Dich zu uns nach unserer Goethestätte,
Wo der Technik Kraft sich eint mit Geisteswirken.

Und da ward Dir dann die Seelenwärme,
Die Du Deinem Herzen geben wolltest
Als den Seinsgehalt, den Du erstrebtest.

In des Geistes Höhenwelten
Hin nun trag', was Du gefunden
Durch der Seele Leistung: Gotteskräfte.

Vor jetzt schon einer größeren Anzahl von Jahren hat sich unser lieber Freund Lille innerhalb unserer geisteswissenschaftlichen Gemeinschaft eingefunden zu gemeinsamem Streben, zu gemeinsamem Wirken und vor allen Dingen zu gemeinsamem Leben. Er ist erzogen in den technischen Wissenschaften unserer technischen Kunst. Das brachte er aus der äußeren Welt in unsere Gemeinschaft herein. Aber in seinem Inneren war ihm etwas gegeben aus ewigen Welten. Ein inniger Drang nach Seelenwärme, nach einer solchen Seelenwärme, die durchleuchtet sein will von dem Lichte des Geistes, in dem des Menschen wahres Wesen doch atmen muß, zu dem des Menschen wahres Wesen doch gehört. Und wie, man möchte sagen selbstverständlich fanden sich diese beiden Pole des Lebens unseres Freundes zusammen, da wo er zunächst nach beiden Richtungen hin wirken konnte, wo er mit uns zusammen in den Dienst einer großen Sache stellen konnte sein technisches Können, wo aber dieses technische Können nur insofern in dem Dienste einer großen Sache für die äußere Welt steht, als diese Sache durchstrahlt sein soll von alledem, wozu als zu ihrem innersten geistigen Wesen die wahre menschliche Seele doch streben muß.

Das Innere unseres Freundes war auf diese Seelenwärme hin gestimmt. Sein immer liebes, freundliches Gesicht, seine Innigkeit strahlenden Augen, aus ihnen sprachen die Sehnsuchten nach dieser Seelenwärme, die durchleuchtet sein wollten von dem Lichte einer geistigen Erkenntnis, die arbeiten wollten im Dienste der geistigen Menschheitsentwickelung. Ihm war es ein tiefes Bedürfnis, eine Arbeit zu leisten im Menschheitsdienste, die er durchwirken konnte von dem Bewußtsein, dem Geiste der Menschheit in seiner Wahrheit anzugehören. Und so hat er unter uns gewirkt, gewirkt fleißig immer in dem Bewußtsein, wie jeder kleinste Teil, der von uns gewirkt werden kann, sich stellen will in den Dienst der ganzen Menschheitsbewegung.

Dann kam es, daß das Geschick ihn zurückbringen mußte in seine nordische Heimat, und in dieser nordischen Heimat, in die er im Grunde genommen schon den Keim jener Krankheit mit hinübertrug, der sich eben so weit entwickelt hat, daß unser Freund von dieser physischen Welt von uns gegangen ist, in dieser Heimat, in der er sich dann einige Zeit wiederum aufhalten mußte, da erlebte er das ganze chaotische Gewoge unserer Gegenwart, da erlebte er all dasjenige, was aus dem aufgewühlten sozialen Leben heraufdringt und nach neuen Gestaltungen in der Menschheitsentwickelung die energische Forderung stellt. Da wurde er reifer und reifer, indem er geneigt war, zu vereinigen dasjenige, was er aus geistigen Erkenntnissen geschöpft hatte, mit demjenigen, was er aus Schmerzen heraus erfahren haben mußte aus den revolutionären Bewegungen, die er in seiner Heimat durchgemacht hatte.

Und so kam er, die Krankheitskeime im Leibe, aber mit einer Seele, die entgegenstrebte der Wirkungsstätte, die er innerhalb unserer Gemeinschaft gefunden hatte, wiederum zu uns. Man konnte ansehen der Art, wie dazumal unser Freund Lille zu uns kam, daß im Grunde genommen dasjenige, was wir in der Lage waren, hineinzustellen in Menschheitsstreben und Menschheitsentwickelung, für ihn den Mittelpunkt seines ganzen Seelensehnens bildete. Er war wiederum wie von innerer Geistessonne durchstrahlt, als er bei unserem Goethe-Bau anlangte. Aber es lebte der Keim der schweren Krankheit in ihm. Mutig und dem Lichte zustrebend war seine Seele immer. Allein, eben ein übermenschlich Schicksal hatte es so bestimmt, daß dieses Lebens

Uhr früh ablaufen sollte. Und so ergriff ihn auch die Krankheit, die viele in jener Zeit ergriffen hatte. Man konnte sehen, wie er, als er in der Pflegestätte unseres lieben Mitgliedes, der Frau Wirz lag, auf der einen Seite schwer trug an demjenigen, wovon sein Körper befallen war. Wie immer nach lichten Höhen hinauf strebte, nach dem Inhalt einer Geist-Erkenntnis strebte, nach Seelensonnenwärme strebte sein wirklich liebes, edles Innere.

Dann hatte er Erholung zu suchen in den Bergen. Und man darf denken, meine liebe Trauergemeinde, daß gerade während dieses Erholungssuchens fort und fort durch seine Seele zog die Sehnsucht wiederum nach der Goethestätte zurück. Das, was er an dieser Stätte erfahren hatte, was er erlebt hatte, das trug ihn, das war es, was wirklich bei unserem Freunde – wir dürfen es Dir, lieber Freund, hier so nahe sprechen bei Deinem Hinaufgehen in die geistigen Welten – zuletzt jene Stimmung hervorbrachte, die ihn im Grunde genommen keinen Unterschied mehr finden ließ zwischen der Welt, die er durchzumachen hatte, und in der er nur kurze Zeit zu verleben hatte, und derjenigen Welt, in die er eintreten sollte, um zu wirken in ihr als Geist und Seele. Die Stärke der Überzeugung, die Tiefe der Erkenntnis, sie wirkten wirklich geistig sichtbarlich in unseres Freundes lieber Seele. Sie war dasjenige, was auch gegenüber dem schmerzlichen Darniederliegen einem immer entgegentrat, wenn man wiederum dieses bis zuletzt dem Lichte zu blickende Antlitz schaute.

Und von dieser Sehnsucht getrieben nach der Zentral-Geistesstätte, mit der er die eigene Seele so verbunden hatte, kam er denn auch, als vor kurzer Zeit unsere Hochschulkurse am Goetheanum eröffnet wurden. Er konnte noch die ersten acht Tage dieser Hochschulkurse mitmachen. Als Schwerkranker, dem Tode Entgegeneilender machte er sie mit, doch mit einer Seele, die voll dabei war bei all dem, was da als ein neues Menschheitsgut an Erkenntnis erobert werden sollte, wie einer, der sich berufen fühlte, sei es in dieser, sei es in einer andern Welt mitzuarbeiten an demjenigen, was da an Impulsen gegeben werden sollte. Und als ich in den letzten Tagen unsern Freund noch sehen durfte, da war es mir so, als ob schließlich aus dem Streben im Mut und nach dem Lichte bei ihm sich, ich möchte sagen die Gedankenworte immer intensiver und intensiver festgesetzt hatten: Mag auch dasjenige, was von mir hier der physischen Welt angehört, zerfallen, ich bin verbunden mit dem geistigen Streben, das ich hier erworben habe, ich gehöre ihm so an, daß meine Kraft ihm gewidmet sein soll auch in anderen Welten, die ich vielleicht betreten soll. – Für ihn stand dieses Verbundensein mit der von ihm erwählten und in ihm Sehnsucht erzeugenden Geistessache in dem Mittelpunkt all seines Seelenerlebens, man darf wohl sagen, bis zur letzten Stunde. Die letzte Zeit unseres Ferienkurses, er hat sie nicht mehr mitmachen können. Er lag aber benachbart im Krankenhaus, und er machte sie mit allen Instinkten seiner Seele mit. Und so erwartete er den letzten Tag seines Erdenlebens nicht anders, als indem ihm ganz lebendig vor der Seele stand der erste Tag seines Geisteslebens, dem er mutvoll und strebend nach dem geistigen Lichte entgegenlebte. Seine Gedanken lebten in dem Strom des Denkens, das seine Seele ausgefüllt hat: Mutig dem Lichte entgegen! – Dieser Gedanke zog in den letzten Tagen durch seine Seele.

Und wir schauen hin auf diese Seele. Sie war als Seele so gesund trotz des kranken Körpers, mit dem das Schicksal sie umkleidet hatte, daß es ihr eben die Selbstverständlichkeit des Lebens war, daß sie herausgetreten ist aus den Pforten des Alls zu dieser irdischen Mission, und daß sie fühlte in sich all dasjenige, was allen Menschenseelen eignet, wenn sie ihr wahres Sein innerlich erschauen, daß sie fühlte, daß der Mensch auf dieser Erde eine Mission auszuführen hat, die ihm gegeben ist von den Göttern des Alls, aus denen sie ihrer wahren Wesenheit nach doch geboren ist. Ein edles Schauen dieses göttlichen Durchströmtseins in allem, das war es, was selbst dann, wenn unser Freund Lille die Hand anlegte an praktische Lebensbetätigung, ihn immer erfüllte. Ein Gottschauen im schönsten Sinne des Wortes, das war es, wodurch er sich sagte: Diese meine Seele, sie ist aus dem Göttlichen geboren.

Und er suchte die geistige Erkenntnis, weil er leben wollte hier und sterben wollte hier innerhalb dieser physischen Erde in der Kraft des Christus, und er fühlte, er brauche die die Seele mit dem wahren Lichte durchglänzende geistige Erkenntnis, um den Weg zu finden in seiner Art zu dem Leben und Sterben in dem Christus. Und so hat er sich denn verbunden durch unsere Geisteswissenschaft mit einem echten, wahren Christus-Bewußtsein. Wie er sich fühlte geboren aus dem Göttlichen, so fühlte er sich lebend und so lebte er dem Tode entgegen in echtem, wahrem, lebendigem Christus-Bewußtsein. Er fühlte den Christus durch geistige Erkenntnis in seiner Seele lebend.

Und aus der Kraft dieses den Menschen durchdringenden Christus, mit dieser Kraft ging ihm die Zuversicht auf darüber: Welche Welten auch des Menschen Seele durchleben muß, durch wie viele Tode sie auch gehen muß, wie oft auch die Finsternis in ihr Licht hereinfallen muß –, aus allen Leben, aus allen Toden, aus aller Finsternis heraus muß der Menschengeist, der zu Ewigem bestimmt ist, immer wieder und wiederum auferweckt werden. – Das Auferwecktwerden in dem heiligen Geiste, das ging ihm aus seinem Gottesbewußtsein, aus seinem Erlebnis des Christus durch geistige Erkenntnis hervor.

So schauen wir auf unseres Freundes Seele, meine liebe Trauergemeinde, da sie jetzt von uns hinweggeht. Wir werden nicht mehr, lieber Freund, in Deine immer so freundlich blickenden Augen schauen können. Wir werden Deine so sehr die Sehnsucht nach dem Geiste tragenden Züge des Antlitzes hier in der physischen Welt nicht wiedersehen. Aber wir werden sie in unserem Herzen behalten, diese aus dem geistigen Auge mit Sehnsucht blickenden Züge. Wir werden unsere Gedanken vereinen mit Deiner auch im Geistigen fortstrebenden Seele. Lieber Freund, Du hast Dich mit uns verbunden, wir werden mit Dir verbunden bleiben, auch wenn wir nur in unseren Herzensgedanken dasjenige erreichen können, was Du selber, nachdem Du physisch von uns gegangen bist, in Deiner Seele als Dein Streben trägst. Wir haben Dich lieb gewonnen. Viele sind unter uns, die jetzt in diesem Augenblicke das empfinden. Sie haben Dich lieb gewonnen, lieb gewonnen zu einem Bande, das geistig-seelisch ist, das nicht reißen kann. Du bist unter uns. Wir gedenken in diesem Augenblicke Deiner fernen Angehörigen im hohen Norden, die nicht hier sein können, die Deiner in diesem Augenblicke gedenken. Wir lenken unsere Empfindungen so, daß unsere Gedanken Deinen Angehörigen im hohen Norden sagen können: Du gehst hier von der physischen Welt nicht hinweg, ohne umgeben zu sein von liebenden Herzen, von liebenden Herzen, die sich bewußt sind, daß sie Dir auch in diesem Augenblicke ersetzen müssen das Beisammensein in Liebe mit denjenigen in Deiner Heimat, die Du verlassen hast, um nach geistiger Strebensstätte zu gehen.

Und so möget Ihr es denn, Ihr Angehörigen unseres lieben Freundes Lille in seiner fernen Heimat, empfinden, wie wir in treulicher Liebe hier stehen, da seine Seele seinen physischen Leib verläßt, und seid Euch, die Ihr ihn liebet, die Ihr ihn uns gabet, seid Euch bewußt, daß er hier liebende Seelen gefunden hat, daß er nicht lieblos hinwegeilt aus dieser physischen Welt.

Des Geschickes übermenschlich Walten,
Es erzog zur Kunst des Messens, Formens
Und der Technik Leistung Deine Kräfte.

Dieses blieb Deines Wesens Schale nur.
Tief im Innern wies ein mächtig Sehnen
Auf den Weg nach Geistessonnenwärme.

Und es wies dies Sehnen aus dem Norden
Dich zu uns nach unserer Goethestätte,
Wo der Technik Kraft sich eint mit Geisteswirken.

Und da ward Dir dann die Seelenwärme,
Die Du Deinem Herzen geben wolltest
Als den Seinsgehalt, den Du erstrebtest.

In des Geistes Höhenwelten
Hin nun trag', was Du gefunden
Durch der Seele Leistung: Gotteskräfte.

Im Leben haben wir Dich gefunden. Im Erdenleben hast Du verbunden mit uns Deine Kräfte. Hier stehen wir, um Deiner Seele nachzuempfinden, nachzufühlen, um uns vorzubereiten, zu vereinigen unsere Gedanken mit Deinen Gedanken, die Du in die Arbeit der Ewigkeiten trägst. Tief empfinden wir es, was als Anfang und Ende

Deines Bildes noch einmal, zum letztenmal vor unserer Seele aufleuchten soll:

> Des Geschickes übermenschlich Walten,
> Es erzog zur Kunst des Messens, Formens
> Und der Technik Leistung Deine Kräfte.
>
> In des Geistes Höhenwelten
> Hin nun trag', was Du gefunden
> Durch der Seele Leistung: Gotteskräfte.

Im Leben: wir waren Dir vereint. Im Geiste: wir wollen Dir vereint bleiben auf ewig im Sinne dessen, was Du als Deine Erkenntnis-Überzeugung gewonnen hast. Aus dem Göttlichen ist des Menschen Seele geboren. In dem Christus muß des Menschen Seele sterben, wenn sie wahrhaftig leben will. In dem Heiligen Geiste muß sie auferweckt und wird sie stets wieder auferweckt werden. Das war Deine Überzeugung, das hast Du durch den Tod getragen. Das wird Dir als das Licht des Geistes leuchten, da Du jetzt die anderen Wege betreten sollst.

Verbunden Dir, lieber Freund, auf ewig!

GEDENKWORTE FÜR CAROLINE WILHELM

Dornach, 23. Oktober 1920

Meine lieben Freunde!

Auch heute habe ich mit einer Trauerbotschaft zu beginnen. Unser liebes Mitglied, Frau *Caroline Wilhelm*, hat heute Nacht den physischen Plan verlassen. Es sind jedenfalls eine ganze Anzahl von Freunden unter Ihnen, welche seit Jahren Frau Wilhelm kennen, und welche wissen, mit welcher Treue sie vor allen Dingen an unserer anthroposophischen Geistesbewegung hing, mit welcher Treue sie auch hing an alledem, was hier der Dornacher Bau ist. Mit welcher Liebe ist sie immer herausgekommen! Sie ist seit langem schwer leidend gewesen. Auch als das Leiden, das seit langem nicht viel Aussicht bot auf eine wirklich gründliche Wiederherstellung der Gesundheit, sie schon ergriffen hatte, da kam sie immer wieder und wiederum heraus und fühlte sich gestärkt, auch im Leiden gestärkt durch dasjenige, was ihr hier Dornach war. Sie fand dann manche Linderung da und dort. Sie fand insbesondere durch längere Zeit hindurch die besonders liebe Pflege in der Anstalt unseres verehrten Mitgliedes, Mitarbeiters, des Herrn Dr. Scheidegger in Basel. Es war rührend, wie sie in ihrem freundlichen Zimmer über jeden Sonnenstrahl sich freuen konnte, auch unter schmerzlichstem Leiden, wie sie immer wieder und wiederum ihre Zuflucht suchte zu alledem, was ihr an Erhebendem, aber auch an Trost und an Kräftigendem gerade die anthroposophische Lektüre bieten konnte. Das ist ganz zweifellos, daß sie mit ihrer Seele dasjenige, was in der Anthroposophie lebt, tief und intim verbunden hat, und daß sie es hindurchgetragen hat durch des Todes Pforte. Und ich bin auch überzeugt davon, daß diejenigen, die sie gekannt haben, diejenigen, die hier gesehen haben, wie treu sie an alledem, was Dornach betrifft, hing, ihre Gedanken auch jetzt vereinigen werden mit dem Streben ihrer Seele. Es wird ganz zweifellos auch unsere Freundin, Frau Wilhelm, stets aus ihrem jetzigen Orte mit inniger Liebe und mit treuer Anhänglichkeit an alledem hängen und bei alledem sein, was hier lebt und wirkt.

Dienstag um 4 Uhr wird in Basel die Kremation sein, und es ist zu hoffen, daß diejenigen, die Frau Wilhelm kennen, an dieser Kremation sich beteiligen werden. Jetzt erheben wir uns zum Zeichen, daß wir uns mit ihr verbinden, von unseren Sitzen.

ANSPRACHE BEI DER KREMATION VON CAROLINE WILHELM

Basel, 27. Oktober 1920

Meine liebe Trauergemeinde!

Nachdem das priesterliche Wort diese liebe Seele hinaufgeleitet hat in die geistigen Welten, in denen sie schon heimisch war während ihres irdischen Daseins, sei es mir gestattet, einiges anzufügen heraus aus dem Herzen derjenigen, mit denen sich unsere liebe Freundin, Frau *Wilhelm*, verbunden hat zu gemeinschaftlichem geistigen Streben, gemeinschaftlichem Arbeiten. Es entspricht dieses dem Herzenstriebe derjenigen, die mit der teueren Dahingegangenen das gemeinschaftliche Streben hatten, daß hier, wo sich ihre Seele von uns trennt, aber wir mit ihr vereinigt bleiben in des Geistes ewigen Reichen, daß hier sprach der Priester, der innerhalb unserer Geistesgemeinschaft steht, und daß auch von mir als dem Vertreter dieser Geistesgemeinschaft die Gedanken mit hinaufgeleitet werden, die entsprießen aus den Herzen und Seelen derjenigen, die mit unserer Freundin vereinigt waren. In den letzten Tagen, als diese Seele sich getrennt hatte von dem irdischen Leib, da stand das Bild der Teueren vor meiner Seele, und dasjenige, was aus diesem Bilde mir sprach, es sei gesprochen der enteilenden Seele:

Aus des Lebens Pflichtenkreis
Sprach zu Deinem Geistesquell
Ernst die große Schicksalsfrage:

Wie ergründet Menschenwissen,
Wo der Seele wahre Heimat
Ist in Weltenalles Weiten?

Deinem Herzenstrieb erschien
Geist-Erkenntnis als der Weg,
Der vom Licht beleuchtet ist.

Und Du folgtest diesem Trieb.
Seelensicherheit hat er
Dir gebracht und Lebensmut.

Und es ist Dir Trost und Kraft
In den schweren Schmerzenstagen,
In der Schicksalswende-Stunde

Dann geworden. Was Du stark
In dem Seelen-Innern sahst
Als des Menschen Geisteslicht,

Durch das Leid hat es geleuchtet.
So auch finde es im Geiste,
Dessen Pforte jetzt vor Dir

Sich der neuen Daseinsform
Öffnet, und die Deiner Seele
Weitern Weg lichtvoll weiset.

Meine liebe Trauergemeinde!

Die engeren Angehörigen der lieben Dahingegangenen, sie dürfen in dieser Stunde fühlen, daß diejenigen Freunde, die hier sich versammelt haben, um der sich von uns trennenden Seele die letzten Abschiedsgedanken zu senden, daß alle diese Freunde in herzlicher Liebe dieser Seele hierher gefolgt sind. Und in herzlicher Liebe gesprochen werden diejenigen Worte, die jetzt noch gesprochen werden sollen:

Die teure, liebe Freundin, sie hatte in sich gefühlt einen Strahl von demjenigen Geisteslichte, das in der Seele aufleuchtet, wenn diese Menschenseele sich besinnt auf ihren wahren, echten Ursprung, wenn sie sich besinnt auf dasjenige, woraus als dem ewigen Menschheitsquell jeder einzelne Mensch geschöpft ist zum Wirken in der geistigen, zum Wirken in der physischen Welt.

Aber, meine liebe Trauergemeinde, an den einen Menschen tritt intensiver oftmals als an den andern heran die große Schicksalsfrage: Wie findet die Seele sich zurecht in diesem Dasein? – in diesem Dasein, das uns zunächst umgibt als die irdisch-physische Welt, in das hereinleuchtet für das Seelenauge dasjenige, was diese irdisch-physische Welt geistig durchdringen kann. Stark im Leben ist dasjenige, was an Freude, an Erhebendem, dieses Leben bieten kann. Der Mensch bleibt leicht innerhalb dieses physischen Lebens stecken. Dann treten die Schicksalsfragen aus den Vergnügungen, aus den Freuden, aus den Erhebungen des Lebens nicht mit aller Intensität entgegen! Die großen Schicksalsfragen, die großen Welträtsel, sie treten an den Menschen heran, wenn Schmerzen es sind, wenn Leid es ist, die den Menschen befallen. Derjenige, meine lieben Freunde, der sich angeeignet hat etwas wie Welterkenntnis, der wird aus seinen tiefsten Erfahrungen, aus seinen tiefsten Erlebnissen heraus niemals sprechen: Aus meinen Freuden, aus meinen Lebensvergnügungen heraus ist mir Erkenntnis geworden. – Der wird davon sprechen, daß gerade die Leiden und Schmerzen es sind, die aufsprießen als das Erkenntnislicht der Seele. Und die Leiden und Schmerzen, die hereindringen in das Leben, sie sind es, die stärker nach dem Ewigen hin zeigen als die Freuden. Und wenn unsere Freundin schon war – das zeigte ihr Suchen nach dem Geisteslichte – eine von jenen tieferen Seelen, die das eigene Licht vereinigen wollten mit dem Gotteslichte der Welt, so ist sie vertieft worden noch im Leben durch schweres Leid, durch Schmerzen.

Liebe Trauergemeinde, insbesondere die nächsten Angehörigen, sie können versichert sein, daß diejenigen sie pflegenden Ärzte unserer Gesellschaft, die sie in ihrer Krankheit pflegen durften, gern, sehr gern dieses Leben noch länger hier auf der Erde erhalten hätten. Des Schicksals Stimme hat stark gesprochen, des Lebens Uhr war abgelaufen, und heute können wir uns nur denjenigen Trost geben, der aus geistigen Höhen von geistigem Lichte kommt, der uns aber sagt: Wenn abgelegt ist dieses irdische Kleid, wenn übergeht dieser physische Leib, dann ist derjenige, den wir lieb gewonnen haben, der uns teuer geworden ist, nicht von uns gegangen. Die Gedanken, die ihn lieb gehabt haben, die Gedanken, die sich im gemeinschaftlichen Streben mit ihm vereinigt haben, die Gedanken finden ihn wieder.

Und diejenigen, die unsere liebe Freundin, Frau Wilhelm, lieb gehabt haben, sie werden beflügelt von dieser Liebe ihre Gedanken in ewigen Gefilden zu ihr immer wiederum und wiederum hinaufsenden. Und dasjenige, was der irdische Tod von einander getrennt hat, das wird das Leben in den ewigen Geistesgefilden, in lichten Geisteshöhen vereinigen, denn so fest war das Band, das hier gebunden worden ist zwischen unserer lieben Freundin und denjenigen Freunden, die in unserer Gemeinschaft Vereinigung gefunden haben, daß dieses Band gewiß nicht zerrissen werden kann. Auch diejenigen, die ihr fern gestanden haben, sie werden ihre Gedanken mit dem Streben, das unserer lieben Freundin in der Zukunft als Geist und Seele eigen sein wird, vereinigen. Wer sich bewußt geworden ist des Zusammenhanges in der Ewigkeit, für den gibt es in Wirklichkeit keine Trennung.

Sehet hin, meine Lieben, auf die starke Zuversicht, welche lebte in dieser Freundin, Frau Wilhelm, aus dem geistigen Bewußtsein ihrer Seele heraus, das sie gesucht hat durch die Vereinigung mit unserem Geistesstreben. Wir wissen es, wie lieb es ihr war, immer wiederum und wiederum herauszukommen nach Dornach, wie lieb ihr die Stätte geworden ist, wie lieb ihr alles einzelne gewesen ist, was sie da vernommen hat. Wir wissen aber auch, wie dasjenige, was sie da vernommen und erlebt hat, sie zusammengebracht hat mit dem Gotteslichte, das sie gesucht hat. Ich selber gedenke, wie rührend es war, wie sie auf ihrem Krankenlager die durch ihr Fenster hereinscheinende Sonne angesprochen hat in ihrem scheinenden Lichte als den äußeren Ausdruck des die Welt durchdringenden Göttlichen. So hat sie in allem Physischen das Göttliche gesucht.

Sie glaubte den Geist, mit dem sie sich vereinigen wollte, nur finden zu können, wenn sie in ihrer Seele aufleben lassen konnte die echte, starke Christus-Kraft. Und deshalb ist sie hinausgegangen zu uns, um durch das Erleben draußen, durch dasjenige, was da draußen vorging, diese Seele innerlich erstarken zu lassen, damit sie fühlen konnte das paulinische Wort: «Nicht ich, sondern der Christus in mir.» Und sie fühlte, wie diese Christus-Kraft in ihrer Seele einzog. Sie fühlte desjenige, dessen sich der Mensch bewußt sein kann, als seines Ursprunges, sie fühlte das Göttliche dieses menschlichen Ursprunges durchdrungen von der Christus-Kraft. Sie wußte, daß so wahr es ist, daß der Mensch herausgeboren ist aus Geistestiefen durch die Kraft des göttlichen Vaters, daß der Mensch getragen werden muß durch Leben und Tod durch die Kraft des Christus. Ihr leuchtete entgegen in den schwersten Leidensstunden das Bild, das sie bekommen hat von dem Leiden des Christus auf Golgatha, der das Siegende ist über allem Tod. So besiegte sie in ihrem eigenen Inneren unter den schwersten Leiden und Qualen den Tod. Sie empfand das Christus-Licht in ihrem Inneren. Das war es, was sie aufrecht erhielt unter dem schweren Druck des Leidens, durch das sie geprüft worden ist. Denn das war es, was ihr immer wieder und wiederum sagte dieses Christus-Licht: Möge der Mensch durch noch so viele Tode gehen, mögen eindringen in dieses Leben noch so viele Leiden, noch so viele Finsternisse, es gibt ein Wiederaufleben im Geiste aus allen Toden, aus allen Finsternissen, aus allen Leiden. Und aus allen Leiden werden Prüfungen der Seele und aus allen Prüfungen der Seele wird dann erst jenes große Licht, das den Menschen erwartet und ihm zustrebt.

So, meine lieben Leidtragenden, haben wir sie gekannt, unsere Freundin. Nicht wollen wir sprechen von dem allzusehr, was sie draußen finden konnte. Denn daß sie finden konnte, was ihre Seele suchte, dafür ward ihr Leben selber das lebendige Zeugnis. Aber davon wollen wir noch sprechen, daß, wenn sie hinausgekommen war, ihr eigenes Auftreten das lebendige Zeugnis war für etwas, was aus ihr sprach, ohne daß sie sich dessen bewußt war, was aber jeden Menschen berührte, der die teure Freundin kennen lernte: Sie ist eine gute Frau. — Sie ist eine Frau, die man lieben konnte bis in die Tiefe ihrer Seele hinein. Das konnte sich derjenige sagen, der sie draußen sah, wenn sie noch suchte dieses Geisteslicht. Bis in die letzten Zeiten hinein, in denen sie noch den Weg hinaus machen konnte. Sie hat es ja gesucht. Und aus der Art und Weise, wie sie es aufgenommen hat, aus der Art, wie sie aus ihren Augen empor geblickt hat, um das innere Licht mit dem äußeren zu vereinigen, sprach aus ihr: Eine gute liebe Frau. – Und sie wird weiter geliebt werden von denjenigen, die sie kennen gelernt haben, und aus der Wärme dieser Liebe wird ersprießen jenes Licht, das leuchten wird, wenn wir unsere Gedanken zu ihr hinaufsenden in der Gewißheit, mit ihr vereinigt zu sein, auch wenn die Seele getrennt ist von diesem physischen Dasein.

So sei Dir, liebe Freundin, noch einmal das Bild nachgesprochen, das zu mir in diesen Tagen gesprochen hat, mich erinnernd desjenigen, was Du uns warst, was Du warst all denjenigen, die Dich kennen gelernt haben, was Du warst der Welt des Geistes, der Du treulich und in Liebe und in starkem Mute zugestrebt hast:

> Aus des Lebens Pflichtenkreis
> Sprach zu Deinem Geistesquell
> Ernst die große Schicksalsfrage:
>
> Wie ergründet Menschenwissen,
> Wo der Seele wahre Heimat
> Ist in Weltenalles Weiten?
>
> Deinem Herzenstrieb erschien
> Geist-Erkenntnis als der Weg,
> Der vom Licht beleuchtet ist.
>
> Und Du folgtest diesem Trieb.
> Seelensicherheit hat er
> Dir gebracht und Lebensmut.
>
> Und es ist Dir Trost und Kraft
> In den schweren Schmerzenstagen,
> In der Schicksalswende-Stunde
>
> Dann geworden. Was Du stark
> In dem Seelen-Innern sahst
> Als des Menschen Geisteslicht,
>
> Durch das Leid hat es geleuchtet.
> So auch finde es im Geiste,
> Dessen Pforte jetzt vor Dir

Sich der neuen Daseinsform
Öffnet, und die Deiner Seele
Weitern Weg lichtvoll weiset.

Im Zeitensein haben Deine Freunde Dich gefunden. Sie haben vereinigt die Liebe zu Dir mit der Liebe, die Deine teueren Angehörigen Dir auf Deinem Lebensweg entgegengebracht haben. Sie schauten die Liebe, die Du selber Deinen teueren Angehörigen und den Freunden entgegenbrachtest. Der Lebensweg, der uns vereinigt hat, er lasse aufsprießen jene Kraft, durch welche unsere Gedanken stets finden werden Deine Gedanken, wenn Du in ewigen Gefilden lebest und strebest. Denn dasjenige, was sich in wahrer Liebe und in echter Liebe findet in der Zeitenwende, das bleibt aus Menschenwesenstiefen vereint für Ewigkeit.

GEDENKWORTE FÜR LINA SCHLEUTERMANN
Dornach, 1. Juli 1921

Bevor ich zu dem Gegenstande unserer Betrachtungen komme, möchte ich mit ein paar Worten darauf hinweisen, daß unser Freund und Mitarbeiter hier am Bau, Herr Schleutermann, in diesen Tagen seine junge Frau vom physischen Plane verloren hat, und ich darf vielleicht gerade davon den Anlaß nehmen, Ihnen zu sagen, wie Frau Dr. Wegman, die der behandelnde Arzt in diesem Falle war, das schöne Erdenende von Frau *Schleutermann* mitgemacht hat.

Es war allerdings eine lange, zum Teil sehr leidensvolle Krankheit, von der Art, die zuletzt schon durch längere Zeit den Ätherleib loslöste von dem physischen Leibe, was sich in einer besonderen Art von Benommenheit zeigt. In diesem Falle geschieht sehr häufig gegen das Ende, daß bei der noch stärkeren Loslösung des Ätherleibes ein von übersinnlichen Inhalten erfülltes Bewußtsein auftritt, das in allerlei schönen Bildern über die Aufgaben des eigenen und des Erdendaseins spricht. Und von diesem Gesichtspunkte ist der Hinübergang der jungen Frau, die erst vierundzwanzig Jahre alt war, ein außerordentlich erhebender offenbar gewesen.

Ich wollte auf dieses hinweisen, meine lieben Freunde, aus dem Grunde, weil das ein erhebender Gedanke sein kann für die zahlreichen Freunde, die sich auch heute nachmittag bei der Beerdigung eingefunden hatten, und weil dieser Gedanke der Ausgangspunkt sein kann für diejenigen Freunde, die dann Herrn Schleutermann wiederum in ihren Reihen empfangen werden, wenn er nach der einigermaßen eintretenden Linderung seines Schmerzes wiederum hierher arbeitend zurückkommt. Aus diesem Gedanken werden Sie dann stärkend auf ihn wirken können, und er wird vielleicht in den stärkenden Gedanken, die Sie ihm entgegenbringen, einigen Trost finden, wie er wirklich recht viel aufrichtende Kraft finden kann in den schönen, nach dem Übersinnlichen gerichteten Gedanken, die während dieser Erdeninkarnation die letzten seiner verstorbenen Frau waren.

Ich möchte Sie bitten, meine lieben Freunde, zum Zeichen dafür, daß wir unserem Freunde in seinem schweren Leid beistehen wollen, sich von Ihren Sitzen zu erheben.

GEDENKWORTE FÜR NELLY LICHTENBERG

Berlin, 21. Mai 1922

Bevor ich zu meinem Vortrag komme, habe ich die Mitteilung zu machen, daß unsere liebe Freundin *Nelly Lichtenberg* den physischen Plan verlassen hat. Die jüngeren Freunde werden sie vielleicht auch aus ihrer Teilnahme an unseren Veranstaltungen kennen, aber die älteren Teilnehmer kennen sie sehr gut und haben sie gewiß tief in ihr Herz geschlossen – ebenso wie ihre in Trauer zurückgebliebene Mutter.

Nelly Lichtenberg, die zuletzt noch in Stuttgart ihre Gesundung gesucht hat, hat dort vor einigen Tagen den physischen Plan verlassen. Sie und ihre Mutter, die dort zu ihrer Pflege war, gehörten seit dem Beginne unserer anthroposophischen Bewegung dieser an. Und wenn ich in wenigen Worten ausdrücken soll, was vielleicht gerade die Verstorbene, von dem physischen Plan Hinweggegangene, und auch ihre Mutter selbst in meinen Augen am besten charakterisiert, so möchte ich sagen: Gegenüber der anthroposophischen Bewegung bestanden ihre Seelen aus lauterer Treue, aus lauterer tiefer Hingegebenheit an die Sache. – Wir alle haben zu schätzen gewußt, als unsere Bewegung hier in Berlin noch außerordentlich klein war, mit welcher innigen Treue und mit welchem tiefen Herzensverständnis die beiden an der Bewegung hingen und an der Entwickelung der Bewegung teilnahmen. Die Baronesse Nelly Lichtenberg trug diese treue Seele in einem Körper, der außerordentliche Schwierigkeiten für das äußere Leben bereitete. Aber diese Seele fand sich eigentlich mit allem in einer wunderbaren Duldergesinnung zurecht, die sich verband mit einer gewissen inneren beseligten Freudigkeit im Aufnehmen des Spirituellen. Und diese Duldergesinnung, verbunden mit dieser inneren Freudigkeit, durchwärmt von einer Zuversicht für das seelische Leben, auf welchem Plane immer sich in der Zukunft dieses seelische Leben entfalten möge, das alles traf man bei der nunmehr Verstorbenen auch an ihrem letzten Krankenlager in Stuttgart, wo ich sie durchaus in dieser Seelenstimmung und Seelenverfassung bei meinen letzten Besuchen gefunden habe. Es ist Ihnen allen klar, daß derjenige, der irgendwie mitwirken kann zur Gesundung eines Menschen, alles tun muß, um diese Gesundung nach seinen Kräften herbeizuführen. Aber Sie wissen auch alle, wie das Karma wirkt, und wie es zuweilen eben unmöglich ist, eine solche Gesundung herbeizuführen. Es war gewissermaßen durchaus schmerzlich, nur in die Zukunft zu sehen, wenn man die Leidende in den letzten Wochen vor sich hatte. Aber über alles das führte ihre auch für die geistige Welt so außerordentlich hoffnungsvolle Seele sie selbst und die, welche mit ihr auch in den letzten Zeiten zu tun hatten, hinweg. Und so darf man sagen, daß gerade in der mit ihr von dem physischen Plan hinweggegangenen Seele eine solche hier auf Erden lebte, welche Anthroposophie in wahrem Sinne des Wortes aufgenommen hatte, so aufgenommen hatte, daß diese Anthroposophie nicht bloß eine theoretische Weltanschauung, eine Verstandesbefriedigung oder auch eine leichte Empfindungsbefriedigung war, sondern der ganze Inhalt ihres Lebens, die Gewißheit ihres Daseins war. Und mit diesem Inhalt ihres Lebens und mit dieser Gewißheit ihres Seelendaseins ist sie auch von diesem physischen Plan hinweggegangen. An uns ist es, namentlich an denjenigen, die so viele von den Stunden hier im physischen Dasein, die der Mensch zuzubringen hat, mit ihr im gleichen geistigen Streben durchgemacht haben, unsere Gedanken zu ihrem Seelendasein hin zu richten. Und das wollen wir denn treulich tun! Sie soll oft in der Fortsetzung ihres Daseins in einem anderen Gebiete unsere Gedanken durch unseren Willen mit ihren Gedanken vereinigt finden, und sie wird immer, auch in ihrem ferneren Seelendasein, ein treuer Mitgenosse unseres geistigen Strebens sein. Dessen können wir gewiß sein. Und daß wir ihr dieses versprechen, daß wir unsere Gedanken kraftvoll zu ihr hinlenken wollen, zum Zeichen dessen, um sie zu ehren, wollen wir uns von unseren Sitzen erheben.

ANSPRACHE BEI DER KREMATION VON ELISABETH MAIER

Stuttgart, 29. März 1923

Liebe Leidtragende!

Nachdem die feierliche, priesterliche Handlung für unsere liebe Freundin *Elisabeth Maier* hier vollzogen worden ist, seien aus der Geistgemeinschaft, welcher die teure Dahingegangene aus den Tiefen ihres Herzens angehört hat, der lieben, guten Seele einige Worte durch mich nachgesprochen.

Elisabeth Maier hat gesucht diese Geistgemeinschaft aus den Tiefen ihrer Seele heraus, weil sie durch ihr ganzes Wesen eine innige Verwandtschaft zu geistigem Sein und zu geistigem Wirken hatte, weil sie durch die besten Kräfte, die in ihrer Seele lebten, menschlich klar wußte, wie allezeit das Leben im Geiste den Sieg davonzutragen hat über den Tod im Stoffe. Mit Menschenseelen suchte ihre Seele Gemeinschaft, welche mit ihr in dieser heiligen Überzeugung verbunden sind, so verbunden sind, daß das Band, durch das sie verbunden sind, durch nichts getrennt wird, welche daher auch wissen, daß der Tod nur ein Übergang von einem Leben zu dem andern ist. Deshalb aber, geliebte Leidtragende, bleibt der Schmerz, die Trauer, die solche Seelen an den Särgen der von ihnen Weggehenden empfinden, in seiner vollen Größe bestehen. Der Schmerz und die Trauer werden verklärt, aber sie werden nicht vermindert.

Daher darf ich mich ganz besonders in diesem Schmerzens-, in diesem Traueraugenblicke zunächst wenden an die geliebte Mutter der teuren von uns Hingegangenen, ihr zu versichern, daß es gibt in den Seelen, die mit der teuren Elisabeth Maier verbunden waren, tiefsten, aufrichtigsten, ehrlichsten Schmerz für jene Lebensempfindung, die solchen Schmerz verstehen kann und die sich ausdrückt darin, daß man sagen muß: Einem teuren Wesen hat man das Leben gegeben als Mutter, und man muß dessen irdisches Leben früher entschwinden sehen, als man sich selbst in die geistigen Gefilde hinaufhebt.

Und aus diesem tiefen Mitschmerze wende ich mich an alle übrigen

Geschwister, an alle übrigen Verwandten und an die weitere Leid- und Trauergemeinde, die hier vereint ist. Ihr alle, liebe Leidtragende, dürft in diesem Falle den Schmerz wahrhaftig so betrachten, daß er die Grundlage ist für schöne, gute, heilige Empfindungen und Gedanken, welche die jetzt in die Höhe steigende Seele begleiten dürfen und begleiten können. Und wir dürfen auf der Grundlage dieses echten, aber durch unsere Überzeugung verklärten Schmerzes die Worte aussprechen, die sein sollen ein Gelöbnis, in weiterer treuer Verbindung bleiben zu wollen mit der von der Erde weggehenden Seele.

Seelen, die in zarter, inniger Weise verbunden waren hier auf Erden mit demjenigen, was als geistiges Leben und geistige Erhebung fließt durch die Geistesüberzeugung, in der Elisabeth Maier lebte, von solchen Seelen darf gesagt werden, sie schritten schon in das Leben herein, vorbestimmt dazu, den Geist wieder zu suchen hier auf Erden, von dem sie heruntergestiegen waren aus geistumfangenem Daseinsatem im vorirdischen Leben, aus der Gemeinschaft im Geiste, dem göttlichen Geiste, der die Welt durchlebt und durchwebt. Solche Seelen tragen das Geist-Zeichen hier auf Erden mit. Und eine solche Seele war Elisabeth Maier. Man konnte von ihr wirklich sagen: Geboren war sie aus dem im Gotte ergriffenen Geiste. – Und die Kraft dieses Geistes führte sie zu jener Geist-Erkenntnis und Geist-Überzeugung, die ihr vorangeleuchtet hat wie ein Ideal, das sie getragen hat wie eine stark wirkende Seele. Gerade das war etwas, meine lieben Leidtragenden, liebe Trauergemeinde, was man erleben konnte mit unserer teuren Elisabeth Maier, und was in dieser Stunde schmerzlichen Herzens, aber auch, ich möchte sagen wie erflehend erst recht die Verklärung der teuren Seele, hier ausgesprochen werden kann. Das geistige Ideal, das sich Elisabeth Maier aus den Tiefen ihrer Seele heraus gestellt hatte, es war ein hohes Ideal. Es war ein Ideal, zu dem starke Kräfte notwendig waren. In dem von jeher schwachen Körper waren diese nach seelischer Stärke rufenden Kräfte. Aus dem schwächlichen Körper schauten seit langem diese Seelenaugen, die so sehnsüchtig nach ihrem hohen Ideale hinblickten. Das war die tiefere Seelengrundlage dieses körperlichen Leidens, an dem unsere Elisabeth

Maier seit langem siechte. Der Lebensmut wollte ihr wanken, die Lebensfrische wollte ihr wanken, weil sie sich unter der Größe ihres Ideals schwach fühlte. Und es waren wohl menschliche Worte nicht stark genug, den Lebensmut ihr zu geben, die Lebenskraft ihr zu schenken, welche sie gebraucht hätte. Und so starb sie in einer gewissen Weise entgegen auch ihrer Seele, dem Leben in den ewigen Gefilden des Daseins, zu denen sie jetzt aufsteigt von dieser Erde. Gerade aus der Kraft, aus der uns hier oft etwas wie mangelnde Lebenshoffnung entgegenkam, wird ihr jene starke Seelenkraft kommen, die sie nun weiterführen wird im Geiste. Denn im Grunde genommen kam letzten Endes dasjenige, was ihr Lebensfrische nahm, doch aus einer seelischen Stärke. Sie wollte alles dasjenige, was sie in der Seele aufzubringen vermochte an Kräften, vereinigen in dem großen Ideal der Geistgemeinschaft, der sie mit einer so innigen, herzlichen Gesinnung angehörte.

Weil aus dieser Geistgemeinschaft heraus die stärksten Lebenskräfte für die Seele kommen, stehen wir, indem wir ganz zart und innig diese Empfindung in unserer Seele aufsteigen lassen, an der entschwindenden, in die Höhe hinaufsteigenden Seele, der Seele Elisabeth Maiers.

Wissen wir, liebe Leidtragende, liebe Trauergemeinde, daß sie durch diese starke Kraft aber gefunden hat die Gemeinschaft mit demjenigen, der aus geistigen Höhen in inniger Geistgemeinschaft mit den Menschen heruntergestiegen ist, um sich mit Menschengeschick zu vereinigen, der Besieger des Todes ist, der Begründer des ewigen Lebens in allen Menschen ist. Wissen wir, liebe Leidtragende, liebe Trauergemeinde, daß sie gefunden hat den Christus, der da leitet die menschlichen Seelen, die ihn suchen, durch die Pforte des Todes, und wissen wir, daß solche Seelen, die in solcher Innigkeit zu diesem Geist aufschauen, den durch alle Räume und Zeiten waltenden Geist finden. Wissen wir, daß mit diesem Geist zusammenfinden sich wird die jetzt von uns entschwindende, uns teure Elisabeth Maier.

Wir werden nicht ihre Augen weiter schauen. Wir werden aber unsere Gedanken ihrer Seele, unsere Empfindungen mit den Empfindungen ihrer Seele, unser bestes menschliches Sein mit ihrem Seelensein vereinigen wollen, und so dürfen wir denjenigen, welche die nächsten Leidtragenden sind, der Mutter, den Geschwistern, der weiteren Verwandtschaft und den ihr Geistverwandten versichern, daß mit dem Gedanken, der hinaufeilt zu dem Seelenwesen Elisabeth Maier in Zukunft sich vereinigen werden alle diejenigen, die innerhalb der von Elisabeth Maier gesuchten Geistgemeinschaft mit ihrem Geiste innig verbunden waren.

So wie finden werden diejenigen, denen sie teuer war, oben in den Geisteshöhen diese teure Seele, so werden sie stets finden die Gedanken derjenigen, denen sie, zu ihrem Leide, zu ihrem Schmerze von der Erde allzu früh entrissen worden ist. Sie werden sie finden in den Geisteshöhen. Und so senden wir denn mit der hinaufeilenden Seele heute die Gedanken, die uns am innigsten, am herzlichsten verbunden haben mit der teuren Elisabeth Maier, wir senden sie hinauf auf denselben Wegen, auf denen Du hinaufgehst, auf geistigen Wegen, damit sie Dich stets finden werden. Aus dem Worte des heutigen Gelöbnisses heraus wollen wir die Kraft schöpfen, daß unsere mit Dir verbundenen Gedanken Dich auch immer suchen werden, damit Du die Gemeinschaft finden wirst immerdar durch alle Welten, in denen Menschenseelen durch alle Daseinsverwandlungen hindurch leben in Weltenfernen und durch alle Zeiträume. Das wollen wir Dir heute mit Deinen teuren Angehörigen und den Dir Nächststehenden in Treue geloben für alle Zeiten.

ANSPRACHE BEI DER KREMATION VON HERMANN LINDE
Basel, 29. Juni 1923

Meine liebe Trauergemeinde!

Nachdem das priesterliche Geleitwort unseren lieben Freund begleitet hat in die Reiche des Lichtes, sei gesprochen aus den Herzen derer, mit denen unser lieber Freund innigst verbunden war, an seine liebe Gattin, Tochter und an Euch, liebe Freunde, die Ihr mit *Hermann Linde* so eng verbunden waret, seien diese Worte gesprochen, die nachklingen mögen der Seele unseres teuren Freundes:

> Deiner Seele sanfter Flügelschlag
> Trug Dich, lieber Freund, in Geistesbahnen,
> Deines Schicksals ernste Führerhand
> Bracht' das Geistes-Wort zu Deinem Ahnen.

> Mancher Zweifel trat in Deinen Weg,
> Doch des Herzens Kraft, sie fand
> Sich durch Lebenslicht und Daseins-Schatten
> Zum Gedankenziel im Geistesland.

> Und so schaue, treue Freundesseele,
> In der vollen Geisteswirklichkeit,
> Was Dir sinnvoll leuchtend vorgeschwebt
> Als die Zukunft nach der Erdenzeit.

> Und am Lebensabend noch mußtest Du
> Tief im Seelen-Innern unsern großen Schmerz
> Aus der Flamme furchtbar leuchten sehn;
> Für das Erdendasein brach es Dir das Herz.

> Deiner Gattin ernste Herzensliebe,
> Sie wird folgen Deinem Geistesleben;
> Deiner Tochter treu Gedenken
> Soll bewahren Dein edles Streben.

> Und wir, Dir geistverbunden im Erdensein,
> Wir, die wir zum neuen Leben Dich geleiten,
> Wollen geistgeeint bei Dir verweilen
> In Zukunftzeiten und in Weltenweiten.

Liebe Trauergemeinde! Unser teurer Freund hat sich als einer der ersten unserer geistigen Gemeinschaft in herzlicher Innigkeit angeschlossen. Und wir lernten sein liebes, gutes Herz, sei es in einer so wirksam vollbrachten, uns allen heiligen Arbeitspflicht, sei es im Nebeneinandergehen in der Bekennerschaft zu unserer geistigen Erkenntnis, wir lernten dieses gute, liebe Herz kennen, wir lernten es schätzen, und wir sollen wissen, mit ihm verbunden zu bleiben, auch nachdem unser physisches Auge in sein physisches Auge nicht mehr schauen kann. Und so schaue denn in Zukunft unser Seelenauge, seiner in aller Herzlichkeit und Liebe gedenkend, in sein liebes Geistesauge.

Liebe Freunde! Hermann Linde hat auf seinem ernsten Wege zum Geistesforschen manchen Zweifel, manches andere Seelenhemmnis an dem Wege gefunden. Aber er hat eine geistgeneigte, eine seelenwarme innere Herzenskraft besessen. Sie hat ihn hingeleitet mit starker innerer Macht zu demjenigen, was er dann gefunden hat als sein Geisteswort, seine Geistes-Erkenntnis, in der wir in inniger Freundschaft mit ihm verbunden waren.

Man möchte sagen, mit den drei Epochen des anthroposophischen Lebens ist Hermann Linde in Treue gegangen. Zunächst hat er es gefunden, dieses geistige Leben. Dann kamen die Zeiten, wo er als einer der Wirksamsten, der Hingebungsvollsten, der Opferfreudigsten in München mitgearbeitet hat an unseren Festes-Mysterienspielen, die mit anderen zusammen auch sein Werk waren. Von wie vielem, meine lieben Freunde, müssen wir sagen: In der Zeit, in der wir es zu arbeiten hatten, wäre es ohne Hermann Linde nicht zustande gekommen.

Und dann, als der Ruf kam, auf dem Dornacher Hügel das uns allen so teure, auch gestorbene Goetheanum zu erbauen, war er wieder einer der ersten, der ratend, helfend alles dasjenige, was er hatte: seine Kunst, sein Sein dem Werke zum Opfer brachte. Wir haben es gesehen, wie Hermann Linde, herausgewachsen aus künstlerischer Lebenstätigkeit, zuletzt all das, was er in der Kunst zu geben vermochte, hineinopferte in dasjenige Werk, mit dem er sich ganz verbunden hatte.

Und wer Menschentreue und Menschenhingebung zu schätzen vermag und zu lieben vermag, der konnte wohl nicht anders, als mitarbeitend, mitlebend mit Hermann Linde, die stille, sanfte und doch so tatkräftige Seele schätzen und bewundern und sie als die teuerste Freundesseele fühlen, die auf unserem Geisteswege mitgegangen war.

Viele der Stunden treten vor mein Seelenauge, in denen ich Hermann Linde arbeitend, arbeitend an der Seite seiner lieben Gattin, unserer Freundin, oben in der Kuppel des Goetheanum traf, und in denen er sein Bestes in das Werk hineinopferte, dessen Untergang er und wir in so tiefem Schmerze erleben mußten.

Und wenn man Hermann Linde sah still wirken in seinem Atelier, ganz hingegeben dem Goethe-Gedanken, alles, was er empfinden konnte als Künstler, hineingeheimnissend in diesen Goethe-Gedanken, dann wußte man: Das war einer der Besten, die unter uns wirken.

Liebe trauernde Freunde, so steht Hermann Linde vor uns. Aber wir mußten ihn auch begleiten so, daß wir immer an ihm sahen, wie eine starke, eine viel wollende Seele doch in einem schwachen Körper lebte. Und dieser schwache Körper hat für uns alle Hermann Linde früh, viel zu früh von uns hinweggenommen: dieser schwache Körper, von dem diejenigen, die intimer mit Hermann Linde verbunden waren, wußten, daß alles, was an Hemmnissen in Hermann Lindes Leben stand, was sogar an Zweifel in ihm auftauchte, was manchmal die Intentionen der Arbeit nicht zur vollen Geltung kommen ließ, von ihm herrührte. Diejenigen, die intim Hermann Linde nahestanden, wußten, daß die Seele groß war, und daß er selber oftmals eine innere Tragik durch seinen schwachen Körper fühlte.

Aber gerade deshalb war sein Platz in einer Geistgemeinschaft, die hinauszublicken vermag über alles das, was nur die physisch-irdische Sinnlichkeit gibt, die hinaufzublicken vermag zu demjenigen, was als überirdisches Können die geistig wollende Seele als ihr großes Ziel ersehnt und erhofft. Und in intimer Freundschaft mit Hermann Linde ging einem oftmals der Gedanke auf: Magst du selbst dir sagen, daß nicht alles, was du willst, dir in deinem Erdendasein gelingt, du darfst dich trösten, daß in Geistesregionen dein über das Irdische hinauswollendes Wollen erkraftet und erstarkt, und daß du all dasjenige der Erde zu geben vermagst, was du ihr gerne geben möchtest. – Wir aber mußten uns sagen: Wir dürfen solche Ansprüche nicht machen, wie Hermann Linde sie an sich selber machte. – Und wir waren mit dieser in so milder, stiller Weise wirkenden Seele wahrhaftig immer im Innersten in voller Zufriedenheit einig. Wir wußten zu schätzen, was dieser als einer der Besten für uns wirkte.

Und Vorbild, meine liebe Trauergemeinde, kann Hermann Linde für viele sein. Er hat gerungen im stillen Inneren, gerungen mit ernster Kraft, sich durchgerungen mit feierlicher Würde über alle Zweifel, über alle Hemmungen hinaus zu derjenigen Erkenntnis, die dem Menschen die Sicherheit bringt: Das, was du lebst auf Erden, es stammt aus göttlichen Daseinshöhen. – Aber Hermann Linde wußte zu schätzen die Heiligkeit der göttlichen Daseinshöhen, Hermann Linde wußte zu durchschauen, welche Geheimnisse bergen diese göttlichen Daseinshöhen, und er wußte es daher, wie wenig in das Menschenbewußtsein des Erdendaseins eingeht von demjenigen, was wir aus himmlischen Höhen durch irdische Geburt hereintragen in dieses Dasein.

Zwar aus Gott sind wir alle geboren zum irdischen Leben. Doch während dieses irdischen Lebens entfällt dem dünnen menschlichen Bewußtsein das Durchdrungensein mit der göttlichen Kraft. Und wiederfinden kann nur in diesem mit irdischem Bewußtsein erlebten Tode die göttliche Kraft die starke Seelenmacht, die sich verbunden fühlt mit dem Impulse des Christus, wiedergebären, wiedererstehen lassen kann den Gott in der Menschenbrust die Verbundenheit mit Christus.

Und so fühlte Hermann Linde. Wie er wußte, daß er hereingeleitet ist aus Gottesdasein ins Erdendasein, so wußte er, daß im Erdentode der Erwecker Christus lebt, mit dem die Menschenseele, das Menschenherz sich verbinden kann.

Und so schauen wir heute in dieser ernsten Stunde mit Dir, geliebte Seele, hinauf in geistige Regionen, wissend, daß dem, der im Erdendasein sich bewahrt das Bewußtsein von göttlicher Herleitung, der für das Erdenbewußtsein sich erobert das Durchdrungensein mit der Christus-Kraft, daß der wiedererweckt wird, wiedererstehen wird in hellen, lichten Geisteshöhen. Dahin, liebe Freundesseele, geleiten Dich sehnsüchtig unsere Freundesblicke aus tiefstem Herzensinnern heraus. Dahin wollen wir Dir folgen lassen unsere besten Gedanken, die mit Dir verbunden waren. Wir wissen Dich in Zukunft in Geisteshöhen. An uns wird es sein, wieder und immer wiederum aus unserem tiefsten Herzensfühlen heraus zu suchen die Gedanken, die zu Dir gehen, die sich vereinigen mögen mit Deinen Zielgedanken in lichten Geisteshöhen, die da bleiben wollen bei Dir für alle Zeiten, die Du zu durchwandeln für alle Weltenweiten, die Du zu durchwellen haben wirst. Ja, bei Deinen Gedanken mögen sein unsere Gedanken, heraus aus der Erdenarbeit, die wir fühlen konnten, mit der Du uns geistverbunden durch Deine eigene Wahl in diesem Erdenleben warst.

Dem Geistverbundenen mögen, meine liebe Trauergemeinde, Eure Gedanken immerdar folgen in seinen künftigen erdenfreudigen, zu neuem Erdendasein lichtesvoll sich bereitenden Daseinsstufen. So möge es geschehen. Und so mögen Dir folgen unsere Gedanken, mögen sie bei Dir bleiben, unser lieber Hermann Linde, und mögen wir verstehen, bei Dir zu bleiben, auch dann, wenn unsere Seele Dich suchen muß in lichten Geisteshöhen.

    Deiner Seele sanfter Flügelschlag
    Trug Dich, lieber Freund, in Geistesbahnen,
    Deines Schicksals ernste Führerhand
    Bracht' das Geistes-Wort zu Deinem Ahnen.

    Mancher Zweifel trat in Deinen Weg,
    Doch des Herzens Kraft, sie fand
    Sich durch Lebenslicht und Daseins-Schatten
    Zum Gedankenziel im Geistesland.

Und so schaue, treue Freundesseele,
In der vollen Geisteswirklichkeit,
Was Dir sinnvoll leuchtend vorgeschwebt
Als die Zukunft nach der Erdenzeit.

Und am Lebensabend noch mußtest Du
Tief im Seelen-Innern unsern großen Schmerz
Aus der Flamme furchtbar leuchten sehn;
Für das Erdendasein brach es Dir das Herz.

Deiner Gattin ernste Herzensliebe,
Sie wird folgen Deinem Geistesleben;
Deiner Tochter treu Gedenken
Soll bewahren Dein edles Streben.

Und wir, Dir geistverbunden im Erdensein,
Wir, die wir zum neuen Leben Dich geleiten,
Wollen geistgeeint bei Dir verweilen
In Zukunftzeiten und in Weltenweiten.

GEDENKWORTE FÜR HERMANN LINDE
Dornach, 29. Juni 1923

Heute morgen haben wir unserem lieben Freund, *Hermann Linde*, das Geleite zu geben gehabt zu dem Tore, durch das er nunmehr in die geistige Welt eintreten wird. In einem solchen Augenblicke ist es, meine lieben Freunde, an uns, auch in einem tieferen, moralisch-religiösen Sinne und in einem tieferen Gefühls- und Empfindungs-Sinne praktisch wahr zu machen, was Anthroposophie in unseren Seelen auslösen kann, wozu Anthroposophie unsere Seelen impulsieren kann. Es ist ja unser ganzes Streben, die geistige Welt kennen zu lernen, zu lernen, in der Seele mit der geistigen Welt zu leben.

In dem Augenblicke, wo eine teure Seele hinweggeht aus dem physischen Dasein und eingeht in jenes Leben, um dessen Erkenntnis wir uns bemühen, müssen wir auch die Kraft und die Stärke fühlen, all das in vollem Sinne des Wortes aufrecht zu erhalten, was sich in uns eingewurzelt haben sollte während jener Zeit, während welcher wir hier auf Erden mit einer solchen Seele, die von uns nunmehr hinweggegangen ist, geistverbunden worden sind. Und wir sollten im rechten Sinne verstehen lernen, jene Gemeinschaft, zu der wir uns zusammengefunden haben, zu erhalten hinaus über diejenigen Bande, die durch das Erdenleben geflochten werden. Wir sollten warm jene Liebe halten können, welche uns mit solchen Seelen verbindet auch dann, wenn jene Wärme der Empfindung nicht durch äußere Impulse so angefacht werden kann, wie wenn die betreffende Seele noch im physischen Leibe unter uns wandelt. Dann erst haben die Empfindungskräfte, die in uns durch Anthroposophie ausgelöst werden können, die rechte Stärke, wenn wir das können. Wir sollen auch die Erinnerungen an einen teuren Toten in anderer Weise noch lebendig halten können als derjenige, der nicht Geist-Erkenntnis in das Innere seiner Seele so aufgenommen hat, wie wir es uns zu unserem Ziele setzen.

Und Hermann Linde ist ja durch viele schöne Erinnerungen an unsere Seelen gebunden. Eine große Zahl derer, die hier sitzen, wissen das ohne Zweifel, manche vielleicht in loserer Art. Aber Hermann Linde war eine Persönlichkeit, von der gesagt werden darf, daß auch derjenige, der sie nur kurz gekannt hat, sie lieb gewonnen hat. Diejenigen, die länger innerhalb unserer Gesellschaft sind, kennen Hermann Linde als einen der ersten, die hereingekommen sind in diese Gesellschaft, um mit den anderen in ihr vereinigten Freunden einen gemeinsamen Geistesweg zu gehen. Und solche, die Hermann Linde intimer kennen gelernt haben, wissen, daß er zu denen gehörte, die nicht etwa in einer bloß übersprudelnden Empfindung, in einer innerseelischen Sensation sich diesem Geistesweg angeschlossen haben, sondern er hat aus innerster Selbsterkenntnis heraus erstrebt, die Möglichkeit zu finden, seinen Weg mit dem Weg dieser Geistesströmung zu vereinigen.

Hermann Linde war eine milde Natur, aber eine Natur, die innerhalb der Milde ihrer Seele auch einen starken, berechtigten kritischen Geist hatte, eine Natur, die prüfte, was ihr entgegentrat, und eine Natur, die deshalb prüfen mußte, weil andere Eindrücke, die schon da waren, in einer starken Weise in der Seele haften geblieben sind. Und so hatte Hermann Linde zwischen dem, was in seiner Seele lebte, was seine Seele durchwärmte, was seine Seele oftmals auch mit herben Zweifeln erfüllte auf der einen Seite, und mit dem, was ja, weil es gar so sehr abweicht von allem übrigen, das man in der Gegenwart antrifft, auf der andern Seite mit Anthroposophie an die Seelen herangebracht wird, er hatte mit diesen beiden Strömungen seine Seelenkämpfe auszukämpfen. Und wir dürfen heute, wo sein Erdenleben abgeschlossen ist, also auf dasselbe zurückblicken, daß wir uns sagen können: Wenn eine solch edle, milde, aber innerlich ernste Seele nicht aus übersprudelnder Empfindung, sondern aus innerlich sich selbst getreuer Selbsterkenntnis den Weg in diese Geistesströmung gefunden, dann ist das etwas, was diese Geistesströmung so ansehen darf, daß es für sie selbst gewissermaßen ein ihre innere Kraft erhärtendes Zeugnis ist. – Eine Bewegung, die in der Lage ist, darauf hinzudeuten, daß gute Menschen die Möglichkeit fanden, sich mit ihr zu vereinigen, darf sich das im schönsten Sinne zugute halten.

Und es war ja unsere anthroposophische Bewegung in ihrer ersten

Periode so, daß sie zunächst aus der Natur der Tatsachen heraus nichts anderes sein konnte als eine Stätte, in der die Seelen sich selbst und ihren Zusammenhang mit der geistigen Welt fanden. Gegenüber den Aufgaben, die in späterer Zeit die anthroposophische Bewegung hat übernehmen müssen, ist ja wohl mancher, der zu den älteren Mitgliedern gehört, und der sich sagt: Ach, wäre es nur immer so geblieben, wäre die anthroposophische Bewegung in jener ersten Epoche stehen geblieben, in der im Grunde genommen sie eine Versammlung von Menschen war, die als Menschen miteinander zu tun hatten, die einen innerlich geschlossenen Verein bildeten, der zunächst hinsah auf dasjenige, was als geistige Strömung durch ihn floß.

Hermann Linde hat voll mit seiner eigenen Seele dieses zu vereinigen gewußt, was als solche geistige Strömung durch die Anthroposophische Gesellschaft fließt; aber er gehörte auch zu denen, die mit offenem Herzen und mit einer unbegrenzten Opferbereitschaft sich jeder neuen Aufgabe widmeten, die durch diese geistige Bewegung an sie herantrat. Und für viele, die in diese geistige Bewegung hereintreten, sollte es so werden, daß sie hinschauen auf das Vorbildliche einer solchen Persönlichkeit.

Hermann Linde ist als Künstler in die anthroposophische Bewegung hereingetreten. Er hat sein ganzes künstlerisches Sein zunächst in den Dienst dieser Bewegung gestellt und dann in der dritten Phase dieser Bewegung auf dem Altare derselben hingeopfert. Wir blicken zurück, weil es uns wert sein muß, was durch die innerhalb unserer Bewegung arbeitenden Persönlichkeiten geschehen ist, auf jene Zeit, wo in einer von rechter Innerlichkeit durchtränkten Art in München die anthroposophische Bewegung in das künstlerische Fahrwasser hineingeleitet werden mußte. Wir brauchten zunächst Menschen, welche Künstlerisches in sie einfließen lassen konnten. Und nun möchte ich diejenigen unter Ihnen, die sich an die Münchner Mysterien-Vorstellungen erinnern, in ihrer innersten Seele anrufen, dessen zu gedenken, wie wunderbar geschlossen jene Bühnenbilder waren, die zu einzelnen Szenen dieser Mysteriendramen Hermann Linde aus seiner, ich möchte sagen selbstverständlichen Opferwilligkeit beigesteuert hat. Manchen von denen, die anwesend waren bei jenen

Vorstellungen, werden diese Bilder unvergeßlich sein, denn sie entstanden aus einem wirklichen Erleben dessen, was damals vor die Seelenaugen unserer Anthroposophen treten sollte. Und das Wort, das ich heute morgen aus tief bewegtem Herzen aussprach, ich möchte es hier wiederholen: Wir wissen sehr gut, daß vieles von dem, was dazumal hat gemacht werden sollen, ohne eine solche Beihilfe, wie diejenige war, die von Hermann Linde kam, nicht hätte gemacht werden können.

Und als dann in einzelne Seelen die Idee kam, der anthroposophischen Bewegung einen eigenen Bau zu errichten, da war es wiederum eine Selbstverständlichkeit, in den Kreis derer, die vor allen Dingen ihre Arbeit der Errichtung und Führung dieses Baues widmen wollten, Hermann Linde hereinzurufen, denn man wußte, da findet man Opferwilligkeit, da findet man Arbeitsgeneigtheit, da findet man vor allen Dingen das, was am allermeisten gebraucht wird: versöhnenden, liebevollen, Gegensätze ausgleichenden Geist.

Und so trat denn Hermann Linde in die kleine Gemeinschaft derjenigen, die als eine Art Komitee alles das leiteten, was zunächst mit der Absicht in München, dann mit der Wirklichkeit hier in Dornach zusammenhing: einen Bau der anthroposophischen Sache aufzurichten. Und er war dann auch einer der Vordersten in den Reihen derer, welche die Arbeit an diesem Bau übernahmen. Er war von solcher inneren Liebe zur Sache durchdrungen, daß er sein ganzes Dasein nunmehr in den letzten Jahren mit diesem Bau verband.

Und wiederum möchte ich ein Wort, das ich heute morgen ausgesprochen habe, wiederholen: Wenn ich zurückdenke an die Stunden, in denen ich Hermann Linde traf, arbeitend oben in unserem nun nicht mehr bestehenden Kuppelraum, arbeitend im Einklang mit unserer lieben Freundin, seiner Gattin, wenn ich da oben mit ihm die verschiedensten Angelegenheiten besprach, die mit der Führung des Baues zusammenhingen und mit dem Amte, das er innerhalb dieser Führung hatte, dann lag in alledem erstens die Offenbarung seiner unbegrenzten Opferwilligkeit, der unbegrenzten Einstellung seines künstlerischen Könnens in das, was da errichtet werden sollte, und da war auch auf der andern Seite jener versöhnende, die Gegensätze ausgleichende Geist, der immer früher mit einem Rate, als mit einer Kritik bei der Hand war.

Es hat mancher gedacht, daß entweder er selber oder andere – wie das immer im Leben der Fall ist – das, was Hermann Linde gemacht hat, hätte besser machen können. Aber diese Dinge sind eitel Illusion. Worauf es ankommt, wenn etwas Wirkliches in die Welt gesetzt wird, das liegt vielmehr in dem, was Hermann Linde in einem so hervorragenden Maße hatte, als in dem, was manche glaubten, daß er es nicht hatte. Mit demjenigen, was oftmals kritisiert worden ist, hätte sich eben nicht arbeiten lassen. Mit dem, was Hermann Linde in einer so opferwilligen, liebevoll aussöhnenden Weise an unsere Arbeit heranbrachte, ließ sich in jeder Einzelheit und im Ganzen arbeiten. Und wenn von den Arbeitern innerhalb unserer Sache die Rede sein soll, dann muß Hermann Linde in der ersten Reihe genannt werden.

Dann aber darf auch nicht verschwiegen werden, wie groß unser Schmerz darüber sein muß, daß er uns für eine ernste Zeit, die ohne Zweifel für uns kommt, so früh aus dem Erdendasein entschwunden ist. Aber er war ja mit alledem, was uns hier im Erdendasein obliegt, so innig verbunden, daß wir die Hilfe, welche die Seelen aus Geisterlanden leisten können für diejenigen, die hier zurückgeblieben sind, von ihm im allergrößten Maße erhoffen dürfen, wenn wir uns nur auch würdig erweisen dieser Hilfe.

Viele wissen nicht, wie umfassend die Sorgen im einzelnen waren, die gerade auf den führenden Persönlichkeiten in den letzten Jahren während des Dornacher Baues lasteten. Heute ist es selbstverständlich, hinzuweisen darauf, daß Hermann Linde einer derjenigen war, die in schönster Weise diese Sorgen mitgetragen haben, daß Hermann Linde aber auch einer derjenigen war, die mit einem weitherzigen Interesse alles das verfolgt haben, was hier geschah, und die gern gesehen hätten, daß manches gerade durch Ausgleichung der Gegensätze sich zu größerer Fruchtbarkeit entwickele, als es sich hat bisher entwickeln können.

Viele von uns werden sich erinnern, wie Hermann Linde immer wieder und wiederum unter denen war, die das innige Bestreben hatten, eine Vereinigung der Künstlerschaft hier unter uns zu bewirken. Er war gewiß nicht ein Mensch, der irgend eine individuelle Betätigung ausgeschlossen oder beengt hätte. Er wollte aus der unendlichen Güte seines Herzens ein Zusammenwirken gestalten. Und manches, was in dieser Richtung hat geschehen können, ist auf seine Initiative zurückzuführen. Und daß mancher Keim, den er in dieser Beziehung gelegt hat, nicht zur vollen Entfaltung gekommen ist, ist wahrhaftig nicht auf seinen mangelnden Eifer zurückzuführen. Gedenken wir nur, mit welch inniger Liebe und Hingabe er jedesmal bei den Versammlungen des Goetheanum-Vereines hier in diesem Saale über den Fortschritt der künstlerischen Arbeiten an unserem Goetheanum Bericht erstattet hat. Gedenken wir solcher Dinge als dessen, was mit der Geschichte unserer Bewegung innigst zusammenhängt. Nicht vergessen darf gerade in diesem Augenblicke werden, daß Hermann Linde es zum Beispiel war, der die Anregung gegeben hat zu jener kleinen Fortbildungsschule, die hier am Goetheanum errichtet ist, daß er seine besondere Sorge und Sorgfalt dieser Fortbildungsschule gewidmet hat.

Damit bezeichne ich aber nur eine der Lücken, deren viele sind, die durch Hermann Lindes Hinweggang vom Physischen in uns, in unseren Reihen entstehen. Und was uns Hermann Linde war, werden diejenigen empfinden, denen die Aufgabe wird zufallen, in irgend einer Weise diese Lücken auszufüllen. Denn was man auf gewissen Gebieten des Lebens so leicht nimmt, daß wo irgend eine Lücke durch einen Menschen entsteht, ein anderer eintritt, das ist ja in Wirklichkeit gar nicht der Fall.

Und zuletzt hat Hermann Linde mit uns jenen Schmerz durchmachen müssen, der unsere und seine Arbeit betroffen hat. Er mußte unter denjenigen stehen, die in kurzer Zeit das, was aus Liebe und Hingebung erbaut worden ist, zur Ruine haben hinschwinden sehen. Und es ist wirklich in tiefstem Sinne wahr, was ich heute morgen sprechen mußte, daß für das Erdendasein ihm dieses das Herz gebrochen hat. Dieser Eindruck, der in der Neujahrsnacht erlebt worden ist und der für vieles, was unsere Sache ist, ein Tod war, war tief brennend in Hermann Lindes Seele. Und die kurze Spanne Zeit, die ihm auf Erden zuzubringen noch gegönnt war nach dem Goetheanum-Brande, stand ganz und gar unter diesem Eindrucke.

Die letzte Zeit, die er hier zugebracht hat im Erdendasein, war eine Leidenszeit. Er hat auch tief im innersten Herzen mitgefühlt alles, was von den verschiedensten Gegnerschaften her gegen die anthroposophische Bewegung getan, unternommen wird. Auch darum war die letzte Zeit, die ihm auf Erden zu verweilen hier gegönnt war, eine Leidenszeit. Und wenn Schmerzen dasjenige sind, was das Leben in der geistigen Welt, das sich anschließt an die Erdenzeit, vertieft, – Hermann Linde hat vieles von edlem Schmerze in jene Daseinsform hinübergenommen, die er nunmehr angetreten hat. Das alles, meine lieben Freunde, soll unsere Seele erfüllen heute. Und es soll der Ausgangspunkt sein, daß hingebende Gedanken für diese Seele verbleiben in unseren Seelen. Dann werden wir in würdiger Weise wiederfinden die liebe Seele, die von unserem physischen Anblick hinweggenommen ist, die unserem geistigen Anblick in intensivster Weise bleiben soll.

Wenn wir das können, wenn wir Hermann Linde lieben können in der Stärke, mit der wir ihn hier geliebt haben, und mit einer immer wachsenden Stärke, dann erfüllen wir in diesem Falle das, was zu erfüllen uns fähig machen soll gerade anthroposophische Lebensauffassung.

Der Ausgangspunkt für eine Geistgemeinschaft mit dieser Seele sollen die Tage sein, in denen er uns für den physischen Anblick entrissen worden ist. Er hat unserer Gemeinschaft zurückgelassen seine liebe Gattin, unsere liebe Freundin, zurückgelassen seine liebe Tochter. Wir müssen den Schmerz, den sie tragen über seinen Hingang, in wahrer innerer Herzlichkeit mitzutragen verstehen. Wir müssen verstehen, dadurch unsere an ihn hingegebenen Gedanken recht wertvoll zu machen, daß wir in innigster Liebe verbunden bleiben, solange uns dies auf Erden vergönnt ist, mit diesen seinen uns befreundeten Hinterbliebenen. Wir müssen es zu unserem Willen und zu seiner geistigen Freude machen, seinen Hinterbliebenen das zu sein, was ihm, wenn er herunterschaut auf dasjenige, was auf der Stätte geschieht, auf der er so lange gewirkt hat, zur inneren geistig-seelischen Befriedigung dienen kann.

Dies ist wirklich seelisch-praktische Anthroposophie. Wenn wir im rechten Sinne wissen, daß der Tod nicht Zerstörer des Lebens, sondern Anfang einer anderen Lebensform ist, so müssen wir verstehen im rechten Sinne auszulegen, daß die Liebe, die einem, der nun für das Erdenleben tot ist, zugeteilt worden ist, mit diesem Tode ebenfalls in eine andere Daseinsform tritt. Und wenn wir nicht verstehen diese Metamorphose der Liebe, dann verstehen wir auch nicht im rechten Sinne die Metamorphose des Lebens, die wir doch zu verstehen meinen, wenn wir uns überhaupt einer solchen Geistesbewegung, wie sie die anthroposophische ist, anschließen.

Und so sei denn heute gedacht, wie schön Hermann Linde in seinem eigenen Herzen wahr gemacht hat die Überzeugung, daß dasjenige, was der Mensch hier auf Erden ist und wirkt, aus dem Göttlichen stammt: Ex deo nascimur. Es sei bedacht, daß er voll in seinem Herzen die Kräfte gefunden hat, für das irdische Bewußtsein anzuerkennen, daß in diesem Bewußtsein aufleben müsse die Christus-Kraft, damit das, was in dem Menschen mit der Geburt anfängt zu sterben, durch das Erleben der Christus-Kraft die Anwartschaft auf ein neues Leben gewinnt: In Christo morimur. Und teilen wir mit Hermann Linde die Überzeugung, indem wir sie heute in Gedanken wachrufen, daß, wenn also das Bewußtsein von der göttlich-geistigen Abstammung sich verbindet mit dem Bewußtsein des Geeintseins mit dem Christus-Impuls, daß dann gelebt werden darf auch in der Überzeugung, daß im Geiste auferweckt wird das Menschendasein, das in dieser Weise Gott-bewußt und Christus-durchdrungen ist: Per spiritum sanctum reviviscimus.

Diese Gedanken bekräftigen dasjenige in uns, was uns fähig macht, für alle Zukunft in treuen Gedanken immerdar aufzuschauen zu der Seele Hermann Lindes, die weiterwirken wird im geistigen Dasein als Fortsetzung ihres irdischen Daseins. Zum Zeichen dessen, meine lieben Freunde, erheben wir uns von unseren Sitzen.

Meine lieben Freunde, es geziemt sich vielleicht gerade an diesem Tage in der kurzen Spanne Zeit, die uns noch bleibt, eine Betrachtung anzustellen, die mit einem solchen Ereignisse zusammenhängen kann.

Wir müssen uns im Innersten unserer Seele klar sein darüber, wie das, was wir im physischen Erdendasein durchleben, auch seelisch durchleben, gebunden ist an die äusseren Sinne und an das, was der Verstand aus den Eindrücken der äusseren Sinne macht. Die äusseren Sinne aber mit alledem, was der Verstand aus diesen äusseren Sinnen macht, sie folgen uns nicht in das nachirdische Dasein. Die äusseren Sinne übergeben wir dem irdischen Dasein mit dem physischen Tode. Was der Verstand aus den Eindrücken der äusseren Sinne macht, übergeben wir wenige Tage nach dem physischen Tode der ätherischen Welt. Es schmilzt von uns ab, und wir sind bei allem Folgenden darauf angewiesen, dasjenige weiter auszuleben, was in die Finsternis des Unbewussten getaucht ist, während wir das Erdenleben führen.

Der Mensch vollbringt sein Erdenleben zu einem Teile in dem Zustande zwischen Aufwachen und Einschlafen. Da erfüllt ihn, was durch die Sinne und durch den Verstand erlebt wird, und was er in der Gestalt, in der er es hier auf Erden erlebt, mit dem Tode ausgelöscht findet. Der Mensch erlebt die andere Seite des Daseins an jedem Tage zwischen dem Einschlafen und Aufwachen. Aber wenn auch das darinnen Erlebte für das Erdenbewusstsein in die Finsternis des Unbewussten getaucht ist, was hier für das Erdendasein manchem von geringer Bedeutung erscheint: für das, was in der Menschenseele auflebt, wenn sie durch die Pforte des Todes durchgegangen ist, sind gerade diese Erlebnisse, die sich dann in volle Bewusstheit wandeln, das Allerwesentlichste des Erdenlebens. Was wir in Unbewusstheit hier im Erdenleben durchmachen, das tragen wir hindurch durch die lange Zeit, die wir zwischen dem Tode und einem neuen Erdenleben durchmachen.

Die grösste Verschiedenheit zwischen dem, was wir hier auf Erden wahrnehmen, schauen und denken, und demjenigen, was wir drüben schauen, nachdem wir durch die Pforte des Todes geschritten sind, ist vorhanden in bezug auf die äussere Natur. Wer da glaubt, im Wachzustande, mit den physischen Sinnen und dem irdischen Verstande zu erschöpfen, was in der Natur verborgen liegt und sich offenbart, der ist in einem Irrtum befangen, er kennt nur den geringsten Teil der Natur. Die Natur hat noch eine wesentlich andere Seite, jene Seite, die wir durchleben zwischen dem Einschlafen und Aufwachen, die für das wache Bewußtsein aus der Natur heraus tief verborgen ist, die im wahrsten Sinne des Wortes eine andere Seite unseres Daseins darstellt. Im höchsten Maße verschieden ist die eine Seite des Daseins, welche die Natur zuweist unseren irdischen Sinnen und unserem irdischen Verstande, von der anderen Seite, die unserem Seelischen, unserem Geistigen, das der Ewigkeit angehört, zugewiesen ist.

Wer sich von dieser radikalen Verschiedenheit einen rechten Begriff machen kann, wer da einsieht, in welch hohem Maße es der Fall ist, daß, während die Natur unseren Sinnen eine ganz entgeistigte, entseelte Wesenheit offenbart, sie von der andern Seite gesehen durch und durch eine unendliche Fülle von in sich geistigen Wesenheiten ist, der kann auch begreifen, welch gewaltiger Unterschied besteht zwischen dem Menschenwesen, wenn es hier eingekleidet ist in den physischen Leib, und dem Menschenwesen, wenn es abgelegt hat den physischen und den Ätherleib und in seinem seelisch-geistigen Teil jenseits der Pforte des Todes weiterlebt. Nicht nur an sich, sondern im ganzen Verhältnisse zu uns selbst herrscht da eine radikale Verschiedenheit. Wir stehen einem Menschen im Erdenleben gegenüber, wir erleben mit ihm zusammen, was sich im Erdenleben abspielt. Das, was er erlebt, prägt sich unseren irdischen Gedanken ein. Es wird durch unsere irdischen Gedanken unsere Erinnerung. Wir tragen in unserer Erinnerung während unserer Erdenzeit diesen anderen Menschen in uns, mit uns. Aber jedesmal, wenn wir wieder seiner ansichtig werden, dann wirkt in uns nicht bloß die irdische Erinnerung, dann wirkt dasjenige, was als Lebendiges aus seiner Seele ausströmt und was sich ergießt in diese irdische Erinnerung. Man bedenke, wie die Erinnerung an einen Menschen, die wir in uns tragen, belebt ist, wenn wir ihm selbst im Erdenleben gegenüberstehen, wie unendlich lebendiger für das irdische Denken dasjenige ist, was von ihm ausströmt in die Erinnerung herein, als diese Erinnerung selbst.

Und nun geht er fort von uns aus dem physischen Erdendasein. Uns bleibt die Erinnerung, zu der er selbst von seinem Tode an nichts Metamorphosierendes, nichts Verwandelndes, nichts Belebendes mehr hinzutut. Uns bleibt die Erinnerung, so wie uns die Gedanken an die äußere Natur bleiben, wenn wir sie mit physischen Sinnen schauen, mit physischem Verstande ergreifen, wo auch die Dinge der Natur nichts zu unserer Erkenntnis, zu unseren Gedanken hinzutun, wo wir unsere Gedanken um so objektiver halten müssen, je mehr wir nur treu dasjenige abbilden wollen, was einmal ist, und wo wir uns nicht beirren lassen dürfen von dem, was diese Gedanken aus dem Leben heraus modifizieren könnte. Aber so wie die andere Seite der Natur verschieden ist von der, die sie uns zuweist für die Sinne und für den irdischen Verstand, so ist dasjenige, was ein Menschenwesen ist, wenn es für uns bloß irdische Erinnerung geworden ist, verschieden von dem, was es gewesen ist, da es Tag für Tag, von Zeit zu Zeit diese irdische Erinnerung belebte. Denn von diesem Zeitpunkte an tritt dieses Menschenwesen für unseren Anblick, für unser Erleben nun ganz und gar auf die andere Seite des Daseins.

Wie wir im Schlafe leben, so leben wir mit den Naturwesen, die innerlich geistig lebendig sind, gegenüber dem, was tot ist und sein totes Antlitz uns zuweist für die irdischen Sinne, so lebt dasjenige vom Menschenwesen, was für unser irdisches Erdenleben nunmehr nur Erinnerung geworden ist, auf dieser andern Seite des Daseins, in jenem Reiche, das wir, in die Unbewußtheit, in die Finsternis der Unbewußtheit gedrängt, in jenem Reiche erleben, das wir im Schlafe durchmachen.

Ja, meine lieben Freunde, so wie belebend unsere Gedanken, beeindruckend unsere Empfindungen der physische Mensch vor uns hintritt und wir ihn im Erdenbewußtsein eben bewußt erleben, so erleben wir – zwar unbewußt, aber deshalb nicht weniger real – das Herannahen, das Mit-uns-Leben des aus dem irdischen Dasein Hingegangenen im Schlafeszustande. In demselben Maße, in dem uns der Hingegangene entschwindet für das wache Bewußtsein, tritt er in unsere Lebenssphäre für das schlafende Bewußtsein. Und wenn wir Menschenseelen – aus der anthroposophischen Erkenntnis heraus – wissen, wie wir lernen müssen, für den Schlaf eine ganz andere Lebensrichtung anzutreten als diejenige ist, die wir für das Wachen haben, dann werden wir fühlen, was das Gesagte bedeutet.

Wenn wir nur so leben könnten, daß immer in der physischen Zeit verlaufend das Spätere an das Frühere sich anschließt, würden wir niemals das wahre Geistige erleben können. Wir lernen erst dann das wahre Geistige erleben, wenn wir die Lebensrichtung ganz in die entgegengesetzte Richtung verlegen können. Im Geistigen verläuft, so paradox es dem physisch Denkenden erscheint, alles Leben in umgekehrter Richtung. Das Rad des Lebens schließt sich. Das Ende schließt sich zuletzt mit dem Anfang zusammen.

Das erscheint den Erdenmenschen nur deshalb so unglaublich, weil sie sich so weit entfernt haben von jeglicher geistiger Anschauung. Aber jedesmal, wenn wir auch nur zu dem kürzesten Schlafe kommen, erleben wir die Zeit nach rückwärts laufend. Denn nach rückwärts laufend ist der Vorwärtsgang zum Geist, aus dem die Welt urständet.

Und selbst das, was ältere Kulturströmungen als ihr Richtiges anerkannten, daß die später Geborenen zu den Urvätern zurückkehren im Tode, ist richtiger als die Vorstellung, die wir in unserer scheinbar so aufgeklärten Zeit haben.

Dann aber, wenn wir jede Nacht antreten den Weg zum Geistigen hin in der dem Physischen entgegengesetzten Richtung, sind die, welche vor uns im physischen Tode hinweggegangen sind, diejenigen, die uns da vorangehen. Und indem wir jede Nacht eintreten in eine geistige Welt, sind gewissermaßen – bildhaft gesprochen – vorn die Wesenheiten der höheren Hierarchien, die niemals sich auf Erden inkarnieren, und dann unter ihnen der Zug derjenigen Seelen, mit denen wir schicksalsmäßig verbunden waren und die früher als wir die Pforte des Todes durchschritten haben. Und jenes Stück Weges, das uns, wenn auch nicht in Bewußtheit, so doch in unbewußten Gedanken zu verfolgen gegönnt ist in jedem Schlafzustand, dieses Stück folgen wir ihnen in Wirklichkeit.

Und wenn wir es dahin bringen, die Erinnerung wach und lebendig zu erhalten an unsere lieben Toten, wenn wir auch im Wachzustande diese Gedanken in lebhafter Bildhaftigkeit immer wieder und wiederum vor uns haben, dann macht das, was wir im Wachen als Erinnerungsbilder liebevoll in uns tragen für die Toten, daß die Toten hereinwirken können in diese Welt, ihren Willen herein ergießen können und daß in dem Willen der Lebendigen der Wille der Toten weiterlebt.

Aber auch das, was wir in unseren Erinnerungen im Wachzustande für die Toten immer wieder und wiederum in Liebe voll erwecken, geht mit uns als nachwirkende Kräfte in den Schlafzustand hinüber. Es ist anders für die Toten, wenn wir in den Schlaf eintreten aus einem Leben, in dem wir unsere Toten vergessen haben, oder aus einem Leben, in dem wir die Bilder unserer Toten immer wieder liebevoll vor unsere Seele gerufen haben. Denn das wird für die Toten Empfindung, was wir in die Welt des Geistes jedesmal beim Einschlafen hineintragen. Dort wird ihre Seelenanschauung, ihre Anschauung gewahr die Bilder, die wir durch die Pforte des Schlafes in die geistige Welt jeden Tag hineintragen. Und so können wir es dahin bringen, daß das Wahrnehmungsvermögen der Toten sich mit den Bildern, die wir ihnen treu bewahren, während des Schlafes vereinigt. So können wir es dahin bringen, daß der Wille des Toten sich mit unserem Willen vereinigt durch die Gedanken, wenn sie im Wachzustande von uns in treuem Angedenken gehegt und gepflegt werden. Und so können wir in realer Weise lernen, mit den Toten zu leben.

Dann werden die Toten uns würdig befinden, mit ihnen zu leben. Und dann erst entsteht die rechte Menschengemeinschaft, die triebartig nur ist innerhalb der physischen Welt, die seelisch aber auch für diese physische Welt wird, wenn das Auslöschen des physischen Erdenlebens keine seelisch geknüpften Bande lockert oder gar zerrüttet, wenn alles bleiben kann, was in der Seele gebunden ist, trotzdem die äußeren irdischen Bande gelockert oder gelöst werden. Das heißt durch die Menschenseele bewahrheiten die Realität des Geistes, wenn wir im Leben dem Geiste die Wahrheit dadurch zugestehen, daß wir ihm von seiner Realität nichts entziehen, dadurch daß wir uns allein an das Physisch-Sinnliche hingeben, sondern daß wir die Möglichkeit finden, so – wie gezwungen im Physisch-Sinnlichen – frei zu leben in dem Geistig-Seelischen.

Das ist es, woran uns jeder Tod, woran uns insbesondere der Tod eines lieben Freundes erinnern kann, wozu er uns aufrufen kann, aber nicht bloß zur toten Erinnerung, sondern erwecken kann zu einer bleibenden lebendigen Empfindung, Erinnerung.

GEDÄCHTNISWORTE FÜR GEORGA WIESE

Dornach, 6. Januar 1924

Meine lieben Freunde!

Die anthroposophische Bewegung hat heute morgen einen schweren Verlust erlitten, einen großen Schmerz erfahren. Unsere liebe Freundin *Georga Wiese* aus Norwegen ist von dem physischen Plan hinweggegangen. Es kann uns mit dem Gefühle tiefer Tragik erfüllen, wenn wir bedenken: Georga Wiese hat durch Jahre hindurch an dem zugrunde gegangenen Goetheanum intensiv mitgearbeitet. Manche Form, die an dem alten Goetheanum war, ist mit unter ihren Händen entstanden. Sie war immer wieder und wiederum gekommen, ist hier vielen teuer, lieb geworden, mit vielen verbunden worden und fühlte schon neben ihrer geliebten nordischen Heimat das Goetheanum als ihre zweite Heimat, fühlte sich innig mit diesem Goetheanum verbunden. Sie kam zu unserer Weihnachtstagung hierher, um teilzunehmen in ihrem Enthusiasmus und in ihrer auch immer inneren opferwilligen und opferfreudigen Hingabe an die anthroposophische Sache, und hatte, ehe sie an derselben teilnehmen konnte, ehe diese begann, einen Unfall, einen Oberarmbruch erhalten, mußte ins Krankenhaus gebracht werden. Durch Komplikationen, wie sie in diesem Alter sehr leicht auftreten können, kam es dann, daß sich eine Lungenschädigung einstellte. Mit einer Lungen-Embolie endete für diesen physischen Plan dieses uns und der ganzen anthroposophischen Bewegung so wertvolle Leben heute morgen. Mit einem lichten Blicke hinein in die geistige Welt, hoffend, mittun zu können an demjenigen, was geschehen soll, in ihrem Herzen, konnte man sie noch finden am Tage, der der Nacht voranging, da sie hinstarb.

Wir, meine lieben Freunde, folgen ihrer Seele, die mit uns vereint bleibt. Wir wollen mit dieser Seele vereint bleiben und wissen das Milde, Schöne, Liebe ihres Geistes wirklich auch in inniger Liebe hier in diesem Saale, in dem sie so oftmals gesessen hat und hingebungsvoll mit uns Anthroposophie gepflegt hat.

Wann wir die liebe Seele geleiten sollen bei ihrem Aufstieg nach den geistigen Welten, beim letzten Erdengang ihr folgen wollen, das muß noch bekanntgegeben werden. Es wird erst dafür gesorgt werden müssen, die Verwandten aus Norwegen entweder hierher zu bekommen oder ihre Anordnungen zu hören.

Heute aber, meine lieben Freunde, wollen wir zunächst uns in treuem Gedenken an unsere liebe Freundin und in dem Bewußtsein, daß wir wollen mit unseren Gedanken ihrer Seele folgen nach denjenigen Zielen hin, die nach ihrem ganzen Wesen ganz gewiß große, gute sein werden, um ihr Andenken zu ehren, jetzt von unseren Sitzen erheben.

ANSPRACHE BEI DER KREMATION VON GEORGA WIESE

Basel, 11. Januar 1924, 11 Uhr vormittags

Meine liebe Trauergemeinde!

Zuerst habe ich mich zu wenden an die liebe Schwester und an den lieben Bruder der teuren Verstorbenen und dann an Euch alle, meine lieben Leidtragenden, die Ihr in treuer Liebe verbunden waret mit derjenigen, die von der physischen Welt von uns gegangen ist.

An den sterblichen Resten unserer Freundin *Georga Wiese* stehen wir, im Seelenauge den ewigen Geist in lichte Höhen von uns gehend. Liebe Georga Wiese!

Wir kennen, was Dich im Geiste bewegte,
Wir fühlen, was Dich im Herzen erwärmte,
Wir streben, wonach Dein Wollen drängte.

Deine Geistesregung, Deine Herzenswärme,
Dein Willensdrang,
Sie stehen vor unsrer Seele.

Und die Erinnerung stellt Dich vor uns hin:
Wie Du mit uns dachtest,
Was wir für der Gedanken würdigsten Inhalt halten,
Wie Du mit uns empfandest,

Was wir für des Gemütes schönste Liebe halten,
Und wie Du mit uns erstrebtest,
Was wir für der Menschheit wahrstes Ziel halten.

Und zur Erinnerung steht die Geistesschau vor uns:

Wie Du empfangen bist von den Geistern der lichten Höhen,
Zu wirken im Geiste,
Zu schauen Deiner Taten Ergebnis,
Zu sprechen die Sprache des ew'gen Seins.

Webe, o Georga Wiese, in Deinem Wirken im Geiste,
Schaue in Deiner Taten Ergebnis,
Lasse dringen in die Sprache des ew'gen Seins
Den Strahl, der in unsere Herzen dringen kann,
Und der wieder zu Dir zurückkehrt,
Auf daß wir in Zukunftzeiten
Vereint mit Dir das Geistesdasein leben können.

Meine liebe Trauergemeinde! Wenn ich mich versetze in Georga Wieses liebe Seele, dann tönen dieser lieben Seele die Worte entgegen:

Wer da suchte
Nach einem liebenden Herzen,
Teure Freundin,
Sicher fand er es schlagen
In Deiner Brust.

Wer da suchte
Nach einer verstehenden Seele,
Teure Freundin,
Sicher fand er sie blicken
Aus Deinen Augen.

Wer da suchte
Nach tätiger Hilfe,
Liebe Freundin,

Sicher fand er sie kommen
Durch Deinen Willen.

So mögen schlagen die Herzen für Deine Seele,
So mögen blicken die Augen in Deine Augen,
So mögen kommen die Willen zu Deinem Geiste,
Wenn sonnengleich Dein Vorbild
In unsere Seelenaugen
Aus geist'gen Höhen strahlet.

Wir,
Deines Herzens Genossen,
Deiner Seele Teilhaftige,
Deines Willens Bewunderer,
Blicken
Nach Deiner zeit-entbundenen Seele.
Bleibe
Sie uns ew'ge Weggenossin.

Lasset,
Ihr Geister in lichten Höhen,
Uns bewahren
Im endelosen Geistesreiche,
Was vereint uns
Dir im Erdgebiete hat.

Du schenktest uns
Treueste Geistesfreundschaft.
Ihr Geister in lichten Höhen,
Machet unsre Herzen stark,
Auf daß wir würdig
Des Geschenkes uns erweisen,
Das die Götter uns gegeben.

Meine liebe Trauergemeinde!

Tief bewegten Herzens und von Schmerz erfüllt stehen wir an den sterblichen Resten unserer lieben Freundin Georga Wiese, hinaufschauend zu ihrer enteilten Seele in jene Geistesreiche, die sie in so ernstem Streben während ihres irdischen Daseins gesucht hat. Und wir wissen sie in Zukunft vereint mit denjenigen Geisteskräften, mit denen sie aus so warmem und in so tätigem Streben sich während ihres Erdendaseins vereinigt hat. Wir schauen, wie ihr Geistesdasein sein wird die Fortsetzung desjenigen, was geistig in ihrem Herzen, in ihrer Seele, in ihrem Geiste schon hier auf Erden gelebt hat. Und wir gedenken, meine liebe Trauerversammlung, jeder lieben Stunde, die uns mit Georga Wiese vereint hat, denn diese lieben Stunden waren stets ausgefüllt von einer regen Teilnahme und von einem ernsten Sich-Hineinstellen in die geistige Welt. Es war stets ausgefüllt bei jedem einzelnen, so darf wohl gesagt werden, der Georga Wiese gegenüberstand, sie war stets ausgefüllt, diese Stunde des Beisammenseins mit Georga Wiese, von der innigen Überzeugung: Du stehst gegenüber einem lieben, einem treuen, einem herzerwarmenden Menschen.

Und diese Liebe, diese Treue, diese herzensherrliche Wärme, sie strömte in so unendlich schönem Maße von Georga Wiese aus, daß jeder, der mit ihr zusammenkam, empfand, wie wohltätig und zu gleicher Zeit wie innig verständnisvoll gegenseitig dieses Zusammensein sein konnte. Wir haben Georga Wiese kennen lernen dürfen in ihrer heimatlichen Umgebung, der sie aus ihrer schönen Seele heraus mit einem solchen Eifer und mit einem solchen verständnisvollen Blicke das Geistesleben hat vermitteln wollen. Wir haben sie kennen gelernt in ihrer treuen Anhänglichkeit und Liebe zu dem Lande, zu dem uns alle, die wir oben sein durften im Norden, die innigste Liebe erfaßte, und wir haben es gesehen, und wir haben – wenigstens ein großer Teil von uns – wirken dürfen in diesem nordischen, felsendurchwachsenen, meerumbrandeten, götterdurchwirkten Lande, das so schön und so majestätisch einem entgegentritt, von dem man glauben kann, wenn man es betritt, daß die harten Felsen eine harte, aber innerlich durchgeistigte Sprache sprechen. Und man bekommt dieses Land lieb. Und man bekommt es lieb insbesondere dann, wenn man vom Schicksal begünstigt ist, solche lieben Menschen in demselben zu finden, wie Georga Wiese und die um sie Seienden waren.

Wir haben den innigsten Anteil genommen daran, wie die liebe Mutter vorangegangen ist in geistige Lande, und wir möchten es miterleben, wie erwartungsvoll, verständnisvoll diese liebe Mutter die teure Tochter nunmehr empfangen wird.

Wir sahen Georga Wiese liebend inmitten des uns lieb gewordenen nordischen Kreises. Wir sahen sie umgeben von einer Reihe von Gleichgesinnten. Und mein Auge konnte niemand entdecken, der nicht in inniger Liebe ergeben war der hingebungsvollen Seele Georga Wieses. Und vieles, vieles von dem, was uns möglich war zu wirken in jenem Lande, in dem so gern von uns gewirkt wird, ist uns durch die Aufopferung Georga Wieses möglich geworden.

Brauchen wir da noch viel, um uns heute in diesen Trauertagen im Herzen zurückzurufen alle die Liebe, die wir durch lange Zeit hindurch empfinden mußten für die teure Dahingegangene, weil Erdenliebe ja nur der Reflex sein konnte von demjenigen, was an inniger Liebe, an tätiger, an opferwilliger Liebe von ihr kam. Die Vereinigung mit Georga Wiese war schön, und die Schönheit dieser irdischen Vereinigung, sie wird der Keim sein zu der geistigen Vereinigung, wo wir hintreten müssen, da Georga Wiese vor uns in das Geistesland eingetreten ist. Denn es ist ein schönes Bild, das vor die Seele tritt, wenn wir uns versetzen nach dem nordischen Lande. Wir fanden Wärme, die wärmenden Sonnenstrahlen im Herzen durch Georga Wiese.

Und es war immer ein schöner Gedanke, es war immer ein warmes Gefühl, sich sagen zu können, innerhalb des Wirkens im nordischen Lande wird an der Seite stehen mit all dem, was sie nur sein kann, Georga Wiese. Das, meine liebe Trauergemeinde, wird hier auf Erden nicht mehr sein; aber wir wissen, wir erhoffen, wir ersehnen es in unsere Herzen herein, daß wir um so tiefer, inniger für alle Zeiten vereinigt bleiben mit der Seele derjenigen, die sich uns aus einem so freien, hingebungsvollen Willen in Geistfreundschaft vereinigt hat.

Und wir gedenken heute in Trauer, in tiefem Leid, in tiefem

Schmerz, daß wir nicht mehr werden schauen können in diese liebenden Augen, daß wir nicht mehr werden fühlen können die beglückende Nähe. Aber wir schauen auf zu dem Lichte der Höhen, zu den Welten des geistigen Lebens, mit denen sich Georga Wiese vereinigt hat, und in die wir oft und oft und immer wieder und wiederum unsere empfindungswarmen Gedanken senden wollen, damit sie finden dasjenige, was ganz gewiß aus diesen lichten Geisteshöhen herabsendet an uns schützenden, wärmenden, helfenden Gedanken Georga Wiese.

Und wir schweifen ab von dem Bilde, das uns hinaufgeführt hat in die nordische Heimat, und wir schauen hin zu dem Bau, den wir versuchten, dem Geistesleben zu errichten hier in der Nähe, den uns ein schlimmes, trauriges Schicksal entrissen hat; wir wissen, wie viel damit auch unserer teuren Freundin entrissen worden ist. Aber wir sahen sie im Laufe der Jahre, in denen sie immer wieder und wiederum, wie ihre Heimat suchend, ans Goetheanum in Dornach kam, wir sehen sie an allem möglichen, was da zu arbeiten war, in treuem, in innigem Verständnisse mitarbeiten. Wir sehen die Hunderte von Händen, die Hunderte von Herzen, die da arbeiteten und schlugen für dasjenige, was am Goetheanum wurde, und wir sahen darunter aus milder Seele, aus einer ganzen, milden Persönlichkeit im Liebeslicht die schöne Begeisterung, die aus Georga Wiese mitarbeitend an dem Dornacher Goetheanum wiederkam. Ein Schönes, ein Herrliches, ein schier Bewunderungswertes. Und wo etwas fehlte, wo Hilfe gebraucht wurde, im großen, im kleinen, Georga Wiese war da. Und sie war da, da sie glaubte, in voller Freiheit dasjenige, was zu tun war, aus ihrem liebenden Herzen heraus tun zu sollen.

Und wir, wir können heute nur mit schwerem, mit trauerndem, mit leiderfülltem Herzen dastehen und der enteilenden, das Geistesland suchenden Seele zusenden herzinnigen Dank, Dank, der warm bleibe in unserer Seele, wie alles dasjenige seelenwarm war, was in unsere Reihen, was in unser Tun Georga Wiese hereingebracht hat. Und sie wußte es zu tun so anspruchslos, so innig bescheiden. Man merkte, sie gab erst dann, wenn sie's von der Persönlichkeit losgelöst hatte. Stets trat zurück hinter dem, was sie für so viele war, die Persönlichkeit Georga Wieses. Und wenn man durch Jahrhunderte hindurch das Wort gebraucht hat, meine liebe Trauergemeinde, für Seelen, die also geartet waren, dann hatte man den heute nicht mehr gebräuchlichen, einstmals viel in sich schließenden Ausdruck: eine schöne Seele. Goethe hat die liebste Person im Geistesland, die er kennen gelernt hat, eine schöne Seele genannt, und wir wollen in all dem Sinn, den einstmals die Vorzeit mit diesen Worten verband, heute aufblicken zu der schönen Seele Georga Wieses.

Und unser Seelenauge kommt an das dritte Bild. Wir riefen die Freunde, die sich mit uns vereinigen wollten, um die Anthroposophische Gesellschaft zu dieser Weihnachtszeit in einer neuen Form zu gestalten, an das Goetheanum in Dornach. Und unter denjenigen, die begeisterten Herzens kamen, war Georga Wiese. Und kaum angekommen, erwartend das Festliche, das sie mitmachen wollte, hatte sie einen Unfall, durch den sie den Arm an einer ungünstigen Stelle des Oberarms brach. Und sie mußte, was uns wirklich den allerallertiefsten Schmerz nur bereiten konnte, die Tage, da wir versammelt waren, zu begründen die neue Form der Anthroposophischen Gesellschaft, zu legen den Grundstein zu ihr, sie mußte im Krankenhaus die Tage, die sie im festlichen Zusammensein mit dem, was sie liebte, verbringen wollte, zubringen. Sie war an dem Orte angelangt, zu dem sie oftmals so gern gekommen war, und sie war wieder gern gekommen, und das Schicksal hatte sie ferngehalten von dem, an dem sie teilnehmen wollte.

Wieder wirkte die schöne Seele Georga Wieses. Äußerlich, sie hatte in dem Krankenhause und durch den verständnisvollen Arzt ja getreueste Pflege, und nach dieser Richtung hin konnte ich tief befriedigt sein, als ich selbst bei einem Besuche kurz vor ihrem Tode ihren Arzt sprechen konnte. Aber es war doch tief zu Herzen gehend, Georga Wiese nun in schwerer Krankheit liegen zu sehen und den Gedanken haben zu müssen, wie gerne sie gerade in diesen Tagen an anderer Stätte gewesen wäre. Aber wiederum überstrahlte sie der Glanz desjenigen, was ich eben genannt habe, meine liebe Trauergemeinde, die schöne Seele. Sie trug alles dasjenige, was sie zu finden hoffte innerhalb unserer festlichen Weihnachtsgemeinschaft, in ihrer

Seele, in ihrem Herzen. Und von ihrer Lagerstatt strahlte mir entgegen aus ihrem treuen, liebenden Herzen in einer fast himmlischen Verklärung all dasjenige wiederum am Ende der Tage vor dem Tode Georga Wieses, da wir das Fest begangen hatten, zu dem sie auch gekommen war. Sie trug wahrhaftig dieses Fest in ihrem Herzen, sie trug wahrhaftig dieses Fest in ihrer Seele. Denn in ihr war alles in ihrer Seele von Kräften erfüllt, die ihr ohne Ende – damit tief bekräftigend das eigene Sein – aus geistig lichten Höhen die Worte sagten: Ex deo nascimur, aus dem Göttlichen ist alles Menschliche geboren.

Und Georga Wiese, sie wußte sich aus dem Göttlichen geboren. Sie wußte sich herausgetragen in irdisches Sein aus göttlich weiten Daseinskräften. Sie wußte wirkend dieses Göttliche in der eigenen Seele. Sie fühlte diese Gotteskräfte im eigenen Herzen. Sie wollte ohne Ende strömen lassen in den eigenen Willen diese sie licht durchströmende Gotteswärme. Ihre Seele selber lebte in dem Lichte der Worte: Ex deo nascimur. – Und sie wußte, wie hineinverschwindet dasjenige, was in göttliche Höhen reichte, in irdisches Dasein, und wie hingenommen wird der Mensch, dessen äußere physische Körperlichkeit, von dem irdischen Dasein. Aber sie wußte auch, daß, wenn auch der Mensch in jedem Augenblicke hineinerstirbt in den Stoff, in der Erde die durch Gnade mitgeteilte große Kraft wirkt, die in dem lebendigen Christus ist. Sie fühlte, sie lebte in ihrem Herzen, sie lebte in ihrer Seele, sie lebte in ihrem Geiste: In Christo morimur.

Liebe Trauergemeinde! Wie wenn ich hätte lesen können in dem Herzen, das ich noch an dem wenige Stunden vor dem Tode vorangehenden schweren Tag sah, wie wenn ich es hätte sehen können, das Licht, das aus diesem «In Christo morimur» strahlte, so war es aufrichtig, so war es tief geist-ehrlich in der Seele dieser treuen, dieser an alles Schöne, Große und Liebe in der Welt so echt hingegebenen Seele. Oh, es war ein großer Kontrast in diesen letzten Stunden zwischen dieser Seele, die aus den müden Augen, aber in unendlicher Leuchtkraft hineinblickte in Unbestimmtes, die klagte, wie wenig ihr Leib noch vertrug von irdischen Stoffen, und die so sichtlich erfüllt war von dem, was der Geist der Seele mitteilte.

Es war eine tiefe Sorge, in der ich Georga Wiese verlassen mußte.

Man darf, meine liebe Trauergemeinde, wenn man die Untergründe des Geistigen versteht, solange der Mensch hier auf Erden weilt, nur mit starken, kräftigen Gedanken hinstreben, zu sagen, er wird, er wird gesund. Denn solche Gedanken sind es oftmals, die mit den geheimnisvollen Kräften, die bestehen zwischen Menschenseele und Menschenseele und zwischen Weltengeist und Menschengeist, manche Seele noch hinwegtragen über den Todesakt. Aber die Sorge lebte doch durch jene schwere Schädigung, die nur Bedrohliches ahnen ließ, die ausging von der geschädigten Stelle und sich wie dunkle Strahlen über den ganzen Körper hinbewegten. Aber die Hoffnung lebte. Die Hoffnung durfte schon am nächsten Tage nicht mehr leben. Es kam die Kunde, daß uns unsere liebe Freundin am Morgen für das irdische Leben entrissen war.

Tief verbunden, liebe Trauergemeinde, ist nun diese Seele dem, was wir alle hier erstrebt haben, dem, was uns so tief bewegte in den Weihnachtstagen, wie tief verbunden ist für uns alle, da sie hinweggegangen ist, zu sterben in unserer Mitte in diesen unseren Festestagen, mitmachte noch im Geiste hier auf Erden, was wir durchmachten, dann den Weg suchte hinauf in geistige Höhen.

Ich darf, meine liebe Trauergemeinde, versichert sein, daß ich zu aller Herzen spreche, wenn ich diese der Christus-Kraft so tief ergebene Seele diejenige nenne, die sich für alle Ewigkeit im Allertiefsten mit uns durch diese Tragik des Todes in einer für uns so ernsten Zeit verbunden hat. Gedenket dieser Christus ergebenen Seele immer mit all jener Kraft, die den Schmerz zuletzt verklären wird in Euren eigenen Seelen, wenn Ihr die tiefe Tragik wirken lasset, die mit diesem uns mit solchem Leid erfüllenden Tod verbunden ist.

Oh, aus diesem Tode soll aufkeimen ein Geistesleben, das uns für alle Ewigkeit innig vereint mit Georga Wiese. Und dieses geistige Leben, sie hat es immer geführt. Aus dem «Ex deo nascimur – In Christo morimur» ging für sie die selbstverständliche Überzeugung hervor, daß des Menschen Seele, wenn sie die Kraft des Vater-Wortes, wenn sie den Willen des Sohnes-Gottes und seine Liebe in sich hegt, im Geiste auferstehen wird, um im Geiste zu erfassen das Leben, das dem endelosen Geist des Lichtesreiches selber angehört: «Per spiritum sanctum reviviscimus». Das ist sicher der Zauberhauch, der als der lebendige Hauch sich entrungen hat, als der irdische Hauch bei Georga Wiese aufhörte.

Und mit diesem alles Tote ständig erweckenden Geiste wollen wir uns vereinen, die Kraft zu gewinnen, vereint zu bleiben im geistesewigen Zukunfts-Dasein mit Georga Wiese.

Unvergeßlich mögen denjenigen, die sie kennen gelernt haben, die drei Bilder sein: Die Liebende inmitten ihrer geliebten Heimat, die wir selber so lieb gewonnen haben; die Treue, Tätige, die begeistert mit dem Herzen Enthusiasmierende, selber in Treue Tätige, mit dem Herzen enthusiastisch Anteilnehmende, arbeitend, wirkend, lebend am Bau des Goetheanum in Dornach; die Sterbende, dem Tode zu ewigem Leben sich mit uns Vereinigende bei unserem so bedeutungsvollen Weihnachtsdasein im Übergange von 1923 auf 1924. Die Kraft dieser drei Bilder, sie muß leben in Euren Herzen! Und leben in Euren Herzen wird, wenn Ihr die Kraft dieser Bilder mit all dem, was dieser schönen Seele im Vereine mit Euch an sich eigen war, auf Euch wirken lasset, vereint wird sein in dem schönen, lichtvollen Leben diejenige, die im Tode nunmehr von uns ging.

> Wir kennen, was Dich im Geiste bewegte,
> Wir fühlen, was Dich im Herzen erwärmte,
> Wir streben, wonach Dein Wollen drängte.
>
> Deine Geistesregung, Deine Herzenswärme,
> Dein Wollensdrang,
> Sie stehen vor unsrer Seele.

Und die Erinnerung an Irdisches stellt sich vor uns hin:

> Wie Du mit uns dachtest,
> Was wir für der Gedanken würdigsten Inhalt halten,
> Wie Du mit uns empfandest,
> Was wir für des Gemütes schönste Liebe halten,
> Wie Du mit uns erstrebtest,
> Was wir für der Menschheit wahrste Ziele halten.

Neben der Erinnerung an Irdisches steht die Geistesschau – hinauf in lichte Höhen:

> Wie Du empfangen wirst von den Geistern der lichten Höhen,
> Zu wirken im Geiste,
> Zu schauen Deiner Taten Ergebnis,
> Zu sprechen die Sprache des ew'gen Seins.
>
> Webe in Deinem Wirken im Geiste,
> Schaue in Deiner Taten Ergebnis,
> Lasse dringen in die Sprache des ew'gen Seins
> Den Strahl, der in unsere Herzen dringen kann,
> Und der wieder zu Dir zurückkehrt,
> Auf daß wir in Zukunftzeiten
> Vereint mit Dir das Geistesdasein leben können.

Oh, es ist mir, als wenn aus lichten Höhen Georga Wiese spricht:

> Ich war mit Euch vereint.
> Bleibet in mir vereint.
> Wir werden zusammen sprechen
> In der Sprache des ewigen Seins.
> Wir werden tätig sein
> Da, wo der Taten Ergebnis wirkt,
> Wir werden weben im Geiste
> Da, wo gewoben werden Menschen-Gedanken
> Im Wort der ew'gen Gedanken.
>
> Wer da suchte
> Nach einem liebenden Herzen,
> Teure Freundin,
> Sicher fand er es schlagen
> In Deiner Brust.
>
> Wer da suchte
> Nach einer verstehenden Seele,
> Teure Freundin,
> Sicher fand er sie blicken
> Aus Deinen Augen.

Wer da suchte
Nach der tätigen Hilfe,
Teure Freundin,
Sicher fand er sie kommen
Durch Deinen Willen.

So mögen schlagen die Herzen für Deine Seele,
So mögen blicken die Augen in Deine Augen,
So mögen kommen die Willen zu Deinem Geiste,
Wenn sonnengleich Dein Vorbild
In unsere Seelenaugen
Aus geist'gen Höhen strahlet.

Wir,
Deines Herzens Genossen,
Deiner Seele Teilhaftige,
Deines Willens Bewunderer,
Blicken
Nach Deiner zeit-entbundenen Seele.
Bleibe
Sie uns ew'ge Weggenossin.

Lasset,
Ihr Geister in lichten Höhen,
Uns bewahren
Im endelosen Geistesreiche,
Was vereint uns
Dir im Erdgebiete hat.

Und wenn wir Dich schauen, empfangen werdend von den Geistern der lichten Höhen, von den Seelen der Dir im Tode vorangegangenen lieben Angehörigen, zu denen wir in Liebe hindenken, weil sie die Deinen waren, dann, dann strahlen in unsere Herzenswärme herein die Worte:

Du schenktest uns
Treueste Geistesfreundschaft.

> Ihr Geister in lichten Höhen,
> Ihr, mit Georga Wiese im Geiste vereinigten,
> Ihr vorangegangenen, ihr zugehörigen Menschenseelen,
> Machet unsre Herzen stark,
> Auf daß wir würdig
> Des Geschenkes,
> Das die Götter uns gegeben haben mit Georga Wiese,
> Uns erweisen.

Mit dieser Gesinnung und dem Versprechen, unsere Gedanken unaufhörlich immer wieder und wiederum mit Deinem geistigen Sein, teure, liebe Freundin, zu vereinigen, daß Du mit uns bist, auch wenn wir nicht mehr in Deine treuen Augen blicken können, das wollen wir Dir geloben, wissend, daß, wenn wir im Leid jetzt in diesem Augenblicke Deine sterblichen Reste dem Feuer übergeben, im himmlischen geistigen Feuer, das nicht zehrend, das wohltätig wärmend durch Seelen und Geister wirkt, wir mit Dir werden vereinigt sein, vereinigt sein im Lichte, in der Liebe, in der Menschentreue, in dem Geisteswillen. So scheiden wir. So scheiden wir nicht. So fühlen wir uns für ewige Daseinszeiten mit der uns liebend enteilenden Seele einig, einig, einig.

> Ex deo nascimur
> In Christo morimur
> Per spiritum sanctum reviviscimus.

GEDENKWORTE FÜR CHARLOTTE FERRERI UND EDITH MARYON

Dornach, 3. Mai 1924

Meine lieben Freunde!

Wir haben kurz hintereinander zwei der aufopferndsten Mitglieder unserer Anthroposophischen Gesellschaft durch den Tod hindurchschreiten, von der physischen Welt weggehen gesehen. Während der Zeit meiner Abwesenheit ist ja vor kurzem Frau *Ferreri* in Mailand gestorben, und zunächst darf ich wohl heute an diesen Hinweggang denken. Es handelt sich bei Frau Ferreri um ein langjähriges Mitglied in unserer Gesellschaft, das in der aufopferndsten, hingebendsten Weise für diese Gesellschaft gewirkt hat. Überall da, wo es sich darum handelte, für irgend etwas in selbstloser Weise einzutreten, was das Interesse der Gesellschaft nach der einen oder nach der anderen Seite berührte, war Frau Ferreri da.

Sie wirkte ja nicht nur in Norditalien von Mailand aus für die anthroposophische Sache, der sie ganz hingegeben war, sondern sie wirkte auch in dem fernen Honolulu für die Begründung eines Zweiges, der eigentlich ihr Werk ist, und der, wenn auch hier nicht viel davon gesehen wird, weil er eben so fern liegt, doch in einer außerordentlich günstigen Weise gedeiht und mit einem warmen Anteil innerhalb der anthroposophischen Bewegung wirkt. Gerade von diesem Zweige kommen uns von Zeit zu Zeit immer wiederum die stärksten Beweise für Interesse und Teilnahme zu.

Es war immer in einer außerordentlichen Weise rührend, wie Frau Ferreri hingebungsvoll in jeder Beziehung wirkte. Und das ging bei ihr aus einem tiefen inneren Zusammenhang mit der anthroposophischen Sache hervor, aus jenem tiefen inneren Zusammenhange, den ich nennen möchte einen inneren wissenden Glauben, wissend durch seine Sicherheit. So war es eben bei ihr: wissend durch die Sicherheit des Drinnenstehens in der anthroposophischen Bewegung. Und so war sie in ihrem Herzen treu geblieben bis zu ihrem Tode hin, so treu, daß sie, trotzdem sie außerordentlich schwer erkrankt war, und trotzdem ihr zweifellos jede Hilfe in dem Orte, wo sie war, in

Mailand, zugekommen ist, dennoch in den letzten Tagen ihrer Krankheit hierher reisen wollte, weil sie, wie sie dazumal an Frau Dr. Wegman schrieb, nur glaubte, hier an dem Zentrumsorte der anthroposophischen Bewegung gesund werden zu können. Nur der rasche Tod hinderte sie daran, zu kommen, verhinderte diesen letzten Schritt, der eines der schönsten Zeugnisse für ihr treues Hingegebensein an die Sache war.

Ich denke, daß wir – und zwar die verschiedensten unter uns, zahlreiche Mitglieder, die auch hier heute versammelt sind, zahlreiche andere Mitglieder – in der schönsten Weise das wunderbare Gemüt, die edle Seele von Frau Ferreri kennen gelernt haben, und daß wir in der tiefsten Empfindung unseres Gemütes mit unseren Gedanken der Seele folgen, die da durch die Pforte des Todes gegangen ist und ganz gewiß in inniger Beziehung weiter mitleben wird mit der anthroposophischen Sache. Ich bitte, daß mit diesen Gedanken, die verweilen wollen bei den Gedanken der Dahingegangenen, unsere lieben Mitglieder, soweit sie hier versammelt sind, sich eine Weile von ihren Plätzen erheben, um ihre Gedanken mit der Dahingegangenen zu vereinigen.

Nun, meine lieben Freunde, anläßlich dessen, daß ein an der Aufrichtung des Dornacher Goetheanums, des Goetheanum-Baues selber innig wirkendes, tatkräftig wirkendes Mitglied den physischen Plan verlassen hat, und jetzt in diesem Augenblicke gerade der Sarg geschlossen und weggeführt werden muß, werden Sie mir gestatten, für zehn bis fünfzehn Minuten zum Schließen des Sarges diesen Vortrag zu unterbrechen und ihn dann fortzusetzen. Es ist Sonnabend, und es geht nicht anders, der Sarg muß heute noch überführt werden in das Krematorium in Basel. (Pause.)

Meine lieben Freunde, nun haben wir die irdischen Überreste von *Edith Maryon* nach dem Krematorium in Basel zu schicken gehabt. Freitag früh ist die Mitgliedschaft unserer Anthroposophischen Gesellschaft, soweit sie hier ist, von der schmerzlichen Nachricht betroffen worden, daß unsere langjährige Mitarbeiterin, Mitarbeiterin seit dem Beginne der Arbeit hier am Goetheanum, Edith Maryon, den physischen Plan verlassen hat. Es wird heute mir nur obliegen, kurz hinzuweisen auf einiges von dem, was die Dahingegangene innerhalb der Anthroposophischen Gesellschaft gefunden, gegeben hat, was sie hier am Goetheanum gewirkt hat, und wir werden uns dann am Dienstag um elf Uhr zur Kremation im Basler Krematorium zur eigentlichen Totenfeier einfinden.

Edith Maryon hat das, was in der anthroposophischen Bewegung zu finden ist, dadurch gesucht, daß sie zunächst innerhalb einer anderen esoterischen Gruppe Mitglied war und an den verschiedensten Arbeiten dieser Gruppe als ein sehr tätiges Mitglied teilgenommen hatte. Es handelt sich da um eine esoterische Gruppe, die dann später in einer Reihe von Mitgliedern auch den Eingang in unsere anthroposophische Bewegung gefunden hat. Dann kam, noch immer zu kurzen Besuchen der anthroposophischen Bewegung innerhalb Deutschlands, Edith Maryon aus England herüber. Es wurde ihr zuerst das Äußerliche des Eingliederns schwer, da sie nicht Deutsch verstand. Sie überwand aber mit einem eisernen Fleiße gerade dieses Hindernis und konnte so in einer verhältnismäßig kurzen Zeit sich ganz hineinfügen in alles, was innerhalb gerade des deutschsprechenden Teiles der anthroposophischen Bewegung gegeben wird. Sie fand sich so innig mit der anthroposophischen Bewegung zusammen, daß sie schon von 1914 ab, von der ersten Arbeit hier ab, teilnahm von der Seite ihrer besonderen Künstlerschaft aus.

Edith Maryon war eine bekannte Bildhauerin seit langem. Sie hat bildhauerische Porträts der angesehensten Persönlichkeiten der englischen Politik und Diplomatie und Gesellschaft gemacht, die Anerkennung gefunden haben. Es ist natürlich schwer, gerade auf dem Gebiete der Kunst heute durchzudringen; aber bis zu einem hohen Grade ist es Miss Maryon gelungen, zur Geltung innerhalb der bildhauerischen Kunst zu kommen.

Das Wesentlichste ihrer Seele war aber nicht irgend ein besonderer Zweig menschlicher Betätigung, und sei es auch der der Kunst, das Wesentlichste ihrer Seelen-Tendenzen, ihrer Seelen-Intentionen war das Streben nach Geistigkeit, das sie eben, wie gesagt, schon in jener esoterischen Gruppe gesucht hatte, in der sie war vor ihrem Zutritt zur anthroposophischen Bewegung. Vorzugsweise diese esoterische Vertiefung war auch das, was sie dann fortdauernd suchte innerhalb der Anthroposophischen Gesellschaft für sich und für das Streben ihrer Seele. Dabei aber war sie durchaus von einer weitgehenden und umfassenden Absicht beseelt, mitzuarbeiten an unserem Werke. Und das ist, was ich hier darstellen möchte, weil ja Edith Maryon eine langjährige und intensive Mitarbeiterin war, und wir diese nun in ihr verloren haben.

Ich möchte darauf hinweisen, wie sie in gewisser Beziehung doch vorbildlich war gerade in der besonderen Art ihrer Hingabe an die Gesellschaft, insofern es sich um Mitarbeiterschaft an der Gesellschaft handelt. Anthroposophie ist heute, meine lieben Freunde, eine nicht nur in der Welt viel angefochtene, sondern auch schwer zu vollbringende Sache, wenn sie ernst genommen wird. Wird Anthroposophie und anthroposophische Bewegung ernst genommen, dann geht es eigentlich nicht anders, als daß der einzelne das, was er aus diesem oder jenem Gebiete hereinzuarbeiten in der Lage ist, sozusagen am Opfer-Altare des Wirkens der Gesellschaft darbringt. Und so war es bei Miss Maryon. Sie hat ihre gesamte Künstlerschaft am Opfer-Altare der anthroposophischen Sache dargebracht. Denn sie war hineingewachsen in eine Art von Bildhauerkunst, wie man sie eben heute gewinnt, wenn man die entsprechende Schule durchmacht, wenn man alles das durchmacht, was dann die Möglichkeit herbeiführt, vor ein für Kunst Interesse habendes Publikum zu treten und so weiter. Das alles – es darf eben gesagt werden, weil es Miss Maryon durchaus verstanden hat – hilft eigentlich gar nichts innerhalb der anthroposophischen Bewegung. Derjenige, der glaubt, daß das etwas hilft innerhalb der anthroposophischen Bewegung, der ist doch auf einem falschen Wege. Man kann in einer gewissen Beziehung in die anthroposophische Bewegung nichts hineintragen, sondern man muß eigentlich zunächst das liegen lassen, was man vorher hat, wenn man aktiv mitarbeiten will. Wer das nicht glaubt, der hat doch nicht eine eindringliche Ansicht davon, inwieweit anthroposophische Bewegung, wenn sie ihre Aufgabe erfüllen will, wenn sie ihr Ziel erreichen will, sein muß etwas durchaus aus den allerursprünglichsten Quellen der

Menschheits-Entwickelung heraus schöpfendes Neues. Und so wie es auf den verschiedensten Gebieten geht, meine lieben Freunde, so ist es auch auf dem Gebiete der Bildhauerkunst gegangen, als es sich darum handelte, diesen uns leider in so schmerzlicher Weise entrissenen Goetheanum-Bau aufzuführen.

Edith Maryon hat ja nicht bloß an der Ausarbeitung der Mittelpunkts-Gruppe teilgenommen, sondern an dem mannigfaltigsten Bildhauerischen, das zustandezubringen war für die Aufrichtung des Goetheanums. Dabei handelt es sich gar nicht immer bloß darum, irgend ein Modell für etwas herzustellen, sondern es handelt sich darum, alle die äußerlich nicht eigentlich sichtbaren Arbeiten zu leisten, die schon einmal notwendig sind, wenn eine solche spezielle Kunst sich in dasjenige eingliedern soll, was im allgemeinen das Goetheanum wollen muß. Und so ist eigentlich, wenn wir von vornherein voll uns mit dem Bewußtsein durchdringen, daß eben in Miss Maryon ein Mensch in die anthroposophische Bewegung hereingekommen ist, der im eifrigsten, vollsten Sinne das Esoterische gesucht hat, in die Waagschale die Art und Weise zu werfen, wie sich die von dem physischen Plan jetzt Weggegangene wirklich in die Arbeit hineingestellt hat. Das ist, was ich gerade, indem ich Ihre Erinnerung an sie wachrufen will, besonders charakterisieren möchte.

Es ist ganz natürlich, meine lieben Freunde, wenn jemand etwas von außen hereinbringt, sei es diese oder jene Kunst. Jedes, was durch äußere Schulung hereingebracht wird, ist eigentlich von vornherein etwas – ich bitte das nur in aller Tiefe aufzufassen –, mit dem ich gewissermaßen nicht einverstanden sein kann, so daß immer das Hereingebrachte eigentlich nicht das ist, mit dem ich einverstanden sein kann. Dennoch ist es zum Gedeihen des Ganzen notwendig, daß der einzelne sein Können bringt. Es ist Ihnen das von vornherein begreiflich, daß der einzelne sein Können bringen muß. Der Bildhauer muß sein Können bringen. Der Maler muß sein Können bringen und so weiter, und so weiter. Es ist Ihnen das begreiflich, denn sonst hätte ich den ganzen Goetheanum-Bau allein aufführen müssen. Also es sind Mitarbeiter für das Goetheanum wirklich im intensivsten Sinne notwendig gewesen, Mitarbeiter, welche das Beste ihres Könnens bringen, aber auch dieses Beste ihres Könnens eben opfern, weil, wenn ich das Äußere der Sache ausdrücke, ich eigentlich mit dem, was hereingebracht wird, niemals einverstanden sein kann.

Das, was ich nun selber von mir aus zu leisten hatte in der Bildhauerkunst, war natürlich etwas wesentlich anderes, als was Miss Maryon hereinbringen konnte. Um was konnte es sich also eigentlich handeln dabei? Es konnte sich nicht darum handeln, etwa so zusammenzuwirken, daß irgend eine Resultante des Zusammenwirkens entstanden wäre, sondern es konnte sich nur darum handeln, daß die Arbeit so geleistet wurde, wie ich es haben mußte, wie sie geleistet werden mußte nach den Intentionen des Goetheanums, die ich zu vertreten hatte.

Sehen Sie, meine lieben Freunde, dabei kommt in Betracht, daß nun ein ganz neues Interesse entsteht: das Interesse an der Arbeit selber. Dazu gehören dann Menschen, welche ohne irgend etwas anderes dieses Interesse an der Arbeit haben, daß die Arbeit als solche zustandekommt. Ob man einverstanden ist miteinander oder nicht, die Arbeit muß zustandekommen, die Arbeit muß möglich sein. Indem ich dieses charakterisiere, charakterisiere ich gerade das, was notwendig für die Arbeit am Goetheanum ist.

Und es brachte Miss Maryon zwei Eigenschaften mit, die, ich möchte sagen diejenigen sind, die beim wirklichen Arbeiten in der anthroposophischen Bewegung vor allen Dingen notwendig sind, zwei Eigenschaften, auf denen eigentlich der Grundstock des Wirkens von Miss Maryon hier am Goetheanum und überhaupt in der Anthroposophischen Gesellschaft beruhte. Das war erstens eine ganz in sich abgeschlossene Zuverlässigkeit. Es gab keine Möglichkeit, daß irgend etwas, was von mir beabsichtigt war, was Miss Maryon hätte ausführen sollen, daß das nicht ausgeführt worden wäre, daß das nicht in vollstem Sinne ernst genommen worden wäre und bis zu dem Punkte gebracht worden wäre, bis zu dem es zu bringen war, der in der Angabe lag. Das ist die eine Eigenschaft, die man braucht – ich meine innerhalb der anthroposophischen Arbeit –, daß wenn von mir selber etwas angegeben wird, daß es dann bei der Angabe gewissermaßen genügt, daß einfach das Faktum der Angabe dastehen kann und daß dann die Sicherheit vorliegt, daß die Sache ausgeführt wird.

Das Zweite war ein außerordentlich stark ausgeprägter praktischer Sinn. Gerade bei der Gelegenheit des Hinwegganges vom physischen Plane darf das gesagt werden, aus dem Grunde, weil eigentlich dieser praktische Sinn das ist, was wir restlos zurücklassen hier auf Erden, wenn wir durch die Pforte des Todes gehen, was aber unerläßlich ist, wenn es sich darum handelt, wirklich zu arbeiten. Sehen Sie, es gibt viele Idealisten, die bloße Idealisten ohne praktischen Sinn sind. Und es ist schön, wenn es Idealisten gibt, und der Idealist selber ist schön. Aber der Idealist mit praktischem Sinn ist doch das, was in der Welt notwendig ist. Und die bloßen Idealisten sind angewiesen auf diejenigen Menschen, die einen allseitigen praktischen Sinn entwickeln, wenn diese praktischen Leute nur auf derselben Höhe des Idealismus stehen. Die Verachtung des praktischen Sinnes ist es durchaus nicht, was irgendwie gerade zu einer solchen, vom Geiste durchdrungenen, vom Geiste durchzogenen Arbeit führen kann, wie sie innerhalb der Anthroposophischen Gesellschaft und Bewegung dringend notwendig ist. Da sind Leute mit praktischem Sinn ganz besonders wertvoll. Da sind Leute wertvoll, die Bildhauer sind, aber auch wirklich, wenn es nötig ist, an einer Stelle, wo eine besondere Ausgestaltung dazu notwendig ist, einen Lampenschirm machen können, die alles eigentlich, was sie sich vornehmen, in einer gewissen Weise können. Selbstverständlich liegt das immer in gewissen Grenzen. Aber wir brauchen schon Menschen innerhalb der anthroposophischen Bewegung, welche das, was sie wollen, auch wirklich können, denn wollen tun eben viele Menschen, aber das Gedeihen unserer Anthroposophischen Gesellschaft beruht auf denen, die das können, was sie wollen.

Es ist auch hier öfter der Ausspruch von Fichte angeführt worden: Der Mensch kann, was er soll, und wenn er sagt, ich kann nicht, so will er nicht.

Diese zwei Eigenschaften haben dann Miss Maryon dazu geführt, wirklich vieles zu tun, was in stiller, ruhiger Art getan worden ist, nachdem sie eigentlich ihre eigene Bildhauerkunst nur noch sporadisch zur Geltung brachte, und ohne das eigentlich die Arbeit der letzten Jahre nicht möglich gewesen wäre.

Dabei hat sie dieses ihr praktisches Interesse und ihren praktischen Sinn auch über anderes ausgedehnt, was eben durchaus unsere Bewegung gefördert hat. Ihren selbstlosen Bemühungen ist es zuzuschreiben, daß der Lehrerkurs hier zustande gekommen ist, der vor einiger Zeit um die Weihnachtszeit herum war, der von englischen Lehrern und Lehrerinnen besucht war. Ihren selbstlosen Bemühungen ist es zuzuschreiben, daß Mrs. Mackenzie sich in der energischesten Weise für die Bewegung namentlich auf pädagogischem Gebiete in englisch sprechenden Ländern so stark eingesetzt hat. Zuletzt geht es auch auf ihre selbstlosen Bemühungen zurück, daß der Oxforder Kursus hat stattfinden können, der Stratforder Shakespeare-Besuch hat stattfinden können und manches andere gerade in der Vermittelung zwischen der anthroposophischen Zentrale und den englisch sprechenden Gebieten.

Dabei war außerordentlich wertvoll, daß sie aber auch wiederum da, wo sie wirkte, nirgends einen starken Widerstand entgegensetzte, wenn es sich darum handelte, eine Intention, die ihr lieb war, ganz abzuändern. So ist zum Beispiel in ihr der Gedanke der Eurythmie-Figuren entstanden, der Gedanke, auch die ersten Versuche, solche Eurythmie-Figuren zu machen. Der Gedanke war ein außerordentlich fruchtbarer. Die Gestalt der Eurythmie-Figuren selber mußte aber ganz abgeändert werden. Miss Maryon hat nie davor zurückgeschreckt, irgend etwas ganz abzuändern den Verhältnissen gemäß, so daß nach dieser Richtung etwa der Widerstand eines Eigensinnes nicht gewirkt hat.

Und so darf ich sagen, meine lieben Freunde, es ist durch die jetzt vom physischen Plan Hinweggegangene viele stille, ruhige Arbeit geleistet worden, für die die Anthroposophische Gesellschaft wirklich alle Veranlassung hat, innig dankbar zu sein. Ich will nicht einmal so sehr auf die Quantität dabei sehen, gewiß, der Quantität nach leisten sehr viele sehr viel, aber Arbeit der Qualität nach, der Einreihung dieser Arbeit in die anthroposophische Sache nach, ist von der Dahingegangenen sehr viel geleistet worden, das eigentlich unersetzlich ist.

Unersetzlich ist nur dasjenige in der Entwickelung der Menschheit, was eine besondere innere Qualität hat. Gewiß, auch solche Dinge können ersetzt werden, aber dann kommt eben eine gleiche innere Qualität. In der Regel aber werden sie in der Entwickelung nicht ersetzt. Und es muß nun einmal auch mit diesem Karma gerechnet werden, daß gerade diese besondere Qualität Miss Maryons fehlen wird bei der Erbauung des zweiten Goetheanums.

Es sind allerdings die merkwürdigsten Schicksalsverkettungen gerade mit der Errichtung des ersten und zweiten Goetheanums verbunden. Der Keim zu der Erkrankung von Miss Maryon ist gelegt worden während der Brandnacht des Goetheanums. Und von dem, was durch diesen Keim gelegt worden ist während der Brandnacht des Goetheanums, konnte sie wirklich durch die sorgfältigste Pflege nicht geheilt werden. Das sind eben karmische Zusammenhänge. Und gegen diese karmischen Zusammenhänge kann zwar selbstverständlich und muß sehr viel durch die Heilkunst getan werden, aber das Karma wirkt doch eisern, und man muß dann, wenn auch die sorgfältigste Pflege nicht zum Ziele führen konnte, dann erst eigentlich an das Karma denken. Während ein Mensch noch auf dem physischen Plane ist, darf nur daran gedacht werden, wie er geheilt werden kann. Und nach dieser Richtung hin ist wirklich durch die ganz aufopferungsvollen Bemühungen von Frau Dr. Wegman alles geschehen, was nur geschehen konnte. Edith Maryon hat auch an der Seite von Frau Dr. Wegman – ich selbst konnte ja abgehalten durch andere Verpflichtungen nicht zugegen sein – den physischen Plan verlassen.

Nun, meine lieben Freunde, ich habe damit auf die besondere Art der Verbindung hingewiesen, welche zwischen der Anthroposophischen Gesellschaft und Edith Maryon bestand. Und ich glaube, daß diese Art der Verbindung dasjenige sein wird, was Miss Maryon unvergeßlich machen wird für die Anthroposophische Gesellschaft. Unvergeßlich wird sie all denjenigen Mitgliedern sein, denen sie in der einen oder in der anderen Weise im Laufe der Zeit hier entgegengetreten ist, und ich darf alles das, was im Speziellen der Dahingegangenen noch nachzurufen ist, dann ihr nachrufen, wenn wir am

Dienstag um elf Uhr die Totenfeier im Basler Krematorium haben werden.

Das, was ich heute zu sagen hatte, sollte durchaus darinnen gipfeln, zu zeigen, wie hier ein stilles, aufopferungsvolles Arbeitsleben innerhalb der anthroposophischen Sache gewirkt hat, das unersetzlich ist, und von dem ich gewiß bin, daß diejenigen, die verstehen, was es eigentlich heißt, leitend, wie ich es tun muß, innerhalb der anthroposophischen Bewegung zu wirken, das Gesagte in einem verständnisvollen Sinne aufnehmen werden. Es ist nicht leicht, innerhalb der anthroposophischen Bewegung verantwortlich zu wirken.

Meine lieben Freunde, betrachten Sie das, was ich an Miss Maryons Tod anschließe, zu gleicher Zeit als etwas, was ich heute ganz im allgemeinen zu Ihnen sagen möchte. Diese Leitung, was bedingt sie denn? Diese Leitung bedingt nämlich das folgende, und ich habe insbesondere oftmals seit der Weihnachtstagung auf das ganz Besondere hinweisen müssen, was diese Leitung der anthroposophischen Bewegung bedingt. Sie bedingt, daß dasjenige, was im Zusammenhange mit mir geschieht, ich selber in der Lage bin, hinaufzutragen in die geistige Welt, um nicht nur eine Verantwortung zu erfüllen gegenüber von irgend etwas, was hier auf dem physischen Plane ist, sondern eine Verantwortung, die durchaus hinaufgeht in die geistigen Welten. Und sehen Sie, Sie müssen sich schon, wenn Sie im rechten Sinne mitmachen wollen, namentlich dasjenige mitmachen wollen, was die anthroposophische Bewegung seit der Weihnachtstagung geworden ist, in diesen Gedanken hineinfinden, was es heißt, vor der geistigen Welt die anthroposophische Bewegung zu verantworten.

Ich könnte viel über dieses Thema reden, und ich möchte das eine von dem vielen gerade bei dieser Gelegenheit sagen. Natürlich, bei den Menschen, die in der anthroposophischen Bewegung sind, kommen mannigfaltige persönliche Dinge zum Ausdruck. Dasjenige, was auf der Erde als Persönliches vertreten wird, das ist, wenn es sich vermischt mit dem, was gerade für die anthroposophische Sache geschehen soll, ein Element, das der geistigen Welt gegenüber, wenn es persönlich bleibt, nicht zu verantworten ist. Und welche Schwierigkeiten erwachsen dem, der irgend eine Sache vor der geistigen Welt verantwortungsvoll zu vertreten hat, wenn er zuweilen mitzubringen hat mit dem, was er zu verantworten hat, das, was aus den persönlichen Aspirationen der teilnehmenden Menschen kommt. Was das bewirkt, dessen sollten Sie sich doch ein wenig auch bewußt sein. Es bewirkt die schauderhaftesten Rückschläge von seiten der geistigen Welt heraus, wenn man der geistigen Welt in der folgenden Art gegenüberzutreten hat.

Irgend ein Mensch arbeitet mit in der anthroposophischen Bewegung. Er arbeitet mit; aber er arbeitet in das, was er mitarbeitet, persönliche Ambitionen, persönliche Intentionen, persönliche Qualitäten hinein. Nun hat man dann diese persönlichen Ambitionen, diese persönlichen Tendenzen. Die meisten wissen nicht, daß sie persönlich sind, die meisten halten das, was sie tun, eben für unpersönlich, weil sie sich selber täuschen über das Persönliche und Unpersönliche. Das ist dann mitzunehmen. Und das wirkt in den wirklich schaudervollsten Rückschlägen heraus aus der geistigen Welt auf denjenigen, der diese Dinge, die aus den Persönlichkeiten hervorquellen, mit hineinzutragen hat in die geistige Welt.

Das sind innere Schwierigkeiten, meine lieben Freunde, die sich gerade für eine solche Bewegung ergeben, wie die der Anthroposophie innerhalb der Anthroposophischen Gesellschaft ist. Und es muß schon sein, daß darauf aufmerksam gemacht werde. Gewiß, es ist schrecklich, daß wir solch schreckliche Gegner haben, aber diese Gegner müssen halt in irgend einer Weise in der richtigen Art von uns behandelt werden. Aber in bezug auf das Innere, wie Anthroposophie zu vertreten ist, ist es viel schrecklicher, wenn es nötig wird, das, was erarbeitet wird innerhalb der anthroposophischen Bewegung, das belastet hinauftragen zu müssen in die geistige Welt, belastet mit persönlichen Interessen des einen oder des anderen. Und es wird wenig eigentlich nachgedacht gerade über dieses Faktum.

Das ist es, was ich erwähnen muß, wenn ich gerade die besondere Leistung von Edith Maryon charakterisieren will. Und in dieser Beziehung ist die Anthroposophische Gesellschaft der Hingegangenen zu einem großen Dank verpflichtet, weil sie immer mehr und mehr verstanden hat, ihre Arbeit gerade in diesem Sinne zu leisten. Das sind die Dinge, die ich heute vorbringen wollte und vorbringen sollte aus dem Gedanken heraus, daß ja solche Leistungen, symbolisch gesprochen, wirklich in das goldene Buch der Anthroposophischen Gesellschaft eingetragen sind, und vor allen Dingen in die Herzensbücher der Mitglieder eingetragen werden sollen.

Es ist gewiß auch ganz in Ihrem Sinn, wenn ich das heute und am Dienstag bei der Kremation zu Entwickelnde so auf Ihre Herzen lege, daß ich Sie bitte, Ihre Gedanken hinauf zu richten zu der in geistige Welten Eingetretenen, denn ihre Gedanken werden ganz gewiß beim weiteren Fortgang der anthroposophischen Bewegung sein. Und durch die Art und Weise, wie sie sich in dieselbe hineingestellt hat, werden sie kraftvolle Gedanken sein, und es wird daher auch etwas Kraftvolles darstellen, sich mit ihren Gedanken zu verbinden. Und zum Zeichen dafür, daß das unser Wille ist, werden wir uns von unseren Sitzen zur Ehrung der Dahingegangenen erheben in der sicheren Zuversicht, daß dadurch eine schöne, eine bleibende, eine für die anthroposophische Bewegung kraftvolle Verbindung entstanden ist.

Nun, meine lieben Freunde, ich habe das, was ich heute zu Ihnen zu sagen hatte, was in einem gewissen Sinne auch mit dem Karma-Gedanken zusammenhängt, denn Leben und Lehre hängen für uns zusammen, schon hineingefügt in die beiden Nachrufe, die ich bewegten Herzens heute zu sprechen hatte. Es wird jetzt meine Aufgabe sein, die Betrachtungen über das Karma weiter fortzusetzen, so daß dasjenige, was wir gewonnen haben durch die Betrachtung einzelner karmischer Zusammenhänge in der Menschenwelt, nunmehr wird seine Anwendung finden können, wenn wir die große Frage stellen werden in unserem eigenen Herzen, in unserem individuellen Sein, wie das, was wir persönlich erleben, was wir sehen als oftmals erdrückende, oftmals erfreuliche Ereignisse in unserer Umgebung, was wir erschüttert sehen, erschüttert mitmachen, wie das zum Karma steht, wenn wir das schicksalsgemäß, karmisch beobachten wollen, wenn wir durch die Beobachtung des Karmas zu einem kraftvollen Wirken in dem Leben kommen wollen. Das wird sich anschließen können an die karmischen Betrachtungen, die wir seit Wochen gepflogen haben und die wir dann morgen in besonderer Anwendung auf den einzelnen individuellen Menschen, das heißt auf das individuelle menschliche Erleben, auf die persönliche Stellung des Menschen zum Karma, in dieser Weise anfangen werden auszugestalten.

ANSPRACHE BEI DER KREMATION VON EDITH MARYON

Basel, 6. Mai 1924

Meine liebe Trauergemeinde! Dies als letzter Gruß an *Edith Maryon*, unsere treue Mitarbeiterin:

>Wer da blickt auf Deinen Karmaweg,
>Den freudearmen,
>Der schauet Dein edles Geistesstreben,
>Das Seelen-warme:
>Ihm erscheinet eines Menschenwesens Wirkenssinn
>Aus Deinem Erdenwandel.
>
>Wer da fühlt Dein so stilles Sein,
>Das liebevolle,
>Der schauet Deiner Seele Mühen
>Das nie ermüdende:
>Ihm erscheinet eines Menschenwesens Herzenssinn
>Aus Deinem Tagesleben.
>
>Wer da stand vor Deinem Todestore,
>Dem allzunahen,
>Der schauet den harten Schmerzensweg
>Den sanft ertragenen:
>Ihm erscheinet eines Menschenwesens Duldersinn
>Von Deinem Krankenlager.
>
>Wer empfindet Dein schönes Geisteswerk,
>Das ernst geführte,

Der schauet Dein Leben hingegeben
Dem Geistes-Ziele:
Ihm erscheinet eines Menschenwesens Opferkraft
Aus Deinem Seelenringen.

Wer da schauet in den Geistes-Sphären,
Den segensvollen,
Dein Seelenleben künftig weben
Das Licht-erstrahlende:
Ihm erscheinet eines Menschenwesens Geisteskraft
Aus Deinem Ewig-Sein.

Wer da schauet aus den Sonnenhöhen,
Den liebenswarmen,
Deinen Blick zu uns herniederstrahlen,
Den Hilfe-spendenden:
Ihm erscheinet eines Menschenwesens Segenskraft
Aus Deinem Geisteswirken.

Liebe Trauergemeinde! Zu den abwesenden Verwandten habe ich die Gedanken zuerst hinzuwenden, die da nicht erscheinen konnten an dem Tage, da wir die irdischen Überreste unserer lieben Edith Maryon den Elementen zu übergeben haben. Alles dasjenige, was hier noch an Liebe erwiesen werden konnte von seiten der Familie der Hingeschiedenen, hat mir deren ältester Bruder, Herbert Maryon, aufgetragen. Die anderen, eine Schwester in London, eine andere in Nordengland, ein Bruder in Australien, sie sind nicht imstande, hier zu sein, und können nur mit ihren Gedanken hier sich mit uns vereinigen. Wir aber, meine liebe Trauergemeinde, blicken an diesem Tag der Trauer zurück in das diesmalige Erdenleben von Edith Maryon.

Sie kam ja vor mehr als zehn Jahren zu uns in unsere Anthroposophische Gesellschaft her aus anderer esoterischer Gemeinschaft, voll erfüllt von einem edlen, heiligen Streben nach esoterischer Vertiefung der Seele. Dies alles stand bei ihr neben demjenigen, was sie im äußeren Leben vorstellte. Sie war Künstlerin und in ihrer Art eine wirklich vollendete Künstlerin, eine Künstlerin, welcher die Mittel der Kunst voll zur Verfügung standen, die Arbeitsweise in der Kunst voll geläufig war. Sie hatte in England und in Italien Bildhauerkunst getrieben. Sie hatte es in dieser Kunst lange, bevor sie in die Anthroposophische Gesellschaft hereingekommen ist, zu schönen äußeren Erfolgen gebracht. Eine ganze Reihe von Porträts angesehener Persönlichkeiten, selbst sehr bekannter Persönlichkeiten in der Welt, sind von Edith Maryon. Sie hat in Italien sich innig vertieft in alles dasjenige, was groß, schön, erhaben und eindringlich ist in der Kunst. So trat sie unter uns als Künstlerin, als Esoterikerin. Zunächst suchte sie bei uns nichts anderes als die Vertiefung in der Betrachtung ihrer Seele durch eine esoterische Entwickelung. Aber das Karma brachte es so, daß sie sich genötigt fand, dasjenige, was in der Kunst ihr eigen war, in den Opferdienst unseres Goetheanums zu stellen, und ganz vom Anfange an war sie an dem Goetheanum mit alledem tätig, was sie aus ihrer Kunst und aus ihrem menschlichen Wesen heraus zu der Vollendung dieses Goetheanums und alles desjenigen, was damit zusammenhängt, hat beitragen können.

Wenn man zurückblickt auf dieses ihr Arbeitsleben, war es nur unterbrochen im Jahre 1914, wo sie auf einer Reise nach England eine sehr schwere Krankheit durchmachte, eine Krankheit, von der man wohl sagen konnte, wenn sie sich in einer ernsten Weise einmal wiederholt, so wird Edith Maryon nicht weiter auf der Erde verweilen können. Dazumal hat sie sich aber durch die Bemühungen des ihr befreundeten Arztes Dr. Felkin doch wiederum erholt und ward uns wiedergegeben noch im Jahre 1914 zur weiteren Arbeit am Goetheanum. Von der Zeit an, in der sie ihre Arbeit hinlegen konnte auf den Opferaltar des Goetheanums, war dies dasjenige, was im Mittelpunkt all ihrer Pflichten und all ihres geistigen Lebens stand. Und sie hat gerade die Möglichkeit gefunden, ein richtiges, wirklich innerhalb der anthroposophischen Bewegung zum Ziele führendes Arbeiten haben zu können.

Es ist ja ganz selbstverständlich, daß innerhalb der anthroposophischen Bewegung dasjenige, was von mir als neue Impulse in die verschiedensten Gebiete der Kunst, der Wissenschaft, des Lebens einzufügen ist, daß diese Impulse in mannigfaltigster Weise in Widerstreit kommen mit demjenigen, was hereingebracht werden kann, mit demjenigen, was mit äußerer Kunst, mit äußerer Wissenschaft und so weiter erworben werden kann. Aber es gibt eine Möglichkeit zu arbeiten, wenn über allem Widerstrebenden die edle Hingabe an die Arbeit selber da ist, wenn niemals in einer anderen Ansicht ein Hindernis gesehen werden darf zusammenzuarbeiten. Wenn die Arbeit zustande kommen soll, kommt sie auch zustande, wenn auch der eine von den Traditionen der älteren Kunst herkommt, und der andere genötigt ist, aus neuen Impulsen heraus die Kunst zu einer weiteren Entwickelung zu bringen. Ist wirklich echtes menschliches Zusammenwirken vorhanden, dann kann über allem Gegensatz die Gemeinsamkeit der Arbeit liegen.

Diese Gesinnung, sie war im allerhöchsten Maße innerhalb ihres ruhigen Wirkens Edith Maryon eigen. Daß allerdings dabei mancherlei in Betracht kam gerade für das Zusammenarbeiten mit mir, darf heute, da wir uns von den irdischen Resten Edith Maryons zu trennen haben, und in der Zukunft nachzublicken haben ihrer in die lichte Ewigkeit, in das geistige Höhenreich hinaufstrebenden, dort weiterwirkenden Seele, es darf am heutigen Tag wohl auch einem größeren Kreis gesagt werden. Es war ziemlich im Anfange des bildhauerischen Wirkens am Goetheanum in Dornach, daß ich im äußeren Atelier, im vorderen großen Atelier an der dort im Modell vorliegenden Christus-Statue auf dem Gerüste oben zu arbeiten hatte. Dazumal passierte es, daß durch eine Öffnung des Gerüstes ich drohte hinunterzufallen, und ich wäre ganz gewiß nach Lage der Sache mit dem ganzen Körper aufgefallen auf einen Pfeiler mit einer scharfen Spitze, wenn Edith Maryon nicht meinen Fall aufgefangen hätte. Und so ist schon zu sagen, meine liebe Trauergemeinde, daß die Anthroposophische Gesellschaft in einer gewissen Weise, wenn sie meint, daß mein Wirken auch seit jener Zeit einen Wert innerhalb ihrer Gesellschaft hatte, wegen dieser Rettung dazumal dankbar zu sein hat.

Es wurde wenig von solchen Dingen gesprochen, denn viel über ihr Wirken, namentlich über ihr menschliches Wirken zu sprechen, war nicht die Eigenart Edith Maryons. Dafür aber entfaltete sie in einer ganz besonderen Weise dasjenige, was man nennen kann Energie in der Ruhe, Energie im ruhigen Arbeiten. Und die zwei Eigenschaften, die dabei als menschlich schöne Eigenschaften, wertvolle Eigenschaften hervortraten, das waren die in allen Fällen, wo es nötig war, wirkende Zuverlässigkeit von Edith Maryon auf der einen Seite und ihr praktischer Sinn auf der anderen Seite.

Im geistigen Streben, das genötigt ist, hinauszuwirken in die Welt, ist nun schon einmal nötig, meine liebe Trauergemeinde, daß auch Menschen darinnen stehen, welche einen wirklich praktischen Sinn haben, so daß dasjenige auch vor die Welt hintreten kann, vor der Welt verkörpert werden kann, was aus den Absichten des Geistes heraus verwirklicht werden soll. Und von Edith Maryon kann man sagen, ihre Zuverlässigkeit war etwas unbedingt treu Wirkendes. – Man kann sagen, sagte sie etwas, so konnte man darauf bauen. Nahm sie sich etwas vor, wozu ihr praktischer Sinn notwendig war, so stand es nach einiger Zeit vollendet da, wenn auch dasjenige, was zu tun war, recht fernab lag von demjenigen, was ihre eigentliche Berufstätigkeit war.

Außer der Zusammenarbeit für die bildhauerische Arbeit am Goetheanum, die wirklich noch mehr in Anspruch nahm als dasjenige, was dann äußerlich sichtbar geworden ist selbst in der Mittelpunkts-Statue, in der Mittelpunkts-Gruppe, – für die bildhauerische Arbeit am Goetheanum war sie die im aller eminentesten Sinne geeignete Kraft. Sie beherrschte die bildhauerische Kunst, und sie war geneigt, alles dasjenige aufzunehmen, wovon diese Kunst durchzogen werden soll.

Aber dazu war noch etwas anderes notwendig. Es war ein fortwährendes Ineinanderwirken zwischen Altem und Neuem in der Kunst notwendig, und mancherlei, was am Goetheanum entstanden ist, ohne daß es gerade von uns selbst gemacht worden ist, birgt ja den Geist, der mit Edith Maryon zusammen gerade in dem Ausbau der plastischen Kunst vom Goetheanum gewirkt hat. Aber sie ging hinaus; ihre Energie in der Ruhe wirkte in weiterem Sinne für das Gedeihen in der Entwickelung der anthroposophischen Sache. Wenn in den letzten Jahren es möglich geworden ist, in Stratford, in Oxford, in London, in Penmaenmawr, in Ilkley Vorträge zu halten und für Anthroposophie und Eurythmie zu wirken, so ist dem stillen Arbeiten in der Vermittelung zwischen dem Goetheanum und der englisch sprechenden Bevölkerung von Edith Maryon das Hauptverdienst zuzuschreiben. Sie war es, die zuerst die Anregung gegeben hat zu dem vor Jahren um die Weihnachtszeit abgehaltenen Weihnachtskurs, den englisch sprechende Lehrer und Lehrerinnen besucht haben. Sie war es auch, welche die Anregung gegeben hat zur künstlerischen Darstellung der eurythmischen Bewegungen und den Eurythmie-Figuren. Und ich würde wohl noch vieles zu sagen haben, wenn ich auf alles dasjenige hinweisen möchte, was aus stiller energischer Ruhe heraus Edith Maryon mit bewirkt hat.

Aber es kommt ja weniger darauf an. Es kommt darauf an, diesen im Wirken so schön sich offenbarenden Zug ihres Lebens heute vor unsere Gedanken zu bringen.

Und herausgerissen ward sie aus diesem Leben dadurch, daß ihr altes Leiden durch die Aufregungen der Brandnacht, in der uns das Goetheanum genommen worden ist, sich wiederum zeigte, und daß durch alle sorgsame Pflege dieses Leben für das irdische Sein zuletzt doch nicht zu erhalten war. Wir glaubten im letzten Sommer, als Edith Maryon wenigstens einige ganz kleine Ausgänge machen konnte, daß dieses Leben zu erhalten sei. Aber schon im Herbste zeigte sich, wie sehr hier zerstörende Kräfte in dieses Leben eingegriffen haben.

Es ist ja wahrhaftig aus dem Bewußtsein jenes karmischen Zusammenhanges heraus gesprochen, der von mir dadurch ausgedrückt worden ist, daß ich auf jenen Unfall im Atelier wies, wenn ich sage: Edith Maryon war vorbestimmt, in die anthroposophische Bewegung hineinzukommen, und mit ihrem Tod ist der Anthroposophischen Gesellschaft, der ganzen anthroposophischen Bewegung viel entrissen.

Viel von demjenigen, was ihr eigen war, hat sich insbesondere in den letzten Wochen, wo das Leiden ein so außerordentlich bedrückendes und schmerzvolles geworden ist, in schönster Weise geoffenbart, teils durch die Art des Ertragens dieses Leidens, teils durch die volle, ganz aus dem Geiste der Anthroposophie heraus getragene Gesinnung gegenüber der geistigen Welt, in welche hineinzugehen Edith Maryon sich dennoch seit Wochen vorbereitete.

Es war mir dann nicht gegönnt durch andere Verpflichtungen, die ich hatte, in der Todesstunde selbst anwesend zu sein. Edith Maryon hat dann an der Seite ihrer treu befreundeten Ärztin, unserer lieben Dr. Ita Wegman, die Seele aus dem Leibe herausgeführt, um sie hinaufzuführen in die geistige Welt. Sie war bis in ihre letzten Stunden von der treuen Pflege nicht nur der Ärztin, sondern auch derjenigen, die ihr liebe und sie betreuende Krankenschwestern geworden sind, gepflegt worden, und unter der Pflege dieser Krankenschwestern verbrachte sie dann in der Tat in der letzten Zeit oftmals qualvolle Stunden, die aber immer erhellt werden konnten in einer außerordentlich schönen und geistigen Weise. Arzneien waren zuletzt ja nicht mehr wirksam, was aber noch wirksam war, waren die Vorlesungen, die ihr geboten werden konnten, entweder aus demjenigen, was als Sprüche gegeben war zur Weihnachtstagung, oder auch aus dem Neuen Testament.

Dazumal, zur Weihnachtstagung, wo noch Hoffnung vorhanden war, daß wir Edith Maryon halten können hier in der physischen Welt, wurde ihr ja die Leitung der Sektion für bildende Künste übergeben. Mit einer ungeheuren Innigkeit hat sie sich auf dem Krankenbette noch bemüht, ihre Gedanken fortwährend hinzulenken auf die Art, wie nun diese Sektion zustande kommen soll, wie sie wirken soll.

Aus diesem Leben, meine liebe Trauergemeinde, geht nun die Seele Edith Maryons hinauf in die geistigen Welten, voll durchdrungen von demjenigen, was aus dem Kennen anthroposophischer Geisteshoffnung, anthroposophischen Geisteslebens gewonnen werden kann. Sie trug wie wenige das lebendige Bewußtsein in ihrer Seele, mit ihrem besten Sein hervorgegangen zu sein aus dem ewigen Vatergeistquell der Welt: Ex deo nascimur. Sie lebte in inniger Liebe hinschauend zu demjenigen Wesen, das der Erden-Entwickelung ihren Sinn gegeben hat. Sie ließ sich in den letzten Tagen noch Christi Spruch: «Kommet zu mir, die ihr mühselig und beladen seid» an der Seite des Bettes befestigen. Sie wußte sich im Tode vereinigt mit dem Geiste Christi: In Christo morimur. Und so ist ihr in der schönsten Weise gewiß die Auferweckung in der geistigen Welt: Per spiritum sanctum reviviscimus, in der wir mit ihr vereinigt sein wollen, in die wir hinaufschicken wollen unsere Gedanken, auf daß sie sich mit den ihrigen vereinigen.

Dann können wir sicher sein, meine liebe Trauergemeinde, ihre Gedanken, ihre Seelenblicke, sie werden ruhen, nein, sie werden nicht bloß ruhen auf den Taten, die etwa noch getan werden können für die anthroposophische Sache vom Goetheanum aus, sie werden treulich und kraftvoll, energisch mitarbeiten, sie werden unter uns sein, wenn wir Kraft brauchen, sie werden unter uns sein, und wir werden ihren stillen Trost in den Herzen empfinden können, wenn wir einen solchen Trost brauchen in den mancherlei Anfechtungen, denen ja die anthroposophische Sache ausgesetzt ist.

In rührender Weise ist abgefaßt dasjenige, was Edith Maryon als ihren letzten Willen über ihre wenigen Habseligkeiten verfaßt hat. Dabei hat sie all derer in außerordentlich liebender Weise gedacht, die ihr irgendwie nur nahestehen.

Und so blicken wir hinauf in jene Sphären, in denen Du weiter das Leben, das über das Sterben siegt, führen willst, wollen bei Dir sein, vereint mit Dir in jener Einheit, die nimmer erstirbt, die da ist unvergänglich durch alle Kreise der durch die Welt webenden und wellenden Ewigkeit.

> Wer da blickt auf Deinen Karmaweg,
> Den freudearmen,
> Der schauet Dein edles Geistesstreben,
> Das seelen-warme:
> Ihm erscheinet eines Menschenwesens Wirkenssinn
> Aus Deinem Erdenwandel.
>
> Wer da fühlt Dein so stilles Sein,
> Das liebevolle,
> Der schauet Deiner Seele Mühen,
> Das nie ermüdende:
> Ihm erscheinet eines Menschenwesens Herzenssinn
> Aus Deinem Tagesleben.
>
> Wer da stand vor Deinem Todestore,
> Dem allzu nahen,
> Der schauet den harten Schmerzensweg,

Den sanft ertragenen:
Ihm erscheinet eines Menschenwesens Duldersinn
Von Deinem Krankenlager.

Wer empfindet Dein schönes Geisteswerk,
Das ernst geführte,
Der schauet Dein Leben hingegeben
Dem Geistesziele:
Ihm erscheinet eines Menschenwesens Opferkraft
Aus Deinem Seelenringen.

Wer da schauet in den Geistes-Sphären,
Den segensvollen,
Dein Seelenleben künftig weben,
Das Licht-erstrahlende:
Ihm erscheinet eines Menschenwesens Geisteskraft
Aus Deinem Ewig-Sein.

Wer da schauet aus den Sonnenhöhen,
Den liebenswarmen,
Deinen Blick zu uns herniederstrahlen,
Den Hilfe-spendenden:
Ihm erscheinet eines Menschenwesens Segenskraft
Aus Deinem Geisteswirken.

Und so gehe denn hin, Du, unserer heiligen Sache so treu ergebene Seele! Wir wollen aufschauen zu Dir. Wir wissen, Du schauest hernieder zu uns, wir wissen, wir bleiben mit Dir vereint durch alle Kreise der Ewigkeit. Wir leben weiter mit Dir, die Du das Leben lebst, das über den Tod siegt, so lange wir hier sind, und wenn wir nicht mehr hier sein werden, wir leben weiter mit Dir einig, einig, einig.

GEDENKWORTE FÜR ADMIRAL GRAFTON

Dornach, 14. September 1924

Bevor ich heute den Vortrag beginne, möchte ich aus einem bestimmten Anlasse heraus ein Wort des Gedenkens für eine uns sehr wertvolle, von uns sehr geliebte Persönlichkeit sprechen. Wir hätten heute gelegentlich der Eurythmie-Aufführung ganz gewiß die Befriedigung gehabt, unter den Mitwirkenden den Admiral *Grafton* zu haben, wenn er noch auf dem physischen Plane hier weilen würde. Und ihm ein Gedenkwort gerade in diesen Tagen zu widmen, ist mir ein tiefes Herzensbedürfnis.

Der Admiral Grafton trat in unsere Reihen hier in Dornach ein mit einem allerherzlichst guten, dem anthroposophischen Streben zugewandten Sinn. Seine Verbindung mit dem anthroposophischen Streben war die denkbar innigste, und wenn er sprach von dieser seiner Verbindung mit der Anthroposophie, konnte man nur tief im Herzen bewegt sein. Der Admiral Grafton hatte ein langes arbeitsreiches Leben hinter sich, war während dieses der Außenwelt zugewandten arbeitsreichen Lebens immer durchaus dafür interessiert, eine Weltanschauung, eine Lebensauffassung sich zu erwerben, und er hat mir oftmals davon gesprochen, wie er viele Jahre hindurch bei Herbert Spencer, dem mehr materialistisch geneigten Philosophen, seine Welt- und Lebensanschauung aus dem Zeitgeiste heraus gesucht hat, wie eben ein Mensch diesen Zeitgeist miterlebt, auf den zunächst mit aller Kraft und Macht dieser Zeitgeist so wirkt, wie er auf viele unserer Zeitgenossen wirken muß. Aber der Admiral Grafton war eine Persönlichkeit, die man im wahrsten Sinne des Wortes als eine suchende Persönlichkeit bezeichnen muß. Und so bezeichnete er es mir immer wieder und wiederum als die große Befriedigung seines Lebens, daß er, nachdem er sich lange bemüht hat, geradezu am entgegengesetzten Pol zu einer Überschau über das Leben zu kommen, zuletzt die Anthroposophie gefunden hat. Und man hatte immer das Gefühl, wenn diese Persönlichkeit über eine Verbindung mit der Anthroposophie sprach, so war das nicht nur aus allen Tiefen des

Herzens heraus, sondern es war auch in diesem Sich-Fühlen in der Verbindung ein wunderbarer, geradezu ein schönheitsvoller Enthusiasmus, ein Enthusiasmus, der wirklich als ein besonders schöner dann erscheinen muß, wenn er aus einem Herzen heraus gesprochen ist, aus einem Kopfe, der es in arbeitsreichem Leben zu hohem Alter gebracht hat.

Wenn ich an die Vorträge denke, die ich hier hielt, und während deren ich immer wiederum mit einer rührend herzlichen Aufmerksamkeit im Auditorium den Admiral Grafton sitzen sah, hingegeben an die Vorträge, so konnte man sich sagen: Da ist ein Herz, das zuhört. – Es war ein Herz, das zuhörte. Nur aus dem allgemeinen enthusiastischen Gefühl für die Geistigkeit der Anthroposophie konnte der Admiral Grafton zuhören, denn er verstand nicht Deutsch so weit, daß er einem Vortrage hätte folgen können. Er konnte nur folgen mit dem Herzen. Er konnte nur der Sache im großen und ganzen folgen. Und so war er, aber immer innerlich freudig erregt, immer mit herzlichem Enthusiasmus der Sache hingegeben.

Er hat mit einer unnennbaren Freude gesehen, daß sich sein Töchterchen der Eurythmie zugewendet hat, und hat darüber mit einer rührenden, freudigen Begeisterung gesprochen, wenn er davon gesprochen hat. Er war der Anthroposophie wirklich in musterhafter Weise zugetan. Eine Persönlichkeit voller Güte war er, die eigentlich nur leben konnte, wenn sie Taten der Güte gegen ihre Mitmenschen vollbringen konnte. Uns hat er dadurch vieles geholfen, daß er in unserem Eurythmie-Orchester immer wieder mitgewirkt hat als Flötenspieler. Und auch das hat er mit einer wirklich herzlichen, bewunderungswürdigen, ich darf auch sagen musterhaften Hingabe getan, denn ich habe manches erlebt in bezug darauf, daß Leute, die mitzuwirken hatten, zu spät gekommen sind. Der Admiral Grafton war nie unter ihnen. Er war immer an seinem Platze. Und er war vor allen Dingen immer dann an seinem Platze, wenn man seine Hilfe in irgend einer Weise im kleinen und im großen brauchte. Er hat uns in vielen Dingen außerordentlich geholfen. Es ist tatsächlich der Admiral Grafton hier eine Persönlichkeit gewesen, die von jedem geliebt worden ist, und ich weiß, daß ich aus dem Herzen vieler heraus spreche, wenn ich diese kurzen Gedenkworte dem nun in die geistigen Welten von uns Gegangenen hier nachrufe.

Es war so, daß eigentlich in einer hingebungsvollen Beweglichkeit der Admiral Grafton da war in den letzten Tagen, bevor wir nach England reisten, und für das äußere Leben überraschend kam uns die Nachricht durch unseren lieben Freund Heywood-Smith zugesandt, daß der Admiral Grafton den physischen Plan während einer Operation verlassen habe. Wir waren alle, die wir diese Nachricht empfingen, tief betroffen. Und herzlich dankbar bin ich, der ich nicht selbst hier zugegen sein konnte bei dem Totenfeste für diesen unseren lieben Freund, daß in so schöner Weise die Freunde, allen voran unser Freund Heywood-Smith, es übernommen haben, dasjenige schön, hingebungsvoll, mit tiefem Verständnis für die Persönlichkeit des Admirals Grafton bei dem Totenfeste zu sagen, was ich gerne auch selber gesagt haben würde, wenn ich nicht pflichtgemäß in England abgehalten gewesen wäre.

Ich kann sagen, meine lieben Freunde, es ist gerade in diesem Falle so, daß die zahlreichen Persönlichkeiten, die jetzt da sind und von dem Admiral Grafton nichts vernommen haben, ihn nicht kannten, glauben dürfen, daß das Goetheanum den Admiral Grafton gern hatte, und daß von denen, die ihn hier liebten, die allerverbindendsten Gedanken ihm folgen werden nach den Stätten, die er, der auf so überraschend schnelle Weise durch die Todespforte gegangen ist, nunmehr betreten wird. Dankbar sind wir ihm für alles, was er unter uns hier durch seine unendliche Güte geleistet hat. Aber dankbar sind wir auch dafür, daß wir mitanschauen konnten den herzbewegenden Sinn und die edle Begeisterung für die anthroposophische Sache gerade an dieser vorher so stark in der Welt gestandenen Persönlichkeit. Und aus dieser Dankbarkeit heraus formen wir die Gedanken, die uns mit dem Geiste und mit der Seele des Admirals Grafton fernerhin verbinden sollen. Wissen können wir, daß er herunterschaut auf die anthroposophische Bewegung mit hingebendem Ich, mit kraftvoller Seele. Wissen können wir, daß unsere Gedanken, die zu ihm gehen, wirklich segensvollen Wünschen im geistigen Gebiete für das Gedeihen der anthroposophischen Sache begegnen.

Und so dürfen Sie alle, meine lieben Freunde, die Sie heute hier versammelt sind, versammelt sind mit dem Kreise zusammen, der mit dem Admiral Grafton hier an der Stätte des Goetheanums die letzten Jahre lebte, mit uns in diesem Augenblicke sich im Gedenken an diese edle Seele von Ihren Plätzen erheben. Mögen sich unsere Gedanken mit den seinigen vereinigen in freiem Willen, wie es das Richtige ist unter anthroposophischen Menschen, die da wissen, daß die Bande, die im Leben geknüpft sind hier auf Erden, fortdauern können, wenn sie ehrlich und echt sind, durch alle Zeiten und auch durch die Ewigkeiten hindurch.

GEDENKWORTE FÜR HERRN TERWIEL UND BARON OSKAR VON HOFFMANN

Köln, 7. Mai 1912

Lassen Sie mich, bevor wir zu den Dingen unserer heutigen Betrachtung kommen, gedenken einer Tatsache, die uns ganz besonders gerade an diesem Orte berühren muß, wo außer unseren deutschen Mitgliedern auch liebe Freunde des Auslandes, insbesondere aus Holland, zusammenkommen. Unter den Freunden aus Holland, welche oftmals schon bei solchen Veranlassungen hier in dieser Gegend und besonders in Köln weilten, war auch diejenige Persönlichkeit, welche in den letzten Jahren immer tiefer und tiefer nach einem längeren theosophischen Leben sich verbunden fühlte mit demjenigen, was gerade innerhalb unserer theosophischen, spirituellen Strömung uns beseligt und uns durchwärmt. Unser lieber Freund *Terwiel* war ja öfters bei uns hier in Köln. Sein Karma hat es gewollt, daß er in den letzten Monaten den physischen Plan hat verlassen müssen. In der Weise, wie wir denken an jene Veränderung des Lebens, die sich vollzieht, wenn der Mensch den physischen Schauplatz verläßt, gedenken wir unseres lieben Freundes, sodaß wir diejenige Liebe, die wir ihm entgegenbrachten, während wir ihn hier öfters sehen durften, ihm die Hand drücken und uns mit ihm besprechen durften, diese Liebe ihm auch da bewahren, wo er jetzt in anderer Gestalt mit uns vereinigt ist. Und die Vereinigung, die theosophische Persönlichkeiten eingegangen sind, ändert sich wahrhaftig nicht.

Durch die Übersetzung von vielen unserer Schriften hat ja unser lieber Freund sich große, weitgehende Verdienste für die Verbreitung unserer theosophischen Impulse in dem benachbarten Holland erworben. In Liebe und Treue, mit jener Brüderlichkeit, welche von unserem spirituellen Leben eingegeben ist, gedenken wir seiner, lassen unsere Gedanken in Liebe und Treue zu ihm hingehen und wissen, daß wir für alle Zeiten, nachdem wir die Möglichkeit gewonnen haben, uns mit ihm zusammenzuschließen, auch mit ihm zusammenbleiben werden. Mir selbst ist es ein tiefes Bedürfnis, in dieser Stunde jener Liebe und Treue zu gedenken, in der wir mit unserem Freunde Terwiel verbunden bleiben.

Und noch einer anderen ähnlichen Tatsache lassen Sie mich gedenken. Unter denen, die in den letzten Zeiten den physischen Plan verlassen haben, ist auch eine Persönlichkeit, die vielleicht die zahlreichen noch nicht lange mit der theosophischen Bewegung in Deutschland verbundenen Mitglieder nur wenig kennen, die aber diejenigen, welche sich allseitig um die deutsche Bewegung zu kümmern hatten, recht lieben und schätzen gelernt haben. Der Übersetzer einer Schrift in die deutsche Sprache – einer Schrift, die für viele Theosophen eine außerordentlich wertvolle geworden ist – unser Freund *Baron von Hoffmann* ist in hohem Alter in diesen Tagen von uns genommen worden. Er hat durch seine wunderschöne, so poetische Übersetzung von «Licht auf den Weg»* der deutschen theosophischen Bewegung große Dienste geleistet. Dankbar müssen wir seiner gedenken, der diese Schrift mit so wunderbarem, poetischen Zauber übertragen hat. Baron von Hoffmann hat in den letzten Tagen den physischen Plan verlassen. Auch ihm werden wir die Liebe und Treue bewahren in die geistige Welt hinein. Mit Innerlichkeit und Feierlichkeit gedenken wir dieser beiden Persönlichkeiten, und wir wollen uns als Ausdruck unserer treuen Verehrung alle von unseren Sitzen erheben.

* Schrift von Mabel Collins

GEDENKWORTE FÜR HELMUTH GRAF VON MOLTKE

Berlin, 20. Juni 1916

Meine lieben Freunde!

Bevor ich heute zu dem Gegenstand unserer Betrachtungen zu kommen habe, drängt es mich, ein Wort zu sagen über jenen großen, schmerzlichen Verlust, den wir für den physischen Plan in diesen Tagen erfahren haben. Sie wissen es ja, Herrn *von Moltkes* Seele ist am vorgestrigen Tage durch die Todespforte gegangen. Dasjenige, was der Mann seinem Volke war, die überragende Rolle, die er gespielt hat innerhalb der großen schicksaltragenden Ereignisse unserer Zeit, und die bedeutsamen, tiefen Impulse aus dem Menschengeschehen heraus, von denen sein Tun, sein Wirken getragen war, das alles zu würdigen, wird zunächst die Aufgabe anderer sein, wird sein die Aufgabe der kommenden Geschichte. In unseren Tagen ist es ja unmöglich, über alle Dinge, die gerade diese unsere Tage betreffen, ein vollständig erschöpfendes Bild zu geben. Aber wie gesagt, in bezug auf dasjenige, was andere und die Geschichte sagen werden, soll heute hier nicht gesprochen werden, obwohl es die innigste Überzeugung desjenigen ist, der zu Ihnen hier spricht, daß die kommende Geschichte sehr viel gerade über diesen Mann zu sagen haben wird. Aber einiges von dem, was vor meiner Seele in diesem Augenblicke steht, das darf und soll hier gesagt werden, wenn es auch nötig ist, daß ich das eine oder das andere Wort so sage, daß es mehr sinnbildlich klingt als im eigentlichen Sinne, der erst nach und nach verständlich werden wird. Es steht vor meiner Seele dieser Mann und dieses Mannes Seele wie ein aus der Entwickelung unserer Zeit herausgeborenes Symbolum unserer Gegenwart und der nächsten Zukunft selber, wahrhaftig ein Symbolum für dasjenige, was geschehen soll und geschehen muß in einem sehr, sehr wirklichen, sehr wahren Sinne des Wortes.

Wir betonen es immer wieder und wiederum, daß es wahrhaftig nicht eine Willkür dieser oder jener Menschen ist, das der Gegenwarts- und nächsten Zukunftskultur einzuverleiben, was wir die Geisteswissenschaft nennen, daß diese Geisteswissenschaft eine Notwendigkeit der Zeit ist, daß die Zukunft nicht wird bestehen können, wenn nicht die Substanz dieser Geisteswissenschaft in das Menschenwerden hineinfließt. Und hier, meine lieben Freunde, haben Sie das Große, Bedeutsame, das uns jetzt vor Augen treten soll, indem wir gedenken der Seele Herrn von Moltkes. Wir hatten mit ihm einen Mann, eine Persönlichkeit unter uns, welche im allerwirksamsten, im alleräußerlich-tätigsten Leben der Gegenwart stand, demjenigen Leben, das sich aus der Vergangenheit heraus entwickelt hat und in unserer Zeit zu einer der allergrößten Krisen gekommen ist, welche die Menschheit im Verlaufe ihrer bewußten Geschichte zu durchleben hat, einen Mann, der mit die Heere führte, mitten in den Ereignissen stand, die den Ausgangspunkt bilden unserer schicksaltragenden Gegenwart und Zukunft. Und zugleich haben wir in ihm eine Seele, einen Mann, eine Persönlichkeit, die das alles war, und Erkenntnis suchend, Wahrheit suchend hier unter uns gesessen hat mit dem heiligst-heißesten Erkenntnisdrang, der nur irgendeine Seele der Gegenwart durchseelen kann.

Das ist dasjenige, was vor unsere Seele treten soll. Denn damit ist diese Seele der eben durch die Todespforte geschrittenen Persönlichkeit neben allem anderen, was sie geschichtlich ist, ein überragendes geschichtliches Symbolum. Daß er unter denjenigen war, die im äußeren Leben unter den ersten stehen, daß er diesem äußeren Leben diente und doch die Brücke fand zu dem Geistesleben, das durch diese Geisteswissenschaft gesucht wird, das ist ein tiefgehend bedeutsames historisches Symbolum; das ist das, was die Empfindung eines Wunsches in unsere Seele legen kann, der aber nicht ein persönlicher Wunsch ist, sondern der herausgeboren ist aus dem Drange der Zeit, der die Empfindung, die wünschende Empfindung in unsere Seele legen kann: Mögen viele und immer mehr, die in seiner Lage sind, es so machen wie er! Darinnen liegt das bedeutsam Vorbildliche, das Sie fühlen sollen, das Sie empfinden sollen. Wie wenig auch im äußeren Leben von dieser Tatsache gesprochen werden mag, darauf kommt es nicht an, am besten, wenn gar nichts davon gesprochen wird; aber eine Realität ist sie, und auf die Wirkungen kommt es an, nicht auf dasjenige, was gesprochen wird. Eine Realität des geistigen Lebens ist diese Tatsache. Denn diese Tatsache führt uns dazu, einzusehen: Diese Seele hatte in sich die Empfindung der richtigen Deutung der Zeichen der Zeit. Mögen viele dieser Seele folgen, die vielleicht heute in der einen oder in der anderen Richtung noch sehr fern stehen demjenigen, was wir hier Geisteswissenschaft nennen.

Deshalb ist es wahr, daß dasjenige, was fließt und pulsiert durch diese unsere geisteswissenschaftliche Strömung, von dieser Seele ebensoviel empfangen hat, als wir ihr geben konnten. Und das sollten wir gut im Gedächtnis behalten, denn oftmals habe ich hier gesprochen davon. Es bedeutet, daß jetzt in unserer Zeit in die geistige Welt Seelen gehen, die dasjenige in sich tragen, was sie hier in der Geisteswissenschaft aufgenommen haben. Wenn nun eine im tätigsten Leben stehende Seele durch die Todespforte zieht und nunmehr oben ist in der lichten Welt, die uns durch unsere Erkenntnis ermittelt werden soll, wenn wir sie da oben wissen, wenn mit anderen Worten dasjenige, was wir suchen, durch eine solche Seele durch die Todespforte getragen wird, dann ist es durch die Vereinigung, die es eingegangen ist gerade mit einer solchen Seele, eine tief bedeutsame, wirkende Macht in der Geisteswelt. Und diejenigen Seelen, die hier sind und mich verstehen in diesem Augenblick, werden niemals wieder vergessen dasjenige, was ich hier in diesem Augenblicke gemeint habe über die Bedeutung der Tatsache, daß diese Seele dasjenige, was durch Jahre durch unsere Geisteswissenschaft geflossen ist, nun mit hinaufnimmt in die geistige Welt, daß das in ihr Kraft und Wirksamkeit wird.

Das alles kann selbstverständlich nicht dazu da sein, den Schmerz, den wir empfinden über einen solchen Verlust auf dem physischen Plane, in trivialem Sinne hinwegzudämpfen. Leid und Schmerz sind in solchem Falle berechtigt. Aber Leid und Schmerz werden erst groß und gewichtig und selber wirksame Kräfte, wenn sie durchzogen sind von vernünftigem Begreifen desjenigen, was dem Schmerz und dem Leide zugrunde liegt. Und so nehmen Sie dasjenige, was ich gesprochen habe, als den Ausdruck des Schmerzes über den Verlust auf dem physischen Plane, den das deutsche Volk und die Menschheit erfahren hat.

Noch einmal, meine lieben Freunde, erheben wir uns*:

> Geist Deiner Seele, wirkender Wächter!
> Deine Schwingen mögen bringen
> Unserer Seelen bittende Liebe
> Deiner Hut vertrautem Sphärensohn,
> Daß, mit Deiner Macht geeint
> Unsre Bitte helfend strahle
> Der Seele, die sie liebend sucht.

GEDENKWORTE FÜR HERMAN JOACHIM, OLGA VON SIVERS UND JOHANNA ARNOLD

Berlin, 21. August 1917

Der Mann, der einer der treuesten Mitarbeiter unserer geistigen Bewegung war, den Sie die Jahre des Krieges hindurch hier in unserem Kreise fast jede Woche haben sehen können, wir haben in diesen Tagen für diesen physischen Plan von ihm Abschied zu nehmen gehabt: von unserem lieben Freunde *Herman Joachim*. Indem wir, durchdrungen mit jener Gesinnung, die sich aus dem ergibt, was wir als geisteswissenschaftliche Erkenntnisse suchen, an das Ereignis des Todes, das wir bei den uns nahestehenden Menschen erfahren, herantreten, finden wir selbst etwas von dem, was uns eigen werden soll mit Bezug auf unsere Stellung, auf unser Verhältnis zur geistigen Welt. Wir blicken ja auf der einen Seite in einem solchen Falle zurück zu dem, was uns der Dahingegangene geworden ist in der Zeit, die wir mit ihm verleben durften, da wir seine Mitstrebenden sein durften; aber wir blicken zu gleicher Zeit vorwärts in die Welt hinein, welche die Seele aufgenommen hat, die mit uns vereint war und mit uns vereint bleiben soll, weil

---

* Auch zu Beginn der Gedenkworte sprach Rudolf Steiner dieses Gebet.

Bande sie mit uns zusammenschließen, welche geistiger Art sind und untrennbar sind durch das physische Ereignis des Todes.

Herman Joachim, der Name ist in diesem Falle etwas, was als ein weithin Leuchtendes der von uns für den physischen Plan verlorenen Persönlichkeit voranging, ein Name, der tief verbunden ist mit der künstlerischen Entwickelung des 19. Jahrhunderts, ein Name, der verbunden ist mit der schönsten Art der ästhetischen Prinzipien in musikalischer Auffassung, und ich brauche hier nicht auseinanderzusetzen, was für die geistige Entwickelung der jüngsten Zeit der Name Joachim bedeutet. Aber wenn der, der jetzt von dem physischen Plan in die geistige Welt hin von uns gegangen ist, mit all seinen unvergleichlichen, schönen, großen Eigenschaften und mit ganz unbekanntem Namen in unsere Mitte getreten wäre: diejenigen, die das Glück gehabt haben, ihn kennenzulernen und die eigenen Bestrebungen mit den seinigen zu verbinden, sie hätten ihn denjenigen Persönlichkeiten zugezählt, die zu den allerwertvollsten ihres Lebens hier auf der Erde gehören, nur durch dasjenige, was ausgeströmt ist aus der Kraft seines eigenen Wertes, aus dem Umfänglichen und Sonnenhaften der eigenen Seele. Aber gerade in demjenigen, was diese Seele anderen Seelen in rein Menschlichem war, wirkte wohl dasjenige in dieser Seele nach, was als reinstes künstlerisch geistiges Element vom Vater her so großartig wirkte. Man möchte sagen, in jeder Geistesäußerung, in jeder Gedankenoffenbarung Herman Joachims war auf der einen Seite dieses Künstlerische, das auf der anderen Seite erkraftet und getragen war von echter, von intensivster Geistigkeit des Wollens, des Fühlens, des Strebens nach spiritueller Erkenntnis. So wie des Vaters große Intentionen hier im Blute walten, so war etwas in der geistigen Atmosphäre dieses Mannes, das schön eingeleitet war dadurch, daß *Herman Grimm* – dieser ausgezeichnete, dieser einzigartige Repräsentant des Geisteslebens Mitteleuropas – segnend seine Hand über den Täufling Herman Joachim gehalten hat, da er der Taufpate Herman Joachims war. Und seit ich dieses wußte, war mir dies ein lieber Gedanke, wie Sie begreifen werden nach manchem, was ich in diesem Kreise gerade über das gesagt habe, was an Geistigkeit von der Persönlichkeit Herman Grimms in der neueren Zeit ausgeht. Als ein lieber Freund Herman Grimms starb, schrieb Herman Grimm schöne Worte nieder; als der in seiner eigentümlichen persönlichen Individualität ganz einzige *Walther Robert-Tornow* starb, schrieb Herman Grimm nieder: «Aus der Gesellschaft der Lebenden scheidet er aus; in die Gesellschaft der Toten wird er aufgenommen. Es ist, als müsse man auch diese Toten davon unterrichten, wer in ihre Reihen eintritt.» Und dieses, daß man bei solchem Hinscheiden das Gefühl habe, man müsse auch die Toten davon unterrichten, wer in ihre Reihen eintritt, das meinte Herman Grimm nicht nur von dem, welchem er diese Worte nachsprach, sondern er meinte es überhaupt als ein in der Menschenseele vorhandenes Gefühl, wenn ein uns Nahestehender aus der physischen Welt hingeht in die geistige Welt. Wir blicken dann auf das zurück, was wir symptomatisch mit dem Dahingegangenen erleben durften, und betrachten dieses wohl gleichsam wie Fensteröffnungen, durch die wir hineinblicken können in ein unendliches Wesen; denn jede menschliche Seelenindividualität ist ein unendliches Wesen, und was wir mit ihr durchleben dürfen, das ist immer nur, wie wenn wir durch Fenster in eine unbegrenzte Gegend blickten. Aber es gibt eben Augenblicke im menschlichen Leben, wenn an diesem menschlichen Leben mehrere teilnahmen, in denen man dann tiefere Blicke in eine menschliche Individualität tun darf. Dann ist es immer, als wenn gerade in solchen Augenblicken, wo wir Blicke in menschliche Seelen tun dürfen, sich mit ganz besonderer Gewalt alles erschließen würde, was Geheimnis der geistigen Welt ist. In umfänglichen Vorstellungen, die sich mit dem Gefühl durchtränken, offenbart sich uns dann vieles von dem, was auch im gewöhnlichen Menschenleben an Großem, Gewaltigem, an geistig Strebendem lebt.

Eines solchen Augenblickes darf ich jetzt gedenken, weil ich ihn für mich symptomatisch empfinde, aber in objektiver Weise, mit Bezug auf das Wesen des Dahingegangenen. Als er in einem bedeutenden Augenblicke mit uns vor Jahren in Köln geisteswissenschaftlich vereint war, da konnte ich im Gespräche mit ihm nach noch nicht lange erfolgter persönlicher Bekanntschaft sehen, wie dieser Mann das Innerste seiner Seele verbunden hatte mit demjenigen, was als geistiges Wesen und Weben den Kosmos durchzieht, wie er, wenn ich so sagen darf, gefunden hatte den großen Anschluß menschlicher Seelenverantwortlichkeit gegenüber den geistig-göttlichen Mächten, welche mit der Weisheit der Weltenlenkung verbunden sind, und denen sich der einzelne Mensch in besonders bedeutungsvollem Augenblicke gegenübergestellt findet, wenn er sich die Frage vorlegt: Wie gliederst du dich ein in das, was als geistige Weltenlenkung dir vor das Seelenauge sich stellt? Wie darfst du denken aus deinem Selbstbewußtsein heraus, indem du weißt: ein verantwortliches Glied in der Kette der Weltgeistigkeit bist du selbst? – Daß er in aller Tiefe, in aller, wenn ich das Wort gebrauchen darf, seelischen Gründlichkeit einen solchen Augenblick als die Repräsentanz der Beziehung des Menschen zur Geistigkeit der Welt empfinden, erleben und fühlend erkennen konnte, das offenbarte mir damals Herman Joachims Seele.

Er hat dann Schweres weiterhin durchgemacht. Schwer lastete auf ihm die Zeit, als jenes unnennbare Unheil, unter dem wir alle leiden, hereinbrach, nachdem er jahrelang in Frankreich, in Paris gelebt hat und dort die liebe Lebensgefährtin gefunden hat. Er mußte pflichtgemäß – aber zu gleicher Zeit diese Pflichtgemäßheit selbstverständlich als innerlich mit seinem Wesen verbunden auffassend – zurück in seinen alten Beruf als deutscher Offizier. Er hat diesen Beruf seither ausgefüllt an wichtiger, bedeutungsvoller Stelle, nicht nur mit treuem Pflichtgefühl, sondern mit hingebungsvollster Sachkenntnis, und so, daß er innerhalb dieses Berufes im höchsten, wahrsten Sinne human, in tiefster Bedeutung menschenfreundlich wirken konnte, wofür viele derjenigen, denen dieses menschenfreundliche Wirken zugute gekommen ist, die dankbarste Erinnerung bewahren werden. Ich selber gedenke oftmals derjenigen Gespräche, die ich in diesen drei Jahren der Trauer und des Menschenleides mit Herman Joachim führen konnte, wo er sich mir enthüllte als ein Mann, der mit umfassendem Verständnisse die Zeitereignisse zu verfolgen in der Lage war, der weit davon entfernt war, irgend etwas in bezug auf dieses Verständnis sich von Haß- oder Liebegedanken trüben zu lassen nach der einen oder anderen Seite hin, wo diese Haß- oder Liebegedanken die objektive Beurteilung in bezug auf die Zeitereignisse beeinträchtigt haben würden, der aber auch, trotzdem er durch diese verständnisvolle Auffassung unserer Zeit sich nicht alles in dieser Zeit auf uns lastende Schwere verhehlen konnte, aus den Tiefen des geistigen Wesens der Welt heraus, seine Hoffnungen und seine Zuversichten für den Ausgang stark und kräftig in seiner Brust trug.

Herman Joachim gehörte zu denjenigen, die auf der einen Seite in völliger sachlicher, verstandesmäßiger Art, wie es sein soll, Geisteswissenschaft in sich aufnehmen, die aber auf der anderen Seite durch dieses Verstandesmäßige sich nichts nehmen lassen von der tiefen spirituellen Vertiefung, von der tiefen spirituellen Erfassung, von dem unmittelbaren Hingegebensein an den Geist, so daß diese spirituelle Erfassung, dieses unmittelbare Hingegebensein an den Geist weit entfernt ist, solch eine Seele jemals zu dem zu verleiten, was uns am gefährlichsten werden kann: zur Phantastik, zur Schwärmerei. Solche Phantastik, solche Schwärmerei geht zuletzt doch nur aus einem gewissen wollüstigen Egoismus hervor. Mit egoistischer Mystik hatte diese Seele nichts zu tun. Dafür aber um so mehr mit den großen spirituellen Idealen, mit den großen eingreifenden Ideen der Geisteswissenschaft.

Herman Joachim war in jedem Augenblick darauf bedacht, was man tun könne, um an seiner eigenen Stelle die geisteswissenschaftlichen Ideale unmittelbar in das Leben überzuführen. Er, der Mitglied des Freimaurertums war, der tiefe Blicke in das Wesen der Freimaurerei hinein getan hat, aber auch in das Wesen der freimaurerischen Verbindungen, er hatte sich die große Idee vorgesetzt, dasjenige wirklich zu erreichen, was erreicht werden kann durch eine geistige Durchdringung des freimaurerischen Formalismus mit dem spirituellen Wesen der Geisteswissenschaft. Alles was das Freimaurertum aus Jahrhunderten aufgespeichert hat an tiefgründigen, aber formelhaft gewordenen, man möchte sagen, kristallisierten Erkenntnissen, das hatte sich Herman Joachim durch seine hohe Stellung innerhalb der Freimaurerei bis zu einem ganz besonderen Grade enthüllt. Aber er fand gerade auf diesem Platze, auf dem er stand, die Möglichkeit, das da Gefundene in den rechten Menschheitszusammenhang hineinzudenken und zu durchdringen dasjenige, was doch nur aus der Kraft der Geisteswissenschaft kommen kann, mit dem von ihm neu zu belebenden Altherge brachten. Und wenn man weiß, wie Herman Joachim in den letzten Jahren in dieser schweren Zeit nach dieser Richtung hin gearbeitet hat, wenn man den Ernst seines Wirkens und die Würde seines Denkens nach dieser Richtung hin, wenn man die Kraft seines Wollens und das Umfängliche seiner Arbeit auf diesem Gebiete einigermaßen kennt, dann weiß man, was der physische Plan gerade mit ihm verloren hat. Ich konnte nicht anders, als bei diesen und anderen ähnlichen Anlässen immer wieder daran denken, wie ein Amerikaner, der zu den Geistreichen in der letzten Zeit gerechnet wurde, den Spruch aufgezeichnet hat: Kein Mensch ist unersetzlich; tritt einer ab, so tritt sogleich wieder ein anderer auf seinen Posten. – Es ist selbstverständlich, daß solcher Amerikanismus nur aus der tiefsten Unkenntnis des wahren Lebens heraus sprechen kann. Denn die Wahrheit sagt gerade das Entgegengesetzte. Und die Wahrheit an der Wirklichkeit, wie ich es jetzt meine, gemessen, sagt uns vielmehr: Kein Mensch kann in Wirklichkeit in bezug auf alles dasjenige, was er dem Leben war, ersetzt werden. Und gerade wenn wir an hervorragenden Beispielen es sehen, wie in diesem Falle, dann werden wir tief durchdrungen von dieser Wahrheit, denn gerade in unserem Falle, im Falle Herman Joachim, werden wir so recht an das menschliche Lebenskarma gewiesen. Und dieses Verständnis des menschlichen Lebenskarmas, die karmische Auffassung der großen Schicksalsfragen, es ist ja das einzige, was uns zurechtkommen läßt, wenn wir solchen Hinweggang in verhältnismäßig frühem menschlichem Lebensalter und aus solcher ernsten, notwendigen Lebensarbeit heraus, vor unserem Seelenauge sich vollziehen sehen.

Aber ein anderes mußte ich mir in diesen Tagen oftmals sagen beim Abschiednehmen von dem teuren Freunde, nachdem ich so Tag für Tag langsam die Seele aus den Regionen, wo sie so Wichtiges leisten sollte, hingehen gesehen habe in die anderen Regionen, wo wir sie suchen müssen durch die Kraft unseres Geistes, aus denen sie uns aber Helfer, Stärker und Kräftiger sein wird. Ich mußte denken: Alle die gewagten, alle die geistige Kräftigkeit von Menschen verlangenden Ideen der karmischen Notwendigkeit, sie stellen sich uns vor die Seele hin, wenn wir solchen Tod erleben. Wir müssen oftmals dann Dinge sagen, die eben nur innerhalb unserer Geistesbewegung gesagt werden können, aber innerhalb unserer Geistesbewegung dann auch der Menschenseele die große Kraft geben, die über Tod und Leben hinüberreicht, beide übergreift.

Lebendig steht vor mir Herman Joachims Seele. Lebendig sah ich sie drinnenstehen in einer aus vollster Freiheit heraus übernommenen geistigen Aufgabe. Lebendig sehe ich sie drinnenstehen in dem Ergreifen dieser Aufgabe. Dann erscheint mir der Tod dieser Seele wie etwas, was sie freiwillig übernimmt, weil sie aus einer anderen Welt heraus noch stärker, noch kräftiger, noch der Notwendigkeit angemessener, die Aufgabe übernehmen kann. Und fast könnte es solchen Ereignissen gegenüber zur Pflicht werden, auch von der Notwendigkeit des einzelnen Todes in ganz bestimmten Augenblicken zu sprechen. Ich weiß, nicht für alle Menschen kann dies ein Trost, ein stärkender Gedanke sein, den ich damit ausspreche. Aber ich weiß auch, daß es Seelen gibt, heute schon, welche sich an diesen Gedanken aufrichten können, gegenüber so manchem, was in unserer Zeit zu unserem tiefen Schmerze, zu unserem tiefen Leid besteht; dadurch besteht, daß wir sehen, wie es innerhalb der physischen Welt, innerhalb der materialistischen Strömungen, in denen wir im physischen Leibe verkörpert leben, so schwierig wird, die großen, notwendigen Aufgaben zu lösen. Da darf es schon auch ein Gedanke werden, der uns nach und nach aus dem Schmerz, aus der Trauer heraus lieb werden darf: daß einer wohl den Tod für den physischen Plan gewählt hat, um dann um so stärker seiner Aufgabe gerecht werden zu können. Messen wir diesen Gedanken an dem Schmerze, den unsere liebe Freundin, die Gattin Herman Joachims, nunmehr zu empfinden und durchzumachen hat, messen wir den Gedanken an unserem eigenen Schmerz um den lieben teuren Freund, und versuchen wir unseren Schmerz selber dadurch zu adeln, daß wir ihn hinstellen neben einen großen Gedanken, wie ich ihn eben ausgesprochen habe; welcher Gedanke zwar den Schmerz nicht zu mildern, nicht herabzulähmen braucht, welcher Gedanke aber in diesen Schmerz hineinstrahlen kann wie etwas, das aus der Sonne der menschlichen Erkenntnis heraus selber leuchtet und uns menschliche Notwendigkeiten und Schicksalsnotwendigkeiten zu durchdringen lehrt. In solchem Zusammenhange wird wirklich solch ein Ereignis für uns zu gleicher Zeit etwas, was uns in das rechte Verhältnis zur geistigen Welt zu bringen vermag.

Stärken wir uns an solchen Gedanken für die Hinneigungen, die wir entwickeln wollen, die Hinneigungen unserer seelischen Kräfte zu dem gegenwärtigen und künftigen Aufenthalte der teuren Seele, dann werden wir die Seele nimmer verlieren können, dann werden wir mit ihr tatkräftig verbunden sein. Und wenn wir die ganze Gewalt dieses Gedankens fassen: ein Mensch, der seine Umgebung lieben konnte wie wenige, der seinen Tod wohl auf sich genommen hat aus einer eisernen Notwendigkeit heraus – dann wird dieser ein unserer Weltanschauung würdiger Gedanke sein. Ehren wir so unsern lieben Freund, bleiben wir so mit ihm vereint. Diejenige, die als seine Lebensgefährtin hier zurückgeblieben ist, soll durch uns erfahren, daß wir mit ihr im Gedanken an den Teuren verbunden sein werden, daß wir ihr Freunde, Nahestehende bleiben wollen.

Meine lieben Freunde, Herman Joachims Tod hat sich im Grunde genommen angeschlossen an viele Verluste, die wir innerhalb unserer Gesellschaft in dieser schweren Zeit hatten. Über einen der schwersten Verluste habe ich nicht gesprochen bis jetzt, weil ich selber zu stark daran beteiligt bin und zuviel damit verloren habe, als daß dieses Verbundensein durch das persönliche Element mit dem Verluste mir gestatten würde, manche Seite dieses Verlustes zu berühren.

Eine größere Anzahl von Ihnen werden hier, in Liebe denke ich, sich unseres treuen Mitgliedes, unseres lieben Mitgliedes erinnern, der Schwester von Frau Dr. Steiner, *Olga von Sivers*, die wir auch in den letzten Monaten vom physischen Plan verloren haben. Gewiß, sie war nach außen hin nicht eine Persönlichkeit, welche in unmittelbaren, in gröberen greifbaren Wirkungen sich offenbaren konnte, eine Persönlichkeit, die durch und durch Bescheidenheit war. Aber, meine lieben Freunde, wenn ich von dem absehe, was für mich selber und für Frau Dr. Steiner ein schmerzlicher, ein unersetzlicher Verlust ist, wenn ich davon absehe, dies zu schildern, so darf ich doch gerade in diesem Falle auf das eine hinweisen: Olga von Sivers gehörte zu denjenigen unserer geistig Mitstrebenden, die vom Anfange an mit wärmster Seele gerade dasjenige aufgenommen haben, was der innerste Nerv unserer anthroposophisch orientierten Geisteswissenschaft ist. Diese anthroposophisch orientierte Geisteswissenschaft wurde von ihr aus tiefstem Verständnisse heraus und aus innerstem Verbundensein der Seele damit aufgenommen. Und Olga von Sivers war so geartet, daß sie, wenn sie derartiges aufnahm, es mit ihrem ganzen Wesen aufnahm. Und sie war ein ganzer Mensch. Das wußten diejenigen, die mit ihr verbunden waren. Sie war ebenso stark in ihrem Ablehnen alles desjenigen, was jetzt in mystisch-theosophischer Weise den Menschheitsfortschritt verunstaltet, was das spirituelle Leben auf allerlei Abwege bringt. Sie war stark in der Kraft des Unterscheidens zwischen demjenigen, was da als unserer Zeit gehörig sich in den Menschheitsfortschritt einleben will, für diesen wirken will, und zwischen demjenigen, was aus irgendwelchen anderen Impulsen und Beweggründen heraus sich jetzt auch als Theosophisches und dergleichen, als allerlei mystisches Streben hinstellt. Mit Bezug auf ursprüngliches Ergreifen derjenigen Wahrheit, nach der wir streben, kann gerade Olga von Sivers zu den allervorbildlichsten unserer Mitstrebenden gezählt werden. Und auch sie war nie auch nur im geringsten durch ihr Wesen dazu veranlagt, die Aufgaben ihres Lebens, des äußeren Lebens, des unmittelbaren Tageslebens, die für sie oftmals schweren Pflichten dieses unmittelbaren Tageslebens, auch nur im geringsten zu vernachlässigen, oder durch das volle, ungeteilte Sicheinleben in unsere spirituelle Bewegung sich diesen Pflichten auch nur im geringsten zu entziehen. Und was sie, ich darf sagen, mit vollem Verständnisse von Anfang an als Inhalt unserer Bewegung in ihre ganze Seele aufgenommen hat, das übertrug sie auf andere. Da, wo es ihr gegönnt war, unsere Lehre auf andere zu übertragen, unterwarf sie sich dieser Aufgabe auch in wahrhaft mustergültiger Weise, unterwarf sich ihr so, daß sie die Kraft der Ideen durch das Liebevolle, ungeheuer Wohlwollende ihres Wesens zu durchdringen wußte, um durch diese zwei Seiten auf die Menschheit zu wirken: die Kraft der Ideen – und die besondere durch ihre Persönlichkeit bewirkte Art, die Ideen zu übertragen.

So hat sie es gehalten, auch als jene Grenzen sie von uns trennten, die sich heute so furchtbar in das hineinstellen, was oftmals menschlich so nahe zusammengehört. Diese Grenzen hinderten sie nicht, für unsere Sache auch auf dem Gebiete zu wirken, das jetzt als Mitteleuropas Feindesland gerechnet wird. Schwere Erlebnisse standen vor ihrer Seele, alle Schauer dieses furchtbaren Krieges, in dem sie eine wahrhaft humanitäre Tätigkeit bis in ihre letzten Krankenwochen hinein entwickelt hat, niemals an sich denkend, immer für diejenigen wirkend, die ihr aus dem furchtbaren Ereignis dieses Krieges heraus anvertraut waren, im edelsten Sinne Samariterdienst entwickelnd, durchdringend diesen Samariterdienst mit dem, was ihr ganzes Sinnen und Trachten aus unserer spirituellen Bewegung heraus durchsetzte. Obzwar mir nahestehend, darf ich gerade diese Seite ihres Wesens aus bewegter Seele heraus mitteilen, dieses hingebenden und opferfreudigen Mitgliedes, das Olga von Sivers wohl seit dem Bestehen dieser Bewegung war. Es war ein lieber, schöner Gedanke für Frau Dr. Steiner und für mich, wenn einmal andere Zeiten, als unsere traurigen der Gegenwart, kommen werden, diese Persönlichkeit auch wiederum in unserer räumlichen Nähe haben zu können. Auch hier hat eine eherne Notwendigkeit anders entschieden.

Auch in diesem Falle ist der Tod etwas, was sich in unser Leben, wenn wir dieses Leben spirituell zu verstehen suchen, hineinstellt, klärend, erleuchtend dieses Leben. Gewiß, es ist viel einzuwenden gegen manches, was in unserer Gesellschaft waltet, was gerade unsere Gesellschaft zutage fördert. Aber, wir haben eben auch solches zu verzeichnen, haben solches vor unserer Seele, solches zu erleben, was als ein Schönstes, ein Höchstes, ein Bedeutungsvollstes gerade aus der Kraft, die durch die anthroposophische Bewegung durchdringt, um uns herum steht. Heute darf ich Ihnen von solchen Beispielen sprechen. Und manche von Ihnen werden sich wohl auch an ein Mitglied erinnern, das zwar nicht unserem Zweige angehörte, dessen ich aber gerade heute vielleicht doch gedenken darf, weil es auch in diesem Zweige im Kreise der Schwestern oftmals erschienen ist, von vielen hier gekannt, unsere *Johanna Arnold*, die vor kurzem von dem physischen Plan in die geistige Welt hinübergegangen ist. Ihre Schwester, die ein ebenso treu ergebenes Mitglied unserer Bewegung war, ist ihr vor zwei Jahren vorangegangen.

In diesen Tagen mußte ich bei der Ausarbeitung der Broschüre gegen einen gehässigen Angreifer unserer Bewegung, Professor Max Dessoir, immer wieder über die Stelle gleiten, daß ich kein Verhältnis zur Wissenschaft habe, und daß gar die Masse meiner Anhänger auf jede eigene Denktätigkeit vollständig verzichte. Nun, eine Persönlichkeit wie Johanna Arnold ist der lebendigste Beweis dafür, welche ungeheure Lüge in einem solchen Ausspruche eines professoralen Ignoranten liegt. Die Größe, die in der Art des Hinübergehens in die geistige Welt bei Johanna Arnold lag, aber auch die innere Größe ihres ganzen seelischen Ergebenseins der Geisteswissenschaft, sie sind wirklich lebendige Beweise dafür, als was diese Geisteswissenschaft von wertvollsten Menschen genommen wird. Johanna Arnolds Leben war ein solches, das dem Menschen Prüfungen auferlegt, das aber auch den Menschen stärkt und stählt. Es war aber auch ein solches, welches eine große Seele offenbart. Nicht nur, daß Johanna Arnold während der Zeit ihrer Zugehörigkeit zur anthroposophischen Bewegung ihrem Zweige und den Nachbarkreisen eine kräftige Stütze war, nicht nur, daß sie in der Rheingegend so schön wirkte, schön wirkte im Zusammenhange mit mancher anderen Persönlichkeit – aus deren Reihe ist eine auch vor kurzem in die geistige Region hinauf uns entrissen worden: Frau *Maud Künstler*, die Unvergessene, die so innig ganz mit unserer Bewegung Verbundene –, nicht nur, daß Johanna Arnold in ihrer Art seit ihrem Zusammenhange mit der anthroposophischen Bewegung wirkte, sondern sie offenbarte auch in diese Bewegung hinein selbst eine starke, kräftige Seele. Sieben Jahre war sie alt, da rettete sie der älteren Schwester, die dem Ertrinken nahe war, das Leben, mit edler Aufopferung und Mut, siebenjährig. Jahre verbrachte sie in England, und die Art, wie das Leben auf sie gewirkt hatte, zeigt, wie das Leben zwar zum großen Lehrmeister und auch zum Stärker und Kräftiger für die Seele wurde, aber auch zum Offenbarer alles dessen, was das Leben durchkraften kann, so daß sie offenbart, wonach sich die Seele als nach dem Göttlich-Geistigen eben sehnt. Johanna Arnold wurde durch ihre große kräftige Seele Wohltäterin in ihrer Umgebung für die Anthroposophen, denen sie Führer wurde; sie wurde uns ein lieber Freund, weil wir sehen konnten, welch starke Kraft durch sie innerhalb unserer Bewegung verankert war. Den Sinn dieser Zeit zu verstehen, zu verstehen, was eigentlich jetzt mit der Menschheit geschieht: wie oft stellte mir in den letzten Jahren, seit diese furchtbare Zeit hereingebrochen ist, gerade Johanna Arnold diese bedeutungsvolle Frage. Unausgesetzt beschäftigte sie die Idee: Was will denn eigentlich diese Zeit furchtbarster Prüfung mit den Menschengeschlechtern, und was können wir, jeder einzelne, tun, um diese Zeit der Prüfung in der rechten Weise durchzumachen? Kein Tagesereignis im Zusammenhange mit der großen Zeitbewegung ging gerade an Johanna Arnolds Seele unvermerkt vorüber. Aber sie konnte auch alles in die großen Zusammenhänge hineinstellen, und sie wußte sich auch alles in Zusammenhang zu bringen mit dem geistigen Entwickelungsgange der Menschheit überhaupt. Fichte, Schelling, Hegel, Robert Hamerling waren ihr eindringliches Studium, dem sie sich hingab, um die Geheimnisse des Menschendaseins zu enträtseln. Oh, es lebt vieles doch innerhalb unserer Bewegung, dessen werden wir bei einer solchen Gelegenheit inne, vieles, was Menschenleben, Menschenwirken, Menschenentwickelung vertieft. Und wenn irgend jemand ein lebendiger Beweis dafür ist, daß es eine frivole Lüge ist, daß innerhalb unserer Bewegung auf eigene Denkbarkeit verzichtet wird: Johanna Arnold ist ein solcher lebendiger Beweis und steht gerade durch ihre Kraft, ihre Hingebung, durch ihre Treue zur geisteswissenschaftlichen Bewegung und auch durch ihren Willen in ernster wissenschaftlicher Arbeit, in ernster Denkarbeit in die Geheimnisse der Menschheit einzudringen, vorbildlich vor denjenigen, die sie kennengelernt haben. Dankbar bin ich persönlich allen denjenigen, die dies in schöner Weise bei dem Heimgange unserer Freundin zum Ausdruck gebracht haben. Und die Schwester, die heute hier mit uns vereint ist und die beide Schwestern in so kurzer Zeit hat hingehen sehen, sie darf das Bewußtsein mitnehmen, daß wir, mit ihr in Gedanken verbunden, treu verbleiben wollen derjenigen, die von ihrer Seite aus der physischen Welt in die geistige Welt hinübergegangen ist, der wir nicht nur Erinnerung, sondern ein lebendiges Zusammensein mit ihr bewahren wollen.

Meine lieben Freunde, auch solche Betrachtungen, die unmittelbar an das anknüpfen, was uns ja wohl schmerzlich berührt, sie gehören zu dem Ganzen – ich darf sagen, indem ich alles Pedantische von dem Wort abstreife – unseres lebendigen Studiums. Wir sehen gerade in der Gegenwart manches auch hinsterben, von dem wir nicht in gleicher Art wissen, daß es ein geistiges Aufleben finden kann, wie wir das von der Menschenseele sagen. Wir sehen so manche Hoffnung, so manche Erwartung hinsterben. Nun könnte man vielleicht wohl sagen: Warum macht man sich, wenn man etwas klarer in den Gang der Menschheitsentwickelung hineinblickt, unberechtigte Hoffnungen, unberechtigte Erwartungen? Aber Hoffnungen und Erwartungen sind Kräfte, sind wirksame Kräfte. Wir müssen sie uns machen. Nicht deshalb, weil wir etwa fürchten, sie könnten sich nicht erfüllen, dürfen wir sie unterlassen, sondern wir müssen sie uns machen, weil sie, wenn wir sie hegen, ob sie sich nun erfüllen oder nicht, als Kräfte wirken, weil etwas aus ihnen wird. Aber wir müssen uns auch zurechtfinden, wenn zuweilen nichts aus ihnen wird.

GEBETE UND MEDITATIONSSPRÜCHE

Meine Liebe sei den Hüllen,
Die Dich jetzt umgeben –
Kühlend Deine Wärme,
Wärmend Deine Kälte –
Opfernd einverwoben!
Lebe liebgetragen,
Lichtbeschenkt, nach oben!

Meine Liebe sei Dir im Geistgebiet.
Lasse finden Deine Seele
Von meiner suchenden Seele.
Lasse lindern Deine Kälte
Und lindern Deine Wärme
Von meinem Denken Deines Wesens.
So seien wir verbunden,
Ich mit Dir
Und Du mit mir.

In Welten, wo weilet
Deines Wesens Seelenkern,
Schick ich Liebe Dir –
Zu kühlen Deine Wärme,
Zu wärmen Deine Kühle.
Und findest Du mich fühlend,
Will ich Dir stets nahe sein.

Es strebe zu Dir meiner Seele Liebe,
Es ströme zu Dir meiner Liebe Sinn.
Sie mögen Dich tragen,
Sie mögen Dich halten
In Hoffnungshöhen,
In Liebessphären.

Herzensliebe dringe zu Seelenliebe,
Liebewärme strahle zu Geisteslicht.
So nahe ich mich Dir,
Denkend mit Dir Geistgedanken,
Fühlend in Dir Weltenliebe,
Geistig-wollend durch Dich
Eins-Erleben seiend weben.

Gebet für die im Felde Stehenden

Die Ihr wachet über Erden-Seelen,
Die Ihr webet an den Erden-Seelen,
Geister, die Ihr über Menschenseelen schützend
Aus der Weltenweisheit liebend wirkt:
Höret unsre Bitte, schauet unsre Liebe,
Die mit Euren helfenden Kräftestrahlen sich
Einen möchten, geistergeben, liebesendend.

Gebet für die im Felde Gefallenen

Die Ihr wachet über Sphären-Seelen,
Die Ihr webet an den Sphären-Seelen,
Geister, die Ihr über Seelenmenschen schützend
Aus der Weltenweisheit liebend wirkt:
Höret unsre Bitte, schauet unsre Liebe,
Die mit Euren helfenden Kräfteströmen sich
Einen möchten, geisterahnend, liebestrahlend.

Der Tote spricht:

Im Leuchtenden,
Da fühle ich
Die Lebenskraft.
Der Tod hat mich
Vom Schlaf erweckt,
Vom Geistesschlaf.

Ich werde sein,
Und aus mir tun,
Was Leuchtekraft
In mir erstrahlt.

Beim Tode von Fritz Mitscher für seine Mutter

Durch des Todes Pforte will ich folgen
Treulich Deiner Seele in des Geistes
Lichterzeugende Zeitenorte,
Liebend Dir mildern Geisteskälte,
Wissend Dir ordnen Geisteslicht,
Denkend bei Dir will weilen ich,
Dämpfend Dir sengende Weltenwärme.

Meine Seele folge Dir in Geistgebiete,
Folge Dir mit jener Liebe,
Die sie hegen durfte im Erdgebiete,
Als mein Auge Dich noch schaute,
Lindre Dir Wärme, lindre Dir Kälte,
Und so leben wir vereint
Ungetrennt durch Geistestore.

Der Mutter beim Tode ihres im Kriege gefallenen Sohnes

    Göttliches in meiner Seele,
    Dir will ich Raum geben
    In meinem bewußten Wesen:
    Du bindest mich an alles,
    Was Schicksalsmacht mir zugebracht,
    Du lösest mich nimmer
    Von dem, was zu lieben
    Du mir geschenkt:
    Dein Geist wachet über das Meine,
    Denn es ist auch das Deine:
    So will ich wachen mit dir,
    Durch dich, in dir,
    Was du beschlossen mit dem Deinen.
    Ich will stark sein, zu erkennen,
    Daß es Weisheit sei.

Unsre Liebe folge Dir,
Seele, die da lebt im Geist,
Die ihr Erdenleben schaut;
Schauend sich als Geist erkennt.
Und was Dir im Seelenland
Denkend als Dein Selbst erscheint,
Nehme unsre Liebe hin,
Auf daß wir in Dir uns fühlen,
Du in unsrer Seele findest,
Was mit Dir in Treue lebet.

In Geistgefilde will ich senden
Die treue Liebe, die wir fanden,
Um Seele der Seele zu verbinden.
Du sollst mein Denken liebend finden,
Wenn aus des Geistes lichten Landen
Du suchend wirst die Seele wenden,
Zu schauen, was in mir Du suchest.

In Weltenweiten will ich tragen
Mein fühlend Herz, dass warm es werde
Im Feuer heil'gen Kräftewirkens;

In Weltgedanken will ich weben
Das eigne Denken, dass klar es werde
Im Licht des ew'gen Werde-Lebens;

In Seelengründe will ich tauchen
Ergeb'nes Sinnen, dass stark es werde
Für Menschenwirkens wahre Ziele;

In Gottes Ruhe streb' ich so
Mit Lebenskämpfen und mit Sorgen,
Mein Selbst zum höhern Selbst bereitend;

Nach arbeitfreud'gem Frieden trachtend,
Erahnend Welten-Sein im Eigensein,
Möcht' ich die Menschenpflicht erfüllen.

Erwartend leben darf ich dann
Entgegen meinem Schicksalsterne,
Der mir im Geistgebiet den Ort erteilt.

Für Lina Grosheintz-Rohrer, 10. Januar 1915

Im Lichte der Weltgedanken,
Da webet die Seele, die
Vereint mit mir auf Erden.

Ich schaue auf Dich in der geistigen Welt,
In der Du bist.
Meine Liebe lindre Deine Wärme,
Meine Liebe lindre Deine Kälte.
Sie dringe zu Dir
Und helfe Dir,
Zu finden den Weg
Durch des Geistes Dunkel
In des Geistes Licht.

Meines Herzens warmes Leben,
Es ströme zu Deiner Seele hin,
Zu wärmen Deine Kälte,
Zu sänftigen Deine Hitze.
In den Geisteswelten
Mögen leben meine Gedanken in Deinen,
Und Deine Gedanken in meinen.

In Menschenseelen will ich senken
Das Geistgefühl, dass willig es
Das Osterwort in Herzen wecke;

Mit Menschengeistern will ich denken
Die Seelenwärme, dass kräftig sie
Den Auferstand'nen fühlen können;

Es leuchtet hell dem Todesscheine
Des Geisteswissens Erdenflamme;
Das Selbst wird Welten-Aug und Ohr.

Für Lina Grosheintz-Rohrer, Ostern 1915

In lichten Höhen,
Wo sonnenglitzernd
Die freundlichen Libellen
Verflatternd Wärmestrahlen
Dem Lebensraum vermählen,
Verweile du, meine Seele:
Sie weben mein gedenkend
Aus Trauer Kraft;
Schon fühle ich,
Wie sie mich fühlen;
Wie sie erwarmend
Mich durchdringend strömen;
Der Geist schmilzt
Im Weltenweben
Die Erdenschwere
Zu Zukunftlicht.

Ich bin als Seele nicht auf der Erde,
    sondern nur in Wasser, Luft und Feuer;

In meinem Feuer bin ich in den Planeten und der Sonne.

In meinem Sonnensein bin ich der Fixsternhimmel.

Ich bin als Seele nicht auf der Erde,
    sondern in Licht, Wort und Leben.

In meinem Leben bin ich im Innern
    des planetarischen- und Sonnenseins:
    im Geiste der Weisheit.

In meinem Weisheitsein bin ich in dem Geist der Liebe.

In memoriam

I

Es strebt die Seele mitzuklingen
Mit jenen Geistes-Äthertönen,
In denen weben die Wesen,
Von deren Willenskräften
Ihr irdisch Dasein den Sinn erhält.
Und oft durchrüttelt als Leid
Des Menschen physisch Sein,
Was geistig in seines Wesens Tiefen
Zusammen ihn schließt mit Geisteswesenheit.
So war's mit dieser Seele –
Sie klang in ihrem Innern
Mit Geistes-Ätherklängen mit;
Sie wird Geduld und friedevolle Ruh'
Auf ihrem Wege sicher finden,
Auf daß sie auch mit innrem Ohre
Vernehme, was sie klingt.

Wenn ruhevolles Ergeben
Die Seele durchdringt,
Dann ist der Weg bereitet,
Den Geistes-Macht im Menschen-Innern
Durch Seelenprüfung schreitet.

In memoriam

II

Du standest im Leben
Mit einem Seelengehalt,
Der wärmend und leuchtend
Die andern Seelen ergriff.

Dir strahlte die Freude,
Wenn Freuden Du konntest
Erwecken in andern,
Die freudlos Dir nahten.

Die sorgenden Herzen,
Die zogest Du zu Dir,
Und ihre Sorge zu lindern
Dir ward es zur Sorge.

Du ruhtest fest in Dir
Und konntest festigen,
Die Lebensschutz und Stütze
Bei Dir suchen wollten.

Wer Dir entgegentrat,
Ihm mußte Deines Wesens Schlichtheit
Im Innersten der Seele
Des Menschen Wert verkünden.

Was Du sprachest,
War so sonnenhaft,
Weil Du in Helle
Des sonnigen Herzen lebtest.

Du suchtest das Geisteswissen,
Weil Dir sein Licht
Im Innern leuchtend lebte
Und Licht zum Lichte strebte.

In schöne Würde war
Dein Leben eingetaucht,
Dein Wandel weltgetreu,
Dein Streben geistergeben.

Von lichter Klarheit war
Dein Sterben schön umflossen,
Vertrauensvoll dem Geisterland
Die starke Seele zugewandt.

Von Lebenden schiedest Du
In Schmerzen Abschied nehmend,
Dem toten Sohne wandtest Du
Die scheidende Seele grüßend zu.

Uns lässest Du in Trauer
An Deiner Bahre stehen;
«Ich bin bei Euch», so hören wir
Den Geistesruf, «und Ihr bei mir.»

Wir scheiden nicht von Dir,
Wir fühlen Dich in uns
Und leben Dir verbunden –

Beim Tode eines Schülers

In künftiges Erdenleben
Dich kräftig einzuführen,
Warst Du uns übergeben
Durch Deiner Eltern Willen.

Im Schmerz an des Todes Pforte
Zu sprechen vermögen allein
Die seelenbeflügelten Worte,
Die dem reifenden Leben bestimmt.

So nimm statt der Schule Lenken
Für irdisches Tun und Leben
Der Lehrer liebend Gedenken
Hinüber in jenes Geistessein,

Wo die Seele umwebet
Der Ewigkeit helles Licht,
Und der Geist erlebet
Das Gottes-Willens-Ziel.

Für Georga Wiese

Trennen kann keine Schranke,
Was im Geist vereint bewahrt
Das lichterglänzende
Und liebestrahlende
Ew'ge Seelenband.

So bin ich in Eurem Gedenken,
So seid Ihr in meinem.

NAMENVERZEICHNIS

Aldinger, Maria	53
Aluigi, Brizio	73
Arnold, Johanna	334
Asch, Dr. Max	62
Barth, Herr	209
Bauernfeind, Georg	68
Baumberger, Erwin	64
Bergh, Augusta	73
Bittmann, Julius	70
Bolze, Hugo	67
Bontemps, Frau	66
Brand, Klara	66
Brockdorff, Sophie, Gräfin von	47, 50
Cohen, Frau	53
Colazza, Sibyl	116
Dam-Nieuwenhuisen, Frau van	70
Dieterle, Christian	63
Dieterle, Pauline	205, 209
Doser, Margarete	51
Duttenhofer, Luise	71
Eckle, Wilhelm	64
Eggert, Edmund	70
Eggert, Frieda	50
Ellrich, Leo	67
Erwin-Blöcker, Fräulein	68
Etwein, Emmy	73
Eyselein, Friedrich	52
Fähndrich, Frau	53
Faiss, Albert	103
Faiss, Theo	101
Ferreri, Charlotte	296
Flamme, Otto	72
Frenzel, Frau	57
Gesterding, Karl	64
Göring, Frau Major	64
Grafton, Admiral E. H.	317
Grosheintz-Rohrer, Lina	108, 330, 331
Hahn, Marie	218, 220
Hamann, Georg	64
Harrold, E.	73
Herbst, Frau Major	68
Hiltbold, Gottlieb	67
Hippenmeyer, Jenny	61
Hoffmann, Baronin E. von	69
Hoffmann, Baron Oskar von	321
Hoffstetten, Rosa von	52
Holm, Mia	65
Huschke, Hilda	51
Huschke, Otto	51
Ifftner, Sophie	70
Jaager, Jacques de	186, 195
Joachim, Herman	325
Keller, Josef	63
Knebel, Hedwig von	57
Knott, Jakob	71
Kollnberger, Georg	72
Kramer, Dr. Ernst	183
Kramer, Richard	130
Krug, Walter	64
Kurze, Frieda	70
Leyh, Marie	225
Lichtenberg, Nelly	257
Lille, Harald	239, 240
Linde, Hermann	263, 269
Lindemann, Ludwig	61
Lindl, Frau	64
Ludwig, Josef	186
Maier, Elisabeth	259
Marty, Frau	68
Maryon, Edith	296, 308
Meakin, Nevill	68
Minuth, Georg Wilh.	56
Mitscher, Fritz	122, 326
Mitscher, Heinrich	213
Moltke, Helmuth Graf von	322
Morgenstern, Christian	24, 76, 84
Mössner, Wilhelmine	64
Motzkus, Gertrud	203
Munch, Thekla	72
Neumann, Julie	73
Noß, Gertrud	132
Peelen, Johanna	234
Pitschner, Ernst	63

Rademann, Johannes	64
Rebstein, Edmund	64
Rettich, Clara	209
Riebensahm, Anna	180, 182
Rösel, Lucia	67
Rothenstein, Frau	53
Russenberger, Fanny	64
Sellin, Caroline	56
Silbermann, Frau	64
Sivers-Baum, Caroline von	74
Sivers, Olga von	213, 332
Schellbach, Hans	67
Schewitsch, Helene von	64
Schmid, Marie von	72
Schleutermann, Lina	256
Schuchardt, Agnes	50
Schwarz, Lina	53
Schwarze, Karl	64

Stephan, Georg	64
Stinde, Sophie	150, 153, 162, 172, 197
Stockmeyer, Hilde	58
Strauch-Spettini, Maria von	40
Terwiel, Herr	320
Tschudy, Jacques	56
Vockroth, Wilhelm	67
Vrba, Franz	51
Wagner, Amalie	55
Waller, Oda	22, 71
Wiese, Georga	282, 283, 337
Wilhelm, Caroline	248, 249
Wilson, Ada M.	183
Wirschmidt, Herr	50
Zalbin, Eduard	71
Ziegler, Anna	231

HINWEISE

Von den in diesem Buch veröffentlichten Ansprachen, die Rudolf Steiner beim Hinscheiden zahlreicher Mitglieder der Anthroposophischen bzw. Theosophischen Gesellschaft gehalten hat, ist bisher nur ein kleiner Teil gedruckt worden. Frau Marie Steiner hat 1935, zum zehnten Todestage von Rudolf Steiner, eine Auswahl von solchen Gedenkworten in den Publikationen «Rudolf Steiner und unsere Toten» und «Christian Morgenstern, der Sieg des Lebens über den Tod» zusammengefaßt und später, 1945, zum dreißigsten Todestag von Sophie Stinde einen Gedächtnisband für deren Wirken herausgegeben.

Die folgenden Worte schrieb sie im Vorwort zu «Rudolf Steiner und unsere Toten»:

«Der seit zehn Jahren schon unsern physischen Plan verlassen hat, der aber durch seine Taten und sein Wort unter uns weiter lebt, als ob er noch hier wirkte, dessen liebevoller, sinnender, ruhig-feuriger oder schmerzerfüllter Blick noch immer uns stärkt, mahnt, anspornt oder straft, je nachdem wir unsere Pflichten der Menschheit und der Wahrheit gegenüber erfüllen, dessen gütige Handbewegung und gestaltenformende Handfertigkeit im weiten Umkreis segenspendende Kraft verlieh und schöpferischen Reichtum ausströmte, so daß diese Geistessaat sich in den Seelen regt und keimt und blüht und viele schöne Früchte schon gezeigt hat, er hat uns auch gelehrt den Tod empfinden als das Tor zu einem neuen Leben, zum wahren Leben, das aber seine Bedeutung und seine Färbung erhält durch die Art des hier vollführten Erdenwandels. Er hat uns die Wege gewiesen, die zu einer lebendigen Verbindung mit den Abgeschiedenen führen können, hat uns ahnen lassen, was sie von geistigen Welten aus für uns bewirken können, welchen Anteil ihr geistiges Seelensein an den Geschicken der Erde nimmt. So sind sie uns ferne-nah, umgeben uns spürbar, wenn wir uns der Geschäftigkeit der Erde zu entreißen vermögen. Der grausigste Stachel des Todes ist, durch Rudolf Steiner, für uns verschwunden. Wir wissen uns vereint und nicht getrennt von denen, die mit uns die Wege der Seele gewandelt.

In vielen Vorträgen liegt dasjenige vor, was uns im kosmischen wie auch im Menschheitssinne Aufschluß gibt über das Leben der Toten. Ein verborgenes Dasein haben bis jetzt jene Ansprachen geführt, die Rudolf Steiner zu den Feuerbestattungen so mancher lieben Mitglieder gehalten hat. Gewiß, sie hatten einen mehr privaten Charakter und waren für die Gemeinde der Verwandten und Freunde bestimmt. Aber einige von ihnen haben eine für alle gültige Bedeutung, sind sozusagen in ihrem Geiste an die gesamte Mitgliedschaft gerichtet. Und einiges von dem so Gesprochenen soll nun allen helfen können.

Dr. Steiner pflegte bei den Ansprachen, die er auf Bitten der Angehörigen bei der Bestattung der Hingegangenen hielt, die Essenz dessen, was er hatte sagen können, zusammenzufassen in einigen rhythmisch gebundenen Worten, die sich der Seele einprägen und die Verbindung mit der nun von der andern Seite her herunterschauenden Seele herstellen. Manchmal aber waren durch sein inniges Sichverbindenkönnen die Worte wie aus der Seele des Verstorbenen heraus gesprochen. Solche Worte haben eine besondere Durchsichtigkeit und Zartheit. Sie sind durchdrungen von der Seelenstimmung des Dahingegangenen, von dem, was er in diesen Augenblicken der Rückschau erlebt. Und sie sind verklärt durch das, was in der Seele Rudolf Steiners selber lebt. Ganz besonders die Worte, die er bei der Kremation unserer Freundin Georga Wiese sprach, von der man sagen kann, daß ihr Karma sie aus dem fernen Norwegen heruntergesandt hat, um, für alle unerwartet, während der Weihnachtstagung [1923] hier einen Unfall zu erleiden und unmittelbar danach zu sterben. Diese aus ihrer Seele heraus gesprochenen Worte sind wie von seiner eigenen Seele an uns gerichtet: er hätte sie so geben können zu seinem eigenen Gedächtnis. Es ist eine eigentümliche Abendmahlsstimmung in ihnen, ein Abschiednehmen, Sich-Loslösen von der Erde. Und so war es ja. Er hat es uns selbst gesagt: er hatte in den letzten zwei Jahren die Verbindung mit dem Erdenleibe nicht mehr genügend aufrecht erhalten, genügend beachtet, während sein Geist für uns die ewigen Wahrheiten herunterholte, die in so erschütternder Überfülle in diesen letzten Jahren uns gespendet wurden.

Die erste Bestattung innerhalb der anthroposophischen Gemeinschaft, an der er auf Bitten der Angehörigen selbst aktiv teilnahm, war die der noch jungen Oda Waller im März 1913, einer ungemein zarten, tief schönen, aber dem Leben wie erschreckt abwehrend gegenüberstehenden Seele. Sie hat sich nie mit dem Leben ganz verbinden können und fand erst in der Anthroposophie den innern Halt, der sie mit dieser ihr schon entgleitenden Erde versöhnte.

Die erste Bestattung in Basel, der so viele andere gefolgt sind, war die von Christian Morgenstern, der uns am 31. März 1914 verließ. Der Wunsch, den Dichter noch lange schöpferisch wirksam unter uns zu sehen, hat nicht Erfüllung werden dürfen. Seine Kremation erlebten wir am 4. April. Rudolf Steiner sprach die tief ergreifenden Gedächtnisworte, von denen eine Nachschrift leider nicht vorhanden ist. Doch berichtete er im Mitgliederkreise zu Wien am 10. April darüber.

Was Rudolf Steiner selbst am Kriege erlebte, findet seinen Niederschlag auch in den Gebeten für die im Felde Stehenden und im Felde Gefallenen, die vor und nach jeder Zweig-Versammlung in Deutschland von ihm gesprochen wurden alle vier Schreckensjahre hindurch... Worte, die auch jetzt ihre Bedeutung haben für die Seelenhaltung, die er sich bei den tätigen Mitgliedern der Anthroposophischen Gesellschaft wünschte, hat er insbesondere zur Bestattung von Sophie Stinde gesprochen. Er nannte ihre Art des Wirkens ein vorbildliches, das eine bleibende Bedeutung für den Fortgang unserer Bewegung hat. So sollen sie hier festgehalten werden. Unter ein Reliefbild, das er selbst von ihr [Sommer 1918] gemacht hatte, finden wir die Worte eingraviert:

> Nach dem Lichte strebte ihr Sinn
> aus der Liebe wirkte ihr Herz.»

Im Rahmen der Gesamtausgabe lag die Aufgabe vor, nach Möglichkeit alle Ansprachen, welche Rudolf Steiner entweder am Grabe oder bei der Kremation des Verstorbenen oder auch in den Zweigen zur Erinnerung an verstorbene Mitglieder hielt, zu vereinigen. Das ist mit Ausnahme von Gedenkworten, welche innerhalb von Vorträgen oder Vortragsreihen gesprochen wurden und oftmals Wiederholungen von bereits an anderen Orten Ausgeführtem darstellen, geschehen. Auch wurden die Ansprachen, welche Rudolf Steiner anläßlich von Generalversammlungen hielt und die von Mathilde Scholl in den «Mitteilungen der Deutschen Sektion der Theosophischen Gesellschaft» erschienen sind, hier wiederum abgedruckt.

Die von Rudolf Steiner in Kassel am 9. und 10. Mai 1914 gehaltenen Vorträge über «Das Hereinragen der geistigen Welt in die physische» sind ungekürzt dem Bande als Einleitung vorangestellt worden.

Textgrundlagen:
Der Wortlaut wurde vor allem bei den Ansprachen möglichst beibehalten, doch lagen zum Teil gekürzte oder mangelhafte Nachschriften vor, was zu berücksichtigen ist. Der Teil «Gebete und Meditationssprüche» konnte durch einiges, was sich noch im Nachlaß gefunden hat, erweitert werden. Die Sprüche wurden, soweit sie im Original vorlagen, mit diesem verglichen. Zur Orientierung ist dem Band ein Namenverzeichnis beigefügt worden. Der Versuch, biographische Daten aller erwähnten Mitglieder aufzufinden, ist bis jetzt noch nicht durchführbar gewesen.

Zu Seite

24 *ein...von uns gegangenes Mitglied:* Christian Morgenstern, der am 31. März 1914 gestorben war.

37 *zur schriftlichen Darstellung:* Es handelt sich um die ersten Aufsätze, die Rudolf Steiner 1882 oder 1883 verfaßte: Goethe und Shakespeare, eine Parallele; Lessing. Die Aufsätze erschienen im II./III. Jahrgang der «Freien Schlesischen Presse», Troppau. Alle Bemühungen, diese Arbeiten aufzufinden, sind aber bis zur Stunde ohne Erfolg geblieben.

40 *eine für die Geisteswissenschaft außerordentlich begeisterte Persönlichkeit:* Maria von Strauch-Spettini. Siehe «Aus dem Leben von Marie Steiner-von Sivers», III. Dornach 1956.

45 *heute morgen:* Gedächtnisfeier für Christian Morgenstern.

45 *Fichte:* Die Bestimmung des Menschen. Drittes Buch. Glaube. «Nicht erst, nachdem ich aus dem Zusammenhange der irdischen Welt gerissen sein werde, werde ich den Eintritt in die überirdische erhalten; ich bin und lebe schon jetzt in ihr, weit wahrer, als in der irdischen; schon jetzt ist sie mein einziger fester Standpunkt, und das ewige Leben, das ich schon längst in Besitz genommen, ist der einzige Grund, warum ich das irdische noch fortführen mag. Das, was sie Himmel nennen, liegt nicht jenseits des Grabes; es ist schon hier um unsere Natur verbreitet, und sein Licht geht in jedem reinen Herzen auf.» – Der öffentliche Vortrag fand am 8. Mai 1914 statt mit dem Titel: «Wie findet die Seele ihre wahre Wesenheit?» (Noch nicht gedruckt).

47 *eine Dame:* Fräulein Adele Schwiebs.

65 *angesichts der Schwierigkeiten unserer Verhandlungen:* Der Ausschluß der Deutschen Sektion aus der Theosophischen Gesellschaft.

75 *Heinrich Zschokke,* 1771–1848. «Stunden der Andacht zur Beförderung wahren Christentums und häuslicher Gottesverehrung»: Sehnsucht nach dem Schauen des Unsichtbaren.

101 Die Trauerrede am Grabe von Theo Faiss ist nicht erhalten geblieben. Vgl. Vortrag Berlin, 22. Februar 1915, in «Menschenschicksale und Völkerschicksale», Gesamtausgabe Bibl.-Nr. 157.

103 *am Grabe des teuren Kindes:* Siehe Hinweis zu S. 101.

109/115 *Schicksalsterne:* Über die Veränderung des Wortes «Seelensterne» in «Schicksalsterne» vgl. Vortrag vom 22. Februar 1915.

116 Siehe Vortrag: Hinweis zu S. 101.

122 Siehe Vortrag: Hinweis zu S. 101.

132 *gestern:* Die Ansprache ist nicht erhalten geblieben.

147 *Friedrich Rückert:* Agnes' Totenfeier.

203 *ihrer treuen Freundin:* Anna Riebensahm. Nachruf S. 180.

219 *in Basel:* Donnerstag, 11. Januar 1906, «Darwinismus und Theosophie».

243 *Pflegestätte:* In Arlesheim.

256 Der Grabstein, auch derjenige für Frau Marie Hahn, wurde nach einem Modell Rudolf Steiners, das sich nicht erhalten hat, angefertigt. Er trug die von Rudolf Steiner angegebenen Worte: Deiner Seele folgen liebe, treue Gedanken ins Geistgebiet.

264 *drei Epochen:* Siehe «Die Geschichte und die Bedingungen der anthroposophischen Bewegung im Verhältnis zur Anthroposophischen Gesellschaft», Gesamtausgabe Bibl.-Nr. 258.

310 Dr. med. Robert W. Felkin behandelte Miss Maryon 1914 in London.

332 *Im Leuchtenden:* Siehe Hinweis zu S. 101, Vortrag Berlin, 2. März 1915. Dornach 1960, Gesamtausgabe.

339 *In memoriam:* Aus dem Nachlaß.

ÜBER DIE VORTRAGSNACHSCHRIFTEN

*Aus Rudolf Steiners Autobiographie
«Mein Lebensgang» (35. Kap., 1925)*

Es liegen nun aus meinem anthroposophischen Wirken zwei Ergebnisse vor; erstens meine vor aller Welt veröffentlichten Bücher, zweitens eine große Reihe von Kursen, die zunächst als Privatdruck gedacht und verkäuflich nur an Mitglieder der Theosophischen (später Anthroposophischen) Gesellschaft sein sollten. Es waren dies Nachschriften, die bei den Vorträgen mehr oder weniger gut gemacht worden sind und die – wegen mangelnder Zeit – nicht von mir korrigiert werden konnten. Mir wäre es am liebsten gewesen, wenn mündlich gesprochenes Wort mündlich gesprochenes Wort geblieben wäre. Aber die Mitglieder wollten den Privatdruck der Kurse. Und so kam er zustande. Hätte ich Zeit gehabt, die Dinge zu korrigieren, so hätte vom Anfange an die Einschränkung «Nur für Mitglieder» nicht zu bestehen gebraucht. Jetzt ist sie seit mehr als einem Jahre ja fallen gelassen.

Hier in meinem «Lebensgang» ist notwendig, vor allem zu sagen, wie sich die beiden: meine veröffentlichten Bücher und diese Privatdrucke in das einfügen, was ich als Anthroposophie ausarbeitete.

Wer mein eigenes inneres Ringen und Arbeiten für das Hinstellen der Anthroposophie vor das Bewußtsein der gegenwärtigen Zeit verfolgen will, der muß das anhand der allgemein veröffentlichten Schriften tun. In ihnen setzte ich mich auch mit alle dem auseinander, was an Erkenntnisstreben in der Zeit vorhanden ist. Da ist gegeben, was sich mir in «geistigem Schauen» immer mehr gestaltete, was zum Gebäude der Anthroposophie – allerdings in vieler Hinsicht in unvollkommener Art – wurde.

Neben diese Forderung, die «Anthroposophie» aufzubauen und dabei nur dem zu dienen, was sich ergab, wenn man Mitteilungen aus der Geist-Welt der allgemeinen Bildungswelt von heute zu übergeben hat, trat nun aber die andere, auch dem voll entgegenzukommen, was aus der Mitgliedschaft heraus als Seelenbedürfnis, als Geistessehnsucht sich offenbarte.

Da war vor allem eine starke Neigung vorhanden, die Evangelien und den Schrift-Inhalt der Bibel überhaupt in dem Lichte dargestellt zu hören, das sich als das anthroposophische ergeben hatte. Man wollte in Kursen über diese der Menschheit gegebenen Offenbarungen hören.

Indem interne Vortragskurse im Sinne dieser Forderung gehalten wurden, kam dazu noch ein anderes. Bei diesen Vorträgen waren nur Mitglieder. Sie waren mit den Anfangs-Mitteilungen aus Anthroposophie bekannt. Man konnte zu ihnen eben so sprechen, wie zu Vorgeschrittenen auf dem

Gebiete der Anthroposophie. Die Haltung dieser internen Vorträge war eine solche, wie sie eben in Schriften nicht sein konnte, die ganz für die Öffentlichkeit bestimmt waren.

Ich durfte in internen Kreisen in einer Art über Dinge sprechen, die ich für die öffentliche Darstellung, wenn sie für sie von Anfang an bestimmt gewesen wären, hätte anders gestalten *müssen*.

So liegt in der Zweiheit, den öffentlichen und den privaten Schriften, in der Tat etwas vor, das aus zwei verschiedenen Untergründen stammt. Die ganz öffentlichen Schriften sind das Ergebnis dessen, was in mir rang und arbeitete; in den Privatdrucken ringt und arbeitet die Gesellschaft mit. Ich höre auf die Schwingungen im Seelenleben der Mitgliedschaft, und in meinem lebendigen Drinnenleben in dem, was ich da höre, entsteht die Haltung der Vorträge.

Es ist nirgends auch nur in geringstem Maße etwas gesagt, was nicht reinstes Ergebnis der sich aufbauenden Anthroposophie wäre. Von irgend einer Konzession an Vorurteile oder Vorempfindungen der Mitgliedschaft kann nicht die Rede sein. Wer diese Privatdrucke liest, kann sie im vollsten Sinne eben als das nehmen, was Anthroposophie zu sagen hat. Deshalb konnte ja auch ohne Bedenken, als die Anklagen nach dieser Richtung zu drängend wurden, von der Einrichtung abgegangen werden, diese Drucke nur im Kreise der Mitgliedschaft zu verbreiten. Es wird eben nur hingenommen werden müssen, daß in den von mir nicht nachgesehenen Vorlagen sich Fehlerhaftes findet.

Ein Urteil über den Inhalt eines solchen Privatdruckes wird ja allerdings nur demjenigen zugestanden werden können, der kennt, was als Urteils-Voraussetzung angenommen wird. Und das ist für die allermeisten dieser Drucke *mindestens* die anthroposophische Erkenntnis des Menschen, des Kosmos, insofern sein Wesen in der Anthroposophie dargestellt wird, und dessen, was als «anthroposophische Geschichte» in den Mitteilungen aus der Geist-Welt sich findet.

RUDOLF STEINER GESAMTAUSGABE

Gliederung nach: Rudolf Steiner – Das literarische
und künstlerische Werk. Eine bibliographische Übersicht
(Bibliographie-Nrn. *kursiv* in Klammern)

A. SCHRIFTEN

I. Werke

Goethes Naturwissenschaftliche Schriften, eingeleitet und kommentiert von R. Steiner, 5 Bände, 1883–97, Neuausgabe 1975 *(1a-e);* separate Ausgabe der Einleitungen, 1925 *(1)*
Grundlinien einer Erkenntnistheorie der Goetheschen Weltanschauung, 1886 *(2)*
Wahrheit und Wissenschaft. Vorspiel einer «Philosophie der Freiheit», 1892 *(3)*
Die Philosophie der Freiheit. Grundzüge einer modernen Weltanschauung. 1894 *(4)*
Friedrich Nietzsche, ein Kämpfer gegen seine Zeit, 1895 *(5)*
Goethes Weltanschauung, 1897 *(6)*
Die Mystik im Aufgange des neuzeitlichen Geisteslebens und ihr Verhältnis zur modernen Weltanschauung, 1901 *(7)*
Das Christentum als mystische Tatsache und die Mysterien des Altertums, 1902 *(8)*
Theosophie. Einführung in übersinnliche Welterkenntnis und Menschenbestimmung, 1904 *(9)*
Wie erlangt man Erkenntnisse der höheren Welten? 1904/05 *(10)*
Aus der Akasha-Chronik, 1904–08 *(11)*
Die Stufen der höheren Erkenntnis, 1905–08 *(12)*
Die Geheimwissenschaft im Umriß, 1910 *(13)*
Vier Mysteriendramen: Die Pforte der Einweihung – Die Prüfung der Seele – Der Hüter der Schwelle – Der Seelen Erwachen, 1910–13 *(14)*
Die geistige Führung des Menschen und der Menschheit, 1911 *(15)*
Anthroposophischer Seelenkalender, 1912 *(in 40)*
Ein Weg zur Selbsterkenntnis des Menschen, 1912 *(16)*
Die Schwelle der geistigen Welt, 1913 *(17)*
Die Rätsel der Philosophie in ihrer Geschichte als Umriß dargestellt, 1914 *(18)*
Vom Menschenrätsel, 1916 *(20)*
Von Seelenrätseln, 1917 *(21)*
Goethes Geistesart in ihrer Offenbarung durch seinen Faust und durch das Märchen von der Schlange und der Lilie, 1918 *(22)*
Die Kernpunkte der sozialen Frage in den Lebensnotwendigkeiten der Gegenwart und Zukunft, 1919 *(23)*
Aufsätze über die Dreigliederung des sozialen Organismus und zur Zeitlage, 1915–1921 *(24)*
Kosmologie, Religion und Philosophie, 1922 *(25)*
Anthroposophische Leitsätze, 1924/25 *(26)*
Grundlegendes für eine Erweiterung der Heilkunst nach geisteswissenschaftlichen Erkenntnissen, 1925. Von Dr. R. Steiner und Dr. I. Wegmann *(27)*
Mein Lebensgang, 1923–25 *(28)*

II. Gesammelte Aufsätze
Aufsätze zur Dramaturgie 1889–1901 *(29)* – Methodische Grundlagen der Anthroposophie 1884–1901 *(30)* – Aufsätze zur Kultur- und Zeitgeschichte 1887–1901 *(31)* – Aufsätze zur Literatur 1886–1902 *(32)* – Biographien und biographische Skizzen 1894–1905 *(33)* – Aufsätze aus «Lucifer-Gnosis» 1903–1908 *(34)* – Philosophie und Anthroposophie 1904–1918 *(35)* – Aufsätze aus «Das Goetheanum» 1921–1925 *(36)*

III. Veröffentlichungen aus dem Nachlaß
Briefe – Wahrspruchworte – Bühnenbearbeitungen – Entwürfe zu den Vier Mysteriendramen 1910–1913 – Anthroposophie. Ein Fragment aus dem Jahre 1910 – Gesammelte Skizzen und Fragmente – Aus Notizbüchern und -blättern – *(38–47)*

B. DAS VORTRAGSWERK

I. Öffentliche Vorträge
Die Berliner öffentlichen Vortragsreihen, 1903/04 bis 1917/18 *(51–67)* – Öffentliche Vorträge, Vortragsreihen und Hochschulkurse an anderen Orten Europas 1906–1924 *(68–84)*

II. Vorträge vor Mitgliedern der Anthroposophischen Gesellschaft
Vorträge und Vortragszyklen allgemein-anthroposophischen Inhalts – Christologie und Evangelien-Betrachtungen – Geisteswissenschaftliche Menschenkunde – Kosmische und menschliche Geschichte – Die geistigen Hintergründe der sozialen Frage – Der Mensch in seinem Zusammenhang mit dem Kosmos – Karma-Betrachtungen – *(91–244)*
Vorträge und Schriften zur Geschichte der anthroposophischen Bewegung und der Anthroposophischen Gesellschaft *(251–263)*

III. Vorträge und Kurse zu einzelnen Lebensgebieten
Vorträge über Kunst: Allgemein-Künstlerisches – Eurythmie – Sprachgestaltung und Dramatische Kunst – Musik – Bildende Künste – Kunstgeschichte – *(271–292)* – Vorträge über Erziehung *(293–311)* – Vorträge über Medizin *(312–319)* – Vorträge über Naturwissenschaft *(320–327)* – Vorträge über das soziale Leben und die Dreigliederung des sozialen Organismus *(328–341)* – Vorträge für die Arbeiter am Goetheanumbau *(347–354)*

C. DAS KÜNSTLERISCHE WERK

Originalgetreue Wiedergaben von malerischen und graphischen Entwürfen und Skizzen Rudolf Steiners in Kunstmappen oder als Einzelblätter: Entwürfe für die Malerei des Ersten Goetheanum – Schulungsskizzen für Maler – Programmbilder für Eurythmie-Aufführungen – Eurythmieformen – Skizzen zu den Eurythmiefiguren, u.a.

Die Bände der Rudolf Steiner Gesamtausgabe
sind innerhalb einzelner Gruppen einheitlich ausgestattet
Jeder Band ist einzeln erhältlich